●注意すること
1 決して無理をしない。
2 姿勢に気をつけて，ゆっくりやる。
3 反動やはずみをつけない。
4 呼…
5 10…
6 一…

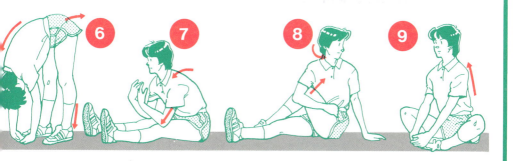

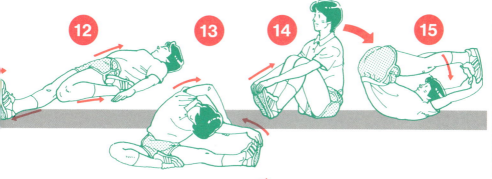

STRETCH

Let's try!

★もっとくわしくお知りになりたい方は大修館書店発行の「ストレッチ体操」，または「デイリーストレッチ体操」をごらんください。

CONTENTS ／目次

スポーツハイライト ………………………………… 1
集団行動 ……………………………………………… 6
新体力テスト（実施要項と年齢別平均値） ………… 11
高校生のためのスポーツ科学 ……………………… 16
ボールゲームの戦術学習
　　戦術・作戦・戦略とは …………………………… 20
　　作戦の立て方 ……………………………………… 23

体つくり運動 ……… 27
　　体ほぐし ……… 28
　　体力を高める運動 …… 35
陸上競技 ………… 43
水泳競技 ………… 65
器械運動 ………… 81
バスケットボール … 101
ハンドボール ……… 125
サッカー ………… 143
　　フットサル … 166
ラグビー ………… 167
バレーボール ……… 187
　　9人制バレーボール …… 208

テニス ………… 209
ソフトテニス ……… 219
卓球 …………… 229
バドミントン ……… 239
ソフトボール ……… 249
ゴルフ ………… 261
柔道 …………… 267
剣道 …………… 287
ダンス ………… 307
スキー ………… 327
スノーボード ……… 341
スケート ………… 347
野外活動 ………… 355

新体操 …………… 366
トライアスロン …… 368
少林寺拳法 ……… 369
ビーチバレーボール … 370
ソフトバレーボール … 371
アイスホッケー …… 372
ホッケー ………… 373
ウエイトリフティング … 374
パワーリフティング … 375
アメリカンフットボール … 376
アルティメット …… 377
ボクシング ……… 378
レスリング ……… 379

すもう …………… 380
空手道 …………… 381
なぎなた ………… 382
フェンシング …… 383
弓道 …………… 384
アーチェリー …… 385
カヌー …………… 386
ボート …………… 387
ヨット …………… 388
トランポリン …… 389
ゲートボール …… 390
自転車競技 ……… 391

ドローのつくり方 …………………………………… 392
応急手当の基礎知識 ………………………………… 393
陸上競技記録 ………………………………………… 398
水泳競技記録 ………………………………………… 399
全国高校総合体育大会入賞校一覧 ………………… 400

北京冬季オリンピック競技大会（2022）

スノーボードハーフパイプ男子で
金メダルを獲得した平野歩夢選手。

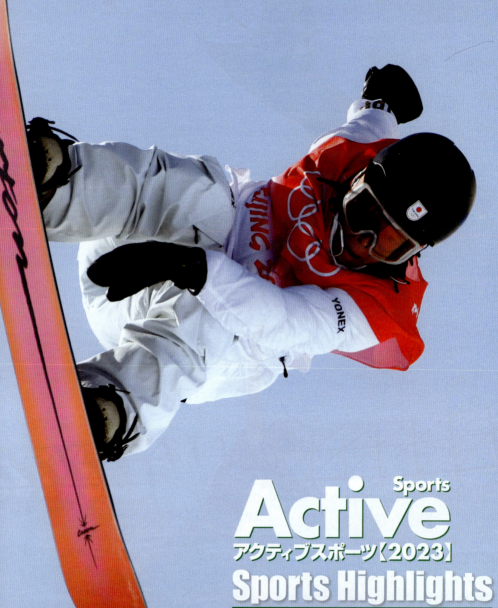

Active Sports
アクティブスポーツ【2023】
Sports Highlights
スポーツハイライト

北京冬季オリンピック競技大会（2022）

スピードスケート女子1000mで金メダルに輝いた髙木美帆選手。

世界陸上オレゴン大会（2022）

女子やり投げで銅メダルを獲得した北口榛花選手。日本女子投てき種目初のメダリストとなった。

東京オリンピック競技大会（2021）

新型コロナウイルス感染症のため1年延期された東京大会の開会式。史上初の無観客開催となった。

今大会から導入された卓球混合ダブルスで金メダルを獲得した水谷隼選手（左）と伊藤美誠選手（右）。日本卓球史上初めての金メダルとなった。

東京オリンピック競技大会（2021）

ボクシング女子フェザー級で日本女子選手初の金メダルを獲得した入江聖奈選手。

フェンシング男子エペ団体で日本代表チームは金メダルを獲得した。

東京パラリンピック競技大会（2021）

車いすテニス男子シングルスで金メダルを獲得した国枝慎吾選手。北京，ロンドン大会に続く3度目の金メダル。

バドミントン女子ダブルスWH1-2（車いす）で金メダルを獲得した里見紗李奈選手（左）と山崎悠麻選手（右）。

集団行動   おもな行動様式と要領

私たちは学校生活の中で集団で行動する機会が非常に多い。このような場合、私たちが守らなければならない諸事項をお互いに守ることによって、集団としての秩序が保たれる。

次に示したものは、このような集団行動における基本的な様式である。私たちは、これを十分に学習し、集団としての行動を秩序正しく、能率的に行わなければならない。その際、以下の点に留意するとよい。

❶集団行動のおもな行動様式を身につける。
❷集団の約束やきまりを守って行動する。
❸機敏・的確に行動する。
❹お互いに協力して自己責任を果たす。
❺リーダーの指示にしたがって行動する。
❻安全に留意して行動する。

1 姿 勢

❶気をつけの姿勢

「気をつけ」

・手は、指をそろえて軽く伸ばし、手のひらを体側につける。
・体重は両足の中央にかける。

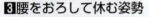

❷休めの姿勢

「休め」

〈斜め型〉

・左足を一足長斜め前に出す。
・斜め前に出した足には体重をかけない。
・足をかえるときは、出している足を元に戻し、反対側の足を斜め前に出す。

〈横型〉

・左足を一足長横に出す。
・体重は両足にかける。
・右手首を左手で軽く握る。

❸腰をおろして休む姿勢

「腰を——おろせ」

・地床の状態、気温などに注意する。

〈地床の状態が悪い場合〉

・右（左）足を一足長後ろに引いてしゃがみ、かかとの上に尻を乗せる。

2 方向変換

1 右(左)への方向変換

「右(左)向け——右(左)」

① 右(左)足のかかとと左(右)足のつまさきで右(左)への方向を変える。
② 左(右)足を右(左)足に引きつける。

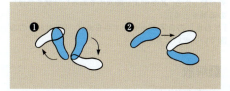

2 後ろへの方向変換

「回れ——右」

① 右足を約二足長斜め後ろに引く。
② 左足のかかとと右足のつまさきで180°右へ回る。
③ 右足を左足に引きつける。

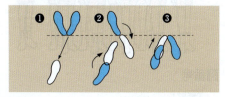

3 集合, 整とん, 番号, 解散

1 縦隊の集合と整とん

「〇列縦隊に——集まれ」　「前へ——ならえ」「なおれ」

基準者は定められた位置に立つ。基準者以外の先頭の人は基準者側の片手または両手を腰にとり間隔を保つ。2番目以下は, 両手を肩の高さにあげて指先まで伸ばし, 前の人との距離を一握りのこぶしが通るぐらいの距離に保つ。前・横の列が揃ったら先頭から順次腕をおろし, 「気をつけ」の姿勢をとる。

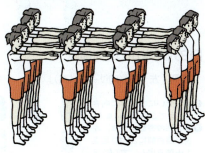

「なおれ」の合図があるまで手をあげ, 「なおれ」の合図でいっせいにおろす。せまい場所では肘から先を前にあげる場合もある。

【距　離】同一線上に縦に並んだときの成員と成員とのあいだをいう。
【間　隔】同一線上に横に並んだときの成員と成員とのあいだをいう。
【基準者】2列以上の縦隊の場合, 先頭の右端の人をいう（必要に応じて左端の人や, 中間の人に変えることもできる。この場合は, 「左—基準」「〇〇—基準」と合図する）。横隊の場合は, 最前列の右端の人をいう（必要に応じて基準者を左端の人に変えることもできる）。
【基準列】基準者のいる列をいう。

7

2 横隊の集合と整とん

「○列横隊に──集まれ」　「右(左)へ──ならえ」　「なおれ」

基準者は定められた位置に立つ。前列の人は基準者側の片手を腰にとり、腕を身体と平行に肘を張り、上腕部を見通しながら並ぶ。第2列以下は腕を肩の高さまであげて伸ばし、一握りほどの間隔を保ち、前・横の列が整ったら、基準者側より順次手をおろし、「気をつけ」の姿勢をとる。
「なおれ」の合図があるまで手をあげ、「なおれ」の合図でいっせいにおろす。

3 番号

「番号」

縦隊の場合は、合図により先頭の人から頭を右に回しながら後ろへ番号をおくり、ただちにもとの姿勢にかえる。横隊の場合は、合図により基準者から順次番号をおくる。

4 解散

「わかれ」

指揮者の合図でわかれる。密集した状態の場合は、中心より遠い人から解散する。

4　列の増減

1 2列横隊から4列縦隊

「4列，右(左)向け──右(左)」

❶通し番号をつける。
❷いっせいに右(左)に向きを変えて2列縦隊になる。
❸偶数(奇数)の人は右(左)足を斜め前に1歩踏み出す。
❹左(右)足を引きつけ4列縦隊を作り整とんする。

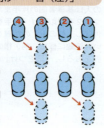

2 4列縦隊から2列横隊

「2列，左(右)向け─左(右)」

❶いっせいに左(右)に向きを変えて4列横隊になる。
❷偶数(奇数)の人は左(右)足を斜め前に1歩踏み出す。
❸右(左)足を引きつけ、2列横隊を作り整とんする。

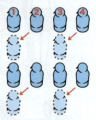

3 2列横隊から3列縦隊

「3列，右(左)向け─右(左)」

❶1・2・3のくり返し番号をつける。
❷いっせいに右(左)に向きを変えて2列縦隊になる。
❸前列2番の人は、右(左)足を斜め右(左)前に1歩踏み出し、左(右)足を引きつける。
❹後列2番の人は、左(右)足から斜め左(右)後ろに1歩下がり、右(左)足を引きつけ、3列縦隊になり整とんする。

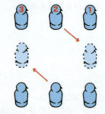

4 3列縦隊から2列横隊

「2列，左(右)向け─左(右)」

❶いっせいに左(右)に向きを変えて3列横隊になる。
❷第2列の奇数の人は、左(右)斜め前に左(右)足を1歩踏み出し、右(左)足を引きつける。
❸第2列の偶数の人は、右(左)足から右(左)斜め後ろに1歩下がり、左(右)足を引きつけ、2列横隊を作り整とんする。

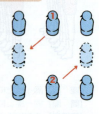

5 開 列

1 両手距離・間隔に開く

「○○基準，両手間隔に——開け」

❶基準者はその場で腕を肩の高さにあげ，真横に伸ばす。
❷基準列は後ろに下がり，両腕を前にあげ，両手（腕の2倍の長さ）の距離をとる。
❸基準列以外の先頭の人は，かけ足で外側真横に開き，頭を基準者側に向けながら，両腕を真横に伸ばし，間隔をとる。
❹各列の2番以下の人は，かけ足で開き，両手の距離・間隔をとり，前と横にならう。

2 片手距離・間隔に開く

「○○基準，片手間隔に——開け」

❶基準者はその場に位置する。
❷基準列の人は後ろに下がりながら両腕を前にあげ，片手（腕の長さ）の距離をとる。
❸基準列以外の先頭の人は，かけ足で外側真横に開き，頭を基準者側に向けながら，基準者側の片腕を真横に伸ばし，間隔をとる。
❹各列の2番以下の人は，かけ足で開き，片手の距離・間隔をとり，前と横にならう。

6 行 進

1 歩

「前へ——進め」

「進め」の合図で左足から踏み出す。上体を自然に起こし，腰と膝を伸ばし，足はかかとから着くようにする。腕は前後に自然に振る。頭は起こして前方を見る。つまさきはまっすぐ進行方向に向け，縦横の距離，間隔に注意し，列を揃えて歩く。歩調が違っているときは，ツーステップの要領で揃える。速度は1分間に120歩程度とする。

2 歩の停止

「全体——止まれ」

「止まれ」の合図の後，前に1歩踏み出し，次の足を引きつけてかかとを揃え，つまさきを開いて止まる。「止まれ」の合図は右足が着地したときにかけ，左・右の2呼間で止まるようにする。

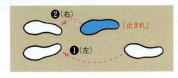

3 走

「かけ足——進め」

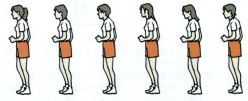

「かけ足」の合図で手を軽く握り，腰の高さにあげ，体重をやや右足にかける。「進め」の合図で左足から走り出す。腕は前後に自然に振り，前方を見る。歩調が違っているときは，ホップして揃える。速度は1分間に150～170歩の歩数とする。

4 走の停止

「全体――止まれ」

「全体」の合図で止まる準備をし、「止まれ」の合図により2動作で止まり、両腕をおろす。右図のように、3歩踏み出して止まり、4で足を引きつけ、5で手を体側におろす方法もある。

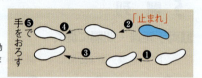

5 歩から走へ

「かけ足――進め」

「かけ足」の合図で手を軽く握り、腰の高さにあげる。「進め」の合図でかけ足に移る。

6 走から歩へ

「はや足――進め」

「進め」の合図でそのまま3歩前進して、4歩目から腕を伸ばし、歩に移る。

7 先頭から順に方向変換

「先頭右（左）向け前へ――進め」

行進中、「先頭右(左)向け前へ――進め」の合図で、先頭の第1列の内側の人は歩幅を縮めて小さな円を描き、外側の人は、普通の歩幅より広くして大きな円を描くようにし、つねに内側のほうに整とんしながら、徐々に右(左)に向きを変えて前進する。第2列以降の人は、第1列が向きを変え始めた位置まで進んだ後、向きを変えながら前進する。

8 全員同時に方向変換

「全体右（左）向け前へ――進め」

行進中、「全体右(左)向け前へ」の合図で、行進の隊列を整え、「進め」の合図で、全員が同時に右(左)に方向変換をする。

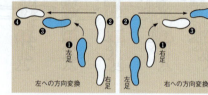

7 足ぶみ

1 足ぶみ

「足ぶみ――はじめ」

「はじめ」の合図で左足から行う。つまさきが自然に下に向くようにし、腕は肩の高さより少し低めになるくらいに自然に振り、頭を起こしてあごを引き前方を見る。足のあげ方は、つまさきが地面からわずかにあがる程度にする。

2 かけ足足ぶみ

「かけ足足ぶみ――はじめ」

「かけ足足ぶみ」の合図で手を軽く握り、腰の高さにあげる。「はじめ」の合図で左足から行う。腕は前後に振り、頭を起こして前方を見る。足のあげ方は、つまさきが地面からわずかにあがる程度にする。着地はつまさきから行う。

3 足ぶみ停止

「全体――止まれ」

「全体」の合図で先頭より隊形を整え、「止まれ」の合図で2動作で止まる。

8 礼

気をつけの姿勢で受礼者に正対してから、「礼」の合図により上体を約30°前に傾ける。いったん止めた後、静かに上体を起こす。

相手（受礼者）に正対したとき、相手の顔を見る。上体を前に傾けるとき、背が曲がらないようにし、視線は自然に床へおとすようにする。会釈のときは、上体を約15°前へ傾けるようにする。

新体力テスト

新体力テストは，私たちの体力・運動能力の現状を確かめるためのテストである。私たちは，その結果をよく分析して，不足している能力を高めるためにいろいろなスポーツ活動に親しみ，ますます心身を鍛錬して，健康で充実した学校生活が送れるよう努力することが大切である。

●テスト種目

	種　目	調べる内容	実施
1	握力	筋力	男女
2	上体起こし	筋持久力	男女
3	長座体前屈	柔軟性	男女
4	反復横とび	敏しょう性	男女
5-A	持久走	全身持久力	選択
5-B	20mシャトルラン	〃	〃
6	50m走	走力	男女
7	立ち幅とび	跳躍力	男女
8	ハンドボール投げ	投力	男女

●実施上の注意

1. 健康状態に留意し，異常がある場合は，先生にその旨申し出よう。

2. 服装は運動に適した軽装で，スパイクシューズは使用しない。

3. テスト前に，体操や軽いランニングなどで，十分に準備運動を行う。

1 握力

準備：握力計。
方法：握力計の指針が外側になるように持ち，人差し指の第2関節がほぼ直角になるように握り幅を調節する。直立の姿勢で両足を左右に自然に開き，腕を自然に下げ，力いっぱい握りしめる。
記録：左右交互に2回ずつ行い，記録はkg単位とし，kg未満（小数第1位）は切り捨てる。左右おのおののよいほうの記録を平均し，kg未満は四捨五入する。
注意：実施のとき，握力計を身体や衣服に触れないようにし，また振り回さないようにする。このテストは同一測定者に対して2回続けて行わない。

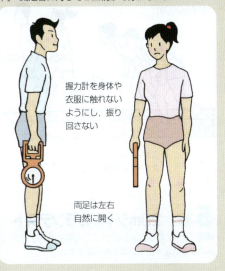

握力計を身体や衣服に触れないようにし，振り回さない

両足は左右自然に開く

2 上体起こし

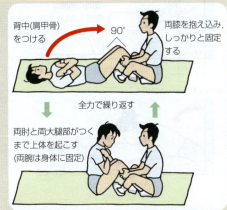

背中(肩甲骨)をつける　90°　両膝を抱え込み，しっかりと固定する

全力で繰り返す

両肘と両大腿部がつくまで上体を起こす（両腕は身体に固定）

準備：ストップウォッチ，マット。
方法：あおむけの姿勢をとり，両手を軽く握り，両腕を胸の前で組む。両膝の角度を90°に保つ。補助者は，被測定者の両膝をおさえ，固定する。「始め」の合図で，あおむけの姿勢から，両肘と両大腿部がつくまで上体を起こし，すばやく開始時のあおむけの姿勢に戻す。
記録：上記の運動を30秒間繰り返し，両肘が両大腿部についた回数を記録する。実施は1回とする。
注意：両脇をしめ，両肘を動かさない。あおむけの姿勢の際は，背中(肩甲骨)がマットにつくまで上体を倒す。被測定者のメガネは，はずすようにする。補助者は被測定者の下肢が動かないように両腕で両膝をしっかり固定する。また，補助者は被測定者と頭がぶつからないように注意する。

11

3　長座体前屈

準備：A4コピー用紙の箱2個（幅22cm×高さ約24cm×奥行き約31cm），段ボール厚紙1枚（横75～80cm×縦約31cm），ガムテープ，スケール（1m巻き尺または1mものさし）。

方法：下図のような初期姿勢をとる。初期姿勢をとったときの箱の手前右または左の角に0点を合わせる。被測定者は，両手を厚紙から離さずにゆっくりと前屈して，箱全体をまっすぐ前方にできるだけ遠くまで滑らせる。最大に前屈した後に厚紙から手を離す。

記録：初期姿勢から最大前屈時の箱の移動距離をスケールから読み取る。単位はcmとする（cm未満は切り捨て）。2回実施してよいほうの記録をとる。

注意：前屈姿勢をとったとき，膝が曲がらないように気をつける。箱がまっすぐ前方に移動するよう注意する。

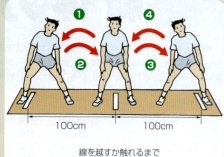

線を越すか触れるまで
サイドステップする
ジャンプしてはいけない

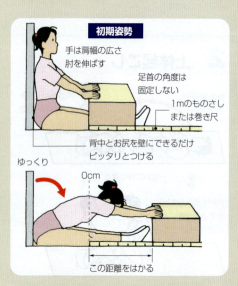

4　反復横とび

準備：図のように床上に3本のラインを引く。ストップウォッチ。

方法：中央ラインをまたいで立ち，「始め」の合図で右側のラインを越すか，踏むまでサイドステップし，（ジャンプしてはならない），次に中央ラインに戻り，さらに左側のラインを越すか触れるまでサイドステップする。

記録：上記の運動を20秒間繰り返し，それぞれのラインを通過するごとに1点を与える（右，中央，左，中央で4点となる）。2回実施して，よいほうをとる。

注意：外側のラインを踏まなかったり越えなかった場合，中央ラインをまたがなかった場合は点を与えない。このテストは同一測定者に対して続けて行わない。

5-A　持久走

準備：スタート合図用旗，ストップウォッチ

方法：男子は1,500m，女子は1,000mを走る。「位置について」，「用意」の後，音（または声）と旗の合図にてスタンディングスタートの要領でスタートする。

記録：スタートの合図からゴールライン上に胴（頭，肩，手，足ではない）が到達するまでに要した時間を計測する。秒単位（秒未満は切り上げ）で記録する。実施は1回とする。ひとりに1個のストップウォッチで計時することが望ましいが，計時員が時間を読み，測定員が各走者の到着時間を記録するようにしてもよい。

注意：自分の能力などを考えて，いたずらに競争したり，無理なペースで走ったりしない。テスト前後に，ゆっくりとした運動等によるウォーミングアップおよびクーリングダウンをする。

男子1,500m
女子1,000m

スタートはスタンディング
スタートの要領で行う

5-B　20mシャトルランテスト

準備：テスト用CD（またはテープ）と再生用プレーヤー，図のような2本の平行線とポール4本。

方法：一方の線上に立ち，テストの開始を告げる5秒間のカウントダウンの後の電子音で20m先の線に向かってスタートする。次の電子音が鳴るまでに20m先の線上に達し向きを変えていなければならない。電子音が鳴ったらスタートし，さらに次の電子音が鳴るまでに元の線に戻って向きを変えていなければならない。これを繰り返す（向きを変えるときは必ず片方の足が線を踏むか，線を越えるかする）。CD（テープ）によって設定された速度は約1分ごとに速くなるので，ついていけず走るのをやめたとき，または，2回続けてどちらかの足で線に触れることができなくなったときに，テストを終了する（電子音からの遅れが1回の場合，次の電子音に間に合えば，テストを継続できる）。

記録：テスト終了時（電子音についていけなくなった直前）の折り返しの総回数を記録とする。本テスト記録用紙により，折り返しの総回数から最大酸素摂取量を推定する。

注意：ランニングスピードのコントロールに十分注意し，電子音が鳴るときには，必ずどちらかの線上にいるようにする。テスト前のウォーミングアップでは柔軟運動（ストレッチ等）を十分に行う。走り続けることができなくなった場合は，自発的に退く。テスト終了後は，ゆっくりとした運動等によるクーリングダウンをする。

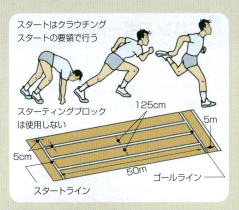

7 立ち幅とび

準備：屋外で行う場合：砂場，巻き尺，ほうき，砂ならし。砂場の手前（30cm～1m）に踏み切り線を引く。屋内で行う場合：マット（6m程度），巻き尺，ラインテープ。マットを壁につけて敷き，マット手前（30cm～1m）の床にラインテープを貼り，踏み切り線とする。

方法：両足を軽く開いて，つまさきが踏み切り線の前端に揃うように立つ（両足の中央の位置を決めておくと計測しやすい）。両足で同時に踏み切って前方へとぶ。

記録：身体が砂場（マット）に触れた位置のうち，もっとも踏み切り線に近い位置と，踏み切り前の両足の中央の位置（踏み切り線の前端）とを結ぶ直線の距離を計測する（下図参照）。記録はcm単位とする（cm未満は切り捨て）。2回実施してよいほうの記録をとる。

注意：踏み切りの際には，二重踏み切りにならないようにする。屋外で行う場合，踏み切り線周辺と砂場の砂面は，できるだけ整地する。屋内で行う場合，着地の際にマットがずれないように，滑りにくい（ずれにくい）マットを用意し，テープ等で固定する。

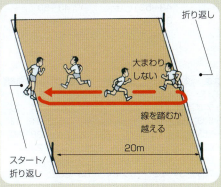

6 50m走

準備：50m直走路，スタート合図用旗，ストップウォッチ。

方法：スタートはクラウチングスタートの要領で行う。スタートの合図は，「位置について」，「用意」の後，音または声を発すると同時に旗の合図にて行う。

記録：スタートの合図からゴールライン上に胴（頭，肩，手，足ではない）が到達するまでに要した時間を計測する。1回実施し，1/10秒単位で記録する。1/10秒未満は切り上げる。

注意：曲走路や折り返し走路は使わない。スパイクやスターティングブロック等は使用しない。ゴールラインの前方5mのラインまで走るようにする。

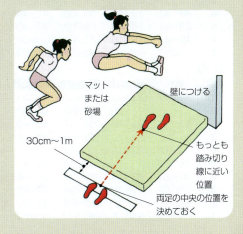

13

8 ハンドボール投げ

準備：ハンドボール2号球（外周54〜56㎝、重さ325〜400g）、下図のような投てき場、巻き尺。
方法：投球は円内から行い、投球中または投球後に円を踏んだり、円外に出てはならない。投げ終わったときは、静止してから円外に出る。

記録：投球距離は、あらかじめ描かれていた1m間隔の円弧によって計測する。2回実施して、よいほうの記録をとる。記録はm単位とし、m未満は切り捨てる。
注意：ボールは規格に合っていれば、ゴム製のものでもよい。投球のフォームは自由であるが、なるべく下手投げをしないほうがよい。また、ステップして投げたほうがよい。

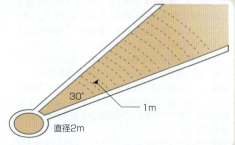

● 合計点による総合評価基準表

段階	15歳	16歳	17歳	18歳
A	61以上	63以上	65以上	65以上
B	52〜60	53〜62	54〜64	54〜64
C	41〜51	42〜52	43〜53	43〜53
D	31〜40	31〜41	31〜42	31〜42
E	30以下	30以下	30以下	30以下

● 項目別得点表

【男子】

得点	握力	上体起こし	長座体前屈	反復横とび	持久走	20mシャトルラン	50m走	立ち幅とび	ハンドボール投げ
10	56kg以上	35回以上	64cm以上	63点以上	4'59"以下	125回以上	6.6秒以下	265cm以上	37m以上
9	51〜55	33〜34	58〜63	60〜62	5'00"〜5'16"	113〜124	6.7〜6.8	254〜264	34〜36
8	47〜50	30〜32	53〜57	56〜59	5'17"〜5'33"	102〜112	6.9〜7.0	242〜253	31〜33
7	43〜46	27〜29	49〜52	53〜55	5'34"〜5'55"	90〜101	7.1〜7.2	230〜241	28〜30
6	38〜42	25〜26	44〜48	49〜52	5'56"〜6'22"	76〜89	7.3〜7.5	218〜229	25〜27
5	33〜37	22〜24	39〜43	45〜48	6'23"〜6'50"	63〜75	7.6〜7.9	203〜217	22〜24
4	28〜32	19〜21	33〜38	41〜44	6'51"〜7'30"	51〜62	8.0〜8.4	188〜202	19〜21
3	23〜27	16〜18	28〜32	37〜40	7'31"〜8'19"	37〜50	8.5〜9.0	170〜187	16〜18
2	18〜22	13〜15	21〜27	30〜36	8'20"〜9'20"	26〜36	9.1〜9.7	150〜169	13〜15
1	17kg以下	12回以下	20cm以下	29点以下	9'21"以上	25回以下	9.8秒以上	149cm以下	12m以下

【女子】

得点	握力	上体起こし	長座体前屈	反復横とび	持久走	20mシャトルラン	50m走	立ち幅とび	ハンドボール投げ
10	36kg以上	29回以上	63cm以上	53点以上	3'49"以下	88回以上	7.7秒以下	210cm以上	23m以上
9	33〜35	26〜28	58〜62	50〜52	3'50"〜4'02"	76〜87	7.8〜8.0	200〜209	20〜22
8	30〜32	23〜25	54〜57	48〜49	4'03"〜4'19"	64〜75	8.1〜8.3	190〜199	18〜19
7	28〜29	20〜22	50〜53	45〜47	4'20"〜4'37"	54〜63	8.4〜8.6	179〜189	16〜17
6	25〜27	18〜19	45〜49	42〜44	4'38"〜4'56"	44〜53	8.7〜8.9	168〜178	14〜15
5	23〜24	15〜17	40〜44	39〜41	4'57"〜5'18"	35〜43	9.0〜9.3	157〜167	12〜13
4	20〜22	13〜14	35〜39	36〜38	5'19"〜5'42"	27〜34	9.4〜9.8	145〜156	11
3	17〜19	11〜12	30〜34	32〜35	5'43"〜6'14"	21〜26	9.9〜10.3	132〜144	10
2	14〜16	8〜10	23〜29	27〜31	6'15"〜6'57"	15〜20	10.4〜11.2	118〜131	8〜9
1	13kg以下	7回以下	22cm以下	26点以下	6'58"以上	14回以下	11.3秒以上	117cm以下	7m以下

新体力テストの年齢別平均値　（令和3年度）

（スポーツ庁　令和4年発表）

種目 年齢	性		握力 （kg）	上体起こし （回）	長座体前屈 （cm）	反復横とび （点）	20mシャトルラン （折り返し数）	持久走 男子1500m 女子1000m（秒）	50m走 （秒）	立ち幅とび （cm）	ハンドボール投げ （m）
15	男	M	36.73	27.83	47.11	55.37	82.41	388.06	7.43	217.23	23.51
		SD	7.11	6.19	11.27	7.24	27.14	52.55	0.61	24.42	6.07
	女	M	25.62	22.77	47.93	47.71	48.57	298.66	8.84	171.85	14.00
		SD	4.80	5.95	10.50	6.13	19.74	40.69	0.79	23.92	4.28
16	男	M	39.37	29.86	49.56	57.01	88.50	363.66	7.27	223.59	25.01
		SD	7.63	6.32	11.47	7.33	28.91	48.36	0.59	25.58	6.47
	女	M	26.56	24.15	49.62	48.74	52.60	293.07	8.76	173.36	14.35
		SD	4.79	6.39	10.26	6.50	21.78	40.71	0.79	24.30	4.49
17	男	M	41.48	31.11	51.71	58.10	90.21	365.26	7.17	227.94	26.31
		SD	8.03	6.31	11.40	7.31	29.42	48.94	0.57	24.45	6.60
	女	M	26.81	24.17	49.94	48.41	49.64	291.94	8.81	171.74	14.83
		SD	5.00	6.69	10.44	6.70	22.09	42.72	0.88	25.62	4.60
18	男	M	41.17	29.53	49.10	57.83	75.09	412.36	7.39	228.58	24.77
		SD	7.01	6.15	11.21	7.02	26.19	58.16	0.56	23.86	5.99
	女	M	25.70	23.07	48.31	47.99	41.70	326.28	9.09	168.93	13.91
		SD	4.64	5.75	9.80	6.41	16.03	42.50	0.78	22.53	4.06

スポーツテスト（体力診断テストと運動能力テスト）の年齢別平均値

●体力診断テストの年齢別平均値　（平成9年度）

（文部省　平成10年発表）

種目 年齢	性		反復横とび （点）	垂直とび （cm）	背筋力 （kg）	握力 （kg）	踏台昇降 （指数）	上体そらし （cm）	立位体前屈 （cm）
15	男	M	43.77	56.84	116.48	38.60	70.44	53.71	8.83
		SD	5.88	7.74	26.72	6.61	13.05	9.51	7.34
	女	M	37.10	41.12	70.64	25.23	64.81	52.79	11.35
		SD	5.26	6.84	20.74	4.85	12.09	8.46	6.89
16	男	M	44.16	58.30	126.34	40.97	73.28	54.50	9.96
		SD	6.16	8.33	28.62	6.77	14.22	9.51	7.62
	女	M	37.44	41.47	72.49	26.00	66.00	52.16	11.56
		SD	4.92	6.48	20.02	4.84	13.16	8.88	6.99
17	男	M	45.08	60.16	132.86	42.77	71.33	55.93	10.73
		SD	6.33	8.77	31.07	7.18	14.69	9.70	7.34
	女	M	37.09	41.70	75.71	25.93	66.70	53.44	12.08
		SD	5.21	6.81	21.13	4.99	12.64	9.37	6.78
18	男	M	45.62	60.22	133.81	44.02	64.57	54.94	10.93
		SD	6.37	7.99	26.76	6.90	11.89	9.23	6.98
	女	M	38.88	41.68	78.18	26.76	62.09	53.69	13.24
		SD	5.05	6.43	18.48	5.10	11.56	8.26	6.47

●運動能力テストの年齢別平均値　（平成9年度）

（文部省　平成10年発表）

種目 年齢	性		50m走 （秒）	走り幅とび （cm）	ハンドボール投げ （m）	（斜）懸垂 （回）	持久走 男子1500m・女子1000m（秒）
15	男	M	7.56	411.28	25.18	5.53	377.82
		SD	0.72	58.23	5.16	3.72	41.47
	女	M	8.96	295.16	14.69	28.54	305.39
		SD	0.84	49.34	3.69	14.02	44.97
16	男	M	7.45	420.60	26.39	6.90	372.42
		SD	0.75	65.75	5.71	4.99	46.06
	女	M	8.99	295.32	15.12	27.30	308.28
		SD	0.91	48.87	4.27	13.83	45.50
17	男	M	7.33	431.53	27.33	7.59	367.67
		SD	0.72	65.00	5.75	5.22	45.98
	女	M	9.01	293.66	15.25	28.61	306.42
		SD	1.01	50.73	4.02	14.75	49.12
18	男	M	7.39	438.78	28.14	7.89	379.17
		SD	0.71	65.24	5.80	5.29	44.69
	女	M	9.02	308.36	15.85	27.03	312.80
		SD	0.85	51.60	4.19	12.04	39.74

$$\begin{pmatrix} \text{M} = 平均値 \\ \text{SD} = 標準偏差 \end{pmatrix}$$

高校生のためのスポーツ科学「トレーニング論」

<PDCAサイクルで体力を向上させる>

目的を達成するためには、目標とする日（大会など）までのトレーニングの種類や方法・量などの計画を立てなければならない。これをトレーニング計画と言う。そして、計画を立て(Plan)、これを実行し(Do)、その結果を評価し(Check)、立て直しをはかる(Action)という一連のプロセスが不可欠である。

こうした考え方により、例えばパワーをつけたければ、適切に計画されたウエイトトレーニングを行い、目標値に達したかどうかの測定を行い、小さな修正や立て直しをはかりながら目標に到達するようトレーニングを実施する。このようなPDCAサイクルをくり返しながら「体つくり」を進めていく。

PLAN 計画を立てる

1つの試合や大会に照準を合わせた場合、そこにコンディションのピークがくるように調整すべきである。
さらに、年間にわたっての競技成績を視野に入れた場合は、どの大会にピークをもっていくかを設定し、それにいたるまでの試合の位置付けを工夫しながら計画を立てる必要がある。

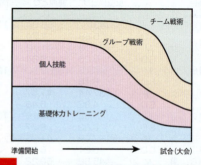

DO トレーニングを実施する

高いスポーツ成績をあげたり、スポーツが十分に楽しめるためには、スタミナ・パワー・スピードが優れている必要がある。

また、ダイナミックな動きを保障し、障害を予防するためには柔軟な筋肉、広い可動域をもった関節をつくるストレッチングが効果的な運動である。

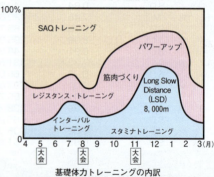

基礎体力トレーニングの内訳

16

ACTION
見直し(立て直し)をはかる

　こうしたトレーニングを行っても,計画どおりにトレーニングは実行できないものである。また適切な食事や休養を取らなければ,効果的な体つくりはできない。スポーツライフを見直し,立て直すことも欠かせない。

　1日の生活をシートに記録することによって,発達の様子を知ったり,生活の立て直し部分に気がついたりする。このようなシートを,(Health) Quality Controlシート,「QCシート」と呼ぶ。一流選手も行っている方法である。

月　日		/	/	/	/	/	/	/	/	/	/	/	/	/	/
		(日)	(月)	(火)	(水)	(木)	(金)	(土)	(日)	(月)	(火)	(水)	(木)	(金)	(土)
天候	目標														
有酸素トレーニング (ラン)															
レジスタンス (プッシュアップ)															
トレーニング (シットアップ)															
(スクワット)															
(その他　　　)															
ストレッチング															
運動量 (10〜0)															
起床時刻　　：															
就寝時刻　　：															
睡眠時間　　：															
食事 (5〜0)															
学習時間															
本日 (昼間) の調子 (5〜1)															
疲労状態 (5〜1)															
大便の回数															
風呂上がりの体重															
身体の痛み (5〜0)															
備考															

CHECK
体力を測る

　体力を高めるためには,自分の体力がどの程度であり,それが自分にとって満足できる結果であるかどうか知っておく必要がある。

　学校で行われる新体力テストを利用したり,簡単にできるテストで,現在の自分の体力を知っておこう。

体力測定
- 新体力テスト
- コントロールテスト
    - 簡易テスト
    - 専門的テスト

体格の計測

＜レジスタンス・トレーニングで筋力アップ＞

　筋力・パワー・筋持久力の向上，筋肉量の増大，あるいはリハビリテーションなどを目的として，筋肉に対して抵抗負荷をかけて行うトレーニングを総称して「レジスタンス・トレーニング」という。代表的なものにウエイト・トレーニングがあるが，その他チューブ・トレーニング，アクア・エクササイズなど多種多様なタイプのトレーニングがある。

　パワーを高めるためには，ウエイト・トレーニングをはじめとするレジスタンス・トレーニングが欠かせない。その場合，筋肉の量を増やすなら10RM程度，筋持久力を高めたいのなら30～50RM程度のトレーニングが効果的である（P.19　負荷強度を参照）。

レジスタンス・トレーニングの種類

● ウエイト・トレーニング
・フリーウエイト式……バーベル，ダンベル，砂袋，メディシンボール
・自分の体重，パートナーの体重
・マシンを用いた方式……ウエイト・スタック式，プレート式

● 圧抵抗式のトレーニング
・油圧式マシン
・空気圧式マシン

● ラバーライズド・トレーニング
・チューブ・トレーニング
・ラバーバンド・トレーニング

● アクア・エクササイズ（水中運動）

● ウエイト・トレーニング

　バーベルやダンベル，砂袋など重さを変えられるフリーウエイトによるトレーニングと，ウエイト・スタックやプレートなどを負荷としたマシンを用いたトレーニングが代表的なものである。また，自分の体重やパートナーの体重を利用したトレーニングなどもウエイト・トレーニングの一種である。

● 油圧式・空気圧式トレーニング

　筋に対して，ウエイトを用いず，シリンダー内の油を動かす時の圧を抵抗としたり，コンプレッサーによる空気の圧力を抵抗負荷として行うトレーニングである。油圧式はボートをオールで漕いで動かす時，空気圧は自転車に空気入れを用いて空気を入れる時にかかる抵抗と同じ原理の方式の負荷である。ともにマシンを用いたトレーニングである。油圧式トレーニングでは筋活動は短縮性筋活動が主である。

● ラバーライズド・トレーニング
　　　　　　　　　(Rubberized training)

　ゴムが引き伸ばされる時の抵抗を負荷としたトレーニングであり，代表的なものにチューブ・エクササイズやラバーバンド・エクササイズなどがある。

● アクア・エクササイズ

　プールなど水中で水の抵抗を負荷として行うトレーニングである。自分の体重が負荷とならず，水の抵抗に対して力を発揮するために，筋肉に対して無理な負荷がかからないのが特徴でもある。

ウエイト・トレーニング

油圧式・空気圧式トレーニング

ラバーライズド・トレーニング

アクア・エクササイズ

＜レジスタンス・トレーニングによって成長ホルモンが分泌される＞

10RM程度の重負荷トレーニングを実施すると, 成長ホルモンが分泌される。それは成長ホルモンが筋肉の肥大に関係しているからである。また, 深い睡眠によっても成長ホルモンは分泌される。したがって, 運動したら, 遅くならないうちに食事をして, しっかり寝るという生活の仕方が重要といえる。

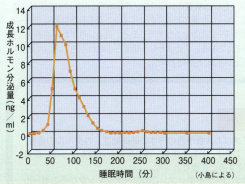

●負荷強度

くり返し動作回数の最高回数をRM(Repetition Maximum)といい, 1回しかくり返すことのできない負荷を1RM, 10回しかくり返すことのできない負荷を10RMという。1RMは最大筋力のほぼ100％に相当し, 10RMは約80％に相当する負荷である。10RM負荷は筋肥大に効果的であり, 10RM以下では筋力増大に効果的, 30～50RM程度では筋持久力に効果的である。

＜ウォームアップで競技成績を上げる＞

ジョギングやストレッチングなどによるウォームアップを行うことによって, 筋肉の温度は上昇し, 筋肉の内部抵抗は低くなって筋肉の収縮は速くなり, 柔軟性も高くなる。また, 酸素摂取効率がよくなるために, 体内に取り込まれる酸素量も増大して, 筋肉の活動も効率が上がる。こうしたことによって, スポーツ成績も向上する。

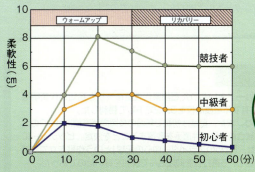

ウォームアップによって関節の柔軟性が上がるが, 初心者に比べて競技者はその効果が著しい。 (Akutsuによる)

＜体力を高める運動の効果＞

スタミナをつける有酸素的トレーニングを続けていくと, 心筋は発達して心容積や一回拍出量は大きくなる。またATPの再合成を行うTCA回路を持ったミトコンドリアのサイズが大きくなり数も増加するために, 体内に酸素を摂取する能力も向上する。そのため体内に酸素が多く摂取されて, 脂肪の燃焼も促進するために体脂肪も減り, 肥満を予防することにもつながる。

一方, 筋肉や骨に刺激を与えるレジスタンス・トレーニングによって筋線維は肥大して筋力は上がり, 毛細血管が新生するために筋持久力も高まる。また骨密度も上がるため骨も丈夫になる。

こうした体の変化によって高いスポーツ・パフォーマンスが発揮できるようになるが, 一方, 高脂血症, 高血圧症, 肥満といった生活習慣病を予防するなど, 健康の面でも体力を高める運動は大変有意義である。

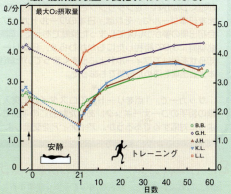

トレーニングによって最大酸素摂取量は増大する。

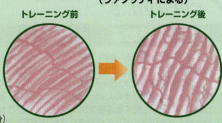

筋線維は肥大し, 毛細血管が新生している。

ボールゲームの戦術学習

Ⅰ. 戦術・作戦・戦略とは

1. 戦術とは……相手との駆け引きに応じた局面打開策

　試合には，対処の仕方によってその後の展開の優劣が決まってくる大小さまざまな局面がある。また，その局面を有利に乗り切るためにどのような技能を発揮するかの方法論がある。そして，実際の状況においては相手との駆け引きにおいて，その場で行うべき行動や使用する技術が選択される。例えば，ボールを運ぶ局面においてボールをもらうためにサポートに入る動きがそうであり，防御が破られそうな局面で味方のカバーに入る動きがそうである。あるいはまた，得点をねらう局面でディフェンスに応じてパスやシュートを行うことがそうである。このような，相手との駆け引きに応じた局面打開に必要な定石（物事を処理する上で，一般に最善とされる方法や手順）を戦術と呼ぶ。

EPISODE.1
ロスタイムの悲劇

　1993年10月28日。サッカーワールドカップ・アメリカ大会予選の日本の最終戦は，カタールの首都，ドーハで行われていた。この試合，日本がイラクを2-1でリードしたまま，残り時間が流れていった。このままいけば，日本のワールドカップ本大会初出場が決定するところであった。
　しかし，時計の針が45分を過ぎたところで，イラクのコーナーキック。このコーナーキックからのボールが短くつながれ，センタリングされる。そして，そのセンタリングに合わせたヘディングシュートは，そのまま日本ゴールに。それは，日本のワールドカップ本大会初出場の夢がついえてしまった瞬間であった。同時に，北朝鮮に3-0で勝利したにもかかわらず，日本リードの知らせを受けてフィールド上にうずくまっていた韓国が，本大会出場を決めた瞬間でもあった。

　　　　　　　　　　＊
　サッカーで，1点をリードしてロスタイムに突入した際の相手のコーナーキック。あなたならこの場面でどのように対応するであろうか。アイディアを交流しよう。

2. 作戦とは……チームの合意に基づいた戦い方の指針

　習得した戦術や技術を，試合を通してうまく発揮することができれば，あるいは反対に相手がそれを発揮できないようにすることができれば，ゲームを有利に展開できる。そのためには，チームの合意に基づいた戦い方の指針が必要である。例えば，コート上のどこに攻撃の起点やスペースをつくるのか，どの場所で誰が攻めるのか，といったことである。このような，試合を通しての，あるいは特定の時間枠での，チームの合意に基づいた戦い方の指針を作戦と呼ぶ。

EPISODE.2
5打席連続敬遠

　1992年8月16日。当時，甲子園大会屈指の好カードといわれた石川県代表星稜高校と高知県代表明徳義塾高校の試合で，明徳義塾高校は松井秀喜選手を有する星稜高校を3対2で下して勝利した。
　当時の松井選手は大会随一の強打者といわれており，また，星稜は初戦で新潟の長岡向陵高校に11対0の大差で勝利していた。そのため，明徳義塾の監督は，試合前日に松井選手を敬遠することを決定。ピッチャーには次打者（5番）に関する情報を念入りにチェックさせ，「低めのスライダー中心の配球」という作戦を立てて試合に臨んだという。そして作戦通りに松井選手を敬遠し，5番打者を抑え込んで勝利を導いたのであった。

以下は松井選手の全打席の簡単な状況である。
　第一打席：2死3塁（1回，0対0）
　第二打席：1死2，3塁（3回，2対0で明徳義塾高校リード）
　第三打席：1死2塁（5回，3対1で明徳義塾高校リード）
　第四打席：2死ランナー無し（7回，3対2で明徳義塾高校リード）
　第五打席：2死3塁（9回，3対2で明徳義塾高校リード）
　松井選手に投げられた20球はすべてボール。結局，松井選手はこの試合一度もバットを振ることなく甲子園を去った。
　そして，10年後の2002年の夏の甲子園大会では，明徳義塾高校が初優勝を飾る。このニュースを聞いた松井選手は，明徳義塾高校の監督を祝福するとともに，5連続敬遠を「今では誇り」と述べたという。これに対し明徳義塾の監督は「彼ひとりを抑えて勝てるのなら，勝負しないのは当然。5連続敬遠は間違ってはいない」というコメントを残している。

　強打者に対する敬遠は，アメリカの大リーグにもみられる。2002年のシーズン，ナ・リーグ優勝決定シリーズ（7回戦制）のことである。シーズンのホームラン記録を更新していたボンズ選手を有するジャイアンツ（西地区2位＝ワイルドカード）戦を前に，カージナルス（中地区1位）のラッセル監督は，ボンズ選手とはまともに勝負しないことを示唆。第1戦で先発するモリス選手も四球攻めを宣言していた。しかし，結果は17打席のうち4打席で四球（うち3つは敬遠）と要所での勝負を露骨に避けられながらも，ボンズ選手は5打席で安打を放った。また，うち3打席でホームランを放ち，そのナ・リーグ優勝決定シリーズを勝ち上がる原動力となったのである。

＊

　実際の試合では，敬遠はどのような状況で行われるのであろうか。どのような条件が設定されたときに，5打席連続敬遠という作戦が導き出されるのであろうか。あるいは，10名監督がいて同じ状況に置かれたとき，果たして何名の監督が5連続敬遠を選択するであろうか。

3．戦略とは……大会全体を見通した長期的展望

　何試合も勝ち抜いていかなければならないトーナメントや何週間あるいは何ヶ月にもわたって試合が行われるリーグ戦やシーズン制競技などでは，チームのピークをどこに持っていくのか，そのためにいつ，どのような準備を行うのかなどを検討することが重要なカギを握る。このような，大会全体を見通した展望，あるいはシーズンを乗り切るために策定された長期的な展望を戦略と言う。戦略を決定することによって個々の試合における戦い方などを具体化することが可能になる。

EPISODE.3
優勝候補はなぜ負けた？

　1954年サッカーワールドカップ・スイス大会。この大会では，当時の国際大会で無敵を誇り，過去4年間負けなしのハンガリーが本命との呼び声が高かった。しかし，実際にはそのハンガリーに予選リーグで大敗したにもかかわらず，再び対戦した決勝で辛勝した西ドイツが優勝をものにしたのである。この西ドイツ優勝は，大会の乗り切り方次第で試合結果が大きく分かれることを示唆している。

　西ドイツはハンガリーとの第一戦では，その試合で勝たなくても決勝リーグに進出できると見るや，大幅にメンバーを落として試合に臨み，3対8で大敗した。この時点の西ドイツのメンバーを落とした戦いぶりは，西ドイツサポーターからはまったく支持が得られなかった。メンバーを落とすことによって，例えば手の内を隠すことができたとか，レギュラー陣の体力を温存することができたといった解釈は可能かもしれない。しかし，西ドイツのヘルベルガー監督が何をもくろんでいたかは明らかにされていない。そして，西ドイツを大差で破ったハンガリーは，決勝トーナメントの準々決勝でブラジル，準決勝ではウルグアイと，決勝に勝ち残るまでに当時の強豪国と対戦しなければならなかった。また，実際，その試合内容は壮絶を極め，後の語り

ぐさにまでなっている。反対に，予選リーグを2位で通過した西ドイツは楽々と決勝にまで進むことができたという。

その結果，決勝ではハンガリーは西ドイツに2-3で敗れ，当然とみられていた優勝を逃したのである。

*

大会の大きさや期間，さらにはその重要度によって，個々の試合における戦い方はどのように変化するのであろうか。いろいろな条件を想定してシミュレーションしてみよう。

4. 状況判断と効果的な技能発揮

戦略，作戦，戦術は，一定の条件下でのみ有効に機能する定石である。その意味では，これらは，客観的な知識として人に伝えることが可能である。しかも，個々の定石の間には上下関係も存在している。

しかし，これらを知っていることと実際に使えることの間には大きな溝がある。なぜなら，実際の試合では，これらをいつ使えばよいのかを適切に判断することが必要になるからである。実際には，試合前に確認した方針と異なる行動を取っているのに，それが分からない。あるいは，自分たちが想定していた行動と異なる行動を相手がしていることが把握できない。さらには，相手の動きが予想以上に速いために，ボールを扱うことに精一杯で周囲の状況を確認することすらできないといった場面がよく見られる。その結果，作戦が遂行できずに終わることも多い。

当然，個人やチームの発揮できる技能によって実際に使える戦略，作戦，戦術が異なる。また，考えたことを形にするには，ボールを持たないときの動きやボール操作の技能が大きくかかわってくる。

5. 戦術に関連する要素の比較

ゲーム中の駆け引き（戦術）では，種目を越えて，共通の原則が適用されている。また，その原則に即した，ボールを扱う技能とボールを持たないときの動きの効果的な発揮が求められる。高校の体育で取り扱うボールゲームは，そ

の原則の違いに応じて，①ゴール型（侵入型），②ネット型，③ベースボール型（守備，走塁型）の3つに分類できる（表1）。

6. 賢くプレーでき，観戦できるようになるために

戦略，作戦，戦術を実際に体育の授業で使いこなせるようになるには，次のような工夫が求められる。

①ルールを使いこなす

当然ながら，スポーツは，つねに一定のルールのもとに行われる。したがって，試合で成果を収めるには，ルールをうまく利用して，より合理的に行動することが大切になる。しかし，実際には，ルールの意味を理解せずに試合をしている場面が意外に多くみられる。

例えば，2対1のパスまわしゲームで，次の2つの条件を設定したとする。

(1) 攻撃側は30秒間で交わすパスの回数をできるだけ多くする。

(2) 攻撃側は30秒間でボールをできる限り長くキープする。

守備側が成果をあげるには，(1)の場合はパスを受ける人のマークにつくべきであり，(2)の場合はボールをもっている人に対応すべきである。しかし，何も考えないと，いずれの場合も守備者はボールを取りに行ってしまう。

このような事態を変えていくには，知的に理解すべき対象を具体的に設定していくことや，それらの意味が理解で

表1　戦術に関連する要素の比較

	競技種目	得点	駆け引き（戦術）の焦点	得点の対象となるエリア	攻撃時のボール操作に関する制約	身体接触
ゴール型（侵入型）	バスケットボール	特定エリアにボールを運ぶ	相手ゴールにボールをいかに運び込むか	相手ゴール（閉じられた空間）	ボールを手に持って走れない	あり
	ハンドボール					
	サッカー				ボールを手で扱えない	
	ラグビー			相手コートの特定エリア（幅広い空間）	ボールを前に投げられない	
ネット型	バレーボール	相手コートにボールが落ちる	ネットをはさんだ相手コート上にボールをいかに落とすか	相手コート（全体）	3回以内に返球	なし
	テニス				1回で返球	
	ソフトテニス					
	卓球					
	バドミントン					
ベースボール型	ソフトボール	進塁	進塁できる場所にいかにボールを運ぶか	ベース	一定回数以内にボールを打つ	なし

きるアイディアを学習過程に組み込むことが必要になる。

②ゲーム観察を踏まえて練習の仕方を工夫する

ゲーム中に賢く，上手にプレーできるようになるには，数多く試合をすることが大切になる。しかし，同時に，試合をしながら，試合のルールを理解したり，自分が何をすべきかを確認したり，さらには，発揮すべき技能を適切に活用するというサイクルを生み出すことが大切になる。例えば，一般論としては適切な状況判断でも，相手との力関係ではそれが不適切な場合も想定できる。選択した技能が悪いのか，技能の発揮の仕方が悪いのかを区別して評価すべきだと言える。これらが理解できるようになるには，味方や兄弟チームの試合を一定の観点のもとで観察，分析することや，その結果をお互いに交流することが大切になってくる。

③チームづくりの過程を意識する

作戦，戦術をゲーム中に効果的に発揮できるようになるには，チームづくりの段階を意識することが大切になる。まずは，自分たちのチームに何ができるのかを確認する。他方で，自分たちのチームが実際に活用できる戦術，作戦，戦略のバリエーションを増加させつつ，対戦チームの伸びを確認していく。その上で，対戦チームの実力や作戦，戦術を踏まえた現実的な目標を設定していくことが大切である。

④フェアに関する合意形成を進める

スポーツにはさまざまな駆け引きが存在している。しかし，だからといって，結果を得るために何をしてもよいというわけではない。駆け引きがおもしろいのは，お互いが了解した範囲内でしのぎを削ることができるからである。

自分や相手の成長は，お互いに合意したルールがあるからこそよく見えてくる。逆に言えば，パフォーマンスの向上にともなって，設定されたルールそのものがおもしろくなくなることもある。その際には，ルールそのものに対する合意形成が改めて，必要になってくる。

実際，スポーツのルールについては，合意形成に向けた努力がつねになされている。審判のトレーニングもその一例である。それは，まさに，フェアやスポーツで求める価値観を確認していくことでもある。

II. 作戦の立て方

さて，今まで紹介してきたことを実行できるようにするには，具体的に何をすればよいのだろうか。

表2に示したように，戦略，作戦，戦術は，誰かがどこかで決めている。通常，戦略を練るのは，主に監督やコーチの仕事である。体育の授業では，監督役やコーチ役，あるいは，チームのメンバーでこれを決定していくことになる。作戦を実際に遂行するにはチームメンバー間の共通理解や合意が不可欠である。実際，どんなに能力の高いスター選手ばかりが集まっていても，チームとして機能しなければ勝てない。逆に一人ひとりの能力が低くても，それぞれが持っている特徴をうまく噛み合わせながら，それぞれの役割分担を明確にし，コミュニケーションがしっかりととれていればそのチームは強くなる。

実際の試合場面では，自分たちの予想通りに相手が対応してくれるわけではない。したがって，相手に応じて状況を打開することが求められる。そのために，ゲーム中には個々のプレーヤーが臨機応変に戦術を活用することが求められる。また，ハーフタイム等では，ゲームの状況を踏まえた柔軟な作戦の修正が必要である。つまり，ゲームで成果を収めるには，これらの決定方法が大切になる。以下では，作戦を例にこの点を具体的に確認したい。

1. 作戦を立てる手続き

何かを成し遂げさらに高めるためには，綿密な計画を立て，果敢に実行し，その成果を適切に評価し，次の計画に向けて新たな方針を設定しなければならない。作戦を立てる際にも，当然，同様の手続きが求められることになる(図1)。

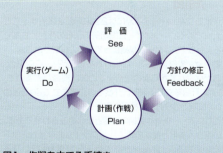

図1　作戦を立てる手続き

表2　戦略・作戦・戦術の違い

	戦　略	作　戦	戦　術
影響の範囲	大会全体	1試合の戦い方	試合中の局面
主たるアイディアマン	監督・コーチの考え	チームの合意	プレーヤーの創意工夫
チームの具体的方策	メンバーの決定や交代，マークマンの決定など	攻撃・防御システム，タイムアウト，各種フォーメーションなど	コンビネーションプレーの選択，オープンスペースを作るなど

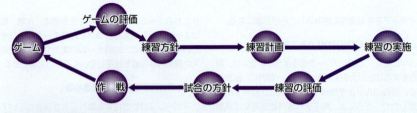

図2　ゲーム前の作戦立案のサイクル

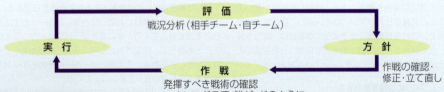

図3　ゲームの最中の作戦立案のサイクル

「作戦を立てる」こと自体は，決して難しいことではない。しかし，成果の得られる作戦づくりとなれば話は別である。作戦が成果を収めるにはあらゆる場面で，図1のような手続きが求められることになる。

例えば，ゲームが終わって次のゲームが始まるまでの間，ゲームの最中，ハーフタイム，タイムアウトの時など，あらゆる場面で，その時々の状況に応じて，ボール操作の技能やボールを持たないときの動きが正しく発揮されているかどうかをチェックし，必要に応じて修正するための具体的方策を立てることが大切になる。作戦は，立てるだけではなく，つねに評価，修正されていくことが必要である。

2. 作戦を立案，評価する2つの局面

作戦を立案，評価する際には2つの局面を区別することが大切である。1つはゲーム開始前の作戦の検討，立案である。もう1つはゲームが始まってからの作戦である。

前者は，戦略に基づいたものである(図2)。この場合，試合が終了してから次の試合までの間に練習が入るので，「練習の計画を立てる」ことと「試合の作戦を立てる」ことの2つの段階での検討が求められる。

これに対し，後者は戦術の確認とその組み合わせである。この場合，前半と後半の間のハーフタイムやタイムアウトなどの短時間に「評価→方針の修正→計画」が行われる(図3)。

3. 作戦評価のための3つのステップ

作戦が成果をあげていくには，作戦の評価方法が大切になる。さらに，その評価を踏まえてチームの合意を形成することが必要であり，そのためには「話し合い」が欠かせない。この話し合いは，漠然と行うのではなく，次のようなステップを踏まえて行うのがよい。

①ステップ1：現状把握(主観的事実)

ゲームの勝敗にかかわらず，ゲームの時に感じた問題点を個々人で洗い出す。危険な場面，困った場面，不満に感じた場面，我を忘れてしまった場面などを思い出し，その時実感した問題点を学習カードに箇条書きにする。タイムアウトの時などは，コートの外から見ているチームメイトの意見を尊重する。

②ステップ2：ゲーム分析(客観的事実)

ゲームの結果をそれぞれの球技の特徴に合わせて，データに基づき客観的に振り返る。得点と失点，ボールの支配率，シュート(スパイク)等の決定率，ミス率，攻撃回数に対する得点の割合など種目の特性に応じた記録用紙を作成し，ステップ1で感じた主観的事実を客観的データによって冷静に振り返る。ビデオ撮影したゲームをもう一度見直しながら，記録用紙に記入するだけでも随分効果がある。試合の最中は，前半が終了した時点でこうしたデータを素早く集計できる仕組みを考案するのもよい(図4，図5)。

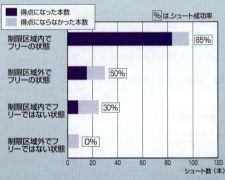

図4　バスケットボールのシュートの決定率(中学生)

年　　　月　　　日（　　）　　　チーム名　　　　　　　　　立案者

今週の全体的課題		（　　　）分ハーフ・ゲーム				
		#1	#2	#3	#4	#5
ゲーム前	（ゲームの課題）	対戦チーム				
		勝敗				
		スコア	-	-	-	-
	（戦術 ― 攻撃）	（戦術 ― 防御）				
	（全体的戦術・戦略的位置づけ）					
ゲーム後	（何が起こったか）	（それはなぜか）	（どうしたらよいか）			
	（全体的に）		自己評価	5 4 3 2 1		
			（評価）			

図5　バスケットボールの戦術確認カード

③ステップ3：原因追究（主観的事実と客観的事実のすり合わせ）

　なぜ，そうなったのかその原因を考えてみる。体力，技術，戦術，チームワークなどさまざまなレベルでその要因を見つけ出す。そして，もしこのままの状態が続いたらどうなるのか，さらに予想される事態を回避するためにどこから立て直す必要があるのかを考えて，話し合う。

4.　チームの合意形成の方法

　原因をつきとめると，状況打開に向けた次の方針を具体的に決定することが必要になる。そのためには，まず，与えられた時間的条件を踏まえて，「できること」と「できそうなこと」と「できないこと」を区別することが大切である。

　長期的には「できないこと」を「できるようにすること」が目標となるが，中期的には「できそうなこと」が「できるようになること」を目標として掲げ，短期的には「できること」を「さらに確実にできるようにすること」がチームの目標となる。これらは，戦略レベルの判断である。しかし，ハーフタイムやタイムアウトの時に長期的な目標を掲げることは無意味である。作戦に対する評価を踏まえ，できることを「いつ」「どこで」「誰が」「どのように」行うのかを確認し，共通理解を得ることが必要になる。

5.　判断基準の設定

　ゲームの成果を評価し，方針を修正して，次の計画（作戦）を立案するにあたって重要となるのが，「評価の判断基準」である。ゲームの勝敗や得点差がその基準となるのは言うまでもない。しかし，その際にも，ややもすれば，結果のみで作戦の正否を評価してしまうことが多い。しかし，長期的にみれば，技能が適切に発揮できないことが問題であっても，考えた作戦そのものは正しい場合もみられる。実際，プロなどでもシーズン初期に大敗していたチームが，シーズンの進行に伴って成果が出てくる場合が，その典型である。このような場合には，考えた作戦が確実に成果をあげるように，練習方法を工夫していくことで事態が改善されていく。しかし，考えた作戦そのものに問題があれば，いくら練習を積み重ねても成果は期待できない。

　したがって，設定した作戦に即して，ゲームの展開や勝負の分かれ目となる重要な場面を分析していくことが大切になる。また，それまでのゲームで課題となった部分がしっかりと解決できているかどうかをチェックするためのリストを作成しておくとよい。

　次の計画（作戦）立案の際には，そもそもそれまでの計画や作戦がまともであったのかどうかを吟味しなければならない。自分たちの技能レベルや体力レベルにふさわしい作戦であったのか，無理はなかったのか，計画を実行するための時間的な余裕はあったかなどをチェックする必要がある。

6.　練習計画の立案

　「できること」を「さらに確実にできるようにする」ためには，もう一度その内容をきちんと理解しているかどうかを確かめることが大切である。新しい練習に取り組む前に以前の練習のポイントをもう一度確認し，そのポイントをさらに強調するような練習を計画する。ゲームに近い状況を設定することは，その一例である。例えば，テニスの遠藤愛選手の高校時代の練習時間は，1日，2時間程度であったという。しかし，練習試合のウォーミングアップの時間を実際の試合の時と同様に設定するといった工夫をしていたという。また，目標を達成するために，ゲーム全体で必要な体力，技術，戦術を総合的に高めるような練習を計画することも必要である。

　表3は，これら一連の手続きを確認するための一覧表である。授業中にこれを用いて，自分たちの作戦づくりの手続きを振り返ってみよう。

7. 作戦の立案

　実際の練習を行ってみて「うまくいったこと」と「うまくいかなかったこと」を考慮し，対戦相手の特徴に応じた作戦を立案する。もちろんゲームの流れをいくつか想定し，ハーフタイムやタイムアウトによって戦い方を変更することも計画しておく。

8. ゲーム

　ゲーム中は，目の前にいる相手との駆け引きを第一義とする。作戦とは異なってもその目の前にいる相手に的確に対処することが大切である。たいてい作戦とは異なる展開になることが多く，ゲームの最中やゲームの途中（ハーフタイムやタイムアウトの時）に，ポイントを絞ってStep 1→2→3と素早く段階的に考察する。そして，今できることは何か，今修正すべきことは何か，今修正するためにはどうしたらよいかを決める。方針を決めたら迷わない。

表3　作戦を立てるためのステップ

	ゲームの評価（See）	合意形成（FeedBack）	計画立案（Plan）
話し合い場面	**Step1 現状把握**　主観的事実をあげる　危険なことはなかったか。嫌なことはなかったか。困ったことはなかったか。 **Step2 ゲーム分析**　客観的事実を把握する　自チームと相手チームの得点と失点。ボールの支配率。シュート等の決定率。ミス率等のデータ分析。 **Step3 原因追及**　主観的事実と客観的事実をすり合わせる　なぜそうなったのか。このままいくとどうなるのか。体力・技術・戦術・チームワークの分析。	**練習の方針設定**　**point** チームの努力目標を設定する　できること・できそうなこと・できないことを区別し，それぞれ具体的な数値目標を設定する。	**練習計画立案**　**point** ドリルの考案と立案　目標を達成するためのドリルを考案し，そのポイントを確認する。
練習場面	**練習の実施**　**point** 系統的・段階的にドリルを実施　ドリルとドリルの順番や組み合わせ方が適切かどうか判断しながら実施。		
話し合い場面	**練習の評価**　**point** 体力テスト，スキルテストの実施　練習前と後で体力や技能にどのような変化があったかを測定して評価する。	**ゲームの方針設定**　**point** チームが目標とする大会の成績を決める　できたこと・できそうなこと・できなかったことを区別し，ゲームに向けた具体的な目標を設定する。	**作戦の立案**　**point** システムの考案と確認　練習でできたことを組み合わせ，チーム内の役割分担を決めてゲームプランを策定する。
ゲーム場面	**戦況分析**　**point** 自チームと相手チームの戦い方　なぜ勝っているのか，負けているのか，相手チームの主力は誰か？	**方針修正**　**point** 作戦の確認・修正・立て直し　今の作戦でよいのか，なぜうまくいかないのか，修正する必要はあるか，何を変更するのか。	**戦術確認**　**point** いつ・どこで・誰が・どのように　いつ・どこで・誰が・どのように・何を行うか。そのために他のプレーヤーは何をすべきか。

EXERCISE FOR RELEASING THE BODY & MIND
体つくり運動

体つくり運動

「体ほぐしの運動」の意義

　わたし達を取り巻く生活環境は激変し，日常生活において，活発に運動をする者とまったくしない者の二極化が進んでいる。また，体力の低下や精神的ストレスの増加が深刻化するなど，心と体の問題が指摘されている。

　そこで，「体ほぐしの運動」とは，生涯にわたり積極的に運動に親しんでいく1つの基盤として，すべての人々が運動の楽しさや心地よさを味わうことが大切になるとの考えから生まれたものである。つまり,「体ほぐしの運動」では，多彩で手軽な運動やリズミカルな運動を通じて，動くことそのものの楽しさを体験し，心と体が一体となるような運動が求められている。

　そのねらいは，以下の2つである。
　①心と体は互いに影響し変化することや心身の状態に気付くこと。
　②仲間と自主的に関わり合うこと。

体力を高めることの重要性

　体力がなければ，さまざまなスポーツを行うことはできない。それどころか，通学や掃除などの日常生活における作業さえも疲れてできなくなってしまう。体力を養うためには，成長期である高校生の時期に体をつくっておかなければならない。そのためにも，さまざまなトレーニングによって体力を高める運動を行う必要がある。健康的な生活をおくるだけでなく，日常生活をアクティブにおくり，長い人生を豊かにするためにも，体力はきわめて重要なのである。

A:体ほぐしの運動
スイッチ・オン・ムーブ

まずは、体を使った各種のジャンケン・ゲームで、心と体をウォーミング・アップ。「体ほぐし」では、動く気分になる（心と体のスイッチがオンになる）ことからスタートする。

❶おんぶでジャンケン

おんぶされた人同士でジャンケンする。負けた組は、二人とも馬になり、それぞれ勝った組の人をおんぶする。新しいペアになったら、また続けよう。

❷手押し車でジャンケン

「おんぶでジャンケン」と同じじやり方を手押し車の姿勢で行う。負けた組は、二人とも腕立て伏せの姿勢になり、勝った組は、それぞれの足を持つ。

🌸 バリエーション
- 「グー、チョキ、パー」と声でジャンケン。
- 両手の位置を下図のように変えてジャンケン。

グー　　チョキ　　パー

❸足ジャンケン

両脚で弾みながら、お互いのリズムを合わせて足でジャンケンする（下図の形で）。

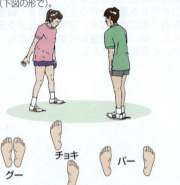

❹体で「あっち向けホイ！」

足ジャンケンに勝った人は、「あっち、向け」と言いながら両脚で弾み、「ホイ」と言ったときに、左向き、右向き、そのままの向きの3方向のいずれかに着地する。相手は、同じ向きにならないように反応する。勝負がついたら、相手を替えて続けよう。

🌸 バリエーション
- しゃがむ、伸びるなどの姿勢を加える。

❺ジャンケン・チャンピオン

①近くの人とジャンケンする。
②負けた人は、勝った人の股下をくぐって両肩に手を乗せる。
③列の先頭同士でジャンケンして列を長くしていく。最後に列の先頭になった人が、ジャンケン・チャンピオンとなる。
④先頭は大きく回り込んで、列の最後尾の人とつながる。

❻円形椅子

円の中心に集まって、前後の列を詰める。
タイミングを合わせて、後ろの人の膝にすわる。

🌸 バリエーション
- 前の人の肩を軽くもんで、リラックスしよう。
- 立ち上がったら、逆方向でもチャレンジ。

EXERCISE FOR RELEASING THE BODY & MIND **体つくり運動**

協力運動

仲間と助け合いながら、心豊かにかかわり合う運動プログラムを通じて、仲間との信頼関係を築こう。なお、運動後に、それぞれの運動を通じて各自がどのように感じたかを振り返り、仲間同士で話し合う。

❶ 引き合いスタンド・アップ（二人で）

お互いにつまさきをつけて固定し、両手を互いに引き合いながら、できるだけゆっくりと立ち上がる。立ち上がったら、腕を伸ばしたままリラックスしてバランスをとる。

バリエーション
声を出さずに。目を閉じて。相手を替えて。立ち上がったら、片腕を離す。

❷ 押し合いスタンド・アップ（二人で）

お互いに背を押し合いながら、ゆっくりと立ち上がる。立ち上がったら、相手に寄りかかってバランスをとる。

バリエーション
腕を組まずに。声を出さずに。目を閉じて。

❸ スタンド・アップ（グループで）

グループでいろいろな形で手を組み、ゆっくりと立ち上がろう。

バリエーション
手のつなぎ方を変えて。押しくらまんじゅうのように背中で押し合いながら。

❹ 倒れてドン

お互いにタイミングを合わせて、前に倒れる。両手を合わせて支え合う。両手を押し合って元の姿勢に戻る。うまくできたら、二人の距離を徐々に伸ばして挑戦。

❺ ハロー・グッバイ

円陣で手をつなぎ、腕を伸ばしてバランス。交互に前と後ろへ体を倒してバランスをとる。前に倒れながら「ハロー」、後ろへ倒れながら「グッバイ」と声をそろえよう。前後に倒れる方向を交代しながらチャレンジする。

❻ メリーゴーランド

6～8名のグループで、手首と手首をしっかり握り合って、手をつなぐ。下になる人は、足を円の中心において、腰を伸ばす。支えている人は、ゆっくりと回転し、慣れてきたら徐々にスピードアップしよう。

29

ウォーク＆ジョグ

歩・走の運動は，とかく単調になりがちだが，仲間とかかわりながら行うことで，多彩なウォーキングやジョギングを体験することができる。

❶ ものまねウォーク

二人組になり，前後に並んで歩く。前を歩く人は，腕を大きくまわしたり，左右に体をひねるなど，歩く動きに変化を加える。後ろの人はその動作をまねながらついて歩く。

❷ タッチで操縦

前後に並んだ二人組で，前の人は目を閉じて歩く。後ろの人は，肩をタッチして先頭の人に歩く方向を伝える。

左肩タッチ：左折，右肩タッチ：右折，首下タッチ：ストップ。仲間とぶつからないように注意する。

❸ ジョイント・ウォーク

前後に並んだ二人組で両手をつないで歩く。前の人が歩く方向をコントロールする。手をつないだまま前の人が後ろに回り込んで先頭を交代する。

バリエーション
・並ぶ人数を増やす。
・ジョギングで行う。

バリエーション
・ごく軽いタッチにする。
・触らずに小さな声で指示する。

バリエーション
・後ろの人が自転車のハンドルを操作するように歩く方向を決める。
・後ろの人は目を閉じてついていく。

❹ シグナル・ジョグ

あらかじめ二人組の一人がする動き（シグナル）に対して，もう一人がどう反応するかを2～3種類決めておく。前後にならんでジョギングをしながら，前のAが出したシグナルに後ろのBがすばやく反応して決められた動作をする。その後，AとBは役割を交代する。ここでは，走っている動作から次の動作にスムーズに移行することがポイントとなる。無駄の少ない動作で動き続ける。慣れてきたら，少しずつシグナルの種類を増やしていく。

バリエーション
自分たちでオリジナルのシグナル動作を考案する。

腕下まわり

A：腕を水平に広げて立つ。
B：腕の下をくぐりながら，1周半回り，前に抜ける。

背押し

A：足を前後に開いて立つ。背中を押されたら，後ろに寄り掛かる。
B：背中を押して10歩前進。

腕脚腕とび

A：長座姿勢で腕を左右水平に上げる。
B：腕・脚・腕と連続して跳び越す。

❺ グループ・ジョグ

仲間とグループになり，隊形をつくってジョギングする。

❻ 四輪駆動

自動車のタイヤになったイメージで四人組の隊形を崩さずに走る。

バリエーション
・手を離して，前と後ろの人の位置を入れ替える。
・手をつないだままでも位置をチェンジできるか挑戦する。

EXERCISE FOR RELEASING THE BODY & MIND **体つくり運動**

ペア・ストレッチング

　ペアになって相手の体に気を配りながら，気持ちよく身体各部の筋肉を伸ばす。お互いに伸ばされている筋肉の感覚に意識を集中して，「ちょっと痛いので，やさしくして」「もう少し押しても，大丈夫！」など，体の状態を言葉に表して伝えよう。

❶ 背伸ばし
　膝を曲げながら，両手を引き合って，背筋をゆっくりと伸ばす。

❷ 体側伸ばし
　両手を引き合って，体側の筋肉をゆっくりと伸ばす。そのまま反転して，逆側も伸ばそう。

❸ 背負い
　背中合わせに肘を組んだ姿勢から，相手を背負う。上の人は，完全に力を抜いて，相手に身を任せる。下の人は，軽く膝を曲げて，上下にゆする。

❹ ぶら下がり
　長座をし，両手を頭の上方で組む。組んだ手の輪に首を入れて，ゆっくりと上体を引き上げる。

❺ ひっぱり伸脚
　軽く両脚を開いた姿勢から，お互いの左足に体重を乗せて両手をつないだまま，左膝をゆっくりと曲げる。立ち上がったら，右側でも同じように行う。

❻ 脚ブラブラ（下向き）
　足を持って左右に軽くゆすってみよう。リラックスしていれば，筋肉はブラブラとゆれる。

❼ 大腿筋伸ばし
　ゆっくりと足の甲を押してしばらく静止する。

❽ 背すじマッサージ
　背骨の両脇をさすったり，軽くたたいたりしてマッサージする。

❾ 脚ブラブラ（上向き）
　一方の脚を持って左右に軽くゆする。無駄な力が入っていないかチェックしよう。

❿ 股関節伸ばし
　一方の脚を曲げて，膝をゆっくりと胸に近づけたり，まわしたりする。

⓫ 大腿背面伸ばし
　膝を伸ばしながら，脚部全体をゆっくりと上体に近づけるように倒していく。呼吸はゆっくりとはき出すようにして，リラックスして行う。

 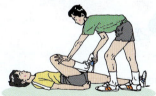 

31

リズムに乗った運動

人は、うれしいことがあると思わずスキップしたくなり、また、リズミカルに弾んでいると気分も明るくなる。まさに、心と体は一体としてとらえられるものであり、心が弾むようなリズム運動を通じて、動くことそれ自体の楽しさ、心地よさを体感できる。

❶ ラインステップ

音楽のリズムに合わせて、ライン(または長縄)をはさんで左右にステップしながら、前方に移動する。
前の人が8カウントステップしたら次の人がスタートする。
ラインの端までステップしたら、最初のスタート地点まで歩いて戻る。

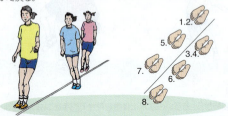

バリエーション
・リズムに変化をつけて。
・片足ステップ・開閉ステップなど。
・横向きや後ろ向きで。
・二人組で手をつないで。

❷ グループ・ラインステップ(同時)

一列に並び、前の人の肩に手を置いて同時に弾む。

❸ グループ・ラインステップ(交互)

前から奇数組と偶数組で左右交互にステップして進む。

❹ ステーション・リズム運動

運動課題を4種類決めておき、各運動課題を行うステーションを4カ所設定する。
4グループに分かれて、それぞれ課題を軽快な音楽のリズム(約120拍/分)に合わせて動く(16呼間)。
課題を終えたら、ジョギング(スキップ)しながら次のステーションへ移動する。

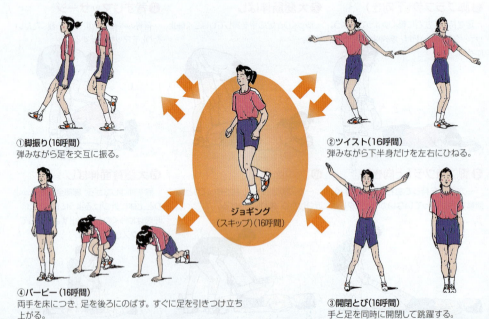

①脚振り(16呼間)
弾みながら足を交互に振る。

②ツイスト(16呼間)
弾みながら下半身だけを左右にひねる。

④バーピー(16呼間)
両手を床につき、足を後ろにのばす。すぐに足を引きつけ立ち上がる。

③開閉とび(16呼間)
手と足を同時に開閉して跳躍する。

EXERCISE FOR RELEASING THE BODY & MIND **体つくり運動**

手具を活用した運動

ボール・輪・棒などの手具を用いて，いろいろな運動課題に挑戦する。初めは一人で扱い，慣れてきたら仲間と一緒に息を合わせて取り組もう。

❶ ボールを使った運動例

2つドリブル
2つのボールを同時，または交互にドリブルする。

※ **バリエーション**
・種類の異なるボールでドリブル。
・ドリブルしながら移動。

馬跳びキャッチ
ボールを投げ上げたら，すばやく馬跳びをして，そのボールを受け取る。バウンドしたボールをキャッチしてもよい。

円陣ドリブル
みんなで同時にドリブルして，ボールのつく音を合わせる。声をかけて，左隣へドリブルパスをしてボールをまわす。

※ **バリエーション**
・逆方向へのドリブルパス。
・ボールはその場で，人が一斉に移動。

❷ フープを使った運動例

フラフープ・ウォーク
腰のまわりでフープをまわしながら歩く。

※ **バリエーション**
・目を閉じる。
・前後左右に歩く。

歯車
二人組になり，お腹でフープを押し合って支える。ゆっくりと歯車のように体を1回転する。

※ **バリエーション**
・逆回転。
・目を閉じる。
・人数を増やす。

フープ・リレー
一人がフープを肩に掛け，円になる。手を放さないで，フープを隣りへ送る。

※ **バリエーション**
・二人同時に輪をくぐる。
・目を閉じて。

❸ 棒を使った運動例

ターンでキャッチ
棒を床に立て，すばやく手を放してターンをし，再び棒を支える。

※ **バリエーション**
・2回転ターン。
・目を閉じて。

移動でキャッチ
二人組で棒をそれぞれ床に立て，同時にすばやく移動して，相手の棒が倒れる前にキャッチする。

※ **バリエーション**
・グループで移動。
・移動しながらターン。

棒わたり
2列で向かい合い，二人で1本の棒を両手でしっかり持つ。この上に乗ってゆっくりと渡っていく。
注意：丈夫な素材の棒を使うこと。

33

用具を活用した運動

全身で弾み,転がり,滑るといったダイナミックな動きを誘発する用具を工夫・創作して,新しい動きの世界を体験しよう。

❶ ミニバイク用の古チューブ※を用いた運動例　※金具の部分をカットしたもの

チューブ飛ばし
誰が一番遠くへ飛ばせるか挑戦する。

☀バリエーション
・目標エリアを決めて飛ばす。

ころがし着地
ころがしたチューブを追いかけ,追いついたら,チューブの上に正確に跳び乗って着地。

☀バリエーション
・2つ同時に転がす。

人間輪投げ
仰向けに寝た人の手・足を目標にチューブを投げ入れる。

☀バリエーション
・距離を遠くする。

❷ 大きなボール※を用いた運動例　※人が乗ることのできる直径60〜70cmのボール

仰向けストレッチ
ボールの上でリラックスして,背すじを伸ばす。

バウンド・タッチ
ボールの上でバウンドしながら,リズミカルに手を合わせる。

スーパー(ウー)マン
ならべたボールの上をバランスを取りながら滑っていく。

❸ オリジナル用具を用いた運動例

巨大円盤投げ
フリスビーの要領で投げる。全身を使ってフープにほどよい回転を与えると,フープは空中高く舞い上がる。

人間カーリング
スクーターボードに乗せた仲間を滑らせて,目標エリアに到達させる。

波乗りバランス
ゆれる板の上にどのくらい乗っていられるか,挑戦する。

古布(一辺100cm程度)の対角をゴムひもでつなぎ,フープにかぶせる。

四隅に多方向性キャスターをつける。
50cm程度
30cm程度

約40cm　約60cm
合板
1cm程度
塩化ビニール製のパイプ:
直径15cm程度
裏面
ストッパー:1cm角の木材を
打ち付ける。

EXERCISE FOR RELEASING THE BODY & MIND 体つくり運動

B:体力を高める運動

スポーツを活動的に行うためには，スタミナ・スピード・パワーと身体支配能力が不可欠である。これらの体力要素は，お互いに関連しているが，それぞれに特有のトレーニングを行う必要がある。
ここでは，スタミナ系，パワー系，スピード・クイックネス・動きづくり系のトレーニングと総合的なトレーニング，そしてストレッチングを紹介する。

スタミナ系トレーニング

歩いたり，走ったり，階段を上るなど，日常生活はさまざまな運動から成り立っている。そのような運動も，スタミナがなければ疲れてできなくなる。逆にスタミナがつき，それらを楽にこなすことができるようになれば，日常生活もアクティブにおくれるようになる。スタミナをつけるには，心肺機能を向上させるトレーニングを行うとよい。

❹ エアロビックダンスエクササイズ

音楽に合わせてリズミカルに行うため，心理的にも楽しいトレーニングの1つである。下肢だけでなく上肢も使った全身運動で有酸素的運動の代表でもある。リーダーの動きに合わせ，動作をなるべく正確に行うことが大切。

❶ 長距離走

あらゆるスポーツにおいて長距離走はもっとも効果的なトレーニングの1つ。競技力向上に欠かせない。自分の能力の最大限が出せるような一定スピードで走る。

❷ 階段登り

心肺機能を高めるだけでなく，脚筋力も同時に高めるトレーニング。屋内でも行うことができ，せまい空間で短時間に心拍数を上げる運動である。腕をしっかり振りながら上り下りする。

❺ ジョギング

競技的なスタミナづくりではなく，健康を維持増進させるための有酸素的運動でもある。ウォームアップやクールダウンにも適した運動である。リラックスしたリズミカルな動きで走りたい。

❸ 水泳

無重力に近いため，関節に大きな負担をかけずに心拍数を上げることができる運動。上半身の筋肉に対するトレーニングとしても効果的である。

❻ バイクエクササイズ

屋内でできるスタミナ系トレーニングの代表である。自分の体力に合わせた負荷を設定し，20分間以上続ける。下肢の筋力アップにも効果的。

パワー系トレーニング

スポーツ活動だけでなく，日常生活をアクティブにおくるためにも筋力やパワーは大切である。筋肉に大きな抵抗負荷をかけることによって，筋肉の機能を向上させることができ，さまざまなトレーニング法がある。

プッシュアップ

主に大胸筋と上腕三頭筋をきたえるトレーニング。体を上げるときに意識して力を入れる。腹部が弓なりに落ちないように注意する。手の位置を変えることによって負荷の大きさを変えることができる。

シットアップ

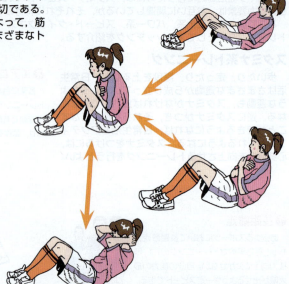

主に腹筋をきたえるトレーニング。背を少し丸くしてカールアップさせる意識で上体を起こす。両手の位置を変えることによって負荷の大きさを変えることができる。

デッドリフト／クリーン／プレス

〈プレス〉

デッドリフトでは，主に背筋と大腿四頭筋，クリーンでは上腕二頭筋，プレスでは上腕三頭筋を使う。一連の動作で全身の筋肉をきたえる強度の高いトレーニング。

〈クリーン〉
〈デッドリフト〉

ベンチプレス

主に上腕三頭筋と大胸筋を鍛えるトレーニング。肩幅よりやや広い幅で手首（グリップ）が反らないように注意して，しっかりプレスする。

EXERCISE FOR RELEASING THE BODY & MIND **体つくり運動**

ローイング

スクワット

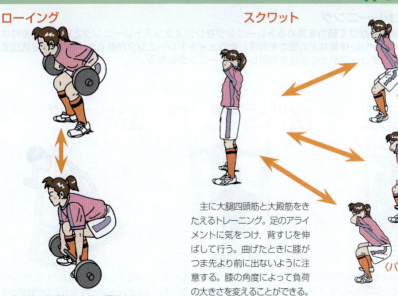

〈クォーター スクワット〉

〈ハーフ スクワット〉

〈パラレル スクワット〉

主に大腿四頭筋と大殿筋をきたえるトレーニング。足のアライメントに気をつけ，背すじを伸ばして行う。曲げたときに膝がつま先より前に出ないように注意する。膝の角度によって負荷の大きさを変えることができる。

広背筋・僧帽筋と上腕二頭筋をきたえるトレーニング。上体は背すじを伸ばして，バーベルは垂直にまっすぐに引き上げる。

フォワードランジ／サイドランジ

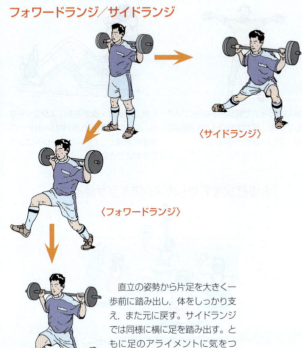

〈サイドランジ〉

〈フォワードランジ〉

直立の姿勢から片足を大きく一歩前に踏み出し，体をしっかり支え，また元に戻す。サイドランジでは同様に横に足を踏み出す。ともに足のアライメントに気をつけ，上体もぐらつかないようしっかり支える。

ジャンプスクワット

スクワット同様，アライメントと背すじに注意して，しっかりジャンプする。瞬発力を高めるトレーニングである。

37

レジスタンストレーニング

　筋肉に対して抵抗をかけて筋力を高めるトレーニングをレジスタンストレーニングという。代表的なものにバーベル・ダンベル・体重などの重さを利用したウェイトトレーニングがあるが，油圧式・空気圧式のトレーニングや，チューブや水の抵抗を利用したトレーニングもある。

マシントレーニング（ウェイトスタック式）

　四角いウェイトの積み重ねを負荷とした代表的なマシントレーニング。

マシントレーニング（プレート式）

　フリーウェイトで用いる丸いプレートをマシンに利用して負荷としたマシントレーニング。

マシントレーニング（油圧式）

　油圧シリンダーを抵抗としたマシンによるトレーニング。自分の力が負荷となるため，過重な負荷がかからず安全性が高い。

フリーウェイト（バーベル）

　ウェイトトレーニングの代表の1つである。中程度から重度の重さの負荷による強度の高いトレーニング。正しいフォームによる動作が不可欠。

フリーウェイト（ダンベル）

　手軽なウェイトで軽負荷トレーニングに適している。筋力の低い人にも向いているが，正しい動作が不可欠。

自重を利用したトレーニング

　腕立て伏せ・腹筋運動・スクワットなど，自分の体重(自体重)やパートナーの体重を負荷として利用したトレーニングで手軽にできる。

マシントレーニング（アイソキネティック）

　コンピュータ制御によって一定のスピードでトレーニングできるマシンである。一流選手などに使用が限られている。

水の抵抗を利用したアクアエクササイズ

　プールで行われる水の抵抗を利用したトレーニング。リーダーに合わせて楽しく行える。筋力だけでなく持久力の向上にも効果的。

EXERCISE FOR RELEASING THE BODY & MIND 体つくり運動

スピード・クイックネス・動きづくり系トレーニング

　スポーツ活動において技術が十分に発揮できたり，よい記録をおさめたりするためには，スピードやクイックネス，身体支配能力が高いことが不可欠である。そのためには，こうした能力を選択的に開発するようなトレーニングを行う必要がある。

ラダートレーニング

スプリットジャンプ

前後に開脚をしながらジャンプするトレーニングで，バネのように躍動的に10回前後繰り返す。空中フォームの安定とバランスに注意する。

ボックスジャンプ

ラダー（縄ばしご）のます目を使ってさまざまなステップで移動するトレーニング。クイックネスや動きづくりに適している。

高さ約20cmのボックス（台）を用いてジャンプをくり返す。空中で安定したフォームをとるようジャンプする。

コーンを使ったドリル

片足でコーンの頂上をまたぎ、着地せずに元に戻す。足を下ろさないままで10回くらいくり返す。腰回りの筋力の強化を図る。

サイドステップ

2～2.5mの間隔に置かれた4つのコーンの間をサイドステップですばやく移動する。

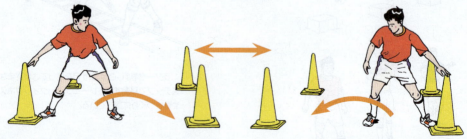

EXERCISE FOR RELEASING THE BODY & MIND **体つくり運動**

総合的なトレーニング

インターバルトレーニング（間欠的スプリントトレーニング）

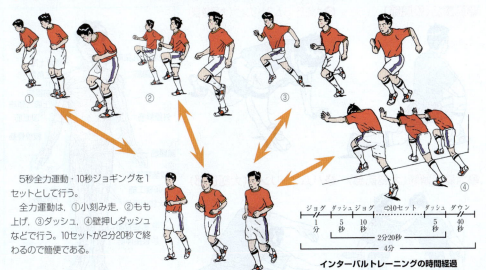

5秒全力運動・10秒ジョギングを1セットとして行う。

全力運動は，①小刻み走，②もも上げ，③ダッシュ，④壁押しダッシュなどで行う。10セットが2分20秒で終わるので簡便である。

全面的トレーニング（サーキットトレーニング）

様式の異なるトレーニング動作を次々と行うことによって，クイックネス・筋力・持久力などを総合的に高めるトレーニングである。

ストレッチング

ストレッチングは，筋肉の柔軟性を高め，関節の可動域を広げるための効果的な運動である。反動をつけずに10～20秒程度，筋肉を伸ばし，同じ姿勢を保つように行う。

❶ 腸腰筋（股関節）

❷ 大殿筋・ハムストリング（大腿後部）

❸ 大腿四頭筋（大腿前部）

❹ ハムストリング（大腿後部）

❺ 内転筋（股関節）

❻ 広背筋・僧帽筋（背部）

❼ 大胸筋（胸部）

❽ 三角筋（肩部）

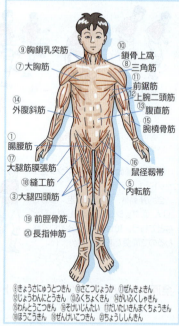

⑨胸鎖乳突筋 ⑩鎖骨上窩 ⑦大胸筋 ⑧三角筋 ⑪前鋸筋 ⑫上腕二頭筋 ⑭外腹斜筋 ⑬腹直筋 ⑮腕橈骨筋 ①腸腰筋 ⑰大腿筋膜張筋 ⑯鼠径靱帯 ⑱縫工筋 ⑤内転筋 ③大腿四頭筋 ⑲前脛骨筋 ⑳長指伸筋

⑨きょうさにゅうとつきん ⑩さこつじょうか ⑪ぜんきょきん ⑫じょうわんにとうきん ⑬ふくちょくきん ⑭がいふくしゃきん ⑮わんとうこつきん ⑯そけいじんたい ⑰だいたいきんまくちょうきん ⑱ほうこうきん ⑲ぜんけいこつきん ⑳ちょうししんきん

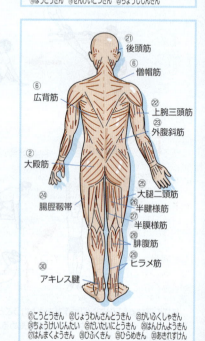

㉑後頭筋 僧帽筋 ⑥広背筋 ㉒上腕三頭筋 ㉓外腹斜筋 ②大殿筋 ㉕大腿二頭筋 ㉔腸脛靱帯 ㉖半腱様筋 ㉗半膜様筋 ㉘腓腹筋 ㉙ヒラメ筋 ㉚アキレス腱

㉑こうとうきん ㉒じょうわんさんとうきん ㉓がいふくしゃきん ㉔ちょうけいじんたい ㉕だいたいにとうきん ㉖はんけんようきん ㉗はんまくようきん ㉘ひふくきん ㉙ひらめきん ㉚あきれすけん

Track & Field
陸上競技

陸上競技

おいたちと発展
　太古の人類にとって，走る，跳ぶ，投げるなどの運動は，生きていくうえでの大切な能力であった。これらの運動を一定のルールのもと，競い合う形式で始めたのが陸上競技の原点である。記録に残っているもっとも古い競技会は，紀元前776年の第1回オリンピア競技祭である。古代ギリシャ滅亡後，ローマ時代には古代オリンピックの精神はゆがめられ，スポーツの暗黒時代が到来した。しかし，ルネッサンスを契機として，体育・スポーツは新たな形で芽生え，陸上競技も古代オリンピックの精神を尊重し基盤がつくられた。そして，クーベルタン男爵らの尽力で第1回オリンピックがアテネで開催されたのである。
　わが国へは明治の初期，英米両国によって紹介され，1912年(明治45年＝大正1年)には第5回オリンピックに初参加した。
　現在では，陸上競技は世界中のほとんどの国で行われており，世界的規模で競えるために記録もとどまることを知らない。また，老若男女がロードレースなどに参加し，レクリエーションとして陸上競技を楽しむ姿も多く見られるようになった。このように陸上競技は，高度化と大衆化という両面で発展を遂げ続けている。

競技の特徴
①歩・走・跳・投の基本的な運動をタイムや距離によって競う。
②個人の能力を最大限に発揮することが求められる。
③競歩競技，競走競技，跳躍競技，投てき競技，混成競技に大別される。トラック競技，フィールド競技，道路競技とも区別される。
④優れた成績を上げるためには，技術とともに高い水準の体力が求められる。

陸上競技の技術特性

　陸上競技は，歩，走，跳，投の人間の基礎的・基本的運動を競技化したものである。したがって，個人の持っている体力や運動能力の水準が記録に反映されやすい。体力や運動能力をそれぞれの種目で十分に生かすためには，合理的な運動の技術を身につけることが重要になってくる。そのためには，バイオメカニクスなどのスポーツ科学の視点から陸上競技を見ることも有効である。

　陸上競技にはさまざまな"運動"がかかわっているが，そのおもなものは直線運動と回転運動である。これらの運動が体の各部分(おもに関節)を介していろいろな動作を形成し，競走，跳躍，投てきの各パフォーマンスに大きく関与している。

A：走運動

1. 競走とは，走動作によって一定の距離を移動する時間を競う競技である。
2. 走運動は体全体をひとつの物体とみなせば直線運動であるが，部分的には各関節や接地した足を軸にした回転運動によって成り立っている。
3. 走運動はおもに次の3つの動作によって構成されている。
   ①両方の腕のスイング動作
   ②接地している脚のキック動作
   ③浮いている脚のスイング動作
4. 1歩で進む距離をストライド，ある一定時間の歩数をピッチといい，疾走のスピードの向上には，2つの要素が関係するが，両要素は相反関係にある。
5. **短距離種目**のスピードに大きく影響を及ぼすのは，適切なストライドとピッチ，および効率的な脚の動作(キック動作とスイング動作)である。
6. **中・長距離種目**のスピードに大きく影響を及ぼすのは，エネルギー供給である。

B：跳運動

1. 跳躍とは，跳運動によって鉛直方向または水平方向に移動する距離を競う競技である。
2. 跳運動とは，走運動(助走)によって得られた水平方向の推進力と踏み切り動作によって得られた鉛直方向の上昇力を合成する運動である。
3. 跳運動はおもに次の3つの動作によって構成されている。
   ①踏み切り動作(踏み切り脚のキック動作と振り上げ脚のスイング動作)
   ②空中動作
   ③着地動作
4. 踏み切り時に地面に加える力による反作用を地面反力(ブレーキ要素になる)という。踏み切り時に地面に加える力の方向によって跳躍角度が異なる。
5. **走り幅跳び**の最適跳躍角度は20°前後であり，**走り高跳び**の最適跳躍角度は50°前後である。それは地面に加える力の角度[A]を調整することによって変化する。

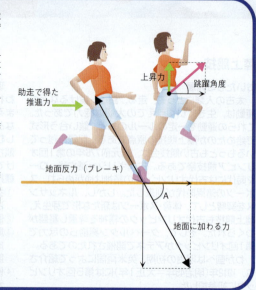

TRACK & FIELD **陸上競技**

C：投運動

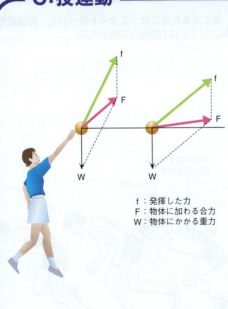

f：発揮した力
F：物体に加わる合力
W：物体にかかる重力

1. 投てきとは，投運動によって投てき物を水平方向に移動させた距離を競う競技である。
2. 投てきとは，準備運動（助走，回転，ステップなど）によって得られた水平方向の推進力と投運動によって得られた投射力を合成し，投てき物にスピードを加える運動である。
3. 投運動はおもに次の動作によって構成されている。
   ① **砲丸投げ**：準備動作（グライド，ステップ，回転など）＋上体の回転動作＋上腕と前腕による押し出し動作
   ② **やり投げ**：準備動作（助走）＋上体の回転動作＋上腕と前腕によるスイング動作
   ③ **円盤投げ**：準備動作（ターン）＋上体の回転動作＋腕のスイング動作
   ④ **ハンマー投げ**：準備動作（スイング＋ターン）＋両腕のスイング動作
4. 投てき物は空気の影響を無視した場合は放物線の軌跡を描く。放物線は投射初速度，投射角度，投射高の3つの条件によって変化する。
5. 投距離にもっとも影響を及ぼすのは投射初速度である。投射初速度を高めるには，投てき物に大きな力を可能な限り長い時間加えればよい。
6. 投てき物の最適投射角度は，砲丸投げおよびハンマー投げが40〜42°，やり投げは30〜35°，円盤投げは35〜40°である。

体ほぐしの運動

①尻たたき走
上半身を脱力し，かかとで尻をたたきながら，小さな歩幅でリズムよく走る。

②小刻み走
短い間隔で引かれたラインをできる限り速いリズムで踏みながら進む。

③大股歩行
大きく足を前後に開きながら，6〜10歩ほど進む。

④脚振り上げ歩行
高く脚を振り上げ，膝の下で手をたたきながら歩く。

⑤その場連続ジャンプ
片方の足を軽く持ってもらい，リズムよく連続ジャンプを行う。

安全に対する留意点
①準備運動と整理運動をしっかり行う。
②その日の体調や環境に応じた練習を行う。
③練習用具などは事前に点検・確認し，事故防止に心がける。
④練習場の広さや施設，参加人数などに応じた練習計画を立てる。

A:走運動-1. 短距離走

短距離走種目には，100m，200m，400mがある。速く走るためには，スタートダッシュ，加速疾走，全力疾走の効率的な動きと，敏しょう性，瞬発力，筋力などの体力要因が求められる。

❶スタート→加速疾走

短距離走では，両手を地面に着いたクラウチングスタートを用いることが義務づけられている。このスタート方法は，スターティングブロックを強くけることができ，低い姿勢で飛び出すことができるために，加速するには有利である。

①「位置について」(On your marks)
スタートラインの手前に両手をつき，スターティングブロックに足をかける

②「用意」(Set)
腰を上げ，いつでもスタートできる状態で静止し，号砲を待つ

③「号砲(ドン)」
前傾姿勢を保ちながら，スターティングブロックを強くける

⚠ クラウチングスタートの3パターン

●バンチスタート
狭い足幅

ブロックを離れるまでの時間(反応時間)が短く，「用意」の姿勢で腕にかかる負担が大きい。

●エロンゲーティッドスタート
広めの足幅

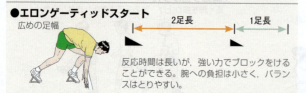

反応時間は長いが，強い力でブロックをけることができる。腕への負担は小さく，バランスはとりやすい。

●ミディアムスタート
もっとも一般的な方法

バンチとエロンゲーティッドの中間的なスタートでもっとも一般的である。

●ストライド

ストライドが広すぎると，1歩1歩に対して走り幅跳びの踏切時のようにブレーキがかかることになる。逆に小さすぎると，足踏みのような走り方になり，効率が悪くなる。ストライドは身長の1.0～1.2倍くらいが適切である。

●コーナーの走り方

コーナーでは遠心力によって，外に放り出されるような力が働く。体を少し内側に傾けると，バランスがとりやすくなる。また，直線よりも幾分ストライドを短くすると走りやすい。

TRACK & FIELD 陸上競技

❷ 全力疾走
リラックスした動きでできる限り長い距離にわたり最高速度を維持するように走る。

❸ フィニッシュ
フィニッシュラインの手前で上体を前に突き出す。スピードを落とさず，フィニッシュラインの先までかけ抜ける。

しだいに上体を起こし全力疾走に移っていく

リラックスしたフォームで最高速度を長く保つ

膝を十分に引き上げる

フォームが乱れないように意識し，スピードの低下を最小限にとどめる

スピードの変化

50〜80mで最高速度に達する

けった足をすばやく前に運ぶ

かかとを尻に引きつける

振り出した脚を振りもどして体の近くに接地する

練習法

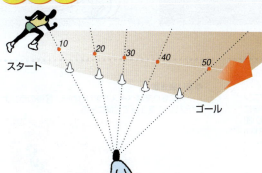

スタート　10　20　30　40　50　ゴール

測定者

各通過地点と測定者を結ぶライン上にコーンや棒を立て，それと重なった時点を各地点通過とみなして計時する。

10m区間ごとの通過タイムを測定し，スピードを求める。スピードの変化をグラフに表すと，自分の特徴がよく分かり，練習の課題が見つかる。

● スタート→加速区間の練習法
いろいろなスタート法でスタート練習を行う

● 全力疾走区間の練習法
テンポ走
あらかじめ決めたテンポ（スピード）でリラックスして走る
助走つき疾走
10〜20mの助走から全力疾走(50m)に移る。全力疾走区間のタイムを計る
もも上げ走
もも上げに意識をおき，小さなストライドでリズミカルに走る。正しい動きを習得する

47

A-2. 中・長距離走

中距離走には800mと1500m，長距離走には3000m，5000m，10000mなどがある。速く走るためには疲れにくいフォームと適切なペース，全身持久力と筋持久力などの体力要因が要求される。

●中距離走の中間疾走フォーム

腰を落とさない

無理のないストライドでリズミカルに走る｜上下動，左右のぶれを少なくする｜肩の力を抜き，リラックスして腕を振る

スタンディングスタート

「位置について」　スタート（号砲）

中長距離走ではスタンディングスタートを用いる。短距離走のように「用意」はなく，「位置について」「号砲」となる。

●長距離走の中間疾走フォーム

足の運びと調和して，スムーズに腕を振る

膝は適度に引き上げる

上体をやや前傾させ，リラックスした楽な姿勢を保つ｜膝を柔らかくし，着地のショックをやわらげる｜十分にキックする

中距離走と長距離走のちがい

長距離走では，モーションを小さくして経済的なエネルギー消費をはかる。

中距離走　長距離走

練習法

●インターバルランニング
100〜400mの距離の速いランニングと軽いランニング（ジョギング）や歩行を繰り返す。速いランニング後には脈拍数が180拍程度まで上がり，ジョギングにより120拍程度まで下がるのが適当である。例としては，200m速く走り，200m歩くという組み合わせがあげられる。

●野外走
校内や校外の起伏のあるコースをいろいろなペースで走る。

●追い抜き走
一列になり楽なペースで走りながら，最後のランナーがスピードを上げて先頭に出る。

TRACK & FIELD 陸上競技

A-3. 競歩

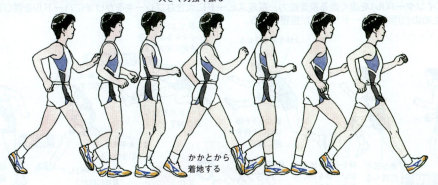

肩に余分な力を入れずに大きく力強く振る

かかとから着地する

接地した脚の膝を伸ばしたまま地面をキックする

競歩
- いずれかの足が地面についていなければならない。
- 脚は接地の瞬間から地面に対して垂直になるまで伸びていなければならない。

競歩足跡

HOW TO PLAY AND REFEREE
ルールと審判法

●トラック競技

① 走者は定められた位置からスタートしなければならない。特に短距離競走では定められたレーンを走らなければいけない。他のレーンに侵入した者は,原則として失格となる。ただし,ラインを1回(1歩)だけ踏んだり,越えたりした場合は失格とはならない。

② 400mまでの距離では,走者は「位置について」「用意」のあとにピストルの出発合図によってスタートする。

③ 中長距離走においては「用意」の合図がはぶかれ,「位置について」のあとに出発合図がなされる。

④ 次の場合,不正スタートとなる。
- 最終の用意の姿勢をとった後,信号器の発射音を聞くまでにスタート動作を開始したとき。

※足がスターティングブロックのフットプレートから離れない,または手が地面から離れない限り,スタートを始めたとはみなされない。

⑤ 次の場合,不適切スタートとなる。
- 「位置について」または「用意」の合図の後で,信号器発射の前に正当な理由もなく,クラウチングの姿勢から立ち上がったり,音声その他の方法で,他の者を妨害したりしたとき。
- 「位置について」または「用意」の合図に従わない,

あるいは速やかに最終の用意の位置につかないとき。
- 「用意」の合図の後,速やかに最終のスタート姿勢に構えなかったり,最終のスタート姿勢で静止しなかったり,一旦静止した後で動いたりしたとき。

⑥ 国際陸上競技連盟のルールでは,1回でも不正スタートをした競技者は失格となる。また,不適切スタートをした競技者には警告が与えられ,同じ者が2回警告を受けると失格となる。

⑦ フィニッシュは胴体の一部が決勝線に到達したときであり,到着した順番に順位が決められる。

手や足がスタートラインやその前方の地面に触れてはならない。

リレー競技のバトンは前方の地面につけてもよい。

A-4. ハードル走（100m H，110m H）

ハードル走には，100mハードル，110mハードル，400mハードルがある。ハードル走では，ハードル間（インターバル）を速く走る疾走能力，疾走スピードに大きなブレーキをかけずにハードルを跳び越えるための合理的なハードリングが重要となる。

● ハードリング

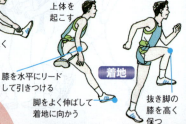

● 空中でのバランスのとり方

脚の動きと上体（腕，肩）の動きが反対方向になることによって，バランスが保たれる。

● 重心の移動の軌跡

重心はハードルの手前約20〜30cmの地点で最高点になるようにする。

A：踏み切りが遠い場合
B：踏み切りが近い場合
X：Y＝6：4

● 抜き脚の角運動量

bのように抜き脚の膝の角度が大きくなりすぎると，抜き脚の角運動量が大きくなり，右腕を後方に引く動作だけでは打ち消すことができなくなる。そうすると，着地でバランスを崩しやすくなる。

● 踏切のブレーキを小さくする

踏切のブレーキを小さくするには遠くから踏み切ることが大切になる。Aのように遠くから踏み切ると，Bのように近くから踏み切ったときよりも，踏切角度が小さくブレーキも小さくなる。踏切からハードルまでの距離と，ハードルから着地までの距離は，6：4くらいが適切である。

HOW TO PLAY AND REFEREE

ルールと審判法

● ハードル走の規定

	距離	ハードルの高さ	スタートから第1ハードルまでの距離	各ハードル間の距離	最終ハードルからゴールまでの距離
男	110m H	106.7cm	13.72m	9.14m	14.02m
	400m H	91.4cm	45.00m	35.00m	40.00m
女	100m H	83.8cm	13.00m	8.50m	10.50m
	400m H	76.2cm	45.00m	35.00m	40.00m

● ハードル走においては疾走中，故意でなければ何台ハードルを倒しても失格にならない。

● ハードルを跳び越えない場合は失格となる。加えて，ハードルを越える瞬間に，足または脚がハードルをはみ出てバーの高さよりも低い位置を通ったときは失格となる。

TRACK & FIELD **陸上競技**

●インターバル走

1歩　　　　　　　　　　2歩　　　　　　　　　　3歩

腕を力強く振る

1歩目が小さくなりすぎない　　　腰を高く保って走る　　　インターバルを3歩で走るようにする

第1ハードルまでのアプローチ（右足踏切の場合）

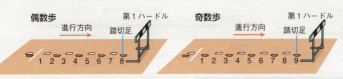

偶数歩　進行方向　第1ハードル　踏切足　　　奇数歩　進行方向　第1ハードル　踏切足

1台目までが偶数歩（8歩）ならばスタートでは踏み切り側の足が前になり、奇数歩（9歩）では後になる。

すぐには顔を上げずに徐々に上体を起こしていく。

練習法

●ハードルのための柔軟体操

●ライン踏みハードル

2歩目→3歩目→1歩目の順にストライドは大きい。1歩目が極端に小さかったり、2歩目が大きすぎる場合に行う。

●抜き脚練習

抜き脚だけをハードル上を通過させる。

●歩行ハードル

低いハードルを歩きながら越える。

大きな動作で行う

●遠くから踏み切る練習

ハードル1台を使って目印から踏み切る。

51

A-5. リレー競走

4名でバトンをパスしながら競争するリレー競走では，チームワークが大切である。特に，スピードを落とすことなくバトンを受け渡しすることが重要なポイントになる。

● バトンパス

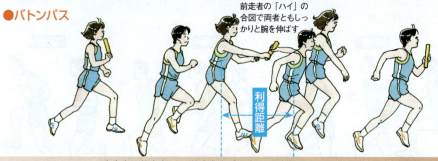

- 次走者は前走者がマークに達したら全力でダッシュ
- 前走者もパスするまでスピードを落とさない
- 両走者がしっかりと腕を伸ばし，利得距離を大きくする

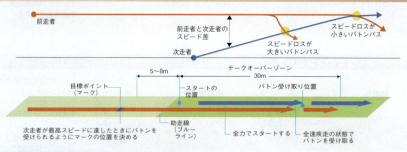

バトンパスの方法

① バトンを持ちかえない方法

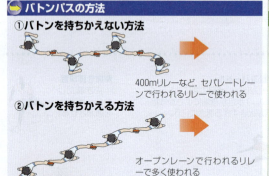

400mリレーなど，セパレートレーンで行われるリレーで使われる

② バトンを持ちかえる方法

オープンレーンで行われるリレーで多く使われる

HOW TO PLAY AND REFEREE
ルールと審判法

① 第一走者のスタート時のバトンは，スタートラインを越えて地面についてもよい。

② リレー競技においては，30mのテークオーバーゾーンの中で次走者はスタートを切り，かつバトンの受け渡しを完了しなければならない。もしバトンを落とした場合，バトンパスが完了していない場合，前走者が拾わなくてはならない。バトンパスの完了後にバトンを落とした場合は後走者が拾わなくてはならない。このとき，他の競技者を妨害しなければ，自分のレーンから離れて拾ってもよい。

練習法

● 歩行，ジョギング，軽いランニングをしながらバトンパスの練習

● 直線100mでのリレー競走

TRACK & FIELD 陸上競技

短距離走におけるピッチとストライド

ランニングスピード＝ピッチ（1秒間の歩数）×ストライド（歩幅）

スピードを高めるための要因
①ピッチの向上
②ストライドの増大

①②は相反する関係にある
- ピッチを高めれば，ストライドは短くなる
- ストライドを伸ばせば，ピッチは落ちる

個人に適したピッチとストライドの組み合わせを見つけることが，速く走るためのポイントである。

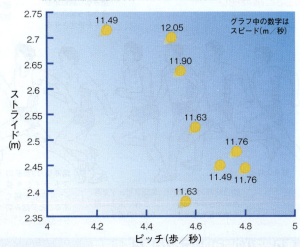

100m競走中（もっともスピードが出ている時点）のピッチ，ストライドとスピードとの関係
（日本陸上競技連盟強化本部バイオメカニクス研究班，1994）

長距離走におけるペースの重要性

ゆっくりとしたランニングから徐々にスピードを上げていくと，体が酸素を十分に利用できなくなるポイントを迎える。このポイントを過ぎると筋肉や血液には乳酸がたまってきて疲労を感じるようになる。このポイントを無気的作業閾値と呼ぶ。長距離走の前半をオーバーペースで走ると，運動強度が無気的作業閾値を大きく上回り，乳酸が蓄積するために，その後一気にペースダウンする。

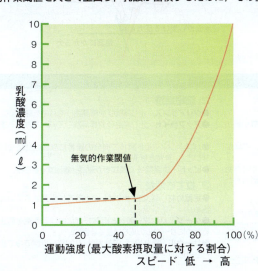

乳酸の蓄積にともなって換気量も増えるので，換気量の変化で無気的作業閾値を推測することができる。

長距離では適切なペースを考えることは重要である

B:跳運動-1. 走り幅跳び

　走り幅跳びは，助走のスピードを生かして踏み切り，できるだけ遠くへ跳躍する競技である。より遠くへ跳ぶためには，スピードにのった助走から力強く踏み切ること，合理的な空中フォームにより，効率のよい着地を行うことが重要である。

●助走と踏み切り

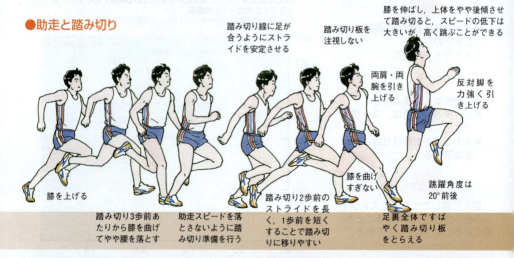

走り幅跳びの踏み切りにおける腕と脚の貢献

　助走スピードを上昇スピードに変えるのは踏み切りの役割である。振り上げ脚と腕も間接的に踏み切りに貢献している。

振り上げ脚と腕の振り出し効果
踏み切り前半：進行方向とは反対方向にかかる力（ブレーキ）を小さくする。
踏み切り後半：進行方向への力（キック力）を大きくする。

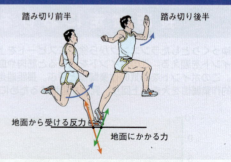

競技用語の解説

1. 競走競技
- ●アンカー　リレー最終走者のこと。
- ●オープンレーン　走者別の走路が決められていない自由走路のこと。
- ●クロスカントリー　郊外での競走。原野，丘陵，森林などを横断して競争する競技。
- ●コーナートップ　リレーで次走者がバトンを受け取るために，待つ位置を決める方法。オープンレーンの定められたポイントを通過する順に内側から並ぶ。
- ●ストライド　走っている時の歩幅。
- ●セパレートレーン　走者ごとに割り当てられた走路のこと。
- ●ディップ　ハードルを越すときに上体を前に倒す動作のこと。
- ●トルソ　胴体のこと，すなわち頭，首，肩，腕，脚を除いた体の部分。
- ●ピッチ　走っている時の単位時間(1秒間)の脚の回転のこと。

2. 跳躍競技
- ●クリアランス　走り高跳びや棒高跳びでバーを越えること。
- ●アップライト　走り高跳びや棒高跳びでバーをかける支柱のこと。
- ●パス　フィールド競技で自分の順番になった試技を行わないこと，棄権とは異なる。
- ●ピット　跳躍競技で競技者が助走，着地するところ。

3. 投てき競技
- ●足留め材　砲丸投のサークル前方に設置されている足留。
- ●ゲージ　ハンマー投げと円盤投げにおける危険を防止するためにサークルの周りに立てる囲い。
- ●サークル　砲丸投げ，円盤投げ，ハンマー投げで投てきを行う円形の区域。

TRACK & FIELD 陸上競技

●空中動作と着地

空中動作は，踏み切りで生じる前方回転力を打ち消し，有利な着地を行うためのものである。空中動作には，はさみ跳びとそり跳びなどがある。

そり跳び

はさみ跳び

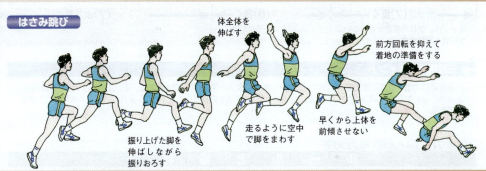

練習法

●適切な助走距離を見つけるための練習

15mくらいから始め，2歩ずつ助走を増やしていき，適切な距離を見つける

●踏み切り準備の練習

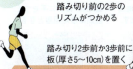

踏み切り前の2歩のリズムがつかめる

踏み切り2歩前か3歩前に板(厚さ5～10cm)を置く

●ロイター板を使った空中動作の練習

●高い跳躍角度を得るための練習

スピードを落とさずボールにタッチする

●着地で脚を前に投げ出す練習

砂場にゴムひもを張り，それを越えるように脚を投げ出す

55

B-2. 三段跳び

　三段跳びは，助走スピードを生かして，ホップ・ステップ・ジャンプの連続した3回の跳躍を行い，跳躍距離を競う種目である。遠くへ跳ぶためには，リズミカルな助走，3回のバランスのとれた跳躍が重要になる。

●ホップ・ステップ・ジャンプ

ホップ・ステップ・ジャンプの割合は7:6:7が理想である。
3回の跳躍の踏み切り足は，左→左→右か，右→右→左になる。

- 上体は起こしておく
- 左足を前方に振り上げる
- 腕は大きく振りバランスをとるようにする
- 脚を高く引き上げる
- 思いきり両脚前に放り出す
- 両脚を大きく開く
- 全力で高く踏み切る

ホップ(7)低く　　ステップ(6)高く　　ジャンプ(7)より高く

ホップは，ブレーキがかからないように低く飛び出す

🔹 三段跳びのポイント

　三段跳びで重要なことは，3回の跳躍をスピードに乗って，スムーズにつなぐことである。そのためには3回の跳躍の間，上体はしっかりと起こして安定させ，両腕をタイミングよく大きく動かすことによって，全身のバランスを取ることが大切である。

HOW TO PLAY AND REFEREE　ルールと審判法

① 計測は，踏み切り板の先端から砂場に残ったもっとも近い痕跡までの最短距離で行う。

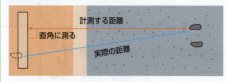

計測する距離／直角に測る／実際の距離

② 競技者が8名を超える場合は，各々3回の試技を行い，上位8名が成績の低い順にさらに3回の試技を行い，順位を決定する。競技者が8名以下の場合は，各々に6回の試技が与えられる。

③ 順位決定の際同記録の場合は，各自の2番目の記録で順位を決め，それでも決まらない場合は3番目の記録を比べる。

④ 追い風は，風速2.0m／秒まで公認される。

[三段跳び]
　三段跳びはホップとステップは同じ足，ジャンプは逆足とする。跳躍中に振り出し足が地面に触れても無効試技とはならない。他のルールは走り幅跳びに準じる。

●こんなときは無効

- 踏み切りの足の一部が，踏み切り板の先に出た場合。
- 着地の反動で，着地点より後方の砂場の外に出た（着地の動作が完了していない）場合。
- 着地後，砂場の中を通って戻った場合。

有効　有効　無効　踏切板

●着地の判定

着地後，体の反動で，着地点より前方の区画外にとび出す。

着地後，後方に手をつく。計測は最短距離となる。

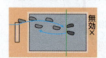

着地後，砂場の中を歩いて戻る。

着地の際，着地点よりも後方の砂場の外に出た場合。

B-3. 走り高跳び

走り高跳びは，助走のスピードを踏み切りにより上昇スピードに変え，バーを越える競技である。上昇スピードを得るための助走と踏み切り，バーを効率よく越えるための空中フォームが重要になる。

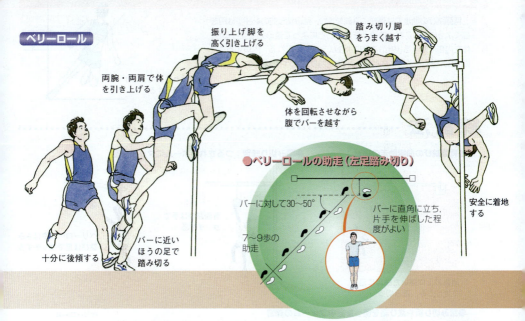

走り高跳びのポイント

走り高跳びの助走スピードは，全力疾走に比べるとかなり余裕があるため，1回1回の跳躍で変化しやすい。助走スピードが変化すると，踏み切りのタイミングがずれたり，脚にかかってくる衝撃も違ってくるために，踏み切り動作が安定しなくなる。そのため走り高跳びの助走ではスピードコントロールが大切になってくる。助走の長さは，初心者や脚力の弱い人ほど短め（5～7歩）がよく，慣れるにつれて長くしていくとよい。

背面跳び

背面跳びはむやみに試みると危険なので，授業では先生の許可があったときのみ試みるようにする。

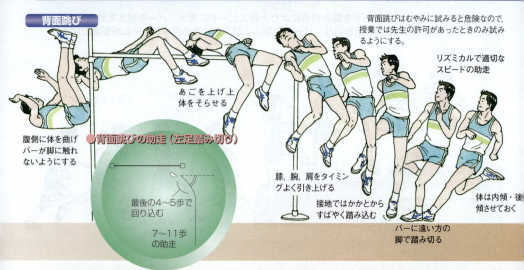

- 腹側に体を曲げバーが脚に触れないようにする
- あごを上げ上体をそらせる
- 膝，腕，肩をタイミングよく引き上げる
- 接地ではかかとからすばやく踏み込む
- バーに遠い方の脚で踏み切る
- 体は内傾・後傾させておく
- リズミカルで適切なスピードの助走

●背面跳びの助走（左足踏み切り）
- 最後の4～5歩で回り込む
- 7～11歩の助走

曲線助走の利点

背面跳びの助走では最初に直線を走り，踏み切り前の4～5歩は円を描くように走りこむ。曲線上を走ることによって遠心力を受けるが，体を内側に傾ける(内傾)ことによりバランスが取れる。内傾することにより，重心を落とすなどの踏み切り姿勢が取りやすくなる。

内傾すればAの分だけ重心は低下する

練習法

●背面跳びの曲線助走の練習

地面の上に描いた曲線に沿って走りこみ，踏み切る

●踏み切り練習：つるされたボールにタッチする

背面跳びは手でタッチする

ボール

ベリーロールやはさみ跳びは足でタッチする

●踏み切り板や跳び箱を使った空中フォームの練習

背面跳び・はさみ跳び 踏み切り板を使って

ベリーロール 低い跳び箱を使って

TRACK & FIELD 陸上競技

B-4. 棒高跳び

棒高跳びは，助走のスピードをポールによって上昇スピードに変え，バーを越える競技である。高く跳ぶためには，スピードのあるリズミカルな助走，高い突っ込み，バーに向かっての足の振り上げ（ロックバック），バーを越える空中フォームが重要である。

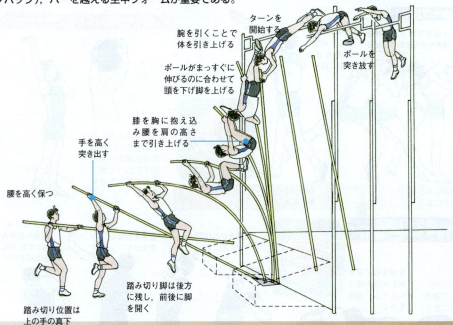

棒高跳びのポイント

棒高跳びの突っ込みは，高い助走スピードを維持しながら，タイミングよくスムーズに行わなければならない。しかも，踏み切り位置を一定にすることは，身体の上昇の軌跡を安定させる上で重要である。よい突っ込み動作を行うためには，肩の力を抜き，リラックスして腰を高く保った助走を心がける必要がある。

HOW TO PLAY AND REFEREE
ルールと審判法

《高さを競う種目（走り高跳び・棒高跳び）》
①3回続けて失敗すると失格となる。
②跳躍後，風によってバーが落下した場合は有効。跳躍の途中の場合はやり直しになる。
③同記録の場合，その高さで試技数がもっとも少なかった者を上位とする。
④同記録の高さで順位が決まらない場合は，同記録までの無効試技数が少なかった者を上位とする。
※③④で順位が決まらない場合，1位以外は同順位とする。1位決定のときは全員が成功した次の高さから決定戦（ジャンプオフ）を行う。各高さ1回の試技で，バーの上げ下げの幅は，走り高跳び2cm，棒高跳び5cmとし，1位が決定されるまでくり返す。なお，当該競技者がこれ以上競技をしないと決めた場合を含みジャンプオフが実施されない場合，同成績により1位となる。

順位の決定例
（走り高跳びの場合）－パス，○有効試技，×無効試技

競技者	試技							無効試技数	順位
	1.78 m	1.82 m	1.85 m	1.88 m	1.90 m	1.92 m	1.94 m		
A	－	×○	○	×○	－	××○	×××	4	2=
B	○	○	○	×－	×○	×○	×××	4	2=
C	○	○	×－	○	××○	×××		5	4
D	○	○	－	××○	××○	×××		／	1

無効試技数は同記録となった高さまでを数える。

59

C:投運動-1. 砲丸投げ

砲丸投げは，グライドや回転などの準備動作で得た勢いを利用して鉄球を突き出し，その投距離を競う競技である。砲丸投げを始めとする投てき種目では，安全面に特に注意を払う必要がある。

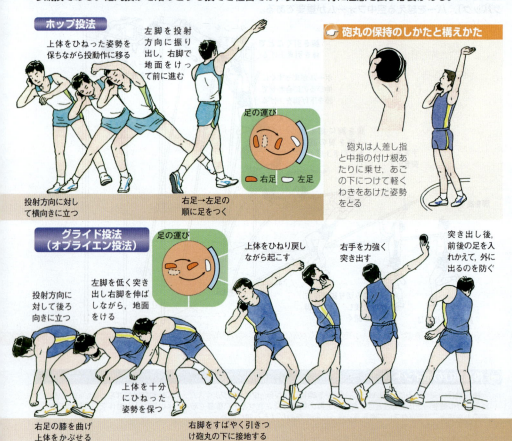

練習法

●突き出しとスナップの練習

立て膝の姿勢から → 直立の姿勢から

●準備動作の練習

ソフトボールや軽い砲丸を使って準備動作から投げまでを行う

HOW TO PLAY AND REFEREE
ルールと審判法

① 競技者が8名を超える場合は，各々3回の試技を行い，上位8名が成績の低い順にさらに3回の試技を行い，順位を決定する。競技者が8名以下の場合は，各々6回の試技が与えられる。
② 順位決定の際同記録の場合は，各自の2番目の記録で順位を決め，それでも決まらない場合は3番目の記録を比べる。
③ 計測は，投てき物の落下地点からサークルの中心を通る線上で，サークルの内側までを測る。

●こんなときは無効
- 投てき物がライン上か外側に落下した場合。
- 砲丸を肩の線の後方に持って投てきした場合。
- やりが先端から落下しなかった場合。
- 投てき中，体の一部がサークルの外に出た場合。
- 投てき後，サークルの後半部分から退場しなかった場合。
- 動作中に投てき物を落とした場合。

TRACK & FIELD 陸上競技

C-2. やり投げ

やり投げは，助走のスピードを生かしてオーバーハンドスローによりやりを投げ出し，その距離を競う競技である。クロスステップにより助走のスピードを損なうことなく，投げに移ることが重要である。

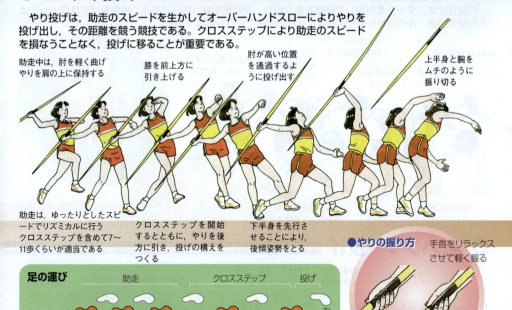

助走中は，肘を軽く曲げやりを肩の上に保持する

膝を前上方に引き上げる

肘が高い位置を通過するように投げ出す

上半身と腕をムチのように振り切る

助走は，ゆったりとしたスピードでリズミカルに行うクロスステップを含めて7～11歩くらいが適当である

クロスステップを開始するとともに，やりを後方に引き，投げの構えをつくる

下半身を先行させることにより，後傾姿勢をとる

足の運び　助走　クロスステップ　投げ
やりを後方に引き始める　　右　左

●やりの握り方

手首をリラックスさせて軽く握る

人差し指を握りの後端にかける

中指を握りの後端にかける

●やりの飛行と空気抵抗

やりはその形状と重量から，飛行中に空気抵抗，すなわち揚力と抗力を受ける。揚力はやりを上に押し上げるように働き，抗力はやりを失速させる。飛行中のやり自体の向きと飛行方向のずれを迎え角といい，その大きさによって揚力と抗力の大きさは変化する。迎え角が適切であれば揚力が働いて飛距離が伸びるが，適切でなければ抗力が大きくなり，飛距離は短くなる。

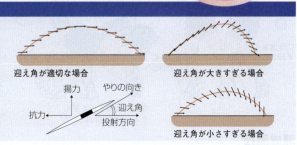

迎え角が適切な場合

揚力　やりの向き
抗力　迎え角
　　　投射方向

迎え角が大きすぎる場合

迎え角が小さすぎる場合

練習法

●やりに力を加える感覚を覚える練習

やりを押して，やりにまっすぐに力を加える感覚，投げで腰→肩の順で回転させる感覚を覚える。

●投げのイメージをつくる練習

タオルを振ることで投げ全体のイメージをつくる。

●投げの技術を高める練習

その場投げ。投げ手を大きく後方に引いた姿勢から大きな動作で投げる。

●クロスステップから投げに移る練習

クロスステップを2回連続してからスムーズに投げに移る。

61

C-3. 円盤投げ

円盤投げは，ターンを利用して円盤を振り切り，投距離を競う競技である。円盤投げではターンによる円盤の加速，体のひねり戻しを利用した円盤の振り切りが重要である。

C-4. ハンマー投げ

混成競技

混成競技では，決められた採点表により競技者の記録を得点におきかえて合計し，その総得点によって順位を決める。

●混成競技の種目

男子	一般男子 (10種競技)	第1日	①100m　②走り幅跳び　③砲丸投げ ④走り高跳び　⑤400m
		第2日	⑥110mH　⑦円盤投げ　⑧棒高跳び　⑨やり投げ ⑩1500m
	高校男子 (8種競技)	第1日	①100m　②走り幅跳び　③砲丸投げ　④400m
		第2日	⑤110mH　⑥やり投げ　⑦走り高跳び　⑧1500m
女子	一般女子 高校女子 (7種競技)	第1日	①100mH　②走り高跳び　③砲丸投げ　④200m
		第2日	⑤走り幅跳び　⑥やり投げ　⑦800m

※H＝ハードル

⚠ 投てき競技の安全対策

授業や練習場面で

①投てき物は，つねに正しい持ち方，正しい投げ方，正しい取り扱い方をする。
②つねに一方向からだけ投げる。
③投げるとき，必ず前方の安全を確認する。同時に声で知らせる。
④投げた投てき物から目を離さない。
⑤全員が投げ終わってから拾いに行く。
⑥拾いに行くとき，必ず安全を確かめる。

TRACK & FIELD 陸上競技

1 競技施設と用具

陸上競技場

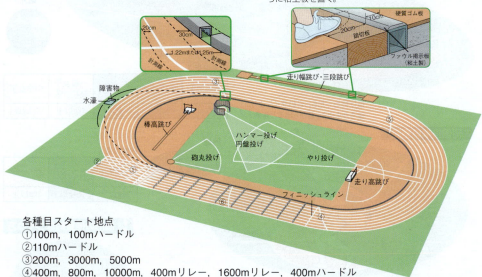

各種目スタート地点
① 100m, 100mハードル
② 110mハードル
③ 200m, 3000m, 5000m
④ 400m, 800m, 10000m, 400mリレー, 1600mリレー, 400mハードル
⑤ 1500m
⑥ 3000m障害

🏃 トラックの作り方

グラウンドの形や大きさに応じてトラックをつくる場合は、次のような手順でつくるとよい。

つくり方と考え方（200mトラックの例）
① 200mのうち直線部の全長を100m（一方を50m）とすれば、残り100mが曲線部分になり、単心円トラックの場合はその半円をトラックの両側に描けばよいことになる（図1）。

●ライン形境界の公認トラックの場合の各部の長さ（単位:m）

一周の全長	直線部の全長	直線部の一辺の長さ	曲線部の全長	曲線部の半径
200m	100.00	50.00	100.00	15.71
	90.00	45.00	110.00	17.30
250m	120.00	60.00	130.00	20.49
	110.00	55.00	140.00	22.08
300m	150.00	75.00	150.00	23.67
	140.00	70.00	160.00	25.26
400m	169.68	84.84	230.32	36.46
	168.78	84.39	231.22	36.60
	162.40	81.20	237.60	37.61

※円周率は3.1416で計算。

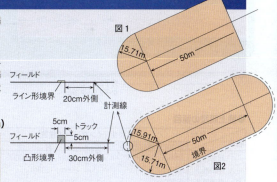

② 円周100mの半円を描く場合の半径は、直径×3.14（円周率）=100mの式から直径を2分して求めることができる。この場合約15.91mです。
③ ただし、トラック一周の長さは実際に描くライン（境界）の外側20cm（凸形境界は30cm）の距離になるので、半円を描く場合はそれより20cm引いた半径（15.71m）で描けばよいことになる（図2）。
④ 以上の考え方にそって、学校のグラウンドに合わせたいろいろなトラックをつくることができるが、参考までに公認トラックの例を紹介しておく。

63

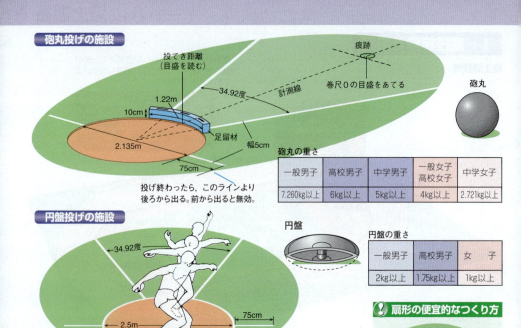

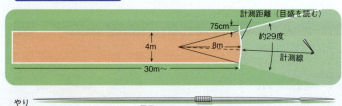

● 陸上競技の種目

種目	区分	高校生（インターハイ種目） 男子	女子	一般（オリンピック種目） 男子	女子
トラック競技	短距離走	100m, 200m, 400m	100m, 200m, 400m	100m, 200m, 400m	100m, 200m, 400m
	中距離走	800m, 1500m	800m, 1500m	800m, 1500m	800m, 1500m
	長距離走	5000m	3000m	5000m, 10000m	5000m, 10000m
	障害走	110m H, 400m H	100m H	110m H, 400m H	100m H, 400m H
		3000m S C	400m H	3000m S C	3000m S C
	リレー	4×100m R	4×100m R	4×100m R, 4×400m R	4×100m R, 4×400m R
		4×400m R	4×400m R	男女混合4×400m R	
	競歩	5000m	5000m		
フィールド競技	跳躍競技	走り高跳び，棒高跳び，走り幅跳び，三段跳び	走り高跳び，棒高跳び，走り幅跳び，三段跳び	走り高跳び，棒高跳び，走り幅跳び，三段跳び	走り高跳び，棒高跳び，走り幅跳び，三段跳び
	投てき競技	砲丸投げ，円盤投げ，ハンマー投げ，やり投げ	砲丸投げ，円盤投げ，ハンマー投げ，やり投げ	砲丸投げ，円盤投げ，ハンマー投げ，やり投げ	砲丸投げ，円盤投げ，ハンマー投げ，やり投げ
その他	混成競技	八種競技	七種競技	十種競技	七種競技
	競歩			20km, 35km	20km, 35km
	マラソン			42.195km	42.195km

H：ハードル競走　R：リレー競走　SC：障害物競走

SWIMMING
水泳競技

水泳競技

おいたちと発展

　水泳は，人類のはじまりとともに日常生活を営むために行われ始め，非常に古い歴史を有している。

　競技スポーツとしての水泳は，1837年イギリスにおいて賞金レースが行われるようになったことに始まるが，国内では1861年に越中島で上覧水泳が開かれ，300間(約540m)レースが行われたのが始まりとされている。

　近代的水泳競技は，1869年イギリスにアマチュア水泳協会が設立され，競技規則が定められ，競技会が組織的に行われるようになって始まった。水泳がオリンピック種目に加えられたのは第1回アテネ大会(1896年)からのことで，1908年には国際水泳連盟が設立され，国際共通の規則が定められて世界的に今日のような水泳競技の基礎が築かれた。わが国が水泳競技ではじめてオリンピック大会に参加したのは，1920年の第7回アントワープ大会である。第10回ロサンゼルス大会(1932年)では，出場全種目に優勝あるいは入賞を果たし，水泳日本の最盛期であった。

　水泳の競技種目は，当初は自由形のみであったが，第2回パリ大会(1900年)から背泳ぎが，第3回セントルイス大会(1904年)から平泳ぎが加えられ，さらに第16回メルボルン大会(1956年)にはバタフライが加えられ，近代四泳法がそろった。

　日本水泳界では，これまでのオリンピック大会において，数々の世界新記録の樹立や金，銀，銅メダルを獲得してきた。第32回東京オリンピック大会は，コロナウイルスのまん延により1年延期されたが，大橋悠依選手が200mおよび400m個人メドレーで金メダル，本多灯選手が200mバタフライで銀メダルを獲得した。2年後に迫ったパリオリンピック大会に向けて，早くも高校選手が奮い立ち，2022年度のインターハイでは期待させる選手が数多く現れた。

◆水泳の特性

水泳は，水を媒体として行われる運動であり，水の特性を活用して推進する運動である。したがって，まず水の特性が身体へ及ぼす影響について考えてみよう。

❶水の特性と身体への影響

水は，空気に比較して熱の伝導率が約25倍，密度が約830倍，粘性が約50倍である。また，水に入ると，水圧は体表面に対して垂直に作用し，浮力は押しのけられた水の容積分の重さと等しい力で上向きに作用する。こうした水の特性は，水泳中身体に対してつねに作用している。

a.水温

水の熱の伝導率は，空気の約25倍である。25℃を超す昼間を「夏日」，あるいは25℃を超える夜を「熱帯夜」といっているが，水温25℃の水に長く入っていると寒気さえ感じられる。

水泳の練習中は，適度な運動強度を確保しなければ身体が冷えてしまい，練習効果が十分得られない。

b.水の粘性

水の粘性は，空気の約50倍である。水中での動き始めは動きにくいが，一端動き始めたら急には止まらない。これは，初心者にとって不安感を抱きやすいところでもあり，十分体験して慣れておくことが大切である。

c.水圧

肩まで水に入ると，全身に約1tの水圧を受け，肺活量が約8%程度減少する。水泳では，水に抗して息を吐き出したり，胸部にかかる水圧に抗して息を吸い込まなければならない。そのため，呼吸筋がきたえられる。

d.抵抗

身体の形状や動きによって水の粘性や密度が身体に加わる力である。水の抵抗はスピードのおよそ2乗で増加し，形状によって大きく変化する。例えば，ある実験で，流線形の抵抗の大きさを1.0とすると，逆流線形では2.6倍，立方体では4.0倍，球体では9.3倍の抵抗になるといわれている。水泳中は，つねに流線形を保つことが必要である（図参照）。

[水の抵抗]

水流		形状
	1	流線形
	2	逆流線形
	3 □	立方体
	4 ○	球体

抵抗が小さい順

e.浮力

水に入ると身体が押しのけた水の容積分の重さの浮力が働く。例えば，水中の体重は，股関節まで水に入ると約80%，腹部では約50%，肩関節では約10%になる（図参照）。初心者の場合，深くなればそれだけ身体が浮き，支持点がなくなって不安定になるので不安感を抱くことがある。

[浮力]

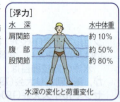

水深	水中体重
肩関節	約10%
腹部	約50%
股関節	約80%

水深の変化と荷重変化

❷水泳の技術的特性

a.支持点がない

浮力によって身体が浮き，支持点がなくなる。そのため，水泳では身体のバランス能力が要求されるが，水泳実践を通して身体のバランス能力を養うことができる。

b.呼吸ができない

人は水の中では呼吸ができない。進みやすい姿勢で浮こうとすると余計に呼吸ができる条件を失ってしまう。その場合，頭部を前後，あるいは左右に回して顔を水面上に出し，呼吸を確保しなくてはならない。

[呼吸法を身につける]

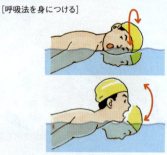

顔を横や前に向ける

c.連続的運動

水泳は，約1秒で完結する簡単な動作を，何度も繰り返してはじめて一運動として成り立つ連続的運動である。

d.体を水平にした運動

人は陸上に立った姿勢で水に浮くが，水中を移動するとき水の抵抗を大きく受ける。そこで，水の抵抗を小さくするため，体を水平に浮かさなければならない。

[泳げない人の課題]

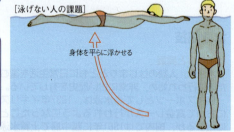

身体を平らに浮かせる

🔍 用語の解説

- **キャッチ**
  泳ぎの動作のひとつ。手で水をつかむ動き。
- **プル**
  ストロークと同意。手や腕で水をかく動き。
- **ストローク**
  手や腕で水をかく動き。泳ぐ際の腕の一連の動作。
- **ローリング**
  水泳中，体の中心線を軸として，左右に横ゆれする動き。
- **ピッチ**
  泳ぐ際の体の上下動をいう。腕や足を動かす頻度，リズム。
- **キック**
  足で水を打つこと。ビートともいう。
- **ドルフィンキック**
  両脚を同時に上下に動かして水をけり出すキック法。バタフライのキックとして使う。「イルカ」の尾の動きに似ているためにこの名がついた。

SWIMMING 水泳競技

体ほぐしの運動

水泳の体ほぐしの運動は、他の運動とは異なり浮力によって体が浮くため、全身の力を抜き、リラックスしながら行うことができる。

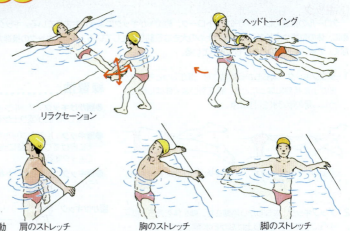

リラクセーション　ヘッドトーイング

プールサイドを利用した体捻転運動　肩のストレッチ　胸のストレッチ　脚のストレッチ

●安全に対する留意点

水泳中の死亡事故は、学校管理下では溺死が約50%、心臓死（急性心不全等）が約40%で大半を占めている。

溺死から身を守るためには、泳げるようになること、すなわち泳ぎの技術を身につけておくことが最善の防止策となる。

溺水者を発見した場合には、泳ぎに自信があっても二次事故を避けるために、必ずひも、棒、あるいは板など、物を使った救助法を用いることが大切で、決して身体接触をともなった救助法は用いないことである。

また、心臓死から身を守るには、日常の心身の健康管理がもっとも重要であるとともに、水には足のほうからゆっくりと入り、一端全身を水に入れ、水に十分慣れて泳ぎ始めることが大切である。

例えば、水に入ると冷感、水圧、止息などによって体が刺激され、また体位変化によって生理的反応（徐脈現象）をもたらすが、これらに疲労、いら立ちなどといった心身の不安定状態が加わることによって心拍数が一気に「0」になり、急性心不全を引き起こすことがある。こうした状況に即応するためにも、心肺蘇生法の技術はぜひ身につけておく必要がある。

いずれにしても、安全で楽しい水泳を行うためには、まず泳げるようになること、そして泳ぐときには体調が良好であることを確認して泳ぐことが大切である。

●溺水者への救助法

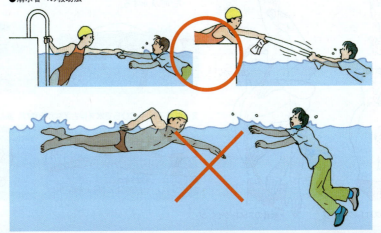

A:クロール

①キック

　クロールの推進力は，約80％がストローク，約20％がキックによって生まれている。キックは，水の抵抗を最小限にするために，体の位置や姿勢を正しく保つための大きな役割を果たしている。また，キックの推進力は，ダウンキックのときだけでなく，アップキックのときにも生まれている。

1・**ダウンキック**：太ももから始動させ，膝がもっとも大きく曲がった状態になったとき，膝を勢いよく伸ばし切るように，足の甲で水をけり出す。

太もものけり下ろしで膝が曲がる　　膝が伸び切るように足をけり下ろす

練習法

●**腰かけキック**：プールサイドに浅く腰をかけて両足を内股に構え，水面が盛り上がるようにけり上げる。

●**壁キック**：片手をプールサイドにかけ，もう一方の手先を下に向けてプール壁に当て，両腕を伸ばし体を水平にしてキックする。

●**板キック**：両手をビート板上にのせ，上半身がゆれないようにキックする。

2・**アップキック**：太ももから始動させ，脚全体を持ち上げるように足裏で水をけり上げながら水面に近づける。

膝と足首を伸ばし、太ももからもち上げる　　膝と足首は伸ばしたまま持ち上げる

・腰かけキック　浅く腰かける　足先は内股

・壁キック　下の手で壁を押し、体を水平に保つ
・板キック　体がゆれないように

②ストローク

　ストロークでは，手のひらが体の真下で「S字」を描いている。この動作は，スカーリングと呼ばれ，小さな力で大きな推進力（揚力）を生み出している。

　しかし，初心者が泳ぐときには，体の下をまっすぐ後方にかき進めるようにして泳ぐ方がよい。S字は，体のローリングや水の粗密によって自然に生まれるもので，体型や泳速によって大きく変化してくる。技術の進展とともに自分に合ったS字型を身につけることが大切である。競技レベルの高い選手では，さらなる泳速の向上を図り，体の下をまっすぐ後方にかくI字ストロークを目指している。

　S字ストロークでは，外に向かって動かす動作をアウトスイープ，内側に向かって動かす動作をインスイープというが，ここでは，入水，グライド，プル，プッシュ，リカバリーに分けて説明する。

●ストロークパターン

初心者のストロークイメージ　　上級者のストロークイメージ

1・**入水**：入水時，手のひらに受ける水の抵抗を避けるため，肩の前方で手のひらを斜め外向き（45°程度）に傾けて，手先から入水する。

親指入水
進行方向に入水

2・**グライド**：手のひらで水を押さえながら伸び，進む。

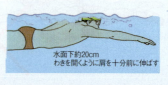
水面下約20cm
わきを開くように肩を十分前に伸ばす

3・プル：わき下を大きく開くように肘を高く構え，手のひらで肩幅の外側から胸下へと水をかき進める。

4・プッシュ：胸下から太ももに触れるまで手で水をかき進める。

5・リカバリー：親指を下向きにして肘を高く構え，前方の入水点まで戻す。

練習法

- ●**片手ストローク**：片手ストロークのくり返しによって，課題に意識を集中させる。3ストロークずつ左右交互にかく。
- ●**キャッチアップ・ストローク**：伸びのある泳ぎを身につけるため，肩の前方で左右の手を揃えながら交互にかき始める。
- ●**水面タッチストローク**：手のリカバリーの際，手先を肩の横の水面にワンタッチして戻す。

・片手ストローク

・キャッチアップ・ストローク

・水面タッチストローク

③ストロークとキックのコンビネーション
6ビートのクロールでは，グライド時に1回，プル〜プッシュ時に1回，リカバリー時に1回のダウンキックが行われる。

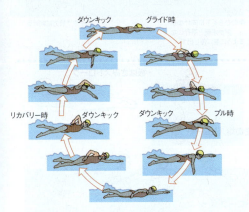

いろいろなストロークパターン

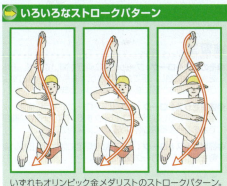

いずれもオリンピック金メダリストのストロークパターン。決められた形でなく，自分に合ったパターンを身につけよう。

④ストロークと呼吸のタイミング
体のローリングとともに顔を側方に向けながら，プッシュ時に最大呼気し，プッシュの終わりに息を吐き終え，リカバリー前半で一気に息を吸い込む。リカバリー後半は，体のローリングとともに息を止めて顔を下に向ける。

プッシュ時

フィニッシュ時

リカバリー前半

リカバリー後半

B:平泳ぎ

①ストローク

平泳ぎの推進力は，ストロークとキックによってほぼ同じ割合で生まれている。ストロークでは，ハート型を描く部分(プル)を行った後，両手をあごの下までかき込みながら前方に差し出してリカバリーしている。最近では，前者をアウトスイープ，後者をインスイープと呼ぶことがある。ここでは，全体の流れにそってグライド，プル，フィニッシュ，リカバリーに分けて説明する。

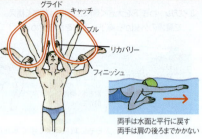

1・グライド：手先から足先まで体を一直線にし，両手を水面下約15cm程度に置き，顔をやや前方に向けて抵抗の少ない姿勢をとる。

流線形(ストリームライン)をつくる 水面下約15cmに手をさし出す　　手のひらは下向きにして顔をやや前方に向ける

2・プル：手のひらをやや外向きにして左右に開き，肩幅の外側までかいたら，わき下を開くようにして肘を高く構え，手のひらと前腕部で水を後方へかく。

ハイエルボー

3・フィニッシュ：両肩を結ぶ線の手前までかいてきたら，手のひらをやや内側に向けて水を抱え込み，あご下までかいて両手を接近させる。

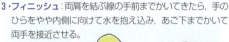

水をかかえこむようにする

4・リカバリー：両手を揃えて前方に差し出すように伸ばす。

手のひらを下に向けながら，腕が水面と平行になるように前に差し出す　　顔をやや前方に向ける

練習法

● **その場ストローク**：プールの底に両足を開いて立ち，上体を水面上に倒し，手でかいた水が太ももまで流れ出すようにかく。体が前に進みそうになったら成功だ。

● **後ずさりストローク**：その場ストロークのように構え，水中を後ずさりしながらストロークする。手のひらや前腕部で水をとらえる感じをつかむのに効果的である。

● **板ばさみストローク**：ビート板を両足にはさみ，正しい姿勢を保ってストローク練習をする。

・板ばさみストローク

・その場ストローク

・後ずさりストローク

②キック

キックには，ウェッジキック(カエル足)とウィップキックの2種類がある。速く泳ぐにはウィップキックが，遠泳のようにゆっくり長く泳ぐ場合や股関節や膝関節のかたい人にはウェッジキックが有効である。

ここではウィップキックについて，グライド，引きつけ動作，けり出し動作，けりはさみ動作に分けて説明する。

引きつけ　　けり出し　　けりはさみ　　グライド

SWIMMING 水泳競技

1・グライド：両脚をまっすぐ後方へ揃えて伸ばす。

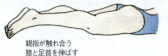

親指が触れ合う
膝と足首を伸ばす

2・引きつけ動作：両膝を肩幅程度に開き，両足のかかとを尻のほうへ引きつける。

3・けり出し動作：けり始めは足首を十分曲げて両足先を外に向け，脚と足の内側で水をけり出す。

両足，両脚の内側で水をけり出す

足先を外に向ける

腰を曲げる
足裏を水面に向け，かかとを尻に引き寄せる

4・けりはさみ動作：両足の動きが膝より後方に向かうころから，両足を内側に回し込み，続いて脚全体で水をはさむように合わせ揃える。

水を勢いよくけりながら足首を伸ばす

練習法

- **腰かけキック**：プールサイドに浅く腰をかけ，膝を中心に両足を外から回しながら水をけり出し，最後は両足を揃えるようにはさむ。
- **壁キック**：片手をプールサイドにかけ，もう一方の手先を下にむけてプール壁に当て，体を水平にし両腕を伸ばしてキックする。
- **板キック**：両手をビート板の上にのせ，け終わった後グライドするよう心がける。
- **背面キック**：胸にビート板を抱え，膝が水面上に出ないようかかとを尻に引き寄せてけり出す。

・腰かけキック　・板キック

・壁キック　・背面キック

③ストロークとキックのコンビネーション

グライドの後，両脚を伸ばしたまま手で水をかき始め，かき終わりからリカバリー前半にかけて両足を一気に引き寄せる。キックは，両手のリカバリー後半にけり始め，リカバリーの終わりとけり終わりはほぼ同時期になる。実際に泳いでいるときには，ストロークとキック（含むグライド）を1:3の運動リズムで「かいて！・ける～」とリズムをとって泳ぐとよい。

①グライド　②プル開始　③リカバリー開始　④リカバリー後半

両脚は後方に伸ばしたまま　かかとを引き寄せはじめる　かかとを最大に引き寄せ，けり始める

④ストロークと呼吸のタイミング

グライドからプルに入るとき，鼻から息を小さく吐き出し始める。プルによって頭部を持ち上げるとき鼻から息を強く吐き出し，プルの最後に口を水面上に出し，一気に口から息を吸い込む。リカバリー後半からグライド初期までは，息をほぼ止めている。

①鼻から息を小さく出しはじめる　②鼻から息を出す

③力強く，一気に息を吐き出す　④最大吸気

スタート後，ターン後の1かき1けり

①しばらく惰力で進む
②両手で体の下に鍵穴を描くようにかく
③しばらく惰力で進む
④手を前方に戻しながら両足を引き寄せる
⑤両手を進行方向に向け，両足をけり出す
⑥惰力で進みながら水面に浮き上がる

C:背泳ぎ

①キック

背泳ぎの推進力は，約70%がストローク，約30%がキックによって生まれている。また，キックの推進力は，アップキックだけでなく，ダウンキックのときにも生まれている。背浮き姿勢が正しくないと推進力は半減する。

1・アップキック：太ももから始動し，足の甲でやや遅れてけり上げるが，太ももが水面に近づくころ，膝を勢いよく伸ばし切るように，足の甲で水をけり上げる。

2・ダウンキック：太ももから始動し，膝をほぼ伸ばした状態で，脚全体をけり下ろすようにして水を押す。

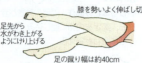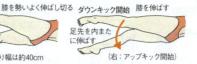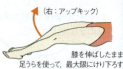

練習法

- **板キック**：ビート板を胸の上に置き，視線を斜め後方（約45°）の方向に向けてキックする。
- **ラッコキック**：両手の先を体側のへそ横に立て，両手が揺れないようキックする。
- **片腕持上げキック**：片腕を水面上の斜め後方に伸ばし，その腕が揺れないようにキックする。

・板キック

・ラッコキック
水面がもり上がるようにキックする

・片腕持上げキック
水面がもり上がるようにキックする

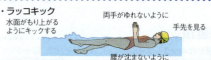

②ストローク

ストロークでは，体側に沿って手のひらが「S字」を描いている。この動作はスカーリングと呼ばれ，小さな力で大きな推進力（揚力）を生み出している。

しかし，初心者が泳ぐときには，手のひらで水面浅いところをまっすぐ後方，体側に沿ってかき進める方がよい。S字は，体のローリングができるようになると自然にできる動作である。技術の進展とともに自分に合ったS字型の動作を身につけることが大切である。

S字ストロークでは，上方動作をアップスイープ，下方動作をダウンスイープというが，ここでは入水，グライド，プル，プッシュ，リカバリーに分けて説明する。

●ストロークパターン

1・入水：入水時，手のひらに受ける水の抵抗を避けるため，肩の前方で手のひらを斜め外向き（45°程度）に傾けて小指側から入水する。

2・グライド：手のひらに体重をのせるように水中を伸び進む。

3・プル：かき始めは，わきを開く（肘を引かない）ように手のひらを後方に向ける。続いて，手のひらを後方に向けたまま，肩の横を水面近くまでかき上げる。

4・プッシュ：手のひらを後方に向けたままかき進め，最後は太ももの下に水を押し込むようにかく。

5・リカバリー：手のひらで太ももの下に水を押し込みながら肩を水面上に持ち上げ，続いて親指から水面上に抜き上げて腕を前方へ運ぶ。

SWIMMING 水泳競技

練習法

- **片腕ストローク**：片腕ストロークによって，課題に意識を集中して泳ぐ。3ストロークずつ左右交互に水をかく。
- **両腕ストローク**：両腕ストロークは，両手を水面下浅くかいたり，太ももの下に水を押し込む要領を覚えるのに有効である。
- **水面タッチストローク**：手のリカバリーのとき，体の反対側の水面に手先をワンタッチして戻す。体のローリングつくりに有効である。

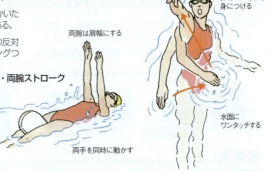

③キックとストロークのコンビネーション
6ビートの背泳ぎでは，グライド時に1回，プル～プッシュ時に1回，リカバリー時に1回のアップキックが行われる。

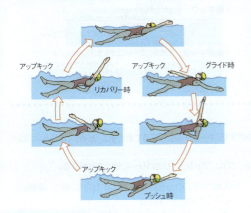

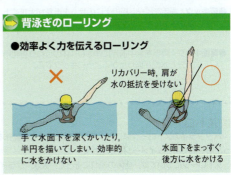

背泳ぎのローリング
●効率よく力を伝えるローリング

④ストロークと呼吸のタイミング
背泳ぎでは，呼吸は常に確保されているが，動作に合わない呼吸をしていると長く泳ぐことができない。そのため，動作に合った呼吸法を身につけることが大切である。動作と呼吸のタイミングは以下のとおりである。
A：2ストローク1呼吸の場合，右(左)手をかくとき息を吐き，右(左)手のリカバリーのとき息を吸う。
B：2ストローク2呼吸の場合，右(左)手のリカバリーの間に息を吸って吐き，左(右)手をリカバリーの間に息を吸って吐く。

A　2ストローク1呼吸　片方の手のリカバリー中に息を吸い込み，その手で水をかくとき息を吐き出す。
①右(左)手のリカバリー中に息を吸う　②右(左)手で水をかくとき息を吐く

B　2ストローク2呼吸　片方の手のリカバリー中に息を吸って吐き，他方の手のリカバリー中に息を吸って吐く。
①右(左)手のリカバリー中に息を吸って吐く　②右(左)手のリカバリー中に息を吸って吐く

D:バタフライ

①キック

バタフライのキックは，イルカの尾ひれの動きに似ていることからドルフィンキックと呼ばれ，腰の曲げ伸ばしによって全身にうねりが生じてくるのが特徴的である。全身のうねりは，ダイナミックなバタフライの完成に大きな役割を果たしている。キックは，ダウンキックとアップキックによって推進力を生んでいる。

1・ダウンキック：ダウンキックは，太ももから始動し，膝が最大（約120°）に曲がったとき，膝を勢いよく伸ばし切るように足の甲で水をけり出す。最後は，尻の先端が水面上に出る程度に腰を浮上する。

2・アップキック：アップキックは，腰の浮上に始まり，膝を伸ばしたまま脚全体を持ち上げるように水を後方に押し，腰の沈み始めとともに足先を水面まで持ち上げる。

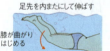

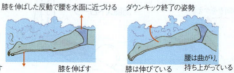

練習法

●**壁キック**：片手をプールサイドにかけ，もう一方の手先を下に向けてプール壁に当て，体を水平に両腕を伸ばしてキックする。

●**板キック**：両手をビート板の上にのせ，上半身が大きく上下動しないようにキックする。

●**背面キック**：両手を水中前方に伸ばし，体のうねりを利用して両足先で水面が盛り上がるようにキックする。

②ストローク

バタフライのストロークは，入水時から離水時までの動作を両手で「キーホール」，「てるてる坊主」，あるいは「○と△」といった形を描くようなイメージで水をかく。

ストロークについては，全体の流れにそって，入水，グライド，プル，プッシュ，リカバリーに分けて説明する。

●ストロークイメージ

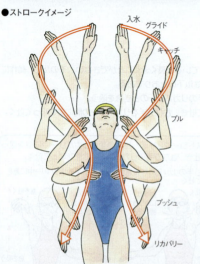

1・入水：両手のひらを斜め外向き（45°程度）に傾け，肩幅のところで手先から入水する。

2・グライド：手のひらを下方外向きにし，水を押さえるように伸び進む。

3・プル：手のひらと前腕でやや外側から胸下へと水をかき進め，両手がもっとも接近する状態になる。

SWIMMING 水泳競技

4・プッシュ：両手の先をやや外方向へ，太ももに触れる程度まで水をかき進める。

5・リカバリー：肘を先行させて小指から水面上に抜き上げ，親指を下向きに肘を高く構えて前方の入水点まで戻す。

腕を伸ばしていく

練習法

- **イルカ跳び**：入水時や浮上時の体の構え方や，体のうねりとストロークのタイミングをつかむ。

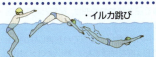
・イルカ跳び

- **片腕ストローク**：片腕ストロークのくり返しによって，ストロークの強化やストロークとキックのタイミングを図る。

・片腕ストローク

- **1ストローク5キック**：5回のキックによって正しい姿勢の確保や手のかき始めのタイミングをつかみ，1回ストロークを行う。慣れてきたら，キック数を減らしていく。

・1ストローク5キック

③ストロークとキックのコンビネーション

手の入水からグライドにかけて第1キックを行い，プルの後半からプッシュにかけて第2キックを行う。

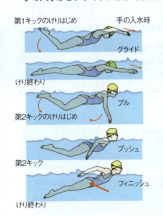

いろいろなストロークパターン

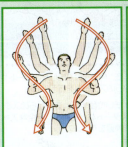

いずれもオリンピック金メダリストのストロークパターン。決められた形でなく，自分に合ったパターンを身につけよう。

④ストロークと呼吸のタイミング

グライドからプルにかけて鼻から息を吐き始め，プルからプッシュ前半にかけて鼻から息を強く吐ききる。プッシュ後半からリカバリー前半にかけて口からすばやく息を吸い込む。リカバリー後半からグライドにかけて息を止める。

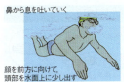
鼻から息を吐いていく
顔を前方に向けて，頭部を水面上に少し出す

鼻から力強く息を吐ききる
顔を水面上に出す

口からすばやく大きく息を吸う
顔を完全に水面上に出すが，あごは水面から高く離れないようにする

息を止める
顔を少し下に向ける

◆ スタートとターン

―スタート技術のポイント―

a. スタートの考え方
　水泳のスタートは，スタート台から飛び込んで泳ぎ始めるスタートだけではない。底をけったり，水中で壁をけったり，浮いた状態から泳ぎ始めたりすることもスタートである。したがって，スタート時の重大事故をなくすためにも，右図のように段階的にスタート練習を行うことが必要である。

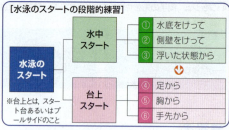

［水泳のスタートの段階的練習］
※台上とは，スタート台あるいはプールサイドのこと

b. スタート技術（右図を参考に段階的に練習する）

【台上スタート】
1・構え：笛の合図で腰と膝をやや曲げ，足先と両手先を台の縁にかける。
2・けり出し：スタートの合図後，両手先で台を押しながら上体を前方に投げ出し，脚を伸ばすように勢いよくけり出す。
3・入水姿勢：入水前に腰を曲げて体を「く」の字にし，両腕で頭部をはさむように構えて入水する。
4・グライド：入水したら手先をやや上方に向けて体を水平にし，流線形（ストリームライン）をつくってグライドする。

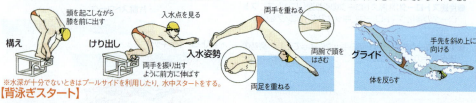

※水深が十分でないときはプールサイドを利用したり，水中スタートをする。

【背泳ぎスタート】
1・構え：両手でスターティンググリップを握り，用意の合図で体（胸部）を壁に引き寄せる。
2・けり出し：スタートの合図後，両手でグリップを押しながら両腕を進行方向に振り出し，上体を進行方向へ投げ出す。
3・入水姿勢：体が水面上にもっとも出たとき，体を弓なりにして，両腕で両耳をはさむように入水する。
4・グライド：入水後，両手先をやや上方へ向けて体を水平にし，流線形（ストリームライン）をつくってグライドする。

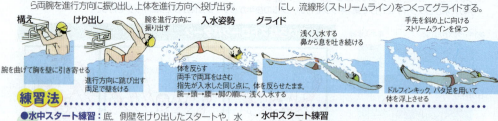

練習法

- ●水中スタート練習：底，側壁をけり出したスタートや，水面上に浮いた状態からのスタートを行う。
- ●台上スタート練習：低い位置や低い姿勢からのスタート，水面上に滑り出すスタートなどを行い，安全な入水と効果的な泳ぎへつなぐ練習をする。
  - ・台上スタート練習

  - ・水中スタート練習
  - ・背泳ぎスタート

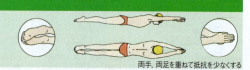

- ●背泳ぎスタート：背浮きけ伸び，背浮きけり出しなどの練習を行う。

🍌 ストリームラインのつくり方

抵抗は速度の約2乗で大きくなる。スタート，ターンの後は泳速の2～3倍の速度が生じるので，特にストリームラインが大切である。
詳細は P.79「より楽に，楽しく泳ぐために」の項

両手，両足を重ねて抵抗を少なくする

SWIMMING 水泳競技

—ターン技術のポイント—

a.水平(タッチ)ターン

クロールでは,一方の手が壁に着いたら,その手で壁を押し返し,上体を進行方向に倒す。このとき,体を半身に構え,頭部を足先の位置まで沈み込ませ,体が水平になったところで壁をけり出す。グライドをしながら体を下向きにする。

平泳ぎ,バタフライでは,両手を同時に壁に着いた後,一方の肘を後方に引きながら体を半身にし,他方の手で壁を押し返すように体を進行方向に倒し,けり出す。

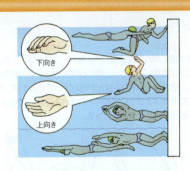

b.クイックターン

本来,サマーソールト(回転)ターンと呼ばれていたが,水平ターンに比較してすばやく方向転換できることからこの名が使われるようになった。

スピードを落とさずに壁に接近し,最後の1かきで前転する。その際,両手で水を下方に押しながら,両足を水面上から壁に近づける。両足が壁に着いたら両手を揃え,壁をけり出しながら体を下向きにする。けり出し後は,両手両足を重ねて流線形(ストリームライン)を保ってグライドする。

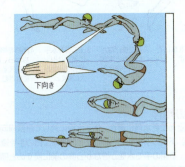

c.背泳ぎターン

背泳ぎターンは,背泳ぎから背泳ぎに移るときに用いられる。個人メドレーの背泳ぎから平泳ぎへ移るときに用いると違反となる。スピードを落とさずに壁に接近し,一方の手をかきながら体を下向きに前転し,その時,同時に反対側の手を水面上前方へ戻す。

体を下向きにしたら,前方の手で水をかき,頭部を下げながら体を前転して,両足を水面上から壁に近づける。このとき,手のひらで水を下方に押して前転速度を速くする。両足が壁についたら両手を揃え,壁をけり出す。けり出し後,両手両足を揃えて流線形(ストリームライン)を保ってグライドする。

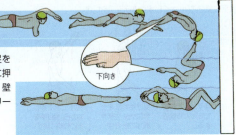

練習法

- ●**け伸び前転・側転**:け伸びをしながら,前転や側転をする。安定してすばやくできるようにする。
- ●**転回・けり出し**:壁に向かって片手や両手でけ伸びをしながら体の転回をして,各泳法の転回法の練習をする。これに慣れたら,ターン壁のけり出しを加えて,両手両足を重ね揃えてグライドの練習をする。

・け伸び前転・側転

・転回・けり出し
肘を後方に引きながら,足を引き寄せる
上の手は頭上に運ぶ 顔は壁に向けておく
水を上方に押す
両手を揃えてけり出しながら体を下向きにする

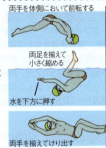

両手を体側において前転する
両足を揃えて小さく縮める
水を下方に押す
両手を揃えてけり出す クロールの場合,体を下向きにけり出す

◆ 横泳ぎ

①足の動作
　体を水面に対して垂直横向きに構え，両脚を揃えたまま膝と腰を曲げ始め，次いで，上側の脚を前方，下側の脚を後方へ開く。その後，上側の足裏と下側の足の甲で水を押し開き，続いて膝を伸ばすように両足で水をはさみ込む。最後は水をはさむように両足を重ね合わせる。

1 両足を重ねて伸ばす
2 膝を曲げながらかかとを尻に引き寄せる
3 上の脚を水平に前へ出し，両脚を前後最大に開く
4 両脚を伸ばしながら，両足を揃えるようにはさむ

練習法
● プールサイドでの練習：両脚を前後均等に小さく縮め，前後均等に大きく開き出してはさむ。
● プールサイドを持った練習：上側の手をプールサイドに，下側の手をプール壁に当て，体を安定させて練習する。
● ビート板を使った練習：先手や受け手にビート板を持って練習する。

・プールサイドでの練習　　　・プールサイドを持った練習

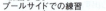

壁につかまって練習。下側の手で身体を水平に浮かすとよい

・ビート板を使った練習

先手にビート板を持つ　　　受け手（わきの下）にビート板をはさむ

②手の動作
　両耳とあごを水面に置き，体を水面に対して垂直横向きに構える。下側の手を前方へ伸ばすと同時に上側の手を後方へ伸ばし，下側の手で水をかきながら胸の前に戻すのと同時に上側の手を抵抗のないよう胸の前へ戻す。
　下側の手を先手，上側の手を受け手という。
・**先手**：先手は，平泳ぎの要領で水を押し，元に戻す。
・**受け手**：受け手は，クロールの要領で水をかき，手のひらを水平に抵抗を小さくし水中を元に戻す。

両手があごの前でもっとも接近する
受け手で水をかきながら，先手を前方に差し出す
先手で水を押しながら，受け手をあごの前に戻す

練習法
● 水中に立っての練習：プールサイドに立った姿勢で顔を横に向けて練習する。慣れてきたら，上側になる脚の動作を加える。
● 片腕ストローク：受け手を後方に伸ばしたまま，先手と足の動作を組み合わせた練習や，先手を前方に伸ばしたまま，受け手と足の動作を組み合わせた練習を行う。

・水中に立っての練習　　　・片腕ストローク

わき下と腰にビート板をはさむ

先手と脚の動作を練習する

受け手と脚の動作を練習する

③足の動作と手の動作のコンビネーション
　グライドのとき，両脚を揃えて伸ばし，先手を進行方向に出し，受け手は太ももに添える。先手で水を押し始めながら受け手を前方へ移動し，やや遅れて両脚を曲げ始める。両手が胸の前で揃ったとき，両脚が前後均等，最大に曲がり，体がもっとも小さく縮んだ姿勢となる。両手を前後に動かし始めるとき，ほぼ同時に両脚を前後に開いて水をけり出し始める。

④手の動作と呼吸のタイミング
　グライドの後半から先手で水を押すときに吸気し，受け手で水をかき始めるとき呼気する。

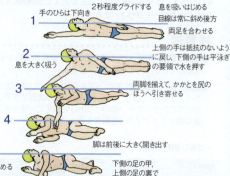
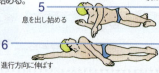

1 手のひらは下向き　2秒程度グライドする　息を吸いはじめる
目線は常に斜め後方
両足を合わせる
2 息を大きく吸う
上側の手は抵抗のないように戻し，下側の手は平泳ぎの要領で水を押す
3 両脚を揃えて，かかとを尻のほうへ引き寄せる
4 脚は前後に大きく開き出す
5 息を出し始める
下側の足の甲，上側の足の裏で確実にけりはさむ
6 進行方向に伸ばす
太ももに触れるまで水をかく

SWIMMING 水泳競技

●より楽に，楽しく泳ぐために

　水泳中の推進力は，手足で水を後方に押して生まれる**抗力**，手足で水を左右(横)方向に押して生まれる**揚力**，そしていったん動き始めた物体はいつまでも動き続けようとする**慣性**の働きを加えた複合的な力から成り立っている。

　水を後方へ押して進む抗力推進は，手こぎボートをオールで漕いで進む要領のことで**パドリング**とも呼ばれている。例えば，10kgの頭部を浮かすためには，手を用いて10kgの力で水を下方に押して得る反作用が必要である。すなわち，パドリングは，推進力とほぼ同じ力を発揮しなければならないことになる。

　これに対して，水を横方向へ押して進む揚力推進は，モーターボートのようにスクリューで進む要領のことで**スカーリング**と呼ばれている。例えば，10kgの頭部を浮かすためには，手のひらを左右方向に連続的に2〜3kg程度の力で水を押して得る反作用が必要となる。すなわち，スカーリングは，手のひらを約40°に傾けることによって(右図)，推進力のおよそ1/3〜1/4程度の力を発揮すればよいのである。

　水泳選手は，スカーリングを中心に推進力を得ているため楽に泳いでいるが，一般の泳者はパドリングによって推進力を得ようとしているため大きな力の発揮が必要で，そのため運動量が激増し，疲労が早くやってくるのである。

　また，慣性の働きは，自転車をこぎ始めるときには重く感じられるが，いったん動き始めると小さな力を加えるだけで推進力を維持することができるように，水中においても同様により楽に進むことが体験できる。

　水中を進む場合には，こうした慣性の働きを最大限に維持するため，流線形の姿勢(**ストリームライン**)を保つことが重要である。水の抵抗は，泳速のおよそ二乗に比例して大きくなるので，ストリームラインには十分気をつけなければならない。さらに，各種泳法の特徴に応じて泳ぎの動作が効率的に行われるような姿勢(**ボディポジション**)についても十分気をつけることが大切である。

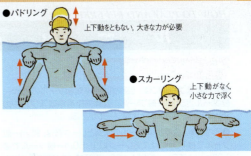
●パドリング
上下動をともない，大きな力が必要
●スカーリング
上下動がなく，小さな力で浮く

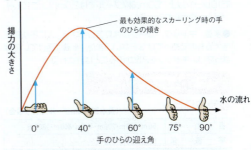
●手のひらの迎え角と揚力の大きさ
最も効果的なスカーリング時の手のひらの傾き

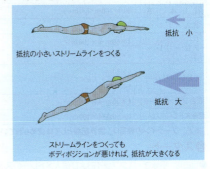
●ストリームラインとボディポジション
抵抗 小
抵抗の小さいストリームラインをつくる
抵抗 大
ストリームラインをつくってもボディポジションが悪ければ，抵抗が大きくなる

水泳競技の観戦の視点

　水泳競技は，競泳競技，アーティスティックスイミング競技，水球競技，飛込競技，およびオープンウォータースイミング競技に分けることができる。

　競泳競技は，定められた泳法で定められた距離を泳ぎ，その速さを時間で競う競技である。トップ選手のスタートから浮き上がりまでの動作，浮き上がるタイミング，ターン，レース展開について注目すると面白い。**アーティスティックスイミング競技**には，ソロ，デュエット等のイベントおよびフィギュア，ルーティン等の競技があり，芸術性や同調性等に注目すると面白い。**水球競技**は，球技の中ではとても過酷な競技である。速いパス回しに注目すると面白い。**飛込競技**には，高飛込，飛板飛込，シンクロナイズド，チームおよびミックスダイビングがあり，男子6演技，女子5演技で構成して競われる。入水時の水しぶきがいかに小さいか，また他者との同調性に注目するとよい。**オープンウォータースイミング競技**は，2008年北京大会から10kmマラソンスイミング競技として追加。波や潮の流れ，天候，他の選手との駆け引きによるレース展開が面白い(国体では5kmのオープンウォータースイミング競技として行われている)。

蘇生法

　蘇生法とは，呼吸停止と心停止により意識を失った者に対して，人工呼吸と胸骨圧迫などの救急処置により，「酸素運搬」と「血液循環」を確保して生命を蘇らせる方法である。

　溺水等で意識のない者を発見したら，呼吸の有無を確認し，人に助けを求めて処置するが，救急車等が到着するまでに時間が長引くとそれだけ蘇生率が低下したり，脳細胞にダメージを来たすため，蘇生法は一刻も早く行うべきである。

　要するに，蘇生法は，救急隊や医師に引き継ぐまでの一時的な救急処置なのである。

(詳しい手順はP.397を参照のこと)

HOW TO PLAY AND REFEREE

ル ー ル と 審 判 法

1 競技施設と服装

●公認競泳プールには，公称国内基準競泳プールの25m一般プールと50m一般プール，公称国際基準競泳プールの25m国際プールと50m国際プールがある。

●国内基準，国際基準プールの水深とレーン数は，25m一般プールでは1.0m以上で6レーン以上，50m一般プールでは1.35m以上で6レーン以上，25m国際プールでは2.0m以上で10レーン以上，50m国際プールでは2.0m以上で10レーン以上が求められている。

●水着，キャップ，ゴーグルは見苦しくなく，人に不快感を与えるものであってはならない。また，水着は透けていてはならない。キャップを2枚かぶることは許される。

2 主なルール

❶競技種目

（長水路：50mプールで行う場合）

自　由　形	50m・100m・200m・400m・800m・1500m
平　泳　ぎ	50m・100m・200m
バタフライ	50m・100m・200m
背　泳　ぎ	50m・100m・200m
個人メドレー	200m・400m
フリーリレー	4×50m・4×100m 4×200m
メドレーリレー	4×50m 4×100m
混合フリーリレー	4×50m・4×100m
混合メドレーリレー	4×50m・4×100m

※アンダーラインの種目は，世界記録としては認められていない

❷スタート

●自由形・平泳ぎ・バタフライおよび個人メドレーのスタートは飛び込みによって行う。審判長の長いホイッスルでスタート台上に上がる。

●背泳ぎ・メドレーリレーのスタートは水中から行う。審判長の1回目の長いホイッスルで速やかにプールに入り，2回目の長いホイッスルでスタート位置につく。

●出発合図前にスタートした競技者は失格となる。

❸競技中（失格となるもの）

●競技者は，スタートしたレーンと同じレーンを維持し，ゴールしなければならない。

●競技中にレーンロープを引っ張ったり，水底を歩いてはならない。

●競技中に速力・浮力または耐久力を助けるような仕掛けもしくは水着を使用したり，着用してはならない。

●全ての競技者が競技を終了する以前に水に入った場合，その競技者はその競技会における以後の出場資格を失う。

❹泳　法

●自由形では，折り返しおよびゴールタッチは体の一部が壁に触れ，またスタートおよびターン後，壁から15m地点までに頭は水面上に出ていなければならない。

●背泳ぎでは，折り返し動作を除き，競技中は体の一部を常に水面上に出してあおむけ姿勢で泳ぎ，スタートおよびターン後，壁から15m地点までに頭は水面上に出ていなければならない。ゴールタッチの際は，体は水没してもよい。

●平泳ぎでは，スタートおよび折り返し後の1かき目は脚のところまで持って行くことができ，最初の1かきの間につぎの平泳ぎの蹴りにつながるバタフライキックが1回許される。折り返しおよびゴールタッチでは，両手が同時にかつ離れた状態で行わなければならない。

●バタフライでは，両腕は同時に後方へかき，前方へ運ばなければならない。足の上下動作を交互に動かしてはならない。折り返しおよびゴールタッチでは，両手同時にかつ離れた状態で行う。スタートおよびターン後，壁から15m地点までに頭は水面上に出ていなければならない。

●リレーでは，オーダー順に泳がなかった場合，オーダー以外の人が泳いだ場合，引き継ぎに不正があった場合は失格。

●個人メドレー，メドレーリレーにおいて自由形を泳ぐ場合，平泳ぎ，背泳ぎ，バタフライ以外の泳法を用い，それぞれの種目を定められた距離の4分の1ずつ泳ぐ。

3 審判法

審判長　1名，全ての競技役員に対して統括権を持ち，その割り当てを承認し，競技に関係する全ての運営や規則について指示する。

機械審判　1名，ビデオ計時装置の審査を含む全自動装置の監督を行う。

出発合図員　2名，審判長から競技開始の合図を受けて，競技者を公正に出発させるまで，競技者を完全に掌握する。

折返監察員　（各レーンの両端に1名），折り返し前の1かきの開始から折り返し後の1かき終了までを監察する。

泳法審判員　4名，競技規則に従っているか監察する。

記録主任　結果帳票および審判長から受け取った決定時間もしくは着順結果を確認する。

招集員　2名，競技に先立ち，競技者の点呼を行う。

通告員　1名，競技会の運営および競技について，全ての通告を行う。

計時主任・計時員(1レーン1名)，補助計時員(1名)　自動審判計時装置がない場合，出発からゴールまでを計時する。

着順審判員　各泳者の着順を速やかに判定し，報告する。（自動審判計時装置のない場合）

※必要に応じて，係役員の人数を調整し，その他の係役員を置くことができる。

ARTISTIC GYMNASTICS 器械運動

器械運動

おいたちと発展

　器械運動の技のルーツは，大きく3つの系譜をたどることができる。1つ目は，子供の遊びとして転がる・跳び越す・ぶら下がる・逆立ちをするなどの遊びの中から自然発生的に現れたもの。2つ目は，乗馬術として馬への乗り降りなどの実用的な運動から跳馬（跳び箱運動）やあん馬などに発展したもの。3つ目は，人間が動きの可能性を求め，腕自慢として新たに運動を考案したものである。

　ドイツのヤーン（1778～1852年）は，このような巧技的な運動を教育の一環として，鉄棒や跳び箱・平均台・平行棒などの原型になるような器械を用いて，トゥルネンという運動を創始した。そこで行われた運動は，人々を驚かす珍しい巧技形式の運動を特徴としたため，多くの人々を魅了し各地で大会が行われるようになった。1850年頃からはヨーロッパ各地で体操競技会も行われるようになっていった。

　わが国には明治初期に学校体育の中に導入されたが，スウェーデン体操の影響を強く受け，徒手体操や器械体操として跳び箱運動や鉄棒運動が体力づくりや姿勢訓練の運動として行われた時期もあった。

　今日，学校体育の器械運動は，マット・鉄棒・平均台・跳び箱などの器械を使って，いろいろな巧技的運動（技）ができるようにしたり，組み合わせたりして美しさや雄大さなど出来映えを目指して発表するところに楽しさや喜びを味わう達成型のスポーツである。

　オリンピックの体操競技に日本選手が初めて参加したのは，第10回ロサンゼルス大会（1932年）からである。第二次大戦後は第15回ヘルシンキ大会から復帰し，団体5位に入賞，その後，男子体操は旧ソ連と王者を争うことになる。特に，第17回ローマ大会以後，東京・メキシコ・ミュンヘン・モントリオールの5大会で団体総合の金メダルを獲得し，20年間にわたって世界の王者として君臨した。個人総合でも遠藤幸雄・加藤澤男・具志堅幸司が金メダルに輝き，世界をリードしていた。近年は中国，日本，ロシア，米国などの争いとなり，アテネでは28年ぶりに団体総合で金メダルに輝き，北京とロンドンは銀メダルであったが，リオでは3大会ぶりに金メダルを奪還した。個人総合では，ロンドンで内村航平がロサンゼルス以来28年ぶりに金メダルに輝き，リオで2連覇の偉業を成し遂げた。

　1年延期になった東京2020では，団体総合は惜しくも僅差で銀メダルであったが，個人総合で橋本大輝が金メダルに輝き，若い世代の台頭により体操日本が復活した。女子は，ロシアと米国が争う中で日本は5位と健闘，種目別の床運動で村上茉愛が前回の東京大会以来56年ぶりに銅メダルに輝き，今後もメダル争いが期待できる。

●器械運動の特性

① マット・鉄棒・平均台・跳び箱など器械・器具を使って行われる「技」で構成される運動である。

② 各種目には，多くの技があるので自己の能力に適した技を選び，それが「円滑にできる」ようにしていくことで喜びを味わう。

③ 器械運動の「技」は，日常的に経験しない運動が多いので，技を覚えるためには，具体的な運動の仕方としての技術を身につけることになる。

④ 技を覚えるには，運動形態や技術が類似する技を基礎技・関連技・発展技などの「群」や「系」にまとめ，段階的に学習すると習得しやすくなる。

⑤ 合理的な運動の仕方を身につけると運動の習熟が高まっていくので，次には「安定性」や「美しさ」，「雄大さ」を目指すことになる。

⑥ できる技を組み合わせて演技を構成し，演技会や競技会を楽しむことができる。

●安全に対する留意点

① 器械運動で行う技は，運動経過の中に逆位の体勢や空中に体を浮かすなど，日常であまり経験しない運動形態が特徴になるので，予備的な運動や動きのアナロゴン（類似的な運動）によって運動感覚を養い，自分の体をコントロールできるようにしておくこと。

② 自分の体を支える力や体の柔軟性が求められたりするので，準備運動などでこのような身体能力を高めておく。

③ 自分の能力に適した技を選んで，練習の仕方や場づくりを工夫し，正しい動き方が確実に身につくようにする。

④ 器械器具の点検や安全を十分に確かめるとともに危険を取り除く場づくりができるようにする。

⑤ スポンジマットや補助を用いるなどして，失敗したときの事態に備え，練習を段階的に進めるようにする。

体ほぐしの運動

ARTISTIC GYMNASTICS 器械運動

●用語の解説

技の名称は，次のような**基本語**と**規定詞**の組み合わせで成り立っている。

- **基本語**＝技の基本形態を名付けるためのベースを示す名称。

〔姿勢基本語〕
立・座・臥・支持・懸垂

〔運動基本語〕
上がり・下り・回転・ひねり・ターン・転向・跳び・入れ・抜き・旋回

- **規定詞**＝運動の方向，体の向きなど技の細部を表記することば。

〔器械と体の関係(向きなど)を示す規定詞〕
正面・背面・側面・縦向き・横向き・下向き・上向きなど

〔運動の方向を示す規定詞〕
前方・後方・側方・前・後ろ・横・正・逆

〔体勢や握り方を示す規定詞〕
かかえ込み・屈身・伸身・開脚・脚前挙・脚上挙・順手・逆手・片逆手・交差・片足など

A：マット運動

技の体系

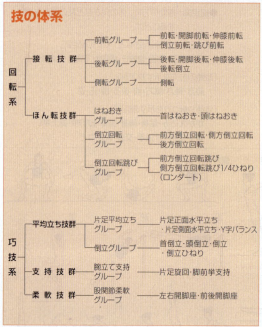

接転技群
マットに体の部分を順番に接触させながら回転する運動で，前方に頭→首→背→腰の順に接触させて回転する場合は**前転（前方回転）**，その逆が**後転**になる。基本技術には，スムーズに回転する順次接触技術と回転力を生み出す回転加速技術が求められる。

ほん転技群
手（頭・首）と足の支えによって回転する運動で，回転経過の中に体の曲げ伸ばしの動作が見られるが，伸身体勢が特徴になる。**はねおき**は，屈伸動作と手の押し放しで回転力を生み出す。**回転倒立**は，手足のどちらかが床を支えて回転する運動で，側方を除いては後屈の柔軟性よって回転する。**倒立回転跳び**は足での踏み切りと手での突き放しによって，空中に浮く局面をもっている。

平均立ち技群
体の一部（手足など）で体を支えて**バランス**をとる運動。

支持技群
脚前挙支持のように静止支持と片足旋回のように動的支持がある。

柔軟技群
柔軟度のすぐれていることを誇示する運動。

倒立と柔軟グループ

首倒立
・手で腰を支える
・腰と脚を伸ばす

頭倒立
・額で支える
・手でバランスを調整する

倒立
・手は肩幅
・目は指先を見る

左右開脚　前後開脚

倒立の練習

●倒立の補助の仕方

・補助者は横に立つ
・振り上がってくる足を早くもつように準備
・膝を両手ではさむようにもつ
・倒立になったとき，上に伸ばすように引き上げる

●壁登り倒立

・体の前面が壁にぴったりと付くようにする

●片足壁倒立

・つまさきで壁を軽くけってバランスをとる

ARTISTIC GYMNASTICS 器械運動

前転グループ

前転

スムーズに回る前転

回転加速を高める前転

◆順次接触の技術
- 体の部分を順々に着けて、スムーズに転がる
- 頭の後頭部から転がる
- あごを引いて、背中を丸く保つ
- 膝のかかえ込みが遅れないようにする

◆回転加速の技術
- 後頭部から転がりはじめるとき、腰角度を大きくする
- 足の前方への投げ出しと膝のかかえ込みに合わせて、上体をすばやく起こす

開脚前転

伸膝前転

- 回転加速の技術を利用して行う
- 膝を伸ばして一気に開脚をする
- 前屈を強めてマットを押す

- 前方に足を投げ出し、マットに足が触れる瞬間に上体を一気に前屈にして手を着く
- 手は腰と膝の中間くらいに着き、強くマットを押しながら前屈をする

練習の工夫例

- 重ねたマットの上に踏み切り板を置き、落差と坂で起きあがりやすくする
- マットの落差を利用して、足の開きと手の押すタイミングを覚える
- 足がマットに着く瞬間に手を押すタイミングを覚える
- 重ねたマットを低くする

倒立前転

- 倒立で、足を前にゆっくりはずし、前転に入るタイミングをつかむ
- 後頭部が着くまで腰と膝に力を入れ、後頭部からスムーズに転がる

練習の工夫

- 補助者は、膝をもって倒立の補助をする
- 後頭部が着くまで倒立状態を保つようにする
- 学習者は、後頭部が着くまで腰や膝に力を入れる感じをつかむ

跳び前転

- 跳び前転の空中局面の大きさは、後半の前転コントロール能力で決まる
- マットに着手するとき、体がつぶされないように腰角度を広く保っておく

空中姿勢の作り方

① 少し空中局面が見られる
② 大きな空中局面が見られる
③ 伸身の空中局面が見られる

85

後転グループ
後転

◆回転加速の技術
・腰がマットに着く瞬間にあごを引き，上体を一気に倒す
・上体の倒しに合わせて，膝をすばやく頭のほうに引き寄せる
◆頭越しの回転の技術
・後方への回転に合わせて両手でマットを押し放し，後頭部を浮かす
・マットを押し放すときに斜め後方に腰を伸ばし，腰角を広げる

練習の工夫例
・2・3枚重ねたマットの上で落差を利用し，スムーズに立つ。

開脚後転
・膝を伸ばしておく
・腰の横に手を着く
・開脚はマットに足が着く寸前

後転倒立
・回転加速の技術を利用する
・上体の後方への倒しに合わせて，足を前上方に伸ばす
・両手の押しに合わせて腰を一気に伸ばす

伸膝後転
・回転加速の技術を利用する
・両手で最後までしっかりマットを押す

練習の工夫例
・腰の曲げ伸ばしに合わせて補助者に足を引き上げてもらう

はねおきグループ
頭はねおき

◆足のはね上げ技術
・腰角度を保ちながら額をマットに着ける
・はねるタイミングは，腰が支持点(頭)より前に移動する瞬間にはねる
◆手の押し放し技術
・足のはね上げによって，前方に重心が移動したときに一気に手を押し放す
・頭を背屈し体の反りを最後まで保つ

練習の工夫例
・手を引き上げてもらってはねる
・台の上から補助者に腰を支えてもらってはねる

倒立回転グループ
後方倒立回転

・手を上方に上げ，腰を高い位置に保つ
・ゆっくりと腰を前に出しながら，体を反らす

前方倒立回転

・倒立で頭を起こしておく
・肩を後ろに引きながら，体を反らす

補助の仕方
・背中と腰に手を当て腰の位置の高さを保つように補助をする

ARTISTIC GYMNASTICS 器械運動

側方倒立回転

手と足の関係

◆回転加速の技術
・進行方向に体を向けて足を踏み出す
・振り上げ足の膝を伸ばし，足を大きく開くように振り上げる
・踏み切り足も伸ばし，重心を両手に移す

足の振り上げと下ろしの練習
・倒立の練習から，振り上げ足と同じ側の手を前に出して足を下ろす

倒立回転跳びグループ
ロンダート

・ポップしてから側方倒立回転に入る
・踏み切りからスムーズに支持腕に体重を乗せる
・空中ですばやく足を揃え，1/4ひねりを加える
・足を下に下ろしながら，手の突き放しによって上体を起こす

ポップ走の練習
・助走の前進力を殺さないように，着手の準備をする
・右足（左）で軽くジャンプしている間に左足（右）を踏み出す

前方倒立回転跳び

・ポップして体の前傾を作り着手の準備をする
・着手は肩角を十分に開いたままで，上体を前に倒して行う
・着手と同時に振り上げ足を一気に振り上げる
・足の前方への回転スピードを止めないで，手の突き放しとともに体を反らす

倒立で手のジャンプ

・補助者に補助をしてもらい，腕を軽く曲げてジャンプをする
・補助者は，学習者の膝をもってジャンプに合わせて上に引き上げる

練習の工夫例
・台の上から腰を補助してもらって前方倒立回転跳びの練習をする

腕立て支持グループ
片足旋回（右足左旋回，左足右旋回）

・右足を後ろに伸ばした両手支持のしゃがみ立ちから始める
・右足を伸ばして，右手，左手，左足の順で下を通す
・慣れればリズミカルに回る

片足平均立ちグループ
片足水平立ち　　　Y字バランス

・軸足の膝は伸ばす　　　・腰を伸ばして足を上げる
・足の上げ方に合わせて上体を倒す

87

B：鉄棒運動

技の体系

- 支持系
  - 前方支持回転技群
    - 前転グループ
      - 前方支持回転・前方伸膝支持回転
      - 踏み越し下り・支持跳び越し下り
    - 前方足掛け回転グループ
      - 前方膝掛け回転・もも掛け回転
      - 膝掛け上がり・もも掛け上がり
      - け上がり
  - 後方支持回転技群
    - 後転グループ
      - 逆上がり・
      - 後方支持回転・後方伸膝支持回転
      - 後方浮き支持回転
      - 支持からの後ろ跳びひねり下り
      - 棒下振り出し下り
    - 後方足掛け回転グループ
      - 後方膝掛け回転
      - 後方両膝掛け回転
      - 後方足裏支持振り下り
- 懸垂系
  - 懸垂グループ
    - 高鉄棒での手の握り方（順手・片逆手・逆手）や懸垂の仕方（正面・背面）を変えて懸垂振動
    - 高鉄棒での順手正面懸垂から、右、または左へひねりを加えた懸垂振動
    - 後ろ振り跳び下り
    - 前振り跳び下り

支持回転

技の主要局面が手や足で体を支えて回転する特徴をもつ。**支持姿勢**は腕で支持する場合を**支持**と呼び、鉄棒から腰が離れた姿勢を**浮支持**という。足かけの場合はどの部分で支持するかによって、**膝掛け**、**もも掛け**、**足裏支持**になる。体前面が先行する回転を**前方回転**、背面先行が**後方回転**になる。

懸垂振動

技の主要局面が肩角度180度以上に開いた懸垂姿勢で振動する特徴を持つ。方向は**前振り**と**後振り**になる。懸垂振動が大きくなって鉄棒を一回転すれば**車輪**となる。回転方向は、支持回転と逆に体の背面先行が**前方車輪**、前面先行が**後方車輪**、また、手の握り方によって**順手車輪**と**逆手車輪**などと呼ばれる。

手の握り方

順手は手の甲が見えるように親指と親指が内側に向く握り。逆手は手のひらが見えるように親指と親指が外側に向く握り。**片逆手**は片方が順手で他方の手が逆手の握り。**大逆手**は逆手から一回転手のひらを内転させて握る。

前転グループ
前方伸膝支持回転

◆回転加速の技術
・上体を前方へ乗り出すように倒して、回転エネルギーを作る
・腕を伸ばし、あごを上げて胸を張り出すようにして体を前に倒す

◆真下を通過するときの前屈技術
・腰で鉄棒にぶら下がるようにする
・回転スピードをもっとも高める

◆支持になるための握りなおし技術
・一回転して鉄棒の上に体を支持するとき、手首の握りなおしをする
・あごを引いて背中を丸め、腰で鉄棒を挟み込むようにして握りなおす

前方支持回転の握り方

開始時の握り方
・親指の付け根で支える

◀支持への握りなおし
・手を鉄棒の上から押さえる

踏み込み前振りからけ上がり

◆きりかえしの技術
・腕を伸ばして前方に踏み込む
・肩が一番前に振れたところで地面をけって、足をすばやく鉄棒に引き寄せる

◆上昇回転技術
・鉄棒から離れないように握りを足に沿って引き寄せ、肩角を減少させる
・手を握りなおし支持姿勢になる

練習の工夫例

きり返しの練習
・前振りから振れ戻る瞬間に足首を鉄棒に引き寄せ、逆懸垂での振り戻りスピードを作る

補助者による練習
・振れ戻りに合わせて腰を補助してもらい、肩角をせばめる力の入れ方を知る

ARTISTIC GYMNASTICS 器械運動

後転グループ
逆上がり

◆ 肩角減少の技術
・肘を曲げ，肩角をせばめた状態で，鉄棒に腰を引き寄せる

◆ 足の振り上げと後方回転の技術
・足の振り上げで後方へ回転し，踏み切り足で回転を助長する

場づくりの工夫
できない生徒には，跳び箱や踏み切り板を用いて行う

懸垂からの逆上がり
・腕による体の引き上げと足の振り上げによる後方への回転をタイミングよく行う

後方伸膝支持回転

◆ 肩の回転加速の技術
・腕をしっかり伸ばし，肩の回転弧を大きくする
・足の振り込みに合わせて肩を一気に後ろに倒す

膝のかかえ込みで後方支持回転
・後方に回転するとき腰が鉄棒から離れる場合，膝を曲げて鉄棒をはさむようにする

◆ 回転開始の技術
・支持姿勢で腕を伸ばし，足の後ろに振り上げからその振り下ろしの勢いを利用して足を鉄棒に巻き込むように後方への回転を作り出す

後方浮支持回転（ともえ）

◆ 回転コントロール技術
・肩の回転不足のときは，頭の起こしによって回転を助長する
・回転が過剰なときは，体の反りと手首の返しで回転にブレーキをかける

開始時の予備振動の練習
足を軽く前後に振りながら"感じの呼び込み"を行う
できれば一回の振り上げで行う

体を伸ばして回転を止める練習
一回転した後，体を反るようにして回転をコントロールして止める

◆ 肩回転加速の技術
・鉄棒に体前面が触れないように回転するためには，足の振り下ろしに合わせて肩角度を固定し肩を後方にはずして一気に回転させる

足かけ回転グループ
後方膝掛け回転

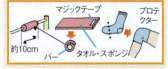

◆ 回転コントロール技術
・安定したポーズで回転を完了するためには，手首の返しによる胸の反りと足を後ろに残す

補助具の工夫
マジックテープ　プロテクター
約10cm　バー　タオル・スポンジ

練習の工夫例

後方への回転
ももにかけている体勢から膝にかける体勢を作るために補助者に支えてもらう

◆ 回転開始の技術
・ももにかけている体勢から，膝に鉄棒をかけ，後ろ足を鉄棒に近づけながら肩を一気に後上方に倒して回転に入る

89

前方膝掛け回転

◆回転開始の技術
・手で支えて腰を引き上げ,膝の裏側で鉄棒をはさむようにして固定する
・腰をつり上げ,背中から前に乗り出すように回転に入る

前方への回転

前方に回転するために腰を引き上げて,膝に鉄棒をかける練習を補助者に支えてもらって行う

膝掛け上がり

◆上昇回転の技術
・鉄棒の下に足を通すとき,膝を外に開き気味にして通すとよい
・膝を鉄棒にかけ,わきをしめて下に押さえながら上体を前に乗り出す

練習の工夫例

足の裏をすばやく鉄棒につける　　片足を振り上げて,鉄棒の下を通す

◆きりかえしの技術
・前振りから後ろの振れもどりに合わせて,一気に手の間に片足を入れる

もも掛け上がり

・足を通したら,一気に股の付け根までもってくる
・そのとき,手で鉄棒を下に押さえる努力をして肩角度を減少させる

前方もも掛け回転

・逆手で鉄棒を支える
・回転開始は背中をつり上げ,後足の大腿部を鉄棒にかけ腰を浮かす
・前足を前に保って,胸から倒れる
・回転後半は前足のももで鉄棒をはさむようにする

懸垂振動からけ上がり

・懸垂振動で前後に軽く振りながら,足の引き寄せによるきり返しの準備をする
・前振りでの体の反りの反動を利用して,腰を曲げながら鉄棒に足首を引き寄せる
・振り戻りに合わせて鉄棒から腰が離れないように握りを足に沿って引き寄せ,肩角を減少させる
・支持になるために,手を握りなおして上がる

両もも掛け上がり

・両足を鉄棒の下に入れるためには,足の引き寄せスピードを高め,肩が真下を通過する前に入れる

2つのタイプのけ上がり

反り型

・手首を曲げて深く握る
・あごを引いて体の反りの反動で鉄棒に足首を引き寄せる

振り上げ型

・足を前上方に振り上げ,膝あたりを鉄棒に引き寄せる

ARTISTIC GYMNASTICS 器械運動

懸垂グループ
懸垂前後振動

◆あふり技術
・あふりとは勢いをつけること
・腰を曲げたり，伸ばしたりする腰でのあふり
・真下を通過するときに肩の脱力によって肩でのあふり
・前振りあふりと後ろ振りあふり

⚠️ 握る技術
◆握りなおしの技術

・順手の後ろ振りの最後に鉄棒を押さえながら手を握りなおす

◆手首固定の技術

・前振りのとき，手首を屈曲させて固定し，次の後振りに備える

・はじめは前後に体を軽く振る
・慣れてくれば，体が真下を通過するときあふり技術を用いて大きく振る

懸垂からの振り出し

・軽く前に上げた足を後ろ下に振り下ろし，肩を前に押し出しながら体を反る
・体の反った反動を利用して足を一気に鉄棒の近くに引き上げ，手で鉄棒を後方に引きながら足を前上方に振り出す

振動持ち換え

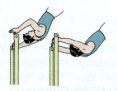 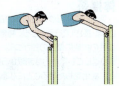

・両順手前振りで前に振れきったとき，片手を逆手に持ちかえ片逆手になる
・片逆手後振りで後ろに振れきったとき，逆手を順手に持ちかえ両順手になる

振動ひねり

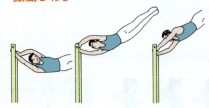

・両順手前振りで足先を振り上げる
・ひねりは前屈から軸手側の側湾体勢（弓なり状態）を経過して行う

🔽 練習の工夫例（低鉄棒を使って）

正ひねり　　　逆ひねり
両順手前振りで，軸手側に前面先行ひねり　片逆手前振りで，逆手軸に背面先行ひねり

後ろ振り跳び下り

・後ろ振りが終わる瞬間に，鉄棒を下に押さえながら肩を引き上げ体を垂直にして下りる

前振り跳び下り

・真下から足を前上方に振り上げる
・足を下に押さえ，鉄棒を一気に頭の後ろに押し放す

棒下振り出し下り

・足の振り下ろしに合わせて，肩を後ろに倒す
・足の前方への投げ出しに合わせて，鉄棒を後ろに押し放し，体を反らせる

足裏支持振り跳び下り

・開始体勢では，背中を丸め，あごを引く
・膝を伸ばして，腰が真下を通過したら足を前上方に勢いよく投げ出し，手で鉄棒を後方に押し放し，体を反らせる

🔽 練習の工夫例

低鉄棒で片足を振り上げ，足を前上方に振り出しながら体の反りと鉄棒の後ろに押し放す練習

91

C：平均台運動

技の体系

- 体操系
  - 歩走グループ
    - 前方歩（足振り上げ歩き，しゃがみ立ち歩き）・後方歩
    - 前方走・ツーステップ・スキップ・ギャロップ
  - 跳躍グループ
    - かかえ込み跳び・伸身跳び・前後開脚跳び・猫跳び
    - 足打ち跳び・跳び上がり・かかえ込み跳び上がり・跳び下り
- バランス系
  - ポーズグループ ── 片足水平バランス・V字ポーズ・片膝立ち水平支持ポーズ
  - ターングループ ── 両足ターン・片足正ターン・片足正一回ターン・正しゃがみ立ちターン・逆ターン
- 回転系
  - 前転・後転グループ ── 前転上がり・前転・後転
  - 倒立回転グループ ── 側方倒立回転下り

体操系
　アクロバティックな回転系の運動ではなく，歩や走，跳など地上ではきわめて日常的な運動を，平均台という制限された場所（高さ・幅・長さ）で行うところに特徴がある。誰もが地上ではできる運動であっても平均台では巧みさが問われ，学習によってその巧技性の技能に優劣の差がつく。体操系は，**歩走グループ**と**跳躍グループ**に分かれるが，平均台という器具の特性から同じ運動を繰り返しても場所的な制限から多く繰り返すことはできない。そのため，体操系の発展は，足や腕の動かし方，リズムの取り方などに変化をもたせることになる。また，他のバランス系や回転系との組み合わせの中でその特性を生かすことになる。跳躍グループには**台上への跳び上がり**や**台上からの跳び下り**も含まれる。

バランス系
　立位や座位，支持や倒立位における**ポーズ**や**ターン**を特徴としている。**ポーズグループ**は，平均をうまく取った静止ポーズを誇示する運動である。**ターングループ**は，片足や両足を軸に**ひねり**を行う運動で体の前面が先行して行うターンを**正ターン**，背中が先行するターンを**逆ターン**になる。

回転系
　平均台でもっとも巧技性の高い運動で，マット運動と同じ**接転技群**と**ほん転技群**に分類できる。回転系の中には台上での運動だけではなく，**上がり技**や**下り技**があるので跳び箱運動との共通性もでてくる。

歩走グループ

前方歩

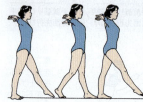

- リズミカルにスムーズに歩く
- 手を横に開いて上体のバランスをとる
- 腰が引けないように腰から歩く

後方歩

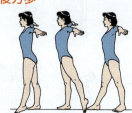

- 台が見えないので，後ろに出す足で台の側面をこするようにして足の置く場所を確かめる
- つまさきで台の面が確認できたら，つまさきの上に重心を移動させる

とう立ち歩き

- つまさき立ちで腰・肩頭を一直線に

足の振り上げ歩き

- 足を前に大きく振り上げて歩く
- 腰が後ろに引けないようにする

しゃがみ立ち歩き

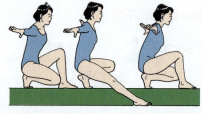

- しゃがみ立ちになって，前に出す足の膝から下を前に振り出すようにして台の上に乗せる

ARTISTIC GYMNASTICS **器械運動**

スキップ

- はじめは，踏み切った足で着地してホップをする
- 左右交互に行うと，スキップになる。
- 前方への移動をスムーズに行う

ギャロップ

- はじめはツーステップをする
- 後ろ足の膝をかかえ込むように引き上げ，その足で着台する。

ポーズグループ

両足立ちポーズ   **片足立ちポーズ**   **片足水平ポーズ**   **V字ポーズ**   **両手片膝立ち水平支持ポーズ**

- ポーズを正確につくる
- 静止ポーズを安定して保持する

ターングループ

片足正ターン（振り上げ型）

練習の工夫例

「両足ターン」
- 足を前後に軽く開いて立つ
- 手を振り上げながらつまさき立ちでターンをする

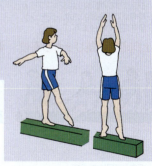

◆正ターン
- 片足を軸にして体前面を先行させながら180度方向を変えるターン

◆導入局面
- 軸足を決め，反対側の前振り上げと両手の引き上げでターンのきっかけを作る

◆ターン局面
- 体を上に引き上げ，つまさき立ちで一気にひねる

◆ブレーキ局面
- 振り上げ足を後ろに伸ばし，腕を横に開いて回転を止める
- かかとを下ろし，振り上げ足も台上に置く

片足逆ターン（振り上げ型）

◆逆ターン
- 片足を軸に背面先行で180°方向を変えるターン

◆導入局面
- 前に上げた足を後ろに振り上げる

◆ターン局面
- 後ろ振り上げに合わせて腰を一気にひねって，向きをかえる

しゃがみ立ちでの正ターン

◆導入局面
- 横向きの片足しゃがみ立ちで腕をターンの反対方向に回して，その反動でターンに入る

◆ターン局面
- 両腕をターン方向に一気に回す
- 足は水平に保って，1/4ひねったところで台に置く

93

跳躍グループ

伸身跳び　　猫跳び　　足打ち跳び

- 手の引き上げで踏み切り，空中で伸身ポーズを見せる
- 空中でかかえ込みポーズを作り，脚を入れかえる
- 空中で踏み切り足を振り上げ足にすばやく打ちつけ，足を残して着台する

◆着台の安定性
- 平均台を踏みつけるように安定した立位ポーズに入る
- 腕の位置にも注意する

前後開脚跳び　　開脚跳び　　片足踏み切り跳び上がり

- 足を前後に開く準備をして，腕を横に引き上げながら真上にジャンプする
- 最高点で前後開脚のポーズをとる
- 足を閉じて着台する

- 片足踏み切りで前方に大きく跳び上がる
- 空中で前後開脚のポーズを取る

- 右手で台を支えて右足を振り上げる
- 台に足を乗せるとき，手で台を下に押す

上向き斜め跳び上がり座位　　両足跳び上がり　　跳び下り

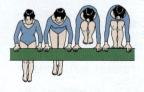 

- 振り上げ足は伸ばす
- 右手で支えて腰を下ろす
- 跳び箱で練習する

- 両手で台を支えて，両足踏み切りで跳び上がる
- 膝をすばやくかかえ込み，手で台を押し放してしゃがみ立ちになる

平均台の高さを利用して空中でいろいろなポーズを取る
- かかえ込み跳び下り　・伸身跳び下り
- 開脚跳び下り　・1/2ひねり跳び下り

補助の工夫例

  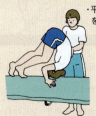

- 補助者に手を支えてもらう
- 膝と背中を補助してもらう
- 平均台にマットをかけて

ARTISTIC GYMNASTICS **器械運動**

回転グループ
前転上がり

・親指と親指を揃えて，台に着く
・腰を高く引き上げる
・手より前に後頭部をつける
・前後に足を開いて立ち上がる

前転

・片足振り上げの前転を行う

練習の工夫例
・跳び箱を2台並べて

倒立回転グループ
側方倒立回転下り

・倒立位になるとき，足を揃える
・跳び箱で練習する

技の難易度はどうして決めるか

　昔の体操競技は技をA，B，Cの3段階の難易度で示していたが，今日は技術開発が進み，器械・器具の改良などで技が飛躍的に発展した。現在ではA～E，そしてスーパーEまでランク付がされている。それだけに，難易度の高い技を演技の中に取り入れることができるかどうかによって得点が違ってくる。
　それでは技の難易度はどうして決めるのか。FIG（国際体操連盟）が4年に1回，技の難度の一覧表を発表している。技には基本技というものがあり，それに次の要因が加わると難度が格上げされる。
・形態的な要因からは，宙返り系の技では回転数やひねりの増加が難易度を高める。また，姿勢においても「かかえ込み」「屈伸」「伸身」の順で難易度が高くなる。
・器械的な要因からは，同じ運動経過を示す運動でも器械の特性によって難易度が変わってくる。わかりやすい例は，床でB難度の技でも平均台で行えばE難度になる。
・組み合わせ要因からは，床やあん馬では2つの技が組み合わされることによって難易度が変わる場合がある。それはCとD難度の技を組み合わせてE難度に格上げされるのである。

人間業と思えないような技をどうして覚えるのか

　どんな名選手でもはじめから難しい技がすぐにできるものではない。まず基礎技の練習からはじめ，少しずつ難しい技に挑戦する。
　体操競技は男子6種目，女子4種目あり，そこには多数の技がある。しかし，これらの技は一つひとつが無関係に存在しているのではなく，運動形態や技術に類縁関係が認められる。そこで，一つひとつの技をよく見ると，ある基礎技から発展した技であったり，その変形した技であったり，動き方や力の入れ方が類似した技であったりするので，そのような技を体系的に系統化すると，計画的に効果的に覚えることができるようになる。技の難易度もこの体系から決め出されるので，難度の高い技を覚えることに結びついくことになる。
　技を覚えることによって基礎技が身につき，また，その技を変形させたり，発展させたりすることで違った技を身につけることができるようになる。どんなに難しい技でも，どんな技が基礎技になっているのかを調べ，その技をどのように変化発展させれば目標とする技に到達できるのかを考え，計画を立てて練習するのである。まだ誰もやったことのない技でも，その技に類似した基礎技から動きの感じや空中での感覚をつかみ「わかりそうな気がする」「できそうな気がする」と感じ取りながら挑戦するのである。選手が低年齢化する中では，このような技の体系論にもとづくトレーニングが大切になってくる。

D：跳び箱運動

技の体系

切り返し系 ——— 切り返し跳びグループ ——— 開脚跳び・伸身開脚跳び
（反転） かかえ込み跳び・屈身跳び

回転系 ——— 回転グループ ——— 首はね跳び・頭はね跳び
前方屈腕倒立回転跳び・前方倒立回転跳び・前方屈身倒立回転跳び
側方倒立回転跳び

支持跳躍

スポーツ運動の中には跳躍系の運動は数多くあるが、足で踏み切って手を器械上に支える跳び方を**支持跳躍**として特徴づける。体操競技のように跳馬という器械を使えば**跳馬**、学校体育のように跳び箱を使えば**跳び箱運動**と呼ばれ、運動構造は同じものである。また、馬跳びも仲間の背を支えて跳ぶことから、同じ支持跳躍になる。

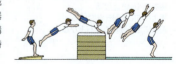

切り返し（反転）系

開脚跳びに代表される跳び方で、踏み切りから着手までに前方への左右軸回転をし、着手後は後方に左右軸回転が切り返され、着地に入る。

回転系

前方倒立回転跳びに代表される跳び方で、踏み切りから前方に左右軸回転をして着手し、そのまま回転方向を変えずに倒立回転を続け、着地に入る。

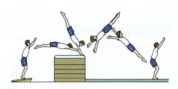

切り返し跳びグループ

開脚跳び

◆踏み切りから着手
・体を前に投げ出しながら踏み切り、手は跳び箱の前のほうに着く

◆着手の技術
・できるだけ早く着手し、手で跳び箱を突き放す

◆着地の技術
・上体を起こし、膝で衝撃を和らげる

開脚伸身跳び

◆着手の技術
・跳び箱の手前にすばやく手を着く
・鋭い手の突き放しによって、上体を起こして胸を張る
・足は後ろに残して、伸身姿勢を作る

⚠ 跳べない場合の場の工夫

重ねたマットの上に跳び箱1段を置いて跳ぶ練習をする。はじめは跳び箱の横に足を置いてよいが、慣れれば跳び箱の前に足を出す。

練習の工夫例

横向きの跳び箱で開脚跳びをして、手の突き放しの後で胸を反った姿勢がとれるようにする

⚠ 踏み切りの技術

踏み込み局面　　両足踏み切り局面

踏み込み足　　踏み切り位置

助走から両足踏み切りに入るには、導入動作としての踏み込み局面が必要になる

ARTISTIC GYMNASTICS **器械運動**

かかえ込み跳び

- 膝をかかえ込みながら着手し，手の突き放しで上体を起こす
- 第2空中局面で，かかえ込みポーズを示してから着地に入る

練習の工夫例

台の上にかかえ込み跳び上がり ／ 横向きの跳び箱で着地位置を高くして正座跳び上がり ／ 横に補助者をつける

屈身跳び

- 手を前に振り出しすばやく着手する
- 手の突き放しで腰をつり上げ，屈身姿勢になる
- 屈身姿勢で足を前に引き出し，上体を起こして着地に入る

練習の工夫例

台の上に膝を伸ばした屈身姿勢で跳び上がる ／ 膝を伸ばし，手突き放しに合わせて腰を高く引き上げ，開脚の屈身姿勢を作る

回転グループ

首はね跳び

◆踏み切りの技術
- 膝が伸びきるようにして踏み切る
- 腰を高く上げ，腰角を90°以上に保つ

◆はねる技術
- 両腕の支えによって後頭部を跳び箱につけ，首支持になる
- 腰部が顔の上を通過するとき，足を斜め前方に一気に投げ出し，はねの動作で前方への回転力を作り出す
- はねの動作に合わせて手を押し放し，反り身のポーズをとる

⚠ 台上前転

- 膝を伸ばして台上前転をする
- 踏み切りで腰をできるだけ高く上げるようにして膝を伸ばす
- 手でしっかり支える

頭はね跳び

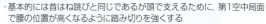

◆踏み切りの技術
- 基本的には首はね跳びと同じであるが頭で支えるために，第1空中局面で腰の位置が高くなるように踏み切りを強くする

◆はねる技術
- 両腕の支えで頭の前頭部を着ける
- 腰は90°に保っておく
- はねるタイミングが早すぎると跳び箱に近すぎたりするので，腰の前方への移動スピードに合わせて行う

練習の工夫例

 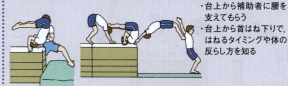

- 後方に回転して，首で支え耳の横に手を着く
- 頭の後ろに下ろし，足を斜め前方に投げ出して，ブリッジの体勢になる

- 台上から補助者に腰を支えてもらう
- 台上から首はね下りで，はねるタイミングや体の反らし方を知る

97

前方屈腕倒立回転跳び

◆回転加速の技術
- はね跳びとの違いは，倒立状態の作り方で，体は伸身で軽く反っている
- 着手では腕を軽く曲げ，顔を跳び箱の前に出すようにして体を支える
- 足が倒立位を過ぎると，腕で力強く押し放し，前方への回転力を高める
- 腕の伸ばしが早すぎると，跳び箱に近づくので注意する

◆着地の技術
- 第2空中局面では体の反りを保ち，着地の先取りをする
- 着地をするとき，足首，膝，腰の順で衝撃を和らげる

練習の工夫例
台上の屈腕倒立から体の反り身と手の押し放しで立つ。背中を補助者に支えてもらう

◆踏み切りの技術
- 足の後ろ上方へのはね上げによって，左右軸回転を作り出す

前方倒立回転跳び

◆回転加速の技術
- 第1空中局面で足の後ろ振り上げを強力に行う
- 着手時は，体を反った体勢で着手し，手で跳び箱を鋭く突き放す
- 第2空中局面で反り身のポーズを示す

練習の工夫例
- 2，3段の跳び箱で行う
- 補助者に補助をしてもらう
- 安全のため，着地場所にマットを置く

◆踏み切りの技術
- 踏み切るとき，背中を丸め，腹筋を緊張させる
- 回転力を先取りするように上体を前傾する

縦置きの跳び箱で

- はじめは，跳び箱の先端に着手して，屈腕倒立回転跳びをする
- 助走から踏み切りを強くする
- 第1空中局面を大きくして，跳び箱の先端に腕を伸ばして着く
- 手の突き放しで，第2空中局面を前上方に大きく浮かせる

山下跳び（前方屈身倒立回転跳び）

- 着手時の手の突き放しによって，腰を軽く曲げる
- 上体の起こしによって，屈伸ポーズになる
- 上体の回転に合わせて腰を伸ばし，着地に入る

側方倒立回転跳び

- 踏み切りは，両足踏み切りで前向きに踏み切る
- 踏み切ってからの第1空中局面で上体を1/4ひねって，跳び箱上に横向きの倒立姿勢で着手する
- 着手は，右ひねりの場合，左手を早く着手し，右手は左腹部を伸ばすように側湾ポーズを作って着手に入る
- 手の突き放しは，片手ずつ行うのではなく，両手同時に突き放すようにする
- 着地は，横向きの姿勢を保って着地する

HOW TO PLAY AND REFEREE

ARTISTIC GYMNASTICS **器械運動**

ル ー ル と 審 判 法

1 競技施設と競技用器械

●競技場（演技台）

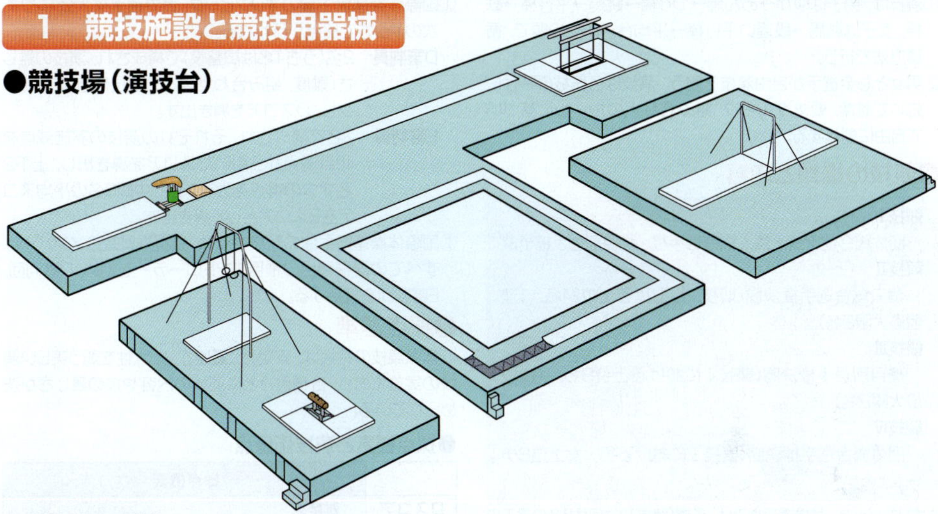

●競技用器械

ゆか
12m
演技面
12m

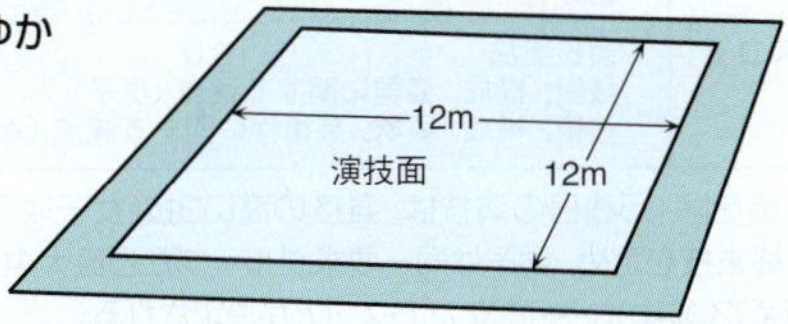

鉄棒
240cm
マットより
260cm

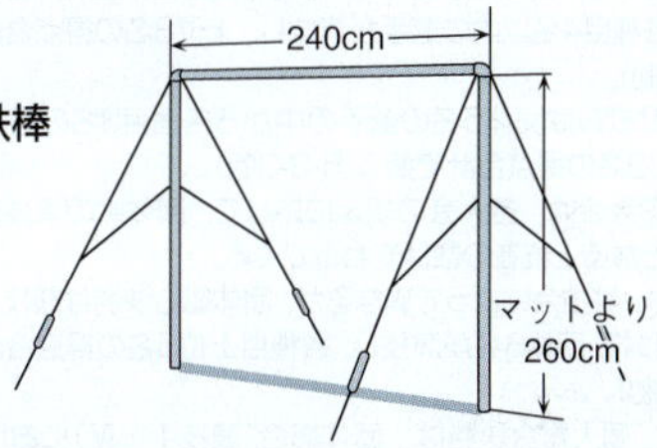

平均台
10cm
16cm
5m
125cm

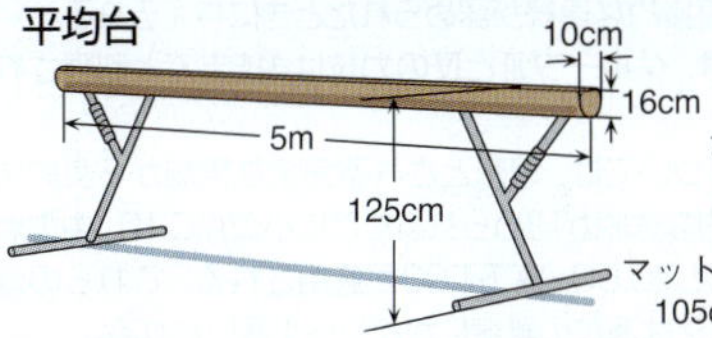

あん馬
40〜45cm
160cm
マットより
105cm

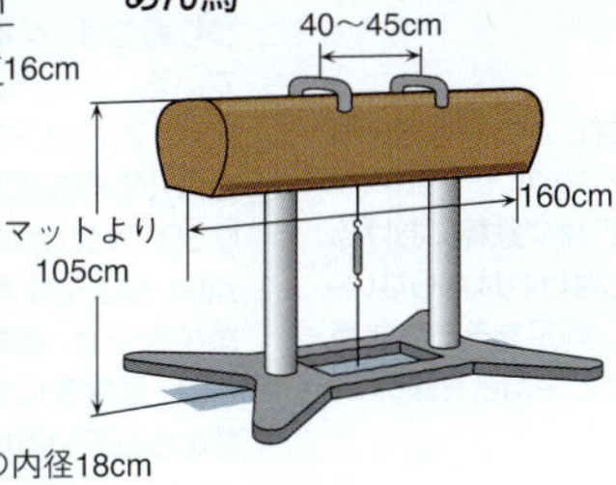

跳馬
95cm
男135cm
女125cm

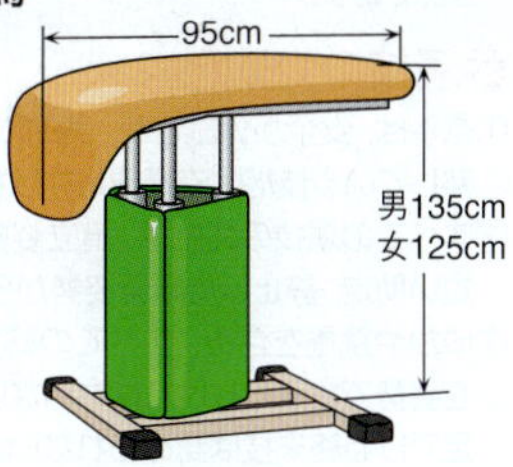

つり輪
50cm
輪の内径18cm
マットより
260cm
260cm

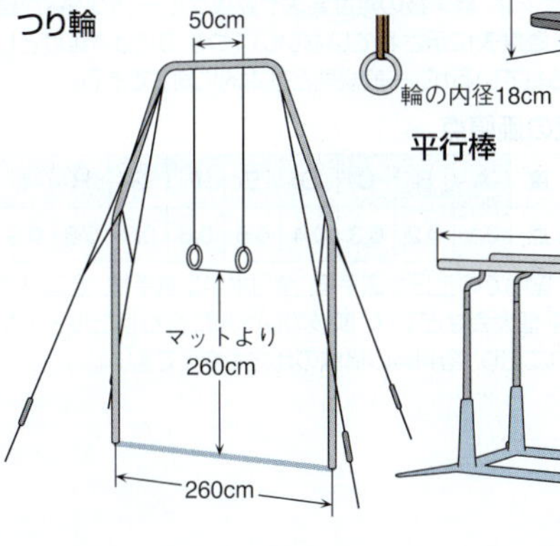

平行棒
350cm
42〜52cm
マットより
180cm

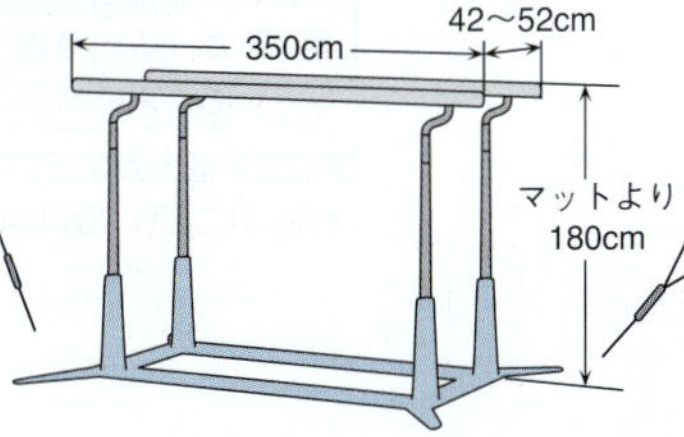

段違い平行棒
240cm
130〜181cm
255cm
175cm

99

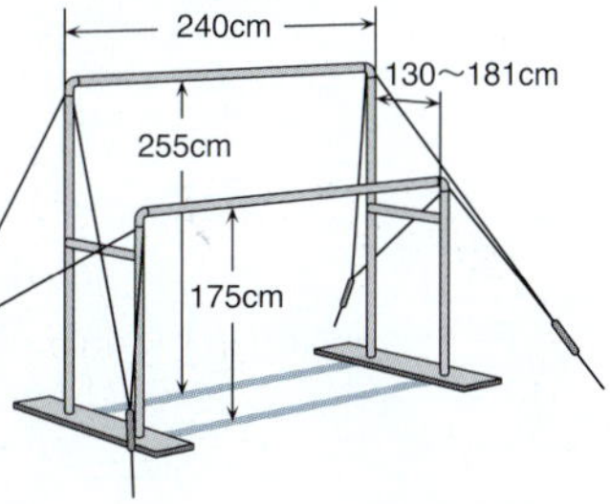

2　試合の進め方とルール

❶競技方法

①演技は，男子はゆか→あん馬→つり輪→跳馬→平行棒→鉄棒，女子は跳馬→段違い平行棒→平均台→ゆかの順で，循環方法で行う。

②男女とも全選手が自由演技で競う。演技は各器械の特性に応じて難度，要求グループ，組み合せ点のルールに基づいて自由に創作する。

❷競技の種類と内容

競技Ⅰ
　団体総合選手権・個人総合選手権・種目別選手権予選
競技Ⅱ
　個人総合選手権決勝（競技Ⅰにおける上位24名，1連盟最大限2名）
競技Ⅲ
　種目別選手権決勝（競技Ⅰにおける上位8名，1連盟最大限2名）
競技Ⅳ
　団体総合選手権決勝（競技Ⅰにおける男・女上位8チーム）

※オリンピック，世界選手権では，予選（競技Ⅰ）は団体5名の選手の中から各種目4名以内の選手が演技し，上位3名の得点合計で競う（5-4-3制）。
　決勝（競技Ⅳ）は団体5名の選手の中から各種目3名の選手が演技し，その3名の得点合計で競う（5-3-3制）。

※その他の大会は，各大会の規定に応じて，団体戦の演技者数・有効得点となる上位者の数は変わってくる。

※国内では，競技会によって異なるが，団体総合決勝は競技Ⅰ・Ⅳをかねて行われ，団体6名が演技し，各種目上位5名の得点合計で競う（6-5-5制）。
　同様に，個人総合決勝は，団体総合（競技Ⅰ・Ⅳ）における男子上位36名・女子24名で行われ，男子6種目，女子4種目の得点合計で競う。

❸演技のやり方

①選手は，安全が保証され，美的に洗練され，かつ技術的に習熟している技だけで構成しなければならない。

②すべての演技の開始は，直立姿勢や平行棒や鉄棒における短い助走，静止した懸垂姿勢から開始しなければならない。

③ゆかや跳馬を含み，すべての終末技は，両足をそろえた直立姿勢で終了しなければならない。ゆかと平均台を除いて，足でする終末技は認められない。

3　審判法

❶採点方法

①国際体操連盟主催のオリンピック・世界選手権大会などは，次のやり方で採点が行われる。

D審判員　2名（うち1名は調整役）で構成され，演技の難しさ（難度，組み合わせなどの演技価値）をチェックし，Dスコアを導き出す。

E審判員　7名で構成され，それぞれの演技の実施減点を10点満点から引いたスコアを導き出し，上下2名ずつの得点をカットして中間3名の平均スコアをEスコアとして導き出す。

②国際体操連盟主催の競技会では，技術委員会のメンバーはすべての器械種目の種目コントローラーを勤め，D審判団，E審判団を統括する。

❷採点基準

体操競技の特性は，安定性，優雅さ，雄大性を競う美しい演技の実施にあり，各種目ごとに演技の内容や技の難しさが決められている。

●採点要素と演技価値点

	採点概要	
Dスコア	難度点 　（男子）技グループ点 　（女子）構成要求 組み合わせ点	2.0（0.5×4）
Eスコア	演技実施 技術，構成，姿勢に関する減点（男子） 技術，構成，姿勢，芸術性に関する減点（女子）	10.0

・跳馬を除く5種目の演技は，難度の高い9技（女子は7技）と終末技を定め，男子は同一要求グループから最大4技を超えていないかを確認し，Dスコアが決定される。

・組み合わせ加点は，ゆかと鉄棒において，大欠点のない高難度技の直接的な連続が認められたときに与えられる。

・つり輪では，グループⅢとⅣの力技は4技までと制限されている。

・Eスコアについては，理想とされる完全な実施から美的または技術的な逸脱が認められるたびに小欠点0.10，中欠点0.30，大欠点0.50，落下1.00が適用される。これらの減点は，技または演技の難度にかかわらず適用される。

高校女子は，終末技の難度要求や要求グループの内容が緩和され，難度表に示されていないいくつかの技がA難度として認められているが，一般規則と基本的に同じである。

●難度の価値点

難度	A	B	C	D	E	F	G	H	I
価値点	0.1	0.2	0.3	0.4	0.5	0.6	0.7	0.8	0.9

なお，国内での全日本選手権，全日本学生選手権，全国高等学校選手権大会などでは，競技のレベルに合わせたルールが決められており，審判員の構成の仕方も変えてよい。

BASKETBALL
バスケットボール

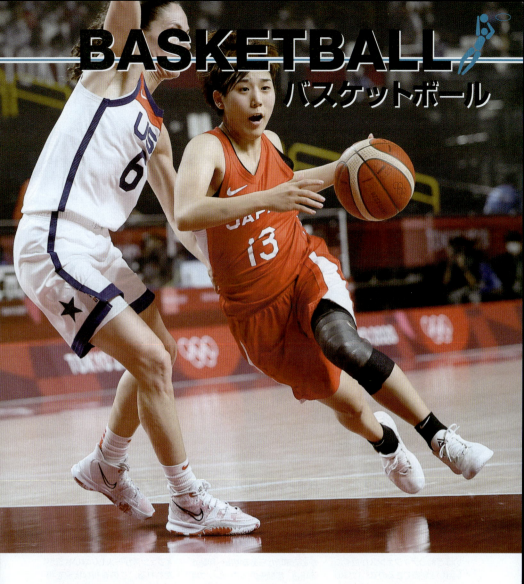

バスケットボール

おいたちと発展

1891年にアメリカの国際YMCAトレーニングスクールの体育教師J. ネイスミスが、冬季に室内で行えるスポーツとして考案したのが始まりである。

わが国へは、1908(明治41)年に同校を卒業して帰国した大森兵蔵が東京YMCAで初めて紹介し、1913(大正2)年に来日したF. H. ブラウンらが各地のYMCAで指導し始め、普及した。その後、1930(昭和5)年、大日本バスケットボール協会が設立され、数多くの国際ゲームが行われるようになった。

1936(昭和11)年のベルリンオリンピック大会で男子が正式種目に加えられ、わが国の代表もこれに初参加した。女子は、1976(昭和51)年のモントリオール大会から正式種目となり、東京大会(2021)では銀メダルを獲得した。

現在、国際バスケットボール連盟(FIBA)には、210以上の加盟国があり、オリンピック、世界選手権など多くの大会が世界各地域で行われ発展を遂げている。特にアメリカのプロバスケットボール(NBA)の試合は、世界的に人気を博している。わが国でも2006年8月に男子世界選手権が初めて開催された。

●バスケットボールの競技特性

1. ゴール型の球技で，それぞれ5名の競技者からなる2つのチームが，お互いにボールを奪い合い，"バスケット（ゴール）"にボールを投げ込み（シュート），得点を競うスポーツである。
2. ボールは手で扱うが，ボールを持ったまま移動することはできない。
3. 原則的には相手に対する身体接触（体の触れ合い）を起こしてはならない。
4. 走る（ラン），跳ぶ（ジャンプ），投げる（スロー）といった基本的な運動要素が要求される。
5. ゴールが3.05mの高さのところに上向きに設置されているので，ほとんどのシュートはアーチ（放物線）を描く。したがって，ボールの飛距離の正確さがシュートの決定要因になる。
6. コートを動き回れるだけの持久力（スタミナ），相手をかわすすばやさ（スピード），出だしの瞬発力（クイックネス），動きの柔軟性，さらには的確な判断力が要求される。
7. チームゲームであり，組織力を活かして自分を上回る相手を撃ち破ることができる。

●攻防の原則

🏀 攻撃の原則

1.必ずシュート

ルール上，攻撃の機会は両チーム同等に訪れる。攻撃の機会を得たら必ずシュートでその攻撃を終わることである。オフェンスリバウンドを獲得したり，相手のボールをインターセプトできればシュートの機会は増える。シュート成功率が同じであれば，シュート機会の多いほうが多く得点できることになる。

2.シュートセレクション

シュートを打つ判断をすることをシュートセレクションという。ディフェンスの状況やゴールまでの距離などを総合的に判断する。また，自分よりもよいシュートチャンスを有しているプレーヤーがいるときは，そこにパスすべきである。

3.ボール保持プレーヤーの1対1

シュートはボール保持者の1対1の状況から行われる。どのような組織的なプレーであっても，その結果はボール保持プレーヤーの1対1に集約される。すなわち，最終的にはボール保持プレーヤーの1対1の実践力（実力）が問題となる。

4.スペーシング

攻撃を行う上でのプレーヤー同士の間隔をスペーシングという。適切なスペーシングは5m前後とされているが，スペーシングが広いほど他のディフェンスが近くにいないと判断できるので，1対1の攻撃がしやすくなる。スペーシングは1対1の攻撃の行いやすさの指標でもある。

5.ボール非保持プレーヤーの動き

適切なスペーシングのカギを握るのがボールを持っていないプレーヤーの動きである。プレーヤーがある場所からある場所へ移動する場合，移動先のスペーシングは狭くなり，移動前の場所のスペーシングは広くなる。

6.ディフェンスからオフェンスへの切り換え

ディフェンスからオフェンスへ切り換わった瞬間は，攻めるべき相手チームのバスケット下に最大のスペーシングがあり，しかもディフェンスが一人もいない状況が現われる。この有利な状況を利用したすばやい攻撃が，ファストブレイク（速攻）である。

🏀 守備の原則

1.シュートを打たせない

個人ディフェンスであっても，チームディフェンスであっても，シュートの機会を1回でも減らすことである。インターセプトやディフェンスリバウンドの獲得も相手のシュートの機会を減らすことになる。

2.条件の悪いシュートセレクションに追い込む

シュートを打たせないようにすることはなかなか難しいが，打たせるとしてもなるべくシュート率が低くなるような状況で打たせるようにすることである。

BASKETBALL バスケットボール

●戦術に対する考え方

1.よりよいシュートセレクション

　ディフェンスの状況，ゴールまでの距離といったシュートセレクションの条件をシュートの確率という点から精選する。ただし，24秒以内にシュートしなければならないので，その間にベストな状況のシュートセレクトができるとは限らないが，ゲームを通してなるべくよいシュートセレクションになるように心がけることが大切である。

2.シュートができる空間を確保する

　ディフェンスが近くにいたとしても，シュートの動作を邪魔されなければシュートを打つことができる。すなわち，シュート動作にかかわる最低限のスペースを確保できればシュートを打つことができる。このシュートができるスペースをよいシュートセレクションとともに確保できれば確率の高いシュートにつながる。

3.オープンスペースをつくる

　ディフェンスの影響が及ばないスペースをオープンスペースという。オフェンス側はより確率の高いシュートができるオープンスペースにボールを移動させて攻撃する。スペースはプレーヤーの位置関係や動きによって変わってくる。フェイクやコンビネーションプレーによってオープンスペースをいかにつくり出すかが重要である。

4.アウトナンバーをつくる

　攻防の局面において，2対1，3対2といったように攻撃側の人数がマークする防御側より数的に上回る状況を「アウトナンバー」と言う。アウトナンバーの状況とは，すなわちオープンスペースがどこかにできているということである。

●安全に対する留意点

　ルールを遵守し，相手を尊重しながら，フェアプレーの精神を失わないようにする。さらに各人がお互いに安全に対する配慮を心がける。
1.周囲の障害物なども含めて活動場所の安全に十分に注意する。ボールや用具等を危険な場所に放置しないで，整理してから練習を行う。
2.ウォーミングアップを十分にする。
3.自分の健康状態を常に把握しておくようにする。

体ほぐしの運動

●ボールつまみ

●股くぐらし

●ボール回し

●ドリブルの奪い合い
　フリースローサークルやセンターサークルの中で，ドリブルをしながら，相手のボールを奪い合う。

●2ボールパス

●ピボット

103

STEP 1. 確実にシュートを決める

●セットシュート
ワンハンド

フロアに両足を着けた状態，あるいはかるくジャンプしながらリリースするシュートで，ボールの飛距離に重きをおく。ゲーム中はフリースローや中・長距離からのシュートとして使われる。

セット ▶ リリース ▶ フォロースルー

手首のスナップ
肘の伸展
股関節の伸展
膝の伸展
足首の伸展

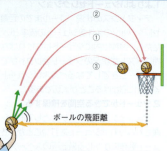

ボールの飛距離

ボールの飛距離は，ボールに加えられる力（初速度）とアーチ（放射角）によって決まる。一定の力では45°前後のアーチが効率よくボールを飛ばすことができる（①）。アーチを大きくするにはより大きな力が必要になるが（②），同じ力であってもアーチが低すぎれば飛距離は短くなる（③）。

POINT

シュートのときボールに与えられる力は，足首から膝，肩，腕，手首にかけての各関節の伸展運動によって得られる。確率の高いシュートを習得するには，それらの運動がスムーズに連動する一定のシュートフォームを身につけなければならない。

ボースハンドシュートはシュートレンジ（シュートの飛距離）は長くなるが，打点が低い，左右のぶれが生じやすい，状況の変化に応じたフォームの微調整ができないなど，ワンハンドシュートに比べて不利な点が多い。

●ボースハンド

両手首の回内
肘の伸展
股関節の伸展
膝の伸展
足首の伸展

簡易ゲーム 1

ハーフコートの3対3のゲームでも，やり方次第ではフルコートの正式ゲームに負けないくらい本格的なプレーを楽しむことができる。

●ハーフコートゲームのルール

同一ゴールに両チームが攻撃するので，フルコートゲームのルールとは一部異なる。項目によってはレベルに応じてa（初心者向き）かb（中級者向き）のどちらかを選択する。

1. ゲーム開始時のボール所有権
a. ジャンケンによって攻撃側を決定。
b. サドンデス方式のシュートによって決定。

2. ゲームの開始（再開）方法
3ポイントラインの外側中央に位置したオフェンスプレーヤーにディフェンス側がボールをトスして渡すことからゲームを始める（これを「チェックボール（check ball）」という）。このときボールを受けとったオフェンスプレーヤーは，最初はパスしかできない（いきなりシュートを打ったり，ドリブルをしてはいけない）。ファウルや得点後はこのチェックボールでプレーを再開する。

3. シュートが決まった後の処置
a. 負けオフェンス
フルコートゲームのように，得点されたチームが次のボールの所有権を得る。
b. 勝ちオフェンス
得点したチームがそのまま続けてボールの所有権を得る。ゲーム展開が早くなる。

4. アウトオブバウンズ後の処置
a. フリーパスによるスローイン
ディフェンス側は，スローインされる最初のボールをインターセプト（阻止）してはならない。また，スローインされた最初のボールを受けた人は，シュートしてはならない。
b. チェックボールで再開

5. ディフェンス・リバウンド後の処置
a. チェックボールで再開
b. アウトレット
ボールを3ポイントラインの外側に一度（パス，またはドリブルで）出すことによって攻守を交代する。このとき，ボールを奪い合っても構わない。

6. ディフェンスがボールを奪った後の処置
a. チェックボールで再開
b. アウトレットで再開
c. ただちに攻撃（上級者向き）
ボールを奪った時点で，ただちに攻守が入れ替わる。それまでディフェンスだった人はすぐにシュートしてもよい。オフェンスのミスがただちに相手の得点に結びつく。

7. ゲームの終わり方
a. 一定時間で終了（5〜7分程度）。
b. 一定の得点に達したら終了（7〜11点程度）。

BASKETBALL バスケットボール

●ジャンプシュート
真上にジャンプしてからリリースするシュートで、リリースの高さに重きをおく。ゲーム中の使用頻度がもっとも高い。

●レイアップシュート
ランニングのスピードを利用して上方に跳び上がり、リングに近づいてリリースするシュートで、もっとも成功率が高い。

ゴールを通りすぎて、リリースするシュートをバックシュートという。

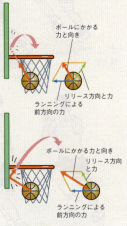

ポイント
レイアップシュートのリリースでは、ランニングのスピードによる前向きの力の影響を受ける。そのことを計算に入れてリリースしなければならない。

●ゲームを行う上でのプレーマナー

1.コミュニケーション
同じチームの仲間だけでなく、対戦相手とも積極的なコミュニケーションをはかる。その手段として「ギブ・ミー・ファイブ(give me five)」や「ハイタッチ(high touch)」を励行する。ギブ・ミー・ファイブとは、お互いに手を差し出し、軽く合わせてあいさつをしたり握手をしたりすることで、ゲームの開始時や終了時、あるいはミスした選手に対してなど、敵・味方を問わずあらゆる場合に用いるとよい。ちなみにギブ・ミー・ファイブとは「手(five)を差し出して！」という意味である。ハイタッチは、仲間同士で手を高く掲げて合わせることで、ゲーム中のよいプレーに対して行うとよい。

2.セルフジャッジ
審判をつけないでゲームを行うときは、セルフジャッジ(自己申告審判制)を原則とする。特にファウルに関しては、ファウルされた者が「ファウル！」とコール(声を発して申告)することで対処する。ファウルされてもコールをしなければそのままプレーは続行される。セルフジャッジの場合、相手のコールを尊重するとともに、セルフジャッジのやり方を悪用しないという最低限のプレーマナーを守るようにしないとゲームは成り立たなくなる。

3.サドンデス・シュート
ルールの適用などで意見が分かれた場合は、当該の2名の選手がシュートを行って所有権を争う。アウトオブバウンズなどでどちらのボールかわからない場合は、言い争いはせずに、2名でシュートを行って決める。このときのシュートは得点に加算されない。

●レベルに応じたルールの工夫
クラスのレベルに応じてルールを工夫していく。

1.エブリワンタッチルール
チェックボールの後、オフェンスの3名全員が一度ボールに触れてからでないと、シュートしてはいけない。

2.ドリブルの制限
全員がドリブルなしで攻撃する。または特定の人だけドリブルを制限し攻撃する。

105

STEP 2. アウトサイドから攻める

●パス・キャッチからジャンプシュート（右手）

リリースとボールの入射角

リリース
ボールを上に放り上げるようにリリースを行う。ボールの下半分に力が作用しなければ、ボールにうまくアンダースピンがかからない。

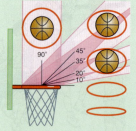

ボールの入射角度

アーチがかかり、リングに対するボールの入射角度が90°に近づくほど、ボールの通過面積が大きくなる。

戦術学習① ●ボール非保持者のボールを保持するための基本カット

ボール非保持者には、ボールを保持するために基本的に3つの方向へのカット（動き）がある。

A.ゴール方向へのカット
B.ボール（パス）方向へのカット
C.ボール（パス）と反対方向へのカット

ボールをレシーブするときには、ディフェンスの状況に応じてこの3つの方向へのカットを組み合わせる。

①元の位置に戻る

②ゴール方向へのカットから

③ボール（パス）方向へのカットから

④ボール（パス）と反対方向へのカットから

BASKETBALL バスケットボール

● ドリブルからのジャンプシュート（右手）

ストライドストップ

重心を下げて左，右のストライド（歩幅）をとって1，2のステップで止まる

ディフェンス側の肩を入れてボールを低く突き出して相手を抜く

クイックストップ（ジャンプストップ）

両足同時に止まる

戦術学習② ●シュートセレクション

状況を見きわめ，シュートを打つ判断をすることをシュートセレクションという。高い確率のシュートが打てる状況がよいシュートセレクションである。他によいシュートセレクションを有しているプレーヤーがいた場合はそこにパスする。

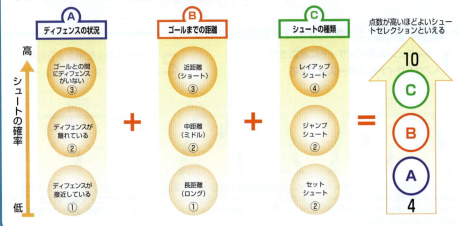

STEP 3. アウトサイドからフェイクを使って攻める

フェイクは目的とする動きを有利に展開するために行う動きである。目的とする動きにすばやく移れるかどうかがポイントになる。

●シュートフェイク 〜ドライブ

●ドライブフェイク 〜シュート

●ロッカーステップ 〜ドライブ

●パスフェイク〜ドライブ

戦術学習③　●アウトサイドでのボールレシーブ

1. ディフェンスをインサイドに反応させ、アウトサイドにスペースをつくる

2. 自分が1対1を開始する場所へとび出してボールをレシーブする

ゴール下のエリアは、そこでボールを保持すると高い確率のシュートにつながるので、ディフェンスはボールを持たせないように反応してくる。

ディフェンスの反応がなかったり、遅れたときは、パスをもらってすぐにレイアップシュートに持ち込む。

ディフェンスがインサイドのポジションをとったことを確かめてからアウトサイドの任意の場所へとび出す。

STEP 4. リバウンドをとる

● ディフェンスリバウンド

ターンのとき，オフェンスに体を密着させる（ブロックアウト）。

● オフェンスリバウンド

フェイクをして，ディフェンスをかわしてポジションをとる。

練習法

● パスからのシュート①

A，Bの2ヶ所に並ぶ。AはBにパスした後，ゴール下に走り込んで，Bからのリターンパスを受けとってシュートする。シュートしたAはBの最後尾に並ぶ。BはAにパスした後リバウンドに入り，ボールをAの列に戻してAの最後尾に並ぶ。

● パスからのシュート②

AとBはパスをしながらエンドラインからセンターライン付近まで移動し，AとBの左右の位置関係は変えずに反対サイドへUターンして，パスからのシュートを行う。

● レシーブの練習〜1対1

① アウトサイドのレシーブからのプレーを行う。
 (1) その場からジャンプシュート
 (2) ドリブルでレイアップシュート
② ディフェンスをつけてフェイクを交えた形式練習を行う。
③ 慣れてきたら，フリーの1対1を行う。

● 3名のリバウンドゲーム

3名のプレーヤーがゴール下でリバウンドの態勢をとる。Cがシュートしたボールのリバウンドを3名で争う。リバウンドをとったプレーヤーはオフェンスになり，残りの2名のプレーヤーはディフェンスとなり，シュートが決まるまで1対2を行う。

STEP 5. インサイドで攻める

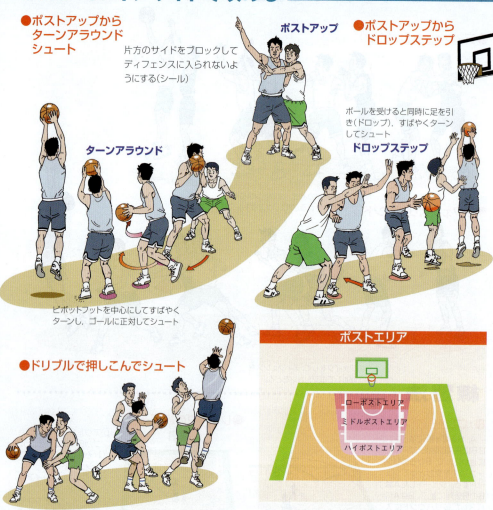

●ポストアップから
ターンアラウンド
シュート

ポストアップ

片方のサイドをブロックしてディフェンスに入られないようにする(シール)

●ポストアップから
ドロップステップ

ターンアラウンド

ボールを受けると同時に足を引き(ドロップ),すばやくターンしてシュート

ドロップステップ

ピボットフットを中心にしてすばやくターンし,ゴールに正対してシュート

●ドリブルで押しこんでシュート

ポストエリア

ローポストエリア
ミドルポストエリア
ハイポストエリア

戦術学習④　●インサイドでボールを保持することの戦術的意義

インサイドでのプレーは高い確率のシュートにつながる。
オフェンスがインサイドでボールを保持するとディフェンスが集まってくる。インサイドにディフェンスが集中してくると,アウトサイドはプレーしやすくなる。

BASKETBALL バスケットボール

STEP 6. インサイドでフェイクを使って攻める

●ロールターン
右足をディフェンスの近くに踏み込み、背中でディフェンスを巻き込むようにしてターンする

●ポンプフェイクから
ステップインシュート

バックボードの利用
ゴール下ではリングを直接ねらうよりもバックボードを利用したシュートのほうが簡単である。ボールに回転を与えることが大切である。どのような回転で、バックボードのどこにボールを当てると入るか、工夫してみよう。

しっかりディフェンスをシールする（ボール側のポジションをとる）

●ポンプフェイクから
ターンしてシュート

フックシュート

ディフェンスがとんだら右足を大きくゴール方向に踏み込む

大きくボールを上にあげる（ポンプフェイク）

ポンプフェイクの後、フロントターン

練習法

●ポストからのシュート①

A, B, C, Dの4箇所に並ぶ。Aはローポストでボールをレシーブし、ピボットターンからのシュートを行う。Bはハイポストでボールをレシーブし、ジャンプシュートを行う。ステップやフェイクを加えていろいろなパターンのシュートを行う。シュートしたら自分でリバウンドに入り、ボールを列に戻す。A→B→C→Dのローテーションで行う。

ゴール下のピボットターンシュート
ハイポストからのジャンプシュート

●ポストからのシュート②

A, B, C, Dの4箇所に並ぶ。BはAの横をすり抜けてローポストでボールをレシーブし、ピボットターンからのシュートを行う。AはBが通り過ぎた後、ハイポストでボールをレシーブし、ジャンプシュートを行う。ステップやフェイクを加えていろいろなパターンのシュートを行う。シュートしたら自分でリバウンドに入り、ボールを列に戻す。A→B→C→Dのローテーションで行う。

111

STEP 7. 1対1のディフェンス（マンツーマンディフェンス）

●ディフェンスのスタンス　　●ディフェンスのフットワーク

●ボール保持者に対するディフェンス　　●ポストプレーヤーに対するディフェンス

簡易ゲーム2

●レベルに応じたゲーム形式の変更
クラスのレベルに応じてゲーム形式を変更していく。

1. ハーフコート3対3
(1)チェックボールでプレーを再開
(2)アウトレット、ただちに攻撃でプレーを再開

2. ハーフコート4対4
(1)ポストマン1名を固定する
(2)ポストマンを固定しない

3. フルコート5対5
(1)負けオフェンスによる交代
(2)勝ちオフェンスによる交代

●3チーム以上による同時フルコートゲーム
1. チームの交代方法
　a. 負けオフェンス
　得点したチームは、サイドライン脇に控えている次のチームと交代。シュートを入れられたチームのゴール下からのスローインですぐにゲーム開始。
　b. 勝ちオフェンス
　シュートを入れられたチームは次のチームと交代。ただし、次のチームのメンバーにゴール下からのスローインを行い、ただちにゲーム開始。この場合、フロントコートへのロングパスは禁止。

2. チームの人数
　a. 5名
　b. 3～4名

3. ゲームの終わり方
　a. 一定時間で終了（10～20分程度）
　b. 一定の得点に達したら終了（15～21点程度）

STEP 8. ボール保持者とボール非保持者の役割

STEP 9. コンビネーションプレーで攻める

●ギブアンドゴー

ボール保持者とボール非保持者の間（2対2）で成立するもっともシンプルなプレーである。ボール非保持者がボールサイド、またはブラインドサイドにカットできるスペースをつくり、そこにボール保持者がパスを行う。

ステップツーザボール＆バックドアカット

ステップツーザボール

バックドアカット

ステップアウェイ＆フロントカット

ステップアウェイ

フロントカット

> **POINT**
> カッター（ボール非保持者）がカットできるのは、自分のディフェンスのボールサイド側かブラインドサイド側である。ディフェンスがどちらのサイドを警戒しているかを読みながら、どちらかのサイドに働きかけてオープンスペースを作り出すようにする。
> パッサー（ボール保持者）はディフェンスの状況に応じてバウンドパスやループパスなどを使い分けるようにする。

●インサイドスクリーン

ディフェンスプレーヤーの進路上にオフェンスがスクリーン（カベ）としてポジションをとり、ディフェンスプレーヤーがスクリーンにぶつかったり、スクリーンをよけるときにできるスペースを利用して攻める攻撃方法をスクリーンプレーという。

2名のプレーヤーの内側（インサイド）にスペースを作るスクリーンプレーをインサイドスクリーンという。

> **POINT**
> ボール保持者もスクリーナーも、スクリーンに対してディフェンスがどう対応しようとしているのかを読み、その状況に応じたプレーのオプションを選択するようにする。

ディフェンスに対して直角にスクリーンをセットする

ピックアンドロール

ディフェンスをしっかりスクリーンしてあわてないで動く

ドライブツーザゴール

スクリーナーとの距離をあけないでドライブする

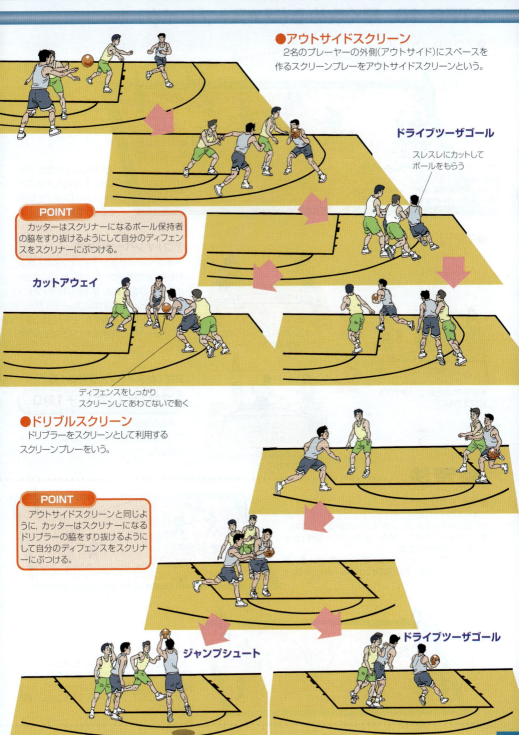

STEP 10. 早く攻める（ファストブレイク）

●アウトレットパス

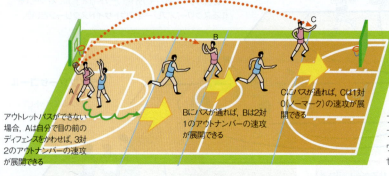

アウトレットパスができない場合，Aは自分で目の前のディフェンスをかわせば，3対2のアウトナンバーの速攻が展開できる

Bにパスが通れば，Bは2対1のアウトナンバーの速攻が展開できる

Cにパスが通れば，Cは1対0（ノーマーク）の速攻が展開できる

ファストブレイクでは，ディフェンスリバウンド後のアウトレットパスをどこに出せるかが重要である。

●2対1のアウトナンバー

ドリブルをしながらシュートが打てるエリアまで進む

ディフェンスがドリブラーに反応してきたら，もう1名のプレーヤーにパス

ディフェンスがドリブラーに反応しなければそのままシュート

アウトナンバーの攻め方
オフェンスの人数がディフェンスの人数よりも多い状態をアウトナンバーという。アウトナンバーの攻撃では，基本的にはディフェンスのプレッシャーが少ないプレーヤーがシュートできるように展開する。2対1では必ず1対0のノーマークの状態をつくりだすようにする。

2対1からノーマークをつくる

$$2対1 = (1対1) + 1対0$$

2名のうちどちらかがディフェンスをひきつけることができれば，残りの者がノーマークとなる。

練習法

●タッチダウンゲーム
オールコートの2対2を行う。ディフェンスエンドの3Pエリア内からオフェンスエンドの3Pエリアの中にダイレクトパスを通した場合，フリースロー（2本）を行い，継続して攻撃できる。
得点は，ダイレクトパス1点，フリースロー各1点，その他のゴールは2点，3点（3ポイントシュート）とする。

●2メンのクイックパス
A，Bの2つのグループに分かれ，Aは全員ボールを持って，図のように2カ所に位置する。AとBはパスをくり返しながら進み，シュートを行う。
慣れてきたらディフェンス（D）を1名つけて，2対1の形で行う。

BASKETBALL バスケットボール

●3対2のアウトナンバー

3対2のアウトナンバーの攻め方

　3対2では，2対1と同様にミドルラインを基準にして，ディフェンスが寄っていないサイドへパスをし，ディフェンスの反応がおそくなるのを利用してシュートチャンスをつくる。

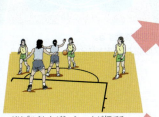

ドリブルをしながら，シュートが打てるエリアまで進む

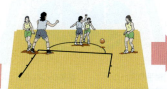

ディフェンスがドリブラーに反応してきたら，二人目のディフェンスが寄っていない方の味方へパス

ディフェンスが反応しなければ，そのままシュート

ディフェンスがドリブラーに反応しなければ，そのままシュート

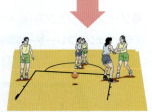

ディフェンスが反応してきたら，空いているプレーヤーにパス

3対2からノーマークをつくる

3対2＝（1対1）＋（1対0.5）＋（1対0.5）→（1対1）＋（1対1）＋1対0

● 3対2

　A, B2つのチームに分かれて，オールコートの3対2を行う。ディフェンスがボールを保持した瞬間（得点，リバウンド，インターセプト）に攻守が切り替わる。
　ボールを保持した2名のプレーヤーは，コート中央から出てくる1名の味方プレーヤーと2名のディフェンスとともに新たな3対2を形成する。これを同様にくり返す。新たにディフェンスになる2名のプレーヤーは必ずセンターサークルを踏んでプレーに参加すること。

● 3対2～3対3

　上のオールコートの3対2にディフェンスを1名加えて，3対2～3対3の攻防を行う。
　上図と同じように行い，三人目のディフェンスは，ボールがセンターラインを通過した時点で，センターサークルを経由して守りに参加する。

117

STEP 11. ゾーンディフェンスとその攻め方

●ゾーンディフェンスのタイプ

チームとして守るべきエリアを決め，相手やボールがどこに動いてもできるだけディフェンス全員の基本的な位置関係をくずさないで守る方法である。ボール保持者には必ずプレッシャーをかけ，つねにボールを中心にしたヘルプ態勢がとれるように位置を移動する。

ゾーンディフェンスの型には，おもに2-3，2-1-2，3-2がある。

●ゾーンディフェンス（2－1－2）の攻め方

①ディフェンスプレーヤーの間に位置する

ゾーンディフェンスはボールの動きに合わせてプレーヤーがシフトする。基本的な攻め方は，ディフェンスプレーヤーの間に位置して，ディフェンスのシフトがボールの動きについていけないようにパスを速くまわしてシュートすることである。

②ハイポストにボールを集め逆サイドに展開

ゾーンの周りをパスをまわしているだけではシュートチャンスはなかなかおとずれない。しかし，いったんポストプレーヤーにボールが入ると，ゾーンは小さくなり，アウトサイドからの攻めがしやすくなる。特にハイポストにボールが入ると，ローポストとアウトサイドへの展開が容易になる。

③オーバーラップからアウトナンバーをつくる

ゾーンディフェンスはボールの動きに合わせてプレーヤーがシフトするので，片方のサイドにオーバーラップすれば容易に数的優位の状態，すなわちアウトナンバーができる。プレーヤーの移動によって局所的にアウトナンバーができるので，そこにすばやくパスがまわることが重要である。

BASKETBALL バスケットボール

STEP 12. 作戦の立案

1. 相手チームのスカウティング

●オフェンスについて

＜特徴＞
・アウトサイドとインサイドのプレーヤーを把握する
・おもにどんな攻撃を仕掛けてくるかを把握する
・マンツーマンとゾーンのうち，どちらのディフェンスの攻めを得意としているかを把握する

＜長所＞
・相手チームの得点力のあるプレーヤーを把握する
・相手チームのオフェンスリバウンドの強いプレーヤーを把握する
・相手チームが得意とする攻撃パターンを把握する

＜短所＞
・相手チームの得点力のないプレーヤーを把握する
・相手チームのリバウンドの弱いプレーヤーを把握する

●ディフェンスについて

＜特徴＞
・マンツーマンディフェンスとゾーンディフェンスのどちらを得意としているかを把握する
・プレスディフェンスをしてくるかどうか把握する

＜長所＞
・相手チームのディフェンスの強いプレーヤーを把握する
・相手チームのディフェンスリバウンドの強いプレーヤーを把握する

＜短所＞
・相手チームのディフェンスの弱いプレーヤーを把握する
・相手チームのディフェンスリバウンドの弱いプレーヤーを把握する

2. 自チームの力を評価する

●オフェンスについて

＜特徴＞
・得意な攻撃の共通認識をもつ
・アウトサイドからの攻めが得意なプレーヤーとインサイドの攻めが得意なプレーヤーを把握する
・チームとして，マンツーマンとゾーンのうち，どちらのディフェンスの攻めを得意としているかを理解する

＜長所＞
・自チームの得点力のあるプレーヤーを把握する
・自チームのオフェンスリバウンドの強いプレーヤーを把握する
・自チームが得意とする攻撃パターンを理解する

＜短所＞
・自チームの得点力のないプレーヤーを把握する
・自チームのリバウンドの弱いプレーヤーを把握する

●ディフェンスについて

＜特徴＞
・マンツーマンディフェンスとゾーンディフェンスのどちらを得意としているかを把握する

＜長所＞
・自チームのディフェンスの強いプレーヤーを把握する
・自チームのディフェンスリバウンドの強いプレーヤーを把握する

＜短所＞
・自チームのディフェンスの弱いプレーヤーを把握する
・自チームのディフェンスリバウンドの弱いプレーヤーを把握する

3. 作戦を立てる

①相手チームの弱点を攻める作戦
・身長が低いチームに対して，インサイドにボールを集めてオフェンスを展開する
・パスがうまくないチームに対してゾーンディフェンスをひいて，パスのインターセプトをねらう

②相手チームの得意パターンを封じる作戦
・ハイスコアで勝利しているチームに対して，ロースコアの展開に持ち込む

③自チームの得意パターンで攻める作戦
・速攻が得意な場合，ディフェンスリバウンドを獲得できるようにゾーンディフェンスで守り，リバウンドからの速い攻めを行う

④自チームの弱点を攻められないようにする作戦
・身長が低い場合，オールコートのプレスディフェンスなどをすることによって，インサイドでの戦いを避ける

119

HOW TO PLAY AND REFEREE

ルールと審判法

1 競技施設と用具

●競技場

● コートのラインは幅5cmで、はっきり見える同色（できるだけ白色）とする。
● コートの大きさは、境界線の内側で測る。
● 境界線の外側2m以内に障害物がないこと。
● 天井までの高さは7m以上あること。

バスケットと支柱

15cm / 1.05m / 45～45.7cm / 40～45cm / 15cm / 2.90m / エンドライン / 5cm / 1.20m / 1.80m / 59cm / 1.05m / 45cm / 5cm / 5cm

6.75m / 15m / スリーポイントエリア / スローインライン / ニュートラルゾーン / センターサークル / 15cm / スローインライン 1.05m / スリーポイントライン / 3.6m / サイドライン / フリースローライン / センターライン / 1.8m / 制限区域（ラインも含む） / ノーチャージ・セミサークル / 28m / エンドライン / チームベンチエリア / センターラインより5m / 2m / 0.9m

フリースローレーン

1.8m / 10cm / 85cm / 5.8m / 40cm / 1.25m / 175cm / 1.2m / 4.9m

ボール

	号	周囲	重さ
中学生以上の女子	6号	72.4～73.4cm	510～567g
中学生以上の男子	7号	74.9～78cm	567～650g

※ボールを1.80mの高さ（最低点）からコートに落としたときのボールの最高点が1.20～1.40mに弾み上がるように、空気を調整する。

2 競技の進め方

❶チームの構成

1チームは、5名のプレーヤー（スタートメンバーのうち1名がキャプテン）と交代要員7名以内、ヘッドコーチ1名で構成する。必要ならばアシスタントコーチを2名おくことができる。

❷ゲームの開始

第1クォーターは、ジャンプボールによって開始する。第2、3、4クォーターと各オーバータイムは、オルタネイティング・ポゼション・ルール（P124を参照）により、オフィシャルズテーブルの反対側のセンターラインの外から、ラインの延長部分をまたいでスローインで開始する。前半（第1、2クォーター）は相手ベンチ側のバスケットを攻撃し、後半（第3、4クォーター）および各オーバータイムは自分のベンチ側のバスケットを攻撃する。

❸競技時間

ゲームは、10分のクォーターを4回行う。第1、第2クォーターの間、第3、第4クォーターの間にそれぞれ2分間のインターバルをおく。第2、第3クォーターの間に10分間のハーフタイムをおく。第4クォーターが終わって両チーム同点の場合は、5分間のオーバータイムを必要な回数だけ行う。

❹ゴールと点数

スリーポイントラインの外側からのフィールドゴールは3点、それよりも内側からの場合は2点、フリースローによるゴールは1点の得点となる。

❺ゴール後の展開

得点されたチームは、ゴール下のエンドラインの外からスローインしてゲームを続行する。

❻プレーヤーの交代

ボールがデッドで、ゲームクロックが止められているときは、どちらのチームも一度に何人でも何回でも交代できる。第4クォーターおよび各オーバータイムの最後の2分間では、ショットが成功したあと、得点されたチームは交代できる。また、最後のフリースローが成功したときは、どちらのチームも交代できる。

❼タイムアウト（作戦タイム）

タイムアウトは1回1分間。前半（第1、第2クォーター）で2回、後半（第3、第4クォーター）で3回、そして各オーバータイムに1回取ることができる。ただし、第4クォーターの最後の2分間は、3回残っていたとしても2回しか取れない。

120

BASKETBALL バスケットボール

3 主なルール

次のような競技規則に違反するとバイオレーションやファウルの罰則が与えられる。

バイオレーション

からだの触れ合い、またはスポーツマンらしくない行為を除くすべての違反のことをいい、罰則として相手チームにボールが与えられ、スローインで開始する。

ファウル

からだの触れ合いによる違反、およびスポーツマンらしくない不当な行為のことをいい、それぞれに罰則がある。

●ファウルの回数による規定
・プレーヤーがパーソナル・ファウル、テクニカル・ファウル、アンスポーツマンライク・ファウルをあわせて5回したときは、ベンチに戻り以後ゲームに加わることができない。
・各クォーターでチームファウルが4回を超えたときは、相手チームに2個のフリースローが与えられる。

ボールの扱い方と主なルール

①ボールは手で扱う。けったり、こぶしでたたくとバイオレーションの違反になる。
②プレーヤーやボールが、境界線を含むコートの外の床や物に触れたときはアウトオブバウンズになる。

●ボールがアウトになる場合　●バックボードや支柱に当たった場合

アウトオブバウンズ
床に触れるまではアウトオブバウンズではない。

アウトオブバウンズ（バックボードの裏）
セーフ
セーフ（触れない）
セーフ

③ドリブルを止め、一度ボールをつかみ、続けてドリブルすることはできない。(**ダブルドリブル**)

●プログレッシング・ウイズザボールの主な規定

ボールを受けて両足同時に着地すれば、どちらの足を軸足にしてピボットしてもよい。

空中でボールを受けて片足で着地した場合は、先に着地した方の足を軸足にしなければならない。

①パスがショットするときピボットフットを床から離してもよいがピボットフットが再び床につく前にボールを手から離さなければならない。
②ドリブルするときピボットフットが床についている間にボールを手から離さなければならない。

④ボールを持って行動できる範囲のことをプログレッシング・ウイズザボールといい、この制限範囲を超えて動くとトラベリングの違反になる。
⑤フロントコートに進めたボールは、バックコートに返してはならない。
⑥ショットされたボールが落ちはじめてからは、リングより上でボールに触れてはならない。（ゴールテンディング）
⑦次のような場合は、ジャンプボール・シチュエーションになり、オルタネイティング・ポゼション・ルールによってスローインの権利が与えられているチームのスローインによって再開される。

●ヘルドボール 両チームがボールをつかみ合ったとき
●ダブルファウル ダブルファウルが起きて、どちらのチームもボールをコントロールしていなかったとき
●バックボードとリングの間にボールがはさまったとき
●両方同時にボールをアウトオブバウンズにしたとき

プレー中の時間による制限

①攻撃中に、相手コートの制限区域内には3秒を超えてとどまることはできない。(**3秒ルール**)
②相手に1m以内で激しく防御され、パスやドリブルなど何もしないで5秒以上ボールを持ち続けることはできない。また、スローインやフリースローは5秒以内にスローを行う。(**5秒の制限**)
③バックコートでボールをコントロールしたチームは、8秒以内にフロントコートにボールを進めなければならない。(**8秒ルール**)
バックコートでアウトオブバウンズになり再び同チームにスローインが与えられる場合、8秒は継続して数えられる。スローインで始められるときは、ボールがコート内のプレーヤーに触れたときから計り始める。
④コート内でボールをコントロールしたチームは24秒以内にシュートしなければならない(**24秒ルール**：24秒以内にシュートすることは、シューターの手からボールが離れていることと、そのボールがバスケットに入るかリングに触れることをいう)。
ボールがアウトオブバウンズになり、それまでボールをコントロールしていたチームがスローインする場合は、あらたに24秒は計らず、継続して計る。
スローインで始められるときは、ボールがコート内のプレーヤーに触れたときから計り始める。
○24秒の終わり近くでショットされたボールが空中にある間に、24秒の合図が鳴った場合、
・バスケットに入ったときは、バイオレーションにならず、得点が認められる。
・ボールがリングに触れたときは、ボールがバスケットに入らなくてもバイオレーションにならず、ゲームはそのままつづけられる（オフェンスリバウンドの際は、14秒にリセットされる）。
・リングに触れなかったときは、バイオレーションになる。ゲームは審判がバイオレーションを宣したときにボールのあったところに最も近いラインの外から相手チームのスローインで再開される。

ジャンプボールのやり方とルール

①ジャンパーは落ちてくるボールを片手か両手でタップする。2回までできる。
②ジャンパー以外は，タップされるまでサークルを底面とする円筒内には入れない。
③ジャンパーはタップしたあと，他のプレーヤーか床にボールが触れるまで，ボールに触れてはいけない。

スローインのやり方とルール

①スローインは，審判からボールを渡されたのち行う。
②センターラインの外からのスローインは，ラインの延長部分をまたいでコート内のどこにいるプレーヤーにスローインしてもよい。
③スローしたボールが誰にも触れずにコートの外に出たときは，スローした位置から相手チームにスローインのボールが与えられる。
④第4クォーターまたは各オーバータイムの最後の2分間にタイムアウトが認められたチームのバックコートからのスローインで再開される場合，タイムアウト後は，スローインの場所を選択できる（バックコートから，またはフロントコートのスローインラインから）。

〈スローインの場所〉
●A〜Cでファウルやバイオレーションがあった場合はA，Bは近くのサイドラインの外から，Cは近くのエンドラインの外から，スローインを行う。ただし，バックボードの真うしろからはスローインしない。

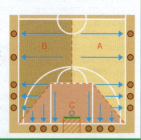

フリースローのやり方とルール

①エンドラインの審判からボールを渡されてから5秒以内にバスケットに向かってショットする。
②ショットする時やショットした後，ボールがリングに触れる前にフリースローラインやそれを越えた床に触れてはいけない。

〈フリースローのならび方〉
● ○印はシューター側のプレーヤーが，×印はシューターの相手側のプレーヤーが，それぞれ1名ずつ入ることができる。
● ▲印はどちらかの場所にシューターの相手側のプレーヤーが1名入ることができる。
● ○，×，△印はそのチームのプレーヤーなら入っても入らなくてもよい。
● 定位置に入れないプレーヤーはフリースローラインの延長線の上方で，かつ3ポイントエリアの外にいなければならない。

主なバイオレーションとその罰則

ボールの扱いによるバイオレーション

● ボールをこぶしでたたく。ボールをけったとき。
● アウトオブバウンズになったとき。
● **ラインクロス** …… ボールを持って境界線を踏んだとき。
● **トラベリング** …… ボールを持って規定の制限範囲を越えて，移動すること（ボールを持ったまま3歩以上進む。ピボットの軸足を途中でかえるなど）。
● **ダブルドリブル**……ドリブルしたボールを両手または片手で支えもってドリブルを終えたあと，再びドリブルをすること。
● ボールをバックコートに返したとき。
● ショット時のゴールテンディングとインタフェアレンスの違反。

時間による制限のバイオレーション

● 3秒ルールの違反。　　● 5秒の制限の違反。
● 8秒ルールの違反。　　● 24秒ルールの違反。

ジャンプボールでのバイオレーション

● ジャンパー以外のプレーヤーがタップされる前に，サークル（円筒）内に入ったとき。
● トスのボールが最高点に達する前にタップしたとき。
● ジャンパーがタップを2回したあと，他のプレーヤーが触れる前にボールに触れたとき。

スローインでのバイオレーション

● スローインのボールを5秒以内にスローしなかったとき。
● コートに踏み込んでスローインしたとき。
● 指定された場所から1mの範囲を越えてスローインしたとき。
● スローインしたプレーヤーがコート内で他のプレーヤーがボールに触れる前に再び触れたとき。

フリースローでのバイオレーション

● ボールを渡されて5秒以内にショットしなかったとき。
● シューターがショットのふりをする（フェイク）こと。
● シューターがフリースローラインに触れたり，それを越えた床に触れてショットする。または，ショットしたボールがリングに触れる前に制限区域内に入ったとき。
● フリースロー時のゴールテンディングとインタフェアレンスの違反。

バイオレーションの罰則

● いくつかの例外を除き，バイオレーションを宣せられた相手チームに，バイオレーションが起こった場所にもっとも近い位置からのスローインが与えられる。

バスケットボール

ファウルの種類とその罰則

●プッシング 手や体で相手を押す	●ホールディング つかんだり，押さえる	●ハンドチェッキング 手で触れ続けて防御する
●イリーガルユースオブハンズ 手で相手をたたく	●ブロッキング 相手の進行を体で不当に妨げる	●チャージング ボールのコントロールにかかわらず，無理に進行して突きあたる

パーソナルファウル（からだのふれあいによる違反）	プレーヤーファウル	ショット成功	そのショットは得点とし，さらに1個のフリースローが与えられる。
		ショット動作中 ショット不成功	スリーポイントラインとその内側からのショットのときは2個，スリーポイントエリアからのショットのときは3個のフリースローが与えられる。
		ショットの動作中でない	ファウルされた場所に最も近いラインの外からスローイン。相手チームの各クォーターおよびオーバータイムでの4ファウル後は2個のフリースローが与えられる。

●アンスポーツマンライク・ファウル
・正当なプレーでなく，またボールに対してプレーしていない行為
・正当にプレーしたとしても，過度に激しい触れ合い（ハード・コンタクト）
・防御側プレーヤーが攻撃側プレーヤーの進行を妨げることを目的とした正当に防御しない必要のないファウルをしたとき
・速攻のとき，攻撃側プレーヤーとゴールの間に誰もいない状況で，防御側プレーヤーが攻撃側プレーヤーの後ろ，または横からファウルをしたとき
・第4クォーター，オーバータイム残り2分間でのスローインのとき，スローインする前に防御側プレーヤーがファウルをしたとき
・相手のユニフォームをつかんでひっぱる行為
※プレーヤーは，アンスポーツマンライク・ファウル（UF）2つ，テクニカル・ファウル（TF）2つ，UF1つTF1つで失格・退場になる。

ショットの動作中でなくても2個のフリースローが与えられる。ショット動作中でショットが入れば，さらに1個のフリースローが与えられる。ショットが入らなければショットの状況に応じて2個または3個のフリースローが与えられる。ショットの成否にかかわらず，シューター側のスローイン（フロントコートのスローインラインから）で再開する。

●ディスクォリファイング・ファウル
特に悪質なファウルで，ただちに失格，退場が命じられる。（暴力行為など）

●ダブルファウル
両チームのプレーヤーが互いにほとんど同時にファウルをする。
・ボールをコントロールしていたときは，ファウルの起こった近くのラインからのボールをコントロールしていたチームのスローイン
・コントロールしていなかったときは，ジャンプボールシチュエーションによるスローイン
・ショットが成功したときは，得点を認め，エンドラインから相手チームのスローイン

| テクニカルファウル（スポーツマンらしくない行為） | プレーヤーの場合 | ●攻撃側でも防御側でも，むやみにリングをつかんで体重をかける。
●失礼な態度で審判に話しかけたり，触れたりする。
●目の前で手を振って視界を妨げる。
●肘を激しく振りまわす。
●ショットする相手に向かって，手をたたいたり，大声を出す。
●審判の判定に，自分はそんなことをしていないと，わざとジェスチャーで不満を表す。
●ゴールしたボールをわざとたたいて時間をかせぐ。 | 相手チームに1個のフリースローが与えられ，シュートの成否にかかわらず，テクニカルファウルが宣せられたときの状態からゲームは再開される。 |
| | プレーヤー以外の場合 | ●許可なしにコートに入る。
●ベンチエリアを離れてプレーを追う。
●失礼な態度，無作法なふるまいをする。
●わざとゲームの進行を遅らせる。
●その他スポーツマンらしくない行為。 | ファウルはコーチに記録され，相手チームに1個のフリースローが与えられる。シューターはコーチが指定する。ショットの成否にかかわらず，テクニカルファウルが宣せられたときの状態からゲームは再開される。 |

123

4 審判法

●審判の合図

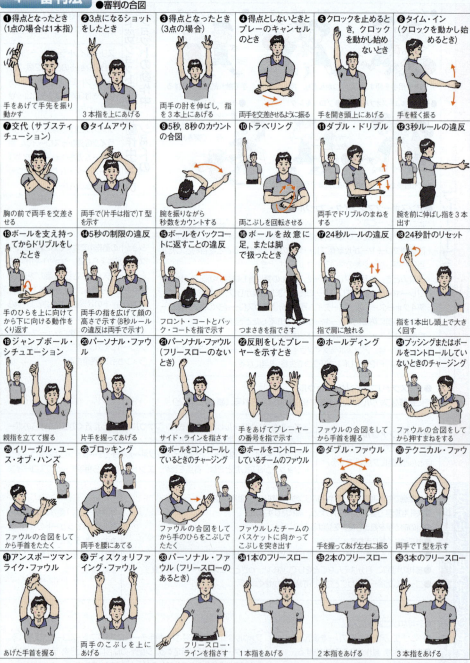

※オルタネイティング・ポゼション・ルールとは，ジャンプボール・シチュエーションになったときに，矢印の方向に攻撃しているチームにスローインの権利が与えられるルールである。ジャンプボール・シチュエーションごとにこの表示の向きは代えられる。ゲームの開始の第1クォーターのジャンプボールでコントロールした相手のチームに矢印が向けられる。

HANDBALL
ハンドボール

ハンドボール

おいたちと発展

　7人制ハンドボールのルーツは，19世紀末にデンマークのラテンハイスクールの体育教師であったホルガー・ニールセンによって始められたものであり，1906年に彼の手によって最初の競技規則書が発行された。一方，11人制ハンドボールは1915年からドイツで婦人のためのトーアバルという球技が行われていたものを1919年にベルリンの体育教師カール・シュレンツが少年にもできる競技として創案したものである。ドイツ国内からヨーロッパ諸国に普及していった後，1928年に国際アマチュアハンドボール連盟（IAHF）が創設され，1934年には11人制フィールドハンドボールと7人制室内ハンドボールの競技規則が制定された。第2次大戦後，国際ハンドボール連盟（IHF）が設立され，7人制が普及発展し，現在ではすべての国際大会は7人制で行われている。
　わが国へは，1922年（大正11年）に東京高等師範学校（現筑波大）教授大谷武一が11人制を紹介した。1938年（昭和13年），日本送球（後にハンドボール）協会が創設され競技として発展する基礎が整えられた。11人制が主に行われていたが女子は1957年から7人制となり，1963年からは7人制に一本化された。登録数は中学，高校を中心に約4,900チーム，93,000人である。世界では209の国・地域に普及し，オリンピックでは1972年のミュンヘン大会から毎回開催されている。欧州の優位は揺るがないが，韓国女子が優勝2回，準優勝を3回獲得し，アジアの素早いハンドボールを武器に活躍している。オリンピック東京大会（2021年）ではフランスがアベック優勝した。日本は男女それぞれ11位，12位だったが，近年競技力も向上し，ヨーロッパの強豪とも対等に戦えるゲームが見られるようになってきた。アジアで日本は，パイオニアとしてトップレベルを維持していたが，近年韓国や中東の台頭に，オリンピック等，国際舞台への代表権獲得は熾烈な闘いを強いられている。

●ハンドボールの競技特性

1. 侵入型の球技で，それぞれ7名の競技者からなる2つのチームが，お互いにボールを奪い合い，"ゴール"という形で焦点化された陣地にボールを投げ込み(シュート)，それによって得られる得点を競うスポーツである。

2. ボールは膝から上の部分で扱うことができる。ボールの保持は3秒，移動は3歩まで許される。

3. ボールを保持している，いないにかかわらず，相手の進路をさえぎるために，身体(胴体)を使うことができる。

4. 走る(ラン)，跳ぶ(ジャンプ)，投げる(スロー)といった基本的な運動要素が要求される。

5. ボールハンドリング，パス，ドリブル，シュートの各技能が，

刻一刻と変化する状況に応じて適切に発揮されること(オープンスキル)が要求される。

6. ゴールが地面に対して垂直に設置されているので，ほとんどのシュートはゴールに向かって直線に近い軌跡をとる。したがって，ボールのスピードがシュートの決定要因になる。

7. コートを動き回るだけの持久力(スタミナ)，相手をかわすすばやさ(スピード)，出だしの瞬発力(クイックネス)，動きの柔軟性，さらには的確な判断力が要求される。

8. チームゲームであり，組織力を活かして自チームを上回る相手を撃ち破ることができる。

●ゲーム構造の理解

オフェンスは，大きく分けて，①速攻，②セットオフェンスという2つの局面(ディフェンスは，①速攻のディフェンス，②セットディフェンスの2つの局面)からなっている。それぞれの局面の特徴を理解しながらゲームを組み立て，練習することが大切である。

①速攻

・ディフェンスからボールの保有権を得るや否や一気に相手コートに攻め込む局面である。ディフェンスからオフェンスへ切り換わった瞬間は，攻めるべき相手ゴールに向かってディフェンスが1人もいない広い空間(スペース)が現われる。ディフェンスが戻る前の，この有利な状況を利用する攻撃が速攻である。速攻はさらに，(1)ボール獲得局面，(2)ボール運びをする局面，(3)突破の局面，の3つの下位局面に分けられる。

②セットオフェンス

ゴール前に戻って態勢を整えているディフェンスに対して，各プレーヤーが役割を持ったポジションにつき，パスやドリブルなどのプレーをいろいろと組み合わせて攻撃する局面である。

セットオフェンスはさらに，(1)位置どりをする局面，(2)きっかけをつくる局面，(3)展開の局面，(4)突破の局面，の4つの下位局面に分けられる。

⚽ 攻撃の原則

1. シュートをねらう

攻撃プレーヤーはつねにシュートをねらわなければならない。ディフェンスをかわしてシュートをねらったり，空いたスペースに走り込んだり，シュートフェイクやパスフェイクをすることにより，ディフェンスが反応し，そこからいろいろなシュートにつながるプレーが生まれる。

2. アウトナンバーをつくって攻める

攻撃側の人数が防御側より上回る状況を「アウトナンバー」という。アウトナンバーではどこかに1対0の状況(ノーマーク)ができるので，そこにボールが渡れば確実性の高いシュートを打つことができる。アウトナンバーは，コートを広く使うことができる速攻でつくりやすい。また，セットオフェンスでも，1名のオフェンスプレーヤーが2名のディフェンスプレーヤーを引きつけることによってつくり出すことができる。

3. プレーを継続する

1回のプレーで攻めが成功するとは限らない。シュートチャンスがくるまでプレーを継続しなければならない。ボールを持ちすぎると，プレーが途切れて防御側に余裕を持たせることになる。

4. ボールを持っていないプレーヤー

ボールを持っていないプレーヤーは，つねにボールをもらえる位置に動き続けながらプレーできる状況を維持する。

5. ディフェンスからオフェンスへの切り換え

速攻では，ディフェンスが不完全な状態で，しかも広いスペースを利用して攻めを展開できるので，アウトナンバーもつくりやすい。速攻を行うためには，ディフェンスからオフェンスへの切り換えを速くすることである。

HANDBALL ハンドボール

⚽ 防御の原則

1．シュートをさせない
シュートをするには，その動作に要する最低限のスペースが必要である。シューターに対して距離を詰め，シュートするスペースを狭めることによって阻止する。

2．悪い条件に追い込む
シュートを打たれるにしても，なるべく悪い条件で打たせるようにする。距離を詰めて十分な体勢をとらせないようにしたり，シュートの角度が小さくなるように追い込んだり，抑えるべきシュートのコースをゴールキーパーと分担したりする。

3．ボールを奪う
シュートを阻止するだけでなく，チャンスがあれば相手からボールを奪うことを試みる。ボールを持つプレーヤーにプレッシャーを与え，パスの方向やタイミングを制限し，他のディフェンスがインターセプトを試みる。

●安全に対する留意点
ルールを遵守し，相手を尊重しながら，フェアプレーの精神を失わないようにする。さらに各人がお互いに安全に対する配慮を心がける。
1. ウォーミングアップを十分にする。
2. 自分の健康状態を常に把握しておくようにする。
3. 周囲の障害物なども含めて活動場所の安全に十分に注意する。ボールや用具などを危険な場所に放置しないで，整理してから練習を行う。
4. 眼鏡をかけている者は，ボールが顔にあたると，危険がともなうのでゴールキーパーは避けるようにする。
5. 爪は短く切り，時計や装飾品は身につけない。
6. ゴールには絶対にぶら下がらない。

体ほぐしの運動

・長座の姿勢でボールを投げ，立位の姿勢でキャッチする。

・股下よりボールを前方へ投げ上げキャッチする。

・2つのボールを同時に用いて連続ドリブルする。

・1対1のコーンタッチ

ディフェンスを抜いてコーンにタッチする。

・3対2のボールまわし

内側の2名にボールを奪われないようにパスする。内側の1名がボールを持っている者との距離を詰め，プレッシャーを加える。もう1名はパスコースを予測してインターセプトする。

・チェンジパス

いろいろなパスや動作でボールの受け渡しをする。

127

STEP 1. ボールを運んでシュート

●ショルダーパス
ボールをコントロールしやすく、また、短い距離から長い距離まで対応できるので、ゲーム中もっとも多く使われる。キャッチとパスは一連の動作で行うようにする。

手首のスナップをきかせる

●ボールの持ち方
親指と小指で持ち、残りの指は支えるだけにする。手が小さい場合は、無理に力を入れて握る必要はない。

キャッチと同時にボールを後方に引く

●連続ドリブル
右手、左手どちらも使えるようにする

ボールを手に吸いつけ、押さえ込む感じで弾ませる

連続ドリブルは一人でボールを前に進める技術であるが、使い方を間違えるとチャンスをつぶすことになる。パスを使うべきか、連続ドリブルを使うべきかを判断してプレーするようにする。

●キャッチ
シュートをするにも、パスをするにも、ドリブルをするにも、ボールを確実にキャッチしなければそれらのプレーに移れない。いろいろなプレーにスムーズに移行できるようなキャッチをこころがけるようにする。

高い位置のボールはタイミングよく、ボールを手で包み込む

腰を落として手のひらを下に向けてキャッチする

親指を向け合って手を開き、ボールに正対して構える

戦術学習① 戦術的空間の認識

戦術的空間とは、そこにボールを移動させる（または、そこでボールを保持する）ことによって、得点に結びつく有利なプレーが展開できる空間のことである。戦術的空間はプレーヤーの動きやボールの動きによって変わってくる。戦術的空間を認識すること、あるいはそれをいかに作り出すことができるかがポイントである。

パス / ドリブル / キャッチ / シュート / ダッシュ / 戦術的空間

ボールの獲得	すばやいボール運び	アウトナンバーの攻め	シュート
インターセプト	パス&キャッチ	1対0	ジャンプシュート
ルーズボール	ドリブル	2対1	ランニングシュート
フリースロー			ステップシュート
ゴールキーパースロー			

128

HANDBALL ハンドボール

❶ ジャンプシュート

ゲーム中もっともよく使われるシュートがジャンプシュートである。走るリズムからタイミングよく高く跳び上がること，バックスイングをすばやく行うことがポイントである。

❷ ステップシュート

パスを受けてからすばやいステップとモーションでシュートする方法である。助走が十分でなくてもスピードボールを投げることができ，パスやドリブルにきりかえやすい。

① 腰を落としスピーディにリズミカルに
② 上体をひねりながら腕を大きく引く
③ たたきつけるように踏み切る
　（右利きなら左足で）
④ 肩をシュート方向に向ける
⑤ 膝を鋭く上げる
⑥ 肘を十分上げる
⑦ 上体をムチのように使う
⑧ スナップをきかせ，十分に振り切る

クロスステップに合わせてバックスイング

体を横に向けながら脚をクロス

❸ ランニングシュート

ランニングのリズムの中ですばやく行うシュートである。シュートに入る前の動作はジャンプシュートと変わらないが，ワンテンポ速いリズムでシュートが行われるので，ゴールキーパーにとってはタイミングをとりづらいシュートである。

体重を移動させ，膝を伸ばしながら投げる

戦術学習② ゴールキーパーに対する戦術

●シュートの角度

シュートは正面の角度から，なるべくゴールに近づいて行うのがよい。正面の角度はゴール面積が広く，また，ゴールに近づくほどゴールキーパーが反応できる時間が少なくなるからである。

正面の角度からのシュートを行う場合，ねらうところはゴールの四隅と腰横である。

ゴールキーパーが前に出てきたときは，ループかバウンドのシュートを使う。

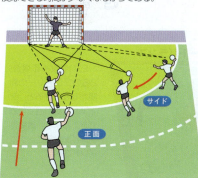

サイド
正面

ループ
バウンド

STEP 2. 速攻からアウトナンバーで攻める

●アウトナンバーの展開

ボールの所有が切りかわった直後は、広いスペースを利用して攻めることができる。

うまくパスを出せばアウトナンバー（数的優位な状態）の攻めができる。3対2よりも2対1、2対1よりも1対0をねらうようにする。

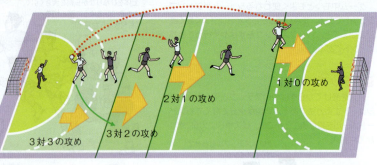

戦術学習③ 2対1のアウトナンバー

オフェンスの人数がディフェンスの人数よりも多い状態をアウトナンバーという。

2対1のアウトナンバーでは、1対0のノーマークの状態をつくりだすことができる。

プレーヤーAは、ディフェンスが自分に反応してくるまではパスを出さない。反応してこなければ自分でシュートすればよい。ディフェンスを完全に引きつけてパスを出すようにする。

●速攻の出足

ポイント
速攻を成功させるにはディフェンスのとき、相手がシュートする直前に鋭く攻撃のスタートを切ることである（シュートした相手は戻るのが遅れる）。

●コートバランス

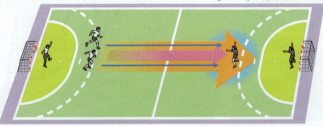

2対1で攻める場合、2名のプレーヤーの間隔がせますぎると、ディフェンスが1名で対応できてしまう。適度に間隔をあけることがポイントである。

HANDBALL ハンドボール

STEP 3. ゴールキーピングの技術

●ゴールキーピング

ゴールキーパーは，シュートされたボールに対して全身を使ってゴールを阻止する最後の防御者である。受け身にならず，シューターに立ち向かう気持ちで，攻撃的になることが大切である。

前につめると，守る面積は狭くなるが，背後にできたスペースに浮いたシュートをされる可能性がある。

ボールを持たない状態ではプレーイングエリアに出てプレーすることができる。その時はコートプレーヤーと同じルールが適用される。

通常構える位置（1mくらい前）

余裕のあるときは，両手で前に落として速攻に移る
間に合わないときは，片手ではじき出す。
手と足で防ぐ
いつでもどこにでも動けるように構える
遠い位置のシュートはスライディングをして防ぐ

練習法

サイド　45°　ポスト正面　45°　サイド
いろいろな角度から行う

●シュート練習
BはAにパスして，リターンパスを受け取ってシュートを行う。ゴールキーパーをつけて，いろいろな角度から行う。
①ステップシュート
②ジャンプシュート
③ランニングシュート

●ランニングパスからのシュート
A，Bの2列にわかれ，ランニングパスからのシュートを行う。慣れてきたらディフェンスをCかDの位置に，または両方につけてパスのインターセプトをねらわせる。

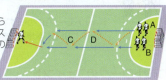

●ワンパス速攻ゲーム
・ゴールキーパーにコーナーからパスをしてスタートし，ワンパスを受けてシュートする。
・A，B両チームが交互に行う。
・ドリブルをしないでシュートしたときは2点とするなど，ルールを工夫する。

●ボールのとり合いからドリブル速攻
転がされたボールを2名のプレーヤーが追いかけ，ボールを保持したほうがオフェンスとなって1対1を行う。Ⓐにパサーを入れてもよい。

131

STEP 4. 1対1で攻める

● ディフェンスをかわしてのシュート

ステップシュート　　ジャンプシュート　　　　　　　ジャンプシュート　　ステップシュート

横に倒れながらうつ。　空中で身体を　　　　方向を変えてうつ。　サイドスローでうつ。
　　　　　　　　　　倒してうつ。

ディフェンスの出方をさぐりながら，
シュートチャンスをつくる。

● ジャンプシュートのフェイント

ジャンプシュートのモーションで跳び上がる
（フェイント）

● ステップシュートのフェイント

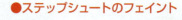

ステップシュートの動作
でバックスイングし，シュー
トとみせかける
　すばやく横に動いてワン
ドリブルしてディフェンス
をかわす

シュートモーションからすばやく空中で
ワンドリブルし，着地後，走りこむ

● フットワークのフェイント

どちらかのサイドにステップを踏み出す（フェイント）
ディフェンスが反応してきたら，すばやく切り返し
て方向を換え，ワンドリブルしてかわす
　反応してこなければ，そのままカットインする
　走り込みながらフェイントを行えば，
より効果的になる

STEP 5. 1対1のディフェンス技術

●1対1の守り方

ハンドボールのディフェンスは、ゾーンディフェンスが主体となっている。このディフェンスは、自己のゾーン内へボールを持ち込むプレーヤーに対してはつめを行い、他のディフェンスゾーンへの攻めに対しては、下がってフォローできる位置をとるのが基本である。

①相手がボールを持たない場合 — ゴールエリアラインで守る
②相手がボールを持った場合 — 前に詰める

③ボールを持って相手が移動した場合 — プレッシャーをかけながら、ついていく

●インラインの原則

オフェンスと、自分のキーパーとの間につねに位置する。

●シューターへのアタック（シュートブロック）

間合い（距離）を詰めてバレーボールのブロックの要領で行う

●ゴールキーパーと協力して守る方法

一方をうたせないように守る

🏐 フェイントの練習

①下がって守るディフェンスに対して
・AはBからリターンパスを受け「フェイント」からシュートを行う。
・はじめはディフェンスは手を挙げて動かないが、慣れてきたらフェイントの動きについていく。

②前で守るディフェンスに対して
AはBにパスしてディフェンスを抜いてリターンパスをもらう。

③ボールの取り合いからの1対1
後方からボールを転がす。笛の合図でコーンをタッチして取り合い、1対1の攻防をする。

上手く攻められないときはパスをもらう

簡易ゲーム

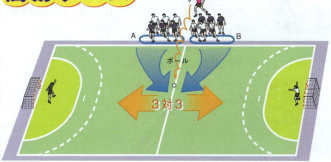

- センターラインをはさんで、2チームに分かれる。
- 投げ入れられたボールを取り合うことにより始める。
- ゴールキーパーは、それぞれのチームから出し、あらかじめ位置につけておく。
- 1～2点先取か、2～3回の攻防で交代する。
- 総得点により勝敗を決める。
- 2対2、3対3で始め、徐々に人数を増やしていく。

STEP 6. ポストプレーとサイド攻撃

●アンダーハンドパス
ディフェンスに接近されたときや、ディフェンスの背後にいる味方にパスを通したいときに使う。

●倒れこみシュート
ポストプレーヤーが助走なしでシュートする場合に用いられる。

手首のスナップをよくきかせる

姿勢を低くして、ディフェンスのわきの下を通す

手や足で体を支え、安全に着地する

キャッチと同時に体をゴールに向け、バックスイングする

●サイドシュート
サイドからゴールエリア中央に向かって踏み切ってうつシュート。このシュートができれば、攻撃の幅が広がる。

左サイドから

右サイドから

バックスイングの時、上体をひねって左肩をゴールキーパーに向ける

戦術学習④ ディフェンスとディフェンスの間を攻める

ポストからの倒れこみシュート

サイドシュート

ディフェンスとディフェンスの間のスペースを攻めることによって、ポストプレーやサイド攻撃に展開することができる。

そのことによって2名のディフェンスをひきつけることができれば、残りの1名はノーマークになるはずである。

HANDBALL ハンドボール

STEP 7. カットインプレー

●2対2のクロス攻撃

BはAの背後を通って交差する動き（クロス）で，Aからパスを受けシュートする
Aは攻めながら後方へアンダーハンドパスをする

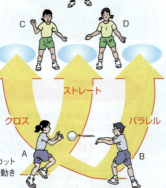

まず，AがデイフェンスC，Dの間にカットインし（ストレート），Bはデイフェンスの動きを見て，クロスかパラレルを選択する。

●2対2のパラレル攻撃

BはAと平行な動き（パラレル）で，Aからのパスを受けシュートする
Aはシュートをねらいながらジャンプパスやリストパスをする
BはAのカットインよりタイミングを遅らせ，後方からカットインする

●後方へのアンダーハンドパス

前に走りながら，上体を後方にひねり，片手でスイングするように行う。クロスプレーのときによく使う。

●リストパス

バックスイングをしないで，手首のすばやい動作でパスをする。パラレルプレーのときによく使う。

●2対2のクロス攻撃に対するディフェンスのチェンジ

①ディフェンスは，お互いに「○番マーク！」と声を出してマークを確認する。

②相手がクロスをしてきたら，「チェンジ」と声を出してマークを交代する。

③相手がシュートしたり，よい位置をとらないように，距離をつめた状態で動きについていく。

STEP 8. チームで協力して攻撃する

●セットオフェンス

❶ 位置どり

ボールをまわしながらチームの作戦やねらいに応じた隊形を組む

3対3～6対6で攻防する

❷ きっかけ

1対1やコンビプレーでシュートをねらい、攻撃のきっかけをつくる

❸ 展開

シュートをねらいながらパスをまわして攻撃を続ける

❹ 突破

ポストプレーやカットインプレーでノーマークをつくり、シュートする

きっかけがそのまま突破になることもある

再攻撃
攻撃がうまくいかないとき、または中断したとき

●基本的な位置どりとプレーヤーの役割

サイドプレーヤー
ゴールエリアの側面に位置し、バックプレーヤーを中心としてパスをまわしてプレーを展開させながらシュートをねらう。サイドシュートを使うことが多い。

バックプレーヤー（右、センター、左）
攻撃の中心的な役割で、ロングシュートをねらいながらパスをまわす。フェイントや鋭いカットインを使ってディフェンスを抜きアシストプレーを試みる。ジャンプシュートやステップシュートを使うことが多い。

ポストプレーヤー
相手のゴールに背中を向けてゴールエリア沿いに位置し、シュートをねらうとともに前に動いてプレーの中継を行う役割を果たす。倒れ込みシュートを使うことが多い。1名配置する場合と2名配置する場合がある。

• セットオフェンスのきっかけとなるプレー

プレーヤー	位置	きっかけのプレー
バックプレーヤー	サイド	1対1から — ボールなしでの走り込み／フェイント／カットイン
サイドプレーヤー ×	バックコート ×	
ポストプレーヤー	ポスト	コンビプレーから — カットインプレー／ブロックプレー／ポストプレー

HANDBALL ハンドボール

●チームディフェンス

5-1ディフェンス

ハンドボールはゾーンディフェンスが主体である。それぞれに守るべきゾーンを決め，その中に入ってくるオフェンスにはプレッシャーを加える。中央にトップディフェンスがいるので厚みができ，動き・パスに対してもプレッシャーをかけられる。ゴールエリアライン付近が手薄になるので，活動量が必要となる。

6-0ディフェンス

確率が高いのはゴールエリアラインをカットインしてうつシュートである。そのためにゴールエリアラインに沿って守ることが基本であるが，ボールを持つプレーヤーには自由にプレーされないためにつめて守る。ボールの移動にともなって，くさび形ができるようにする。

▶ ポストを使った攻撃例

(1)
・OFF①はDEFⓐの左側に位置し，左側のスペースをあけておく。
・OFF②はDEFⓑを引きつけるようにカットインし，OFF③にパス。

(2)
・OFF③はDEFⓐとDEFⓒの間でカットインしシュートをねらう。
・OFF③がシュートをねらった瞬間，OFF①はすばやく動いてパスをもらう。

(3)
・OFF①はシュートするかOFF④にパスをつないでシュートさせる。
・他のプレーヤーはパスやシュートのできる位置に動いてうまく攻撃できなかったときに備える。

▶ フリースローからの攻撃例

ゴールエリア前のフリースローでは，ポイントに立つオフェンスプレーヤーがボールを離すまで，ディフェンスは3m以上近づけないことを利用して攻撃する。

(1)
・ポイントにボールを保持するプレーヤーを含めて4名が立つ。1名はシューターになる。

(2)
・ポイントの3名はパスをした瞬間，後ろに下がってディフェンスをブロックする。
・シューターはシュートまたはサイドプレーヤーにパスをして，シュートをねらわせる。

137

STEP 9. 作戦の立案

1.相手チームを知る

●オフェンスについて
＜特徴＞

・セットオフェンス
- ・どのような攻撃隊形から攻めてくるかを知る
- ・攻撃のきっかけは，どこからどのようなプレーをしてくるかを知る
- ・誰がポイントゲッターで，ゲームメーカーかを知る
- ・各ポジションでの攻撃プレーの特徴を知る
- ・どんなコンビネーションを多用するかを知る
- ・フォーメーションプレーがあるかどうかを知る

・速攻
- ・速攻のスタートが早いかどうかを知る
- ・二次速攻があるかどうかを知る
- ・どのような攻撃パターンがあるかを知る

・フリースロー，7mスロー
- ・ゴール前フリースローから攻撃を仕掛けてくるかどうかを知る
- ・7mスローは誰がスローアーになるかを知る

●ディフェンスについて
＜特徴＞

・セットディフェンス
- ・どのような隊形で防御するかを知る
- ・各ポジションの身長の大きさを知る
- ・各ポジションでの動きの特徴を知る
- ・インターセプトの上手なプレーヤーを知る

・速攻のディフェンス
- ・戻りが早いか遅いかを知る
- ・全員が帰陣するか，誰かが途中で相手の動きにプレッシャーを加えるかどうかを知る

・ゴールキーパー
- ・ゴールキーパーの構えや位置どりの特徴を知る
- ・ゴールキーパーのシュート阻止動作の特徴（前に出るか，その場で阻止するかなど）を知る
- ・シュート阻止後の速攻へのパスだしの速さを知る

2.自チームの力を評価する

オフェンス力，ディフェンス力について，相手チームを見るのと同じ観点で，特徴，長所，短所を把握し，評価する。

3.作戦を立てる

作戦を立てるということは，相手チームと自チームを見比べながら，長所をうまく引き出し，短所を表に出さず，相手の弱点を攻めながら，自分の得意なパターンを出せるようなプレーの組み合わせを考えることである。

作戦としては，次の4つのタイプがある。
- ①相手チームの弱点を攻める作戦
- ②相手チームの得意パターンを封じる作戦
- ③自チームの得意パターンで攻める作戦
- ④自チームの弱点を攻められないようにする作戦

それぞれのタイプに対して，例えば，右のような詳細項目を決めていく。

1.チームのメンバーと対戦チームの状態をみて，攻守の陣型を決め，それに応じて各自の性質に合ったポジションを決める。

2.ゲームの途中で攻防の陣型を変えるかどうかを決める。

3.相手のボールキープ力やシュート力に応じて，ゴールエリア中心に守るか，積極的にパスインターセプトに出るかを決める。

4.攻撃の位置どり，きっかけづくり，展開・突破をだれが，どこから，どのような形で行うかを決める。

5.フォーメーションプレーを行う場合，どのようなとき，どのようなプレーを使うかを決める。

競技用語の解説

●一次速攻・二次速攻: 最初にとび出した1〜3名による速攻を一次速攻といい，後から遅れて参加したプレーヤーが加わって速攻するものを二次速攻という。

●位置どり: プレーヤーが，攻防の中でとる位置のこと。この位置どりの良し悪しが，その後のプレーに影響する。

●スカイプレー: ゴールエリア上の空間でキャッチしシュートするプレーで，2名が連続してスカイプレーするものをダブルスカイという。

●スピンシュート: シュートボールに回転を与えてバウンドさせ方向を変えるシュートのこと。正スピンと逆スピンがある。

●コートプレーヤー: ゴールキーパー以外のプレーヤーのこと。

●ブラインドシュート: ディフェンスに隠れてうつシュートのこと。GKはシュートの予測ができない。

●プレスディフェンス: ゴールエリアを中心として守るディフェンスに対して，積極的にプレーヤー，ボールに近づき，プレッシャーを加えるディフェンスのことで，オールコートプレスとハーフコートプレスがある。

●プレーイングエリア: コートのうちゴールエリアをのぞいた地域。

●フォーメーションプレー: チームやグループで行う約束的なコンビネーションプレー。

●クイックスタート: 失点後すばやくスローオフを行うことによって，相手ディフェンスがディフェンス位置につく前に攻撃すること。

HANDBALL **ハンドボール**

HOW TO PLAY AND REFEREE
ルールと審判法

1 競技施設と用具

競技場

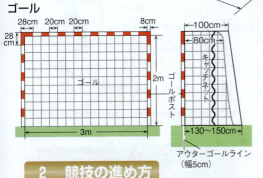

ボール

区分	重さ	外周
成年男子・高校男子	425〜475g	58〜60cm
成年女子・高校女子	325〜375g	54〜56cm

最高2回まで）。チームタイムアウトは，自チームがボールを保持しているときに，グリーンカード（チームタイムアウト請求カード）をオフィシャル席に提出すると認められる。

グリーンカード

（約15×20cm）

❹ **競技時間**
高校生および一般の試合の場合は，前・後半30分ずつ（ハーフタイム10分）行われ，勝敗が決しない場合は，前・後半5分ずつの延長戦が行われる。第2延長でも決しない場合は7mスローコンテストが行われる。

❺ **トス**
試合に先立って，レフェリーの立会いのもとトスが行われ，勝ったチームはスローオフかサイドの選択権を得る。

❻ **得点**
ボールが完全にゴールを通過したときは，1点が与えられる。

❼ **勝敗**
競技時間内に多く得点したチームが，勝者となる。

●得点と得点でないボール

得点／得点／ボールの位置で判定し，ボールが完全に通過したとき得点になる。／得点ではない

2 競技の進め方

❶ **チームの構成**
1チームには16名までのプレーヤーで構成される。コートには最高7名のプレーヤー（自チームのゴールキーパーがいなくても同時に7人プレー可）が入ることができる。残りのプレーヤーは交代プレーヤーである。

❷ **交代**
交代プレーヤーは自チームの交代ラインからいつでも，何回でも交代できる。ゴールキーパーは，ユニフォームを換えれば，いつでもコートプレーヤーとして競技に参加できる。同様にコートプレーヤーもゴールキーパーと同色のユニフォーム（ゲームベストでもよい）を着れば，ゴールキーパーとして参加できる。自チームのゴールキーパーがいない状態では，最大7名のコートプレーヤーが同時にプレーできる。しかし，その場合，誰もゴールエリアに入ってプレーすることができない。

❸ **チームタイムアウト**
各チームは1分間のチームタイムアウトをとることができる（その回数は3回まで，かつ前半，後半それぞれにおいて

139

3　主なルール

1. 競技の始め方

競技は，コイントスの結果「スローオフ」を選んだチームのプレーヤーがスローオフエリアからスローすること(スローオフ)によって開始する。後半は，前半の最初に「スローオフ」を行わなかったチームが行って開始する。また得点後は，得点された側のチームが「スローオフ」を行って競技を再開する。

●スローオフの方法
① 前・後半の開始は，両チームとも自陣コート内にいなければ，スローできない
② 得点後は，得点したチームのプレーヤーがどちらのサイドにいても，スローできる
③ 直接シュートすることができる
④ スローするプレーヤーの味方のプレーヤーは，笛のあとすぐ移動することができる
⑤ 防御側は，スローされるまで，スローオフエリアの外側にいなければならない

2. 競技の再開方法

ボールが競技場の外に出たり，反則があればレフェリーの指示でプレーは中断され，規定されたスローによって再開される。どのスローも直接得点することができる。

●ゴールエリアへの侵入(ラインクロス)
ボールを投げてから着地したラインを踏む，または踏みこす。
足が空中に浮いているとき　よい
からだの一部でもゴールエリアに触れるとラインクロスの違反。ラインはゴールエリアに含まれる
反則
ゴールエリア　　ゴールエリアライン

ボールがコート外に出た場合

❶ スローイン
　ボールがサイドラインから完全に出たとき，その地点からレフェリーの笛なしで行う。防御側コートプレーヤーにふれてアウターゴールラインから出たときは，コーナーからスローインする。相手は3m以上離れる。

①サイドラインからのスローイン
直接シュートしてもよい
ボールの通過地点を片方の足で踏む。投げ終わるまでつけておく。他方の足は自由に動かしてよい。

②コーナーからのスローイン
アウターゴールラインとサイドラインの交点を踏む
サイドライン
相手は，自陣のゴールエリアラインに沿って位置するときには，3m以内にいてもよい。

❷ ゴールキーパースロー
・攻撃側のゴールエリア侵入の違反。
・ゴールエリア内でゴールキーパーがボールをコントロールしたときやボールがゴールエリアにとどまっているとき。
・相手チームのプレーヤーがゴールエリアに転がっているボールに触れたとき。
・ゴールキーパーや相手チームのプレーヤーに触れたボールがアウターゴールラインから出たとき。
・ゴールキーパーが，レフェリーの笛なしでゴールエリア内から外に投げる。直接シュートしてもよい。

●ゴールキーパースローとスローイン
①②③はゴールキーパースロー，Aはコーナーからの，BCはサイドからのスローイン

反則があった場合

反則があったとき，規定にしたがってフリースロー，7mスロー，警告，退場等が相手チームに与えられる。

フリースロー
　フリースローを行うチームの一人が違反のあった地点(ポイント)に立ち，レフェリーの吹笛なしに任意の方向にボールを投げる。投げ終わるまで，ポイントに置いた片方の足は床につけておく。

HANDBALL ハンドボール

防御側は、ポイントから少なくとも3m離れなければならない。ただし、防御側の違反のあった地点がフリースローラインとゴールエリアラインの間の場合は、攻撃側はフリースローラインの外から行う。その場合、防御側はゴールエリアラインの外側に沿って立つことができる。

攻撃側は、スローが終了するまでフリースローラインを踏んだり中に入ってはいけない。

フリースローとなる反則

●ボールの扱いの反則

❶オーバーステップ ボールを持って4歩以上動く。

[ボールを持って歩ける歩数の数え方]
・他のプレーヤーが投げたボールを受け取る場合
①両足着地していてボールをキャッチしたとき

②空中でボールをキャッチして一方の足で着地したとき

③空中でキャッチし、両足で同時に着地した場合は0歩であり、次の足を着地させたとき1歩と数える。

❷オーバータイム
ボールを3秒越えて持つ。

❸ダブルドリブル
ドリブルしたボールをいったん持ち、再び続けてドリブルする。

❹キックボール
ボールに膝から下の部位で触れる。

❺ジャッグル
空中にボールをはずませ、直後にコントロールして再びとること。つかみそこないはジャッグルではない。

❻味方のゴールキーパーへの返球
味方のゴールキーパーにボールを投げ返し、ゴールキーパーがそれに触れる。

●ゴールキーパーの次の反則

①ボールを持ってゴールエリアを出る(ラインクロス)。
②ゴールエリアの中から、プレーイングエリアに着地しているボールに触れる。
③プレーイングエリアに向かっているボールに膝より下の部位で触れる。
④プレーイングエリアの床にあるボールをゴールエリア内に持ち込む。

●相手に対する反則

開いた片手で相手からボールを奪うこと、位置どりをめぐり、相手をブロックするために胴体を使うこと、曲げた腕を使って相手の身体に触れたり相手の動きについていくことは許されるが、次の場合は反則となる。

❶ホールディング
片手または両手で相手をつかまえる

❷プッシング
相手を押したり突いたりする

❸オフェンシブファウル(攻撃側の違反)

相手にぶつかる
相手に突きあたる

❹ハッキング
相手をたたく

●その他の反則

❶ファウルスロー ――― 7mスロー、フリースローなどの各種スローで規則に反して投げる。

❷パッシブプレー ――― 攻撃の意志がなく、故意にパスやドリブルをして競技を遅らせたり、攻撃に積極性を欠く場合(明らかな遅延行為を除き、判定前に予告合図がある)。予告合図の後、最大4回までのパスは許されるが、その後はシュートを打たなければならない。

7mスロー

「明らかなシュートチャンス」が反則によって妨害された場合、相手チームに7mスローが与えられ、競技を再開する。

●7mスローの方法

スローアーの手からボールが離れるまでゴールキーパーラインより前に出てはいけない。

他の者はフリースローラインの外に出る。
相手チームのプレーヤーは7mラインから3m以上離れる。

7mライン後方1mまでの範囲に位置をとり、笛の合図から3秒以内に片足をつけたままシュートする。

141

警告，退場，失格の罰則

① 反スポーツマン行為やボールではなく相手を対象とする反則は，罰則を段階的に適用する。これはフリースローや7mスローの判定だけでなく，初めに警告，次に退場そして失格というように次第に重い罰則が加わることである。

② 警告は，同一プレーヤーに対しては1回だけ，チームに対しては合計3回まで警告される。したがって，同一プレーヤーに対しては2回目から，チームに対しては4回目から2分間の退場となる。

③ 退場は，フリースローになる反則を犯したときすぐにボールを下に置かなかったときや，ノーマークで打ったシュートボールがGKの頭部に当たったとき，不正交代をしたときなどは警告なしに行われる。

④ 同一プレーヤーの3回目の退場，相手に危害を及ぼすような反則，極端な反スポーツマン行為は「失格」となる。意図的で危険かつ悪質な違反行為や極めてスポーツマンシップに反する行為による失格は，レッドカードの後，ブルーカードが示され報告書が伴う。それにより裁定委員会でさらなる処置が決定される。

⑤ 失格になったプレーヤー，役員は，ただちにコート，ベンチから去らなければならない。

4 審判法

レフェリーのジェスチャー

SOCCER
サッカー

サッカー

おいたちと発展

　紀元前のギリシャやローマをはじめ世界各地には，人間が球体を蹴るゲームに興じていたという記録が残されているが，12世紀頃，英国各地で行われていたFOOTBALLが現在の「サッカー」の直接の起源だといわれている。その後，英国のパブリックスクールにおいて紳士の育成のために盛んに行われていたFOOTBALLは，1848年ケンブリッジ大学による共通ルールの提唱，1863年世界初のサッカー協会設立という流れの中で，スポーツとしての形が整ってきた。イングランドを皮切りに，スコットランド，ウェールズ，北アイルランドとサッカー協会が次々と設立され，イギリスに生まれたサッカーはその手軽さとルールの簡単なところ，そして何より競技のおもしろさから急速に普及していった。1904年には国際サッカー連盟（略称FIFA）が創立。世界のサッカーを統括する組織の誕生により，世界的な広がりが一層進んでいった。

　日本には，1873年海軍兵学校に英国から招かれたダグラス少佐によって紹介され，東京高等師範学校をはじめとする学校を中心に普及していった。1917年，わが国にとって最初の国際大会である第3回極東大会が東京で開催され，1921年9月には日本蹴球協会が創立された。また，1936年第11回オリンピック・ベルリン大会に日本代表チームが初出場，2回戦に進出した。1968年第19回オリンピック・メキシコシティー大会では銅メダルを獲得したが，その後は低迷し，世界の厚い壁に幾度となく挑戦を跳ね返されてきた。

　しかし，1993年のJリーグ発足を機に国際試合でも着実に実績を積み重ね，1998年にはワールドカップ・フランス大会への初出場を果たした。

　2002年6月に行われたアジア初開催のKOREA・JAPANワールドカップは，世界のトッププレーヤーを目の当たりにできる，まさに一大イベントであり，世界の強豪国と堂々とわたりあった韓国（4位）および日本（ベスト16）の健闘は，日本中を感動と熱狂の渦に巻き込んだ。

　以後，連続してワールドカップに出場し，2010年の南アフリカ大会，2018年のロシア大会ではともにベスト16に，そして2021年のオリンピック・東京大会では4位に入賞した。

●サッカーの競技特性

1. それぞれ11名の競技者からなる2つのチームが，お互いにボールを奪い合い，"ゴール"という形での得点を競うスポーツである。

2. ボールは手以外の，足，頭など，身体各部で扱わなければならない。ゴールキーパーは定められたエリアの中でのみ，手の使用が認められている。

3. 規則に定められた正当な身体接触以外は許されない。

4. 走る（ラン），蹴る（キック），跳ぶ（ジャンプ）といった基本的な運動要素が要求される。

5. ボールコントロール，パス，ドリブル，シュートの各技能

が，刻一刻と変化する状況に応じて適切に発揮されること（オープンスキル）が要求される。

6. ゴールが地面に対して垂直に設置されているので，ほとんどのシュートはゴールに向かって直線に近い軌跡をとる。したがって，ボールのスピードがシュートの決定要因になる。

7. 広いグラウンドを動き回れるだけの持久力，相手をかわすすばやさ，出だしの瞬発力，動きの柔軟性，さらには的確な判断力が要求される。

8. チームゲームであり，組織力を活かして自分を上回る相手を撃ち破ることができる。

●攻防の原則

⚽攻撃の原則（できるだけシンプルにフィニッシュ）

①守備ラインの突破，ダイレクトプレー
（前方に向かう）
- シュート（シュートorパスでは，まずシュート）
- ドリブル突破（前方への切れ込み＝数的優位）
- DFの裏へのパス（スルーパス，壁パス）
- ゴールに近い味方へのパス
- コミュニケーション（アイコンタクトなど）

②幅広い攻撃
（幅と厚さ）
- スペースの確保（スペースづくり）
- サポート

③攻撃の活動性
（モビリティー）
- ポジションチェンジ，ダイアゴナルラン，プルアウェイ，クロスオーバー，オーバーラップなど

④意外性，創造性
- イマジネーション
- アイディア
- ワンタッチプレー

⚽守備の原則（ゴールを守る，ボールを奪う）

①ディレイ
（相手の攻撃を遅らせる）
時間をかけさせることによって，味方の戻りが生まれる。

②集中
（守備の集結＝スペースを消す）
集結して攻撃の局面を限定する。しかしながら，逆サイドに数的不利というリスクが生じることがある。

③守備のバランス
（調和）
チームの前線から最終ラインまでの間をコンパクトにする。
- カバーリング（チャレンジとカバーの組み合わせ）
- ゾーンとマンツーマンディフェンスのバランス

④守備の自制，コントロール
相手の攻撃を読む（危険な場所を知る）。

●戦術の原則

①スペースをつくる

　プレーできる空間をスペースという。有意なスペースをつくり出すことがポイントとなる。ボールを保持し続けるには，味方プレーヤーがパスを出せるスペースに動いてサポート態勢をとらなければならない。また，攻撃を仕掛けるには，より有効なスペースに走りこみ，そこでパスを受ける必要がある。スペースはプレーヤーの位置関係や動きによって変わってくるので，スペースをいかに認識し，あるいは創造するかが重要となる。

②数的優位な状況をつくる

　攻防の局面において，2対1，3対2といったように攻撃側の人数がマークする防御側より数的に優位な状況を意図的につくり出すことが必要となる。それには「オーバーラップ」（ボールの後方からボール保持者の背後を通過し，前方のスペースにとび出す動き）が有効である。優位なスペースにオーバーラップを仕掛けることができれば，攻撃を有利に展開できる。数的優位な状況をつくり出すことは攻撃の大きな目的でもある。

SOCCER サッカー

●サッカーの学び方

1. 基本技術を習得する
　パス，コントロール，シュート，ドリブル，ヘディング，タックル，そしてゴールキーピングなど，正しい技術の習熟が必要である。これは，ボールに触れる機会を多くすることにより自然と技術が身についてくる。個人の技術が実際のゲームの中で有効に使えるようになるためには，常にプレッシャーがともなう中でトレーニングを行うべきである。

2. 判断力を身につける
　技術それ自体は単なる道具にすぎない。的確な判断がともなってはじめてそのプレーが生きる。的確な判断とは「どのタイミングで，どこの方向に，どのようなプレーを選択するのか」をできるだけすばやく認識することである。的確な判断をするために必要なのが，良い身体の向き，すなわちグッドボディシェイプ(Good Body Shape)である。常にグッドボディシェイプをとることによって有効な視野が確保でき，的確な判断の材料となる情報を得ることができる。

3. トレーニングのあり方

●M-T-M(マッチ，トレーニング，マッチ)の実践
　「フォームの指導→ドリル→ゲーム」の型をやめ，「ゲーム→(うまくいかなかったら)ドリル→(うまくいかなかったら)フォームのアドバイス」という図式を取り入れることにより，楽しくより実践的なトレーニング効果が期待できる。

●四人ゲーム(4対4)の意味と必要性
　技術の向上には数多くボールに触れるという点で2対2が最適だが，限られた視野でのプレーになってしまう。スキルは常に広い視野と判断をともなった形で身につけられていかなくてはならない。そのためには前後左右の方向性を持ったゲームであることが重要である。
　4対4は視野の確保に有効で，常に全員がゲームに参加している形態ができる。限られたスペースの中，時間の中でプレーヤー一人ひとりの働きが要求され，実際の試合に近い形でボールに多く触れることができ，技術的，効果的なトレーニングにつながる。また，戦術のチェックも行いやすい。

体ほぐしの運動

●ボールの踏みかえ

前後に踏みかえる(2拍子)　左右に踏みかえ，跳びこえる(1拍子)　前後に踏みかえ，跳びこえる(1拍子)

●ドリブル鬼ごっこ

●ジャンプ・スローイン

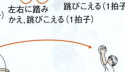

上体を十分後方にそらせる　空中キャッチとスローイン　男子 4〜5m　女子 3m

●頭上股下のパス

●2人組の捻転運動

●回転キャッチ

頭上に投げ上げ　前転 or 後転　すばやく起きてキャッチ

●安全に対する留意点

　ルールを遵守し，相手を尊重しながら，フェアプレーの精神を失わないようにする。さらに各人がお互いに安全に対する配慮を心がける。

1. ウォーミングアップを十分にする。
2. 自分やチームメイトの健康状態を常に把握しておく。
3. 周囲の障害物なども含めて活動場所の安全に十分に注意する。ボールや用具などを危険な場所に放置しないで，整理してから練習を行う。
4. 後方(見えない方向)からのタックルやチャージは絶対にしない。空中戦(競い合い)では，ジャンプしている者の下に絶対に入らない。
5. 身体接触をともなう競技であるため，特に次の点には注意する。
　・装身具(時計を含む)を身につけない〔めがねはコンタクトに。やむを得ない場合はスポーツめがねを使用。〕
　・ゴールキーパーに対するチャージ
　・ハードなタックル(猛スピードでのタックルやかにばさみ)
　・転び方
6. ゴールは転倒防止のため，杭などで固定する。
7. フェアプレー(ゲーム中のエキサイティングプレーや報復行為を慎む。)

145

STEP 1. ボールに対するフィーリングを身につける

● ボールタッチ
インサイドで　　　　　足の裏
アウトサイドで

DRILL ボールタッチ
- 10m×10mのグリッド。
- グリッドの中で5～6名が各自ボールを持ち自由にドリブルをしながらボールに触れる。

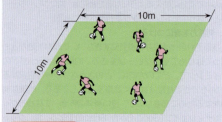

POINT
- 顔を上げて，広い視野を確保する。
- 左右の足のいろいろな部位（インサイド，アウトサイド，ソール）を使うようにする。

● リフティング
インステップ（足の甲）　　インサイド（足の内側）　　ヘディング　　　　　太腿

DRILL ボールリフティング
- 15m×15mのグリッド
- 手を使わず，いろいろなリフティングをしながら，ライン間を時間または回数の競争をする。
  (1) 1名に1個のボール
  (2) 2～3名でボール1個，リフティングしながらパス交換

POINT
- ボールに当てる面（足首）を固定する。
- ボールに集中しよく見るのはもちろんだが，慣れるにしたがい，顔を上げて周囲を見る。
- 頭や胸，いろいろな部位を経験する。
- 身体の力を抜いてリラックスして行う。

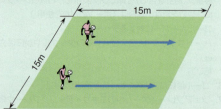

DRILL リフティングで1対1／4対1

1対1
- 片方がリフティングで目標の回数に挑戦する（5～7回）。
- もう一方は，そのボールを奪って同じようにリフティングする。

4対1
- ダイレクトやフリータッチで，ボールを落下させないように続ける。
- ボールを奪われたり，ミスをしたら交代。

146

STEP 2. ドリブルでボールを運ぶ

簡易ゲーム ドリブルゲーム(4対4)

- 20m×30mのグリッド，2分間
- 30mの一辺をゴールラインとし，ドリブルでゴールラインを通過することを競う。

ルール
- パス，ドリブルを使って自由に攻めてよい。
- 攻撃側がドリブルでゴールラインを通過したら得点とする。
- 得点が入ったら，その場から相手ボールでゲーム再開。

POINT
- 守備側はボールを奪ったら，相手側が陣形を整える前に，すかさず攻める。
- そのために，周囲をよく見る。

●インサイドを使ったドリブル
（確実性の高いドリブル技術）
- 足の内側でボールを押し出す。
- 上体や膝をやわらかくして，ボールを押し出す。

●アウトサイドを使ったドリブル
（変化に富む意外性が生まれるドリブル技術）
- 足を内側に向け，小指のあたりでボールを押し出す。
- 足の甲の外側半分を使って。

●ランウィズザボール
- スピードをつけて走りながら，数少ないタッチでボールとともに移動する。
- スピードをもってオープンスペースへ進入する際に用いる。

DRILL ランウィズザボール

- 10m×10mのグリッド
- ドリブルでAからBへボールを運ぶ。同時にCからDにも同じことを行う(BおよびDからパスをした人はAおよびCの列に並ぶ)。
- できるだけスピードをつけて，数少ないタッチでコーナーリングへ結びつける。

POINT
- 助走をつけてからのファーストタッチはインサイドを使って正確にコントロールする。
- コントロールする目的地をコーナー付近に定め，効率よくコーナーリングする。

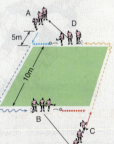

DRILL ジグザグドリブル

- 15m～20mのグリッド
- コーンを並べ，ジグザグに進む。左右の足のインサイド，アウトサイドをうまく使ってドリブルする。

POINT
- 立ち足の膝を柔軟にする。
- できるだけ顔を上げて，前方を視野に入れる。
- グループで競争。

STEP 3. スクリーン＆ターン

簡易ゲーム 4ゴールゲーム（4対4）

- 20m×30mの長方形グリッド，ゴールを4つ設置，2分間
- 攻撃側は，相手の2つのゴール（どちらでもよい）をパス，ドリブルを使って自由に攻める。
- 数的優位がつくりにくい場合は3対3で行う。

●スクリーン（ボールキープ）

POINT
- 相手とボールの間に身体を入れ，上半身を相手にあずける。
- 相手から遠い足でキープする。
- 立ち足の膝を柔軟にする。
- ボールキープをする人は動き回らない。

●ターン
インサイドフック

アウトサイドフック

ドラッグバック
足の裏でボールを引く

●コミュニケーション

ボールを受け取る場合，その前に状況を把握しておくことが大切である。自分でグッドボディシェイプの体勢をとるとともに，仲間も周りの状況を声に出して教えてやるとよい。

「ターン（TURN!）」＝「近くにディフェンダーがいないから，ワンタッチでターンしろ！」

「マノン（MAN ON!）」＝「近くにディフェンダーがいるから，ボールを奪われないように気をつけろ！」

DRILL ターン（方向転換）

POINT
- 立ち足の位置と柔軟性
- チェンジオブペース（スピードに変化をつける・ターンのあとはスピードアップ）
- タッチ数は少なく

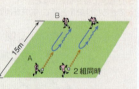

▲Aからのパスを受けるため前進してきたBに，Aからターンの指示。すかさずBはそのボールをコントロールし，ターンしてドリブルで戻る（ワンタッチターン）。

DRILL スクリーンとターンを使った2対1

▲中央部でAがボールを受けそのままキープする。ディフェンスBはプレスをかける。AはBをスクリーンで十分に引きつけておいてCのサポートにパスを出す。CはAのスクリーンを確認しながら，2対1の数的優位を利用してDにパスを送る。

▲AはCのサポートにパスを出すフェイントをして，逆方向にドリブルしパスを出す（ディフェンスの構えによって判断を変える）。
レベルに合わせてグリッドを広げてもよい。

STEP 4. キック

簡易ゲーム ミニゲーム(4対4)

- 20m×30mの長方形グリッド、2分間
- 広めのゴールを設置して4対4のミニゲームを行う。
- 得点が入ったら、そのゴールから相手ボールでゲームを再開する。積極的なパス、シュートを試みる。

●インサイドキック(足の内側)

試合中にもっとも多く使われるキックで、パスの正確さが要求されるときに使用する。

POINT
立ち足の膝を軽く曲げ、足の内側で押し出すようにキックする。足首の角度などあまり形にとらわれず、自分の蹴りやすいスイングを研究する。

＜注意＞
足を横に振るのではなく、軸足の向きに沿って後方から前方へスイングする。助走(踏み込み)による体重の移動(後から前)で、強いキックが可能となる。

●インステップキック(足の甲)

シュート、ロングパスに多く使われるキックで、もっともパワーとスピードが出る。

POINT
シューズのソールを指で抑えるように足首を固定し、大きく踏み込んでキックする。膝から下のスイングをコンパクトにすることにより、ミドルパス(中距離パス)が可能になる。

●インフロントキック・スワーブキック(親指中心)

ボールを浮かせたり、カーブボールなどの変化球を蹴るときに使用する。

POINT
(インフロント)：ボールの下に親指をねじ込むようにして、足の甲全面で持ち上げるようにキックする。
(スワーブ)：親指をボールのやや外側に当て、足のインサイドを通過するようにキックする。鋭い回転を加えることにより、バナナシュートが可能になる。フリーキックの直接シュートに有効である。

●アウトサイドキック(足の甲外側半分)

外側に曲がるカーブキックや、押し出すようにキックしてショートパスに使用する。ショートパスの特徴は、相手にキックのタイミングを知られにくく、意表をつくことが可能なことである。

POINT
カーブキックはインステップキックと同じように踏み込み、足の甲の中心から外側半分の部位でキックする。ショートパスは、膝から下のコンパクトなスイングで正確性を高めることができる。

DRILL キックの基本

2名1組でボール1個を持ち、お互いに向かい合ってキックする。両者の間隔は、初め7～8m、慣れてきたら15～20mに伸ばし、両足をトレーニングする。

POINT
- アプローチ(助走・踏み込み)
- 立ち足はボールの横に置く。
- 立ち足に柔軟性(膝のゆとり)をもたせる。
- 当てる面(足首)を固定する。
- 頭の位置を固定しボールをよく見る。
- 強さよりも正確性が大切である。
- 膝をボールの中心より前に出すことにより、グラウンダーのキックが可能となる。

STEP 5. パス&コントロール

簡易ゲーム　4対4スモールサイドゲーム

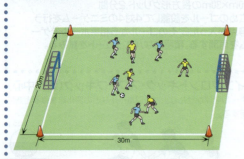

- 20m×30mの長方形グリッド
- ハンドボールのゴールなど広めのゴールを設置
- ミニゲームを行う。

ルール
- タッチアウトはスローインからの再開とし，ゴールインはゴールキックから行う。コーナーキックもあり。

POINT
- グッドボディシェイプ～有効な視野の確保と判断。勇気。
- コミュニケーション（指示の声）。
- パスの質。
- ボールを持たない者も，常に攻撃方向の視野を確保できる体の向きを確保。
- いろいろなキックを応用し，積極的にパスやシュートを試みる。
- スローインのボールをしっかりコントロールする。

● クッションコントロール（インステップ・大腿部・胸・頭）

　膝をあげインステップに当てる瞬間に足を引くようにしてボールの勢いを消す。

インステップ　　大腿部　　胸

● ウェッジコントロール（インサイド・アウトサイド・ソール）

インサイド

立ち足を曲げ足首の当たる面を大きくし，膝から下に角度をつけるように行う。上半身をボール側に傾斜させるとやりやすくなる。

アウトサイド

DRILL　コントロール（ボールを自分の支配下におく）

　8名1組でボール1個を持ち，4～5mの距離をとって分かれて向かい合う。片方が浮かして投げたボールを片方がコントロールし，相手に返す。良質のボールを投げる。
①クッションコントロールし，グラウンダーパスで返す。
②ウェッジコントロールで左右にコントロールし，コーンの外側を通過してからパスを送る（難しい場合はまず，ソールコントロールやグラウンダーボールを利用する）。

POINT
- 立ち足の柔軟性
- 当たる面の固定
- ボールをよく見る。
- 顔を上げて周りを見る。
- リラックスして行う。

ソール

SOCCER サッカー

●グッドボディシェイプ

ボールを受けたときによい視野を確保するための体の向きや姿勢のこと。味方にパスを出すときは，相手がグッドボディシェイプになるようなコースにパスを出すことが大切である。味方からパスを受けるときも，ファーストタッチでグッドボディシェイプがとれるようにすることが大切である。

グッドボディシェイプでファーストタッチを行うことができれば，次のチャンスにすばやくパスを出すことができる。

ボールが来た方向に正対してファーストタッチを行うと，よい視野が確保できない。

●スルーパス（ゴール）

ディフェンスラインの裏側の味方プレーヤーに向かって，ディフェンスプレーヤーの間を通して行うパスのこと。

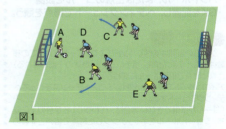

図1

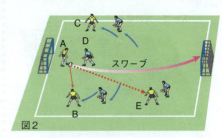

図2

〈スルーパス（ゴール）の例〉

ボールを持ったAは，Dにシュートコースを切られ，B，C，Eへのパスも難しい（図1）。しかし，BとCがワイドにサポートしてディフェンスを引きつけたことによって，今までになかったパスコースができ，B，Cへのパスはもちろん Eへのパスも可能になる（図2）。キックの選択をスワーブとし，積極的にゴールをねらうこともできる。

●サポート

ボールを持たない者がパスコースをつくってサポートする。

DRILL ポゼッションゲーム3対1

- 10mのグリッド
- 4名1組で3対1のパス回しをする。ディフェンスがボールをカットしたら攻守交代をする。
- ボールのタッチ数を制限して行う。

POINT
- グッドボディシェイプ
- ボールをコントロールする足の決定
- パスの質（方向，強さ，タイミング）
- サポート（距離，角度，タイミング）
- ステップワーク（動きながら視野を確保）

STEP 6. ヘディング

●ヘディング　　　　　　　　　　　●バックヘディング

●方向を換える
　ヘディング

簡易ゲーム　ヘディングゲーム4対4

- 20m×20mのグリッド
- ハンドボール，または正規のゴールを設置
- GKを配置し，ヘディングシュートで得点を競う。

ルール

ゲームの展開はすべてハンドパスで，ボールを持っての移動は自由とする。ただし，相手にタッチ（身体の一部に触れる）された時点で相手ボールに変わる。
アイコンタクトで良い動きをし，シュートチャンスを作ってヘディングシュートする。
（ゴールが準備できない場合は，代わりに1名が台の上に立ち，シュートボールをキャッチングした時点で得点とするのもよい）

POINT

- コミュニケーション
- グッドボディシェイプ
- ゴール前スペースへの走り込み
- シューターはゴールとボールをよく見る。
- 勇気を持つ

DRILL　ヘディング

①二人組でボール1個を持ち，5mの距離を保って，次の要領でヘディングをする。
▼自分で頭上に投げ上げて，相手の胸をめがけてヘディングする。
▼相手に投げてもらい，相手の胸をめがけてヘディングする。
▼身体の向きを変えてヘディングする。
▼左右に移動しながら片足立ちでヘディングする。
▼ジャンプヘディング（両足踏切・片足踏切）
▼長い距離でのヘディング
②3名1組で三角形を作り，投げてもらったボールの方向を変えるようにヘディングする。

- レベルアップとともに，次のようなサイクルトレーニングを行ってもよい。
スロー（A）→ジャンプヘディング（B）→ダイレクトパス（C）→ボールコントロール＋インサイドパス（A）→スロー（B）
（スローの位置が変わっていく）

POINT

- ボールをしっかり見る
- コンタクトポイントは額（額より上に当てるとボールが浮いてしまうので要注意）
- ヘディングしたあとのフォロースルーを大きくする
- 腕の振りを有効に使い，上半身をしなやかにする
- ヘディングが目的の場所に正確に行くよう集中する

SOCCER サッカー

STEP 7. シュート

簡易ゲーム シュートゲーム（4対4＋GK＋フリーマン）

- 30m×30mのグリッド，正規のゴールを設置
- GKを配置する。
- 両サイドにフリーゾーンを作り，それぞれにフリーマンを配置する。この2人のフリーマンは，常に攻撃側となってフリーゾーンのみを動く。アウトオブプレーはすべて相手GKから再開する。

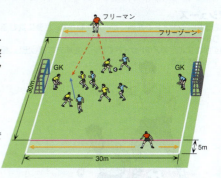

POINT
- フリーマンを有効に使う。
- 積極的にシュートを狙う。
- オフザボール（ボールを持たない時）にグッドボディシェイプで視野を広げる。
- ファーストタッチの重要性を意識する。
- リバウンドボールへの意識を高める。
- 強さよりもまず正確性が大切。

●シュート

POINT
正面からのシュートは，一番確率が高い。なぜならば，一番角度が大きいからである。

DRILL ジグザグドリブルからシュート（正規のゴール）

ペナルティエリアライン上に最終のコーンがくるように4～5個のコーンを設置し，GKを配置する。スタート地点からドリブルを始め，最終コーンをかわしてシュートする。

POINT
- ボールをよく見ながらコントロールし，シュートを打つ前に必ずゴールを見る。
- 空いているコースを狙ってシュートする。
- できるだけ少ないタッチでドリブルし慣れるにしたがってスピードを上げる。
- キックは強さよりも正確性が大切。適切なキックを選択する。

DRILL パスを受けてからシュート（正規のゴール）

- ペナルティエリアライン上に2つのコーンを4～5mの間隔で置き，正規のゴールにGKを配置する。
- 横からのパスを受けてツータッチシュートする。Aはグラウンダーボールで横パス，Bは助走をつけてランウィズザボールの要領で，コーン間を突破し，その勢いを利用してシュートする。その後BはAの列に，AはBの列に順番に並ぶ。次にCが横パスでDの後方へ，シューターのDはCの後ろに並び，左右均等に練習ができるようにする（シュートされたボールを集める工夫が必要）。
- レベルアップとともに，コーンの位置を左右や後方に移動してもよい。

POINT
- ファーストタッチの正確性（コントロール足の選択・方向・距離）
- ランウィズザボールにおいて，GKの位置を見る。
- 狙いのあるシュートを打つ。

153

STEP 8. 1対1で攻める

● フェイントで相手をかわす

マシューズ
- 右足のインサイドで左側にボールを動かす。左側に進むふりをして体を大きく左に傾ける。
- すかさず右足のアウトサイドでボールを前方に押し出し、相手を抜き去る。

簡易ゲーム　4対4　ミニゲーム
- 20m×30mの長方形グリッド
- コーンで広めの（4～5m）ゴールを設置して、4対4のミニゲームを行う。

ルール
- パス、ドリブルなどを自由に使って攻撃し、守備側はボールを奪ったらすぐに反撃に転じる。
- タッチアウトはキックイン、その他はすべてゴールキックで再開する。

シザーズ
- 右足のアウトサイドで右側にボールを動かす。
- 右足でそのままボールを右側に蹴るふりをするが、実際はボールをまたぐ。
- すかさず左足のアウトサイドでボールを前方に押し出し、相手を突破する（ドリブルにスピードがあると、より効果的である）。

POINT
- 相手との間合い（仕掛けるタイミング）を知る。
- 相手をあざむく大きな動作（自分の進みたい方向の逆へ、モーションをかける）
- チェンジオブペース（スピードと方向の変化）
- 相手を抜き去った後はスピードアップする。

DRILL　1対1
- 15m×20mのグリッド、6人グループ
- ゴールの場所を指定し、1対1でゴールを狙う。

ルール
- まずAとBが1対1を行い、Aが得点をしたらすぐにCがオフェンスとなり、Aはディフェンスになる。BはDの後ろに移動する。
- 同じプレーヤーが連続して勝利した場合は、同サイドのプレーヤーと交代する。

DRILL　1対1（シンプルな突破）
- 15m×20mのグリッド、コーンを使ってミニゴールを設置
- 図のような要領での攻防を行う。
- ディフェンスはボールを奪ったら、相手ゴールへ攻撃する。慣れてきたら第2ディフェンダーをつけて行う。

POINT
- 時間をかけずにシンプルに突破する。（ファーストタッチで相手を突破・ワンフェイントで相手を突破・ドリブルで相手を突破）
- スピード、およびその変化を意識する。
- シュートかドリブルかの判断が重要

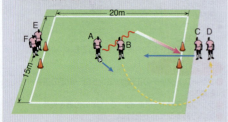

Aの始動（ドリブル開始）でゴールに向かう。ドリブルのスピードを上げてCをかわし、Bの追随を許さない。

STEP 9. スペースを攻める
●オフザボールの動き

ディフェンスの背後で　　　スペースをつくる動き　　　チェックの動き
ボールを受ける動き　　　　　　　　　　　　　　　　（相手の逆をとる）

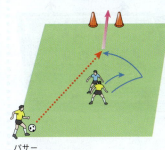
パサー

パサー

パサー

POINT
- 攻撃方向への視野を保った身体の向き
- 動きの優先順位～シンプルな突破（相手の背後，前方でパスを受ける）。
- フェイント，ターンなど動きに変化をつけて相手の逆を取り，フリーでパスを受ける
- コミュニケーション（アイコンタクト・指示の声）

●プルアウェイ

ディフェンスを引きつけながら動くことによって有効なスペースをつくり出し，そこへ走りこんでパスを受けるプレーのこと。

〈プルアウェイの例〉

　Bがボールをキープしているとき，Aは大きなボディランゲージで下がりながらボールを受ける態勢をとり，ディフェンスCをひきつける（図1）。
　Cがついて出てきたら，先ほどまでAとCがいた地域がスペースとなるので，Aは大きく円を描くようにバックステップで開き，スペースに走りこむ。スピードをいかして相手の背後をとり，Bからのパスを受けシュートする（図2）。
　Aが大きく外へ開いたときに，Cがアプローチしてこない場合は，Aは足元でボールを受け，シンプルな突破を図る。

POINT
- ボールを受ける前の大きな動き
- 突破のタイミング
- パス出しのタイミング
- 声

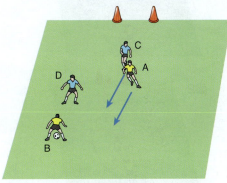
図1

図2

STEP 10. パスのコンビネーションで攻める

簡易ゲーム　壁パスゲーム（4対4）

- 30m×30mのグリッド
- 正規のゴールを設置し，GKを配置
- 左右のタッチラインに1名ずつ，攻撃側のゴールラインにも1名ずつフリーマンをつける

ルール
- 各フリーマンは，自分に与えられたライン上のみを動くことができ，すべてワンタッチプレー（レベルに応じてツータッチ）でパスをする。
- お互いに壁となる選手をうまく利用し，スピーディーな突破からシュートにつなげる。得点が入ったら相手GKボールで再開。GKはハンドパスを使う。

POINT
- バックゾーンのプレーヤーは常に数的優位にあるので，ゆっくり確実に，落ち着いてプレーする。
- フロントゾーンではゴールラインにいるプレーヤーを利用（壁パス）し，スピーディーな突破からシュートを狙う。

●壁パス

Bがボールをキープしている場合，攻撃の糸口をつかむためにAは大きなボディランゲージでA'に移動し，今までいた地域にスペースをつくる（図1）。すかさずBはその新しいスペースを利用して，Aとのワンツー（壁パス）からゴールをねらう（図2）。

アイコンタクト（目と目で合図し合い意思を伝え合う）
Bは初め，ボールコントロールのためにボールを見ているが次に攻撃動作を起こすために顔を挙げて周囲を見る。その瞬間がAとBのアイコンタクトのタイミングである。Aはそのタイミングを逃さず，声やボディランゲージによって意思の疎通を図る。Bはパスを出すタイミングと動き出しをスムーズにする。

パスの質（タイミング・方向・強さ）
壁となるAの左足にパスを出すべきで，右足側に逸れてはいけない。強すぎるとコントロールに時間がかかり，リターンパスが戻ってこない。Aがワンタッチパスできるような強すぎず弱すぎずのパススピードが必要である。壁パスはできるだけダイレクトプレーがよい。

POINT
- ボディランゲージ
- ワンツーのタイミング
- 判断の速さ

DRILL　壁パスとアイコンタクト

- 20m×30mの長方形グリッド
- 2名のディフェンスをドリブル，または壁パスで突破する。ディフェンス2名はかわされた後は追わない。
BとCは常にサポートしやすい位置にポジションを修正する。
Aは，ドリブルの1対1またはB，Cとの壁パスを使って，F，Gを連続してかわす。終わったら，Dが同じようにしてG，Fを連続してかわす。
ディフェンスが先を読んでB，Cとの間をつめてきたときは，そのままドリブルで突破してもよい。また，アイコンタクトでBやCへパスを出すフェイントして，ドリブルで突破してもよい。

POINT
- パサーと受け手の呼吸を合わせる。
- パスの質（タイミング・方向・強さ）
- 顔を上げ周囲（味方）を見る。

SOCCER サッカー

STEP 11. 数的優位な状態で攻める

簡易ゲーム　4対4＋GK

- トレーニングをいかして、M－T－M
- 40m×40mのピッチを作り、正規のゴールを設置し、GKを配置してゲームを行う。
- スペースをいかすことを考える。
- タッチアウトはキックイン、その他はゴールキックで再開。

POINT
- スペースを広く使う
- コミュニケーション
- グッドボディシェイプ
- スルーパスの狙い
- オフザボールの動き

状況によるスルーパスの選択

AからDへパスが行われ、AはDの左サイドにオーバーラップし（A'）、Cは下がってディフェンスをひきつけている。Bは外へ開き、プルアウェイ。Dは状況をよく把握して、プレーを選択しなければならない。図の場合、DはA'へのパスよりBへのスルーパスのほうが得点に結びつきやすいと判断している。

●オーバーラップ

ボールの後方から、ボール保持者の背後を通過し、前方のスペースに飛び出す動きによって、数的優位な状況をつくり出すことができる。

●第三の動き

AからBにボールがパスされようとするとき、味方の第三者であるCが、Bにボールがわたる前に動きを開始し、次のボールをより有利なポジションで受けることができる。

DRILL　3対2のオーバーラップ

- 30m×30mのピッチ
- 正規のゴールを設置して、GKを配置
- 数的優位を利用してオーバーラップからチャンスを作る。オフサイドルールを適用する。

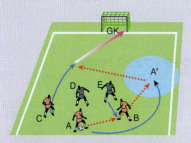

オーバーラップと第三の動き

AがBにパスを送り、Bの後方を通過して前方のスペースへ走る。Cは逆に左のスペースを目指す（**第三の動き**）。Bはグッドボディシェイプからεをひきつけ、Aの**オーバーラップ**をいかし、オフサイドケアのタイミングで右前方にパスを送る。Dがカバーリングに来たので、逆サイドの広いスペースCへクロスボールを入れる。

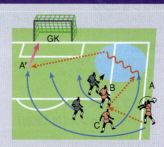

スローインからの展開

AからのスローインをBがスクリーンでキープ。Cが右サイドにサポートに入り、そのまま**オーバーラップ**。タイミングよくBからCにパスが出て、ドリブルから、**第三の動き**をしたA'にクロスボールを送る。Bはパスをした後、すかさずおとりとしてニアサイドに走りこむ。

POINT
- パサーと受け手のコミュニケーション
- パサーのグッドボディシェイプ
- オフサイドケアのタイミング
- ボールを受けた後のスピードと視野

STEP 12. 守備

●ボール保持者に対するディフェンス

①正しいポジショニング
　相手とゴールを結んだライン上にポジションを取り、シュート角度のない方へ追い込む。また、そのための体の向き。

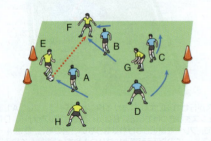

正しいポジショニングの一例
　ディフェンダーAは外に追い出すような体の向きで、アプローチ。
　Bはボールとオフェンス Fの両方を視野に入れる。体の向きから、Fが下がりながらパスを受けたのをすかさずアプローチ。インターセプトを狙ったが届かないと判断したので、ワンサイドカットの方向でプレッシャーをかける。
　CはGをマンマークし、自由にプレーさせないようにゴールを守っているが、Bのカバーリングにも入れる準備ができている。
　Dは逆サイドにボールがあるのでHをフリーにし、守備の原則であるポジションと体の向き、そして最終ディフェンダーとしてゴール前のカバーリングに入ろうとしている。

●ボールを保持していない者に対するディフェンス

①正しいポジショニング
　相手とゴールを結んだライン上にポジションをとる。ゲームでは常に動きをともなうので、そのつどポジションの修正が必要。

②マークの原則
　ボールと相手を同一視野に入れられる体の向き、かつ味方のカバーリングが可能なポジションをとる。

●チームディフェンス

●マンツーマン・ディフェンス（対人防御）
　各自がマーカーを決めて、相手がどこに行こうと忠実についてまわる1対1を基本とした守り方

簡易ゲーム　4対4　ミニゲーム

・20m×20m（30m×30m）のピッチを作り、広め（4〜5m）のゴールをコーンで設置する。
・リスタートはすべてキックインとする。
・正規のゴールを使用し、GKを配置するのもよいが、その場合はグリッドを30m×30mにする。
・オフェンス側はゴールが見えたら積極的にシュートを狙う。

②アプローチ
　ボールが移動中にすばやく間合いを詰め、チャンスがあれば奪う。相手のファーストタッチ時、ディフェンダーは移動しないでどの方向へも対応できる姿勢をとる。

③ボールを注視
　相手のフェイントにひっかからないようによくボールを見る。

④チャレンジの優先順位
　インターセプト・タックリング（相手がボールをコントロールする瞬間に奪う）・振り向かせない・ディレイ（遅らせる）

POINT
（第1ディフェンダー）数的不利の場合
●突破されないよう縦のコースを消す。
●一発でかわされないようタックルしない。
●攻撃を遅らせ味方が戻るのを待つ。
●数的同数になったらプレッシャーをかける。

POINT
（第2ディフェンダー）
●すばやくカバーリングのポジションをとる。
●ポジション確保でプレッシャーをかける。
●グッドボディシェイプ。
●声。

●ゾーン・ディフェンス（地域防御）
　各自が守る地域の分担を決めて、自分の地域に入ってきた相手をマークする守り方

STEP 13. ゴールキーパー

●ゴールキーパーの原則
危険を冒さない〜安全で、確実なプレーを心がける。しっかりとした決断、失敗を恐れない勇気、そしてそのための集中力が必要である。

●基本姿勢

- 足の幅は肩幅よりやや広くする(膝下を曲げられるくらいの幅)。
- 膝を軽く曲げ、前傾姿勢を保つ。
- 両肘を軽く曲げる(オーバーハンドキャッチ、アンダーハンドキャッチのどちらにも対応しやすい位置)。
- 頭を固定し、しっかりとボールを見る。

●キャッチング

ハイボール　　胸の高さ　　　　胸より低い高さ

グラウンダー
(正面のボール)

- 体の正面でボールを処理する(ボールの背後に身体を運ぶ)。
- ボールを迎えに行く(待って処理をしない)。
- 手の平を左右対称に広げ、ボールの背後からつかむ。

●ダイビング
キーパーがキャッチやディフレクトのために横に跳んでゴールを守る技術。

ボールをしっかりとつかむ。
ボールをよく見る。
ボールが飛んできた方向に体を正対させる。
体の側面を使って着地
ワンステップ横に動き、ボールが飛んできた側の足(横に動いた足)で踏み切る。ダイビングの方向は斜め前方。
着地のときは、左右の手と地面の3点でボールを安定させる。

●基本戦術

① ポジショニング
ゴールの中央とボールを結んだ線上を意識し、頭を越されない位置に立つ(グッドボディシェイプ)。

② 状況判断
- 先に動かない。
- シュートあるいはパスの瞬間に構える(両足を地面につける)。

●指示
- 「判断」「決定」「指示」を瞬時に行う(コミュニケーション)。

●スローイング
オーバーハンドスロー

アンダーハンドスロー

●キック
縦パントキック
横パントキック
ドロップキック

STEP 14. 作戦の立案

試合に勝つ〔チームの目的〕そのための計画

1 相手チームを知る（分析してレベルを知る）

- 相手チームのシステム、戦い方（スローイン、フリーキック、コーナーキックなど）、選手の特徴（個人技およびその欠点）を把握することにより、自チームの試合前のトレーニングに役立てることができる。
- チーム全体が相手チームおよび相手選手への統一した理解をもってゲームを戦うことができる。
- 選手、スタッフの試合前の精神的な安定をはかる要素となる（情報過多になり、自チームのパフォーマンスが下がらないようにする）。

2 自チームを知る（分析してレベルを知る）

- シュートのチャンスを計算する。
- ボールを保持するポゼッションプレーを計算する。
- 各人の長所（走るスピードなど）を最大限に発揮できるよう配列し、戦える準備を整える。
- 選手全員がミーティングに参加し、自チームにふさわしいシステムを考える。
- 自信を持ってグラウンドに出る。

3 グラウンドコンディションを知る（事前調査）

- キックオフ時の風の強さと方向、太陽の位置と日没方向
- ピッチの状態（ローン、クレーおよび質）
- 雨天（スリッピー）に対する対処法

4 システムを考える

- チームメイトのお互いの長所をよく理解し、それをいかしたシステムを構成しよう。

●主なシステム
（古くはWMフォーメーション、その後4-2-4が基本形として定着）

4-2-4　　4-3-3　　WM型

6人で攻め、7人で守る。バリエーションは多い　　中盤の攻撃力がアップする

（最近の主流型システム）

4-4-2　　　　　　　　3-5-2

（ボックス型）　　（ダブルボランチ型）

↓より守備的に変更　　　↓より守備的に変更
4-5-1　　　　　　　　5-3-2
5-4-1　　（ダイヤモンド型）
↑より攻撃的に変更　　　↑より攻撃的に変更
2-4-4　　　　　　　　3-4-3

主流システムのコンセプト

① ディフェンスラインを押し上げ、コンパクトに。
② 最終ラインで数的優位を作り、攻撃を組み立てる（前線からのディフェンスの重要性）。
③ ゾーン、マンツーマンディフェンスの併用。
④ 守備者の攻撃参加。

作戦・戦術の考え方

戦術とは、戦闘実行上の方策であって、相手に勝つためのすべての方法であり、試合を前にして、それらの戦術を練ることが**作戦**である。サッカーでは、戦術的能力の高さが試合を決める。体を動かし、ボールをあつかう技術はもちろん大切であるが、その技術を、いつ、どこで、どう使うかを決めるのが**戦術**だ。選手は、ゲームが始まったらすべて自分で考え、自分で判断を下してプレーする。戦術的能力があるかどうかでそのプレーは大きく違ってしまう。

ゲームの状況は刻々と変化する。そのたびに過去に経験したプレーを思い出して行動したのでは、スピーディーな展開（局面）をつぶしてしまい、自チームの流れを食い止め、相手に読まれてしまう。「とっさの判断」それも状況に応じた正しい判断からの正確なプレーを望みたい。

大切なのは、たくさんある状況の中で、「いつ」「何をしたらよいか」を判断する能力（戦術的能力）を身につけることである。

個人戦術は、個人と個人がサポートし合い、連携を重ねることによってグループ戦術を築き上げることができる。さらに複数のグループが互いの役割を理解し、積極的に絡むことによりチーム戦術となるのである。

まず、基本を徹底して身につけ、それと同時に練習や試合中いつも「どういうふうにプレーしたら、チームにとって一番よいか」を考えながらプレーする「考える習慣」をつけることがより大切である。

SOCCER サッカー

HOW TO PLAY AND REFEREE

ルールと審判法

1 競技施設と用具

- 各ラインはフィールド，エリアに含まれる。
- ライン幅は12cm以下で，ゴールラインはゴールポストと同じ幅で引く。
- フィールドの大きさは国際試合で最大110×75m，最小100×64m。ワールドカップおよびオリンピックでは105×68mと決められている。

	号数	周囲	重さ	空気圧
中学生以上	5号	68〜70cm	410〜450g	海面の高さで0.6〜1.1気圧(kg/cm²)
小学生	4号	62〜65cm	300〜350g	

- 球形で，皮革または他の適切な材質を用いる。

2 試合の進め方

❶競技者の数

1チームは11名以下のプレーヤーで編成し，いずれかのチームが7名未満の場合，試合は開始も続行もされない。

メンバーのうち1名を必ずゴールキーパーとする。ゴールキーパーは他のプレーヤーと異なるユニフォームを着ける。

公式競技会におけるプレーヤーの交代は，試合開始に先立ち氏名を届け出た最大15名の交代要員の中から5名までできる。ただし，交代したプレーヤーはその試合に再び出場できない。なお，試合中の交代は各チーム最大3回とし，加えてハーフタイム時にも交代することができる。

❷試合の開始

コイントスに勝ったチームが前半に攻めるゴールを決める。コイントスに負けたチームのキックオフによって，前半の試合が開始される。一方のチームが得点をあげた場合，他方のチームがキックオフを行う。

❸試合時間（分）

ワールドカップ，オリンピック，アジア大会などの国際試合および天皇杯，Jリーグ，大学選手権，全日本ユース(U-18)選手権などの国内大会は通常，前・後半45分ずつ計90分で行われる。

その他，高校選手権(80分)，インターハイ・国民体育大会(70分)等，各競技会規定によって定められている。

- ハーフタイムはインターバル15分以内（競技会規定に定める）。
- 延長戦は競技会規定に，前・後半同じ時間の延長戦（最大各15分）の条項を設けることができる。延長戦のハーフタイムのインターバルでは水分補給の時間をとることが認められる。
- 試合時間中に空費された時間（アディショナルタイム）は，主審の判断でその時間だけ試合時間が延長される。
- 試合および延長戦の前半，後半終了時にかかってしまった「ペナルティーキック」は試合時間を延長し，結果が判明したときをもって試合終了となる。

❹後半の試合の再開

ハーフタイムの後はエンドを交代し，前半キックオフをしなかったチームのキックオフによって，後半が再開される。

❺得点

ボールが両ゴールポスト間とクロスバーの下で，ボール全体がゴールラインを完全に超えたとき，得点となる。

❻勝敗の決定

試合時間中に，前半と後半の合計得点が多かったチームが勝ちとなる。両チームとも無得点，または同点のときは引き分けとするが，トーナメント戦で勝敗を決定しなければならない場合は，延長戦および「ペナルティーキック方式」によって勝敗を決定する。

161

3 主なルール

1. 試合の始め方

コイントスに勝ったチームが前半に攻めるゴールか，またはキックオフを行うかを決め，この結果により相手はどちらかを決める。

●キックオフのやり方

インプレー
ボールが確実に動いたときインプレーとなる。

- ●キックオフを行うプレーヤーを除いて，すべてのプレーヤーは自チームのエンド内にいなければならない。
- ●相手プレーヤーはボールがインプレーになるまでセンターサークルには入れない(9.15m以上ボールから離れる)。
- ●主審の合図後，センターマークに置かれたボールを蹴る。どの方向に蹴ってもよい。(直接得点することができる)
- ●キックオフを行ったプレーヤーは，他のプレーヤーがボールに触れなければ，再び触れることはできない。

●ゴールとノーゴールの判定

完全にゴールポストを通過したときゴールインとなる。

○ ノーゴール
● ゴールイン

●アウトオブプレーとインプレーの判定

● アウトオブプレー
○ インプレー

(垂直に見た場合)　フィールド内

 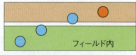

2. 試合の再開方法

❶アウトオブプレーのときの再開

ボールがフィールド外(地上・空中ともに)に出ると，「アウトオブプレー」となって試合が中断される。そのときは，ボールが出たときの位置によって次の方法で試合が再開される。

スローインによる再開

タッチラインよりボールが外に出たときは，最後に触れたプレーヤーの相手側チームに「スローイン」が与えられる(直接得点できない)。

ボールがタッチラインを越えた地点から，両足を地面につけ立った状態で，両手を使い頭の後方から頭上を通してフィールド内に投げ入れる。相手側はタッチライン上の地点から2m以上離れなければならない。

よい　反則

反則
タッチライン

よい　よい　反則

異なる地点から行うと反則となり，相手側のスローインとなる。

ゴールキックによる再開

ゴールインしたボールを除き，攻撃側のボールがゴールラインを越えて，フィールド外に出たとき，守備側チームの「ゴールキック」によって再開される。

①ゴールエリア内のどこからでもよいのでボールを蹴り，ボールが明らかに動いたらインプレーとなる。
②相手競技者はペナルティーエリアから外に出なければならない。
③相手チームのゴールにかぎり，直接得点することができる。

× 攻撃側　● 守備側

コーナーキックによる再開

ゴールインした場合を除き，ボールが最終的に守備側に触れてゴールラインを割りフィールド外に出たとき，攻撃側の「コーナーキック」で再開される。

①ボールが出た側に近い方のコーナーエリアの中にボールを置く。
②守備側はボールが蹴られるまでコーナーエリアから9.15m離れていなければならない。
③相手チームのゴールにかぎり，直接得点することができる。

許されない
正しい
許されない

攻撃側は近づいてもよい
守備側はコーナーエリアより9.15m以上離れる

SOCCER サッカー

ドロップボールによる再開

　ボールがインプレー中で，主審が競技規則のどこにも規定されていない理由によって，一時的にプレーを停止したときに，プレーを再開する方法である。（試合中にプレーヤーが重傷を負う。ボールが破裂する，または欠陥が生じるなど。）

　主審は，試合を中断したときボールがあった地点で，双方のプレーヤーに公平な位置（一方の選手がいなくともよい）をとらえ，腰くらいの高さより自然なスピードでボールを落とす。ボールが地面に着いた瞬間に「インプレー」となる。（2人以上のプレーヤーが触れないと得点にならない）

　ただし，ゴールエリア内の場合は，ゴールラインに平行なゴールエリアのライン上で行う。

　ペナルティーキックのとき，キック後のアクシデントについてはやり直しとなる。

❷反則があったときの再開

　反則があると，主審の笛によって試合が中断される。ついで反則の状態によって，次の方法で再開される。

フリーキックによる再開

　フリーキックには，相手側ゴールに直接シュートして得点のできる「直接フリーキック」と，キックしたボールが他のプレーヤーに1度触れた後でないと得点とならない「間接フリーキック」がある。

●直接フリーキック

相手は9.15m以上離れる。
直接シュートできる。

●間接フリーキック

9.15m以上
他のプレーヤーに1度パスした後，シュートをねらう。
自陣側のゴールポスト間のゴールライン上なら9.15m以内でもよい。

・直接シュートしたボールが相手プレーヤーに触れてゴールインした場合の得点は認められる。
・誰にも触れず直接ゴールインした場合は，相手チームのゴールキックとなる。

ペナルティーキックによる再開

　守備側のプレーヤーが，自陣側のペナルティーエリア内で，「直接フリーキック」に相当する11項目の反則をしたときは，相手チームに「ペナルティーキック」が与えられる。

●ペナルティーキックのときのプレーヤーの位置

GKはキックされるまでゴールライン上にいなければならない。ライン上であれば動いても差し支えない。

キッカーはボールを前方へ蹴らなければ反則となる（間接FK）
9.15m
キッカーとGK以外はボールが蹴られるまで9.15m内およびペナルティーエリアに入れない。

3. オフサイド

　相手のエンド内で，プレーヤーの頭，胴体，または足の一部でもボールおよび後方から2人目の相手プレーヤーよりゴールラインに近い位置にいる場合「オフサイドポジション」にいるということになる。オフサイドポジションにいること自体は反則ではないが，その位置にいて味方プレーヤーがパスをした，触れたボールをプレーする，触れることによって相手のプレーを妨害する，ボールに向かう相手プレーヤーに挑む，は反則となるが，相手プレーヤーが意図的にプレーしたボールを受けたとき，意図的なハンドの反則をした場合を含め反則とはならない。ただし，意図的なセーブからのボールを除く。（オフサイドを判定するのは，ボールを受けた瞬間ではなく，味方プレーヤーがプレーした瞬間である。ゴールキック，スローイン，コーナーキックからボールを直接受けた場合はオフサイドの反則にならない。オフサイドの反則と判定されると，反則の起きた地点で相手チームに間接フリーキックが与えられる。）

●オフサイドの反則の例

AはBへパスした。このとき，Bはボールより前方におり，しかもBとゴールラインの間には相手方ゴールキーパーだけしかいない。

Aがシュートした際，Bはオフサイドポジションにいてゴールキーパーの視線をさえぎり，プレーする可能性を妨げた（相手競技者を妨害）。

●オフサイドにならない例

Aがシュートをする。Bのポジションに問題はなかったが，ゴールポストから跳ね返ったボールをプレーし，その位置にいることによって利益を得た。

Cはオフサイドポジションにいるが，パスはAから同レベルのオンサイドBへ渡ったので，このポジションでの利益を得ていない。

163

4. 反則と不正行為

プレー中に反則や不正行為があると、相手チームに直接フリーキックまたは間接フリーキックおよび罰則（懲戒）が与えられる（ベンチ内交代要員他、チーム役員等も含まれる）。

直接フリーキックおよびペナルティーキックとなる反則

●次の7項目の反則を不用意に、無謀に、または過剰な力で犯したと主審が判断した場合、直接フリーキック（ペナルティーエリア内はペナルティーキック）が与えられる。

①キッキング　　④ファウルチャージ

相手を蹴る、または蹴ろうとする　　相手をチャージする

②トリッピング　　⑤ストライキング

相手をつまずかせる、またはつまずかせようとする　　相手を打つ、または打とうとする（ゴールキーパーがボールを相手に強く投げつけたときも、打ったとみなされる）

③ジャンピングアット　　⑥プッシング

相手にとびかかる　　相手を押す（キーパーが持っているボールで相手を押すこともプッシングとみなされる）

⑦ファウルタックル

相手にタックルする、または挑む

●次の5項目の反則を犯した場合も、直接フリーキック（ペナルティーエリア内ではペナルティーキック）が与えられる。

①ホールディング　　③ハンドリング

相手を押さえる

ボールを手または腕で扱う（自陣のペナルティーエリア内のキーパーには適用されない）

②人をかむ、または人につばを吐きかける
④身体的接触によって相手プレーヤーを妨げる
⑤ボール、相手プレーヤーまたは審判員に対して物を投げたり、手に持った物をボールに当てる

間接フリーキックとなる反則

●プレーヤーが次の5項目の反則を犯したと主審が判断した場合、間接フリーキックが与えられる。

①危険な方法でプレーする　　③身体的接触を伴わずに相手プレーヤーの進行を妨げる

④攻撃的な、侮辱的な、または下品な発言や身振り、あるいは、その他の言葉による反則で異議を示す

②ゴールキーパーがボールを手から放すのを妨げる

⑤反則や不正行為に規定されていないもので、プレーヤーを警告、退場させるためにプレーを停止することになる反則を犯す（相手ベンチの役員、プレーヤーに向かってつばを吐いたり乱暴な言動を行ったり、靴を投げつける）

●ゴールキーパーが自分のペナルティーエリア内で次の4項目の反則を犯した場合も間接フリーキックが与えられる。
①ボールを手から放すまでに、ボールを手でコントロールしている間が6秒を超える
②ボールを手から放して、他のプレーヤーが触れる前に、そのボールに手で再び触れる
③味方プレーヤーによって意図的にゴールキーパーにキックされたボールに手で触れる
④味方プレーヤーによってスローインされたボールを直接受けて手で触れる

●オフサイドが宣告されたとき。
●フリーキック、ペナルティーキック、キックオフ、ゴールキック、コーナーキック、スローインのときに、それを行ったプレーヤーが、インプレーになったボールを他のプレーヤーがボールに触れるかプレーする前に、再度ボールに触れたとき。

警告が与えられる7項目の反則

●プレーヤーが次の7項目の反則を犯した場合、警告され、イエローカードが示される。

①反スポーツ的行為を犯す（ラフプレーを含む）
・直接フリーキックとなる反則を無謀に行う
・相手の大きなチャンスとなる攻撃を妨害、または阻止するためにボールを手または腕で扱う

イエローカード

・負傷を装って、またファウルをされたふりをして主審をだまそうとする（シミュレーション）

・挑発したり、嘲笑したり、相手の感情を刺激するような身振りや行動をする
・得点した喜びの表現として、シャツを脱いだり頭に被ったり、頭や顔にマスク等を被る
・プレー中、また主審の承認を得ずにゴールキーパーと入れ替わる
・主審がプレーを停止後、ボールを遠くへ蹴ったり、手で持ち去ったり、意図的にボールに触れて対立を引き起こす

SOCCER サッカー

②言葉または行動によって異議を示す

③くり返し反則する
④プレーの再開を遅らせる
⑤コーナーキック，フリーキック，またはスローインでプレーを再開するとき，規定の距離を守らない
⑥主審の承認を得ずにフィールドに入る，または復帰する
⑦主審の承認を得ずに意図的にフィールドから離れる
（①②④⑥は交代要員あるいは交代したプレーヤーも含まれる）

退場が命じられる7項目の反則

レッドカード

プレーヤーが次の7項目の反則を犯した場合，退場を命じられ，レッドカードが示される（交代プレーヤー含む）。

①著しく不正なプレーを犯す（例）相手プレーヤーの安全を脅かすようなタックル（前方，側方，後方を問わず）など
②乱暴な行為を犯す（競技場内のすべての人に対して）
③人をかむ，または人につばを吐きかける
④意図的に手でボールを扱って，相手チームの得点，あるいは決定的な得点の機会を阻止する（自分のペナルティーエリア内にいるゴールキーパーを除く）
⑤フリーキック，あるいはペナルティーキックとなる反則で，ゴールに向かっている相手プレーヤーに対し決定的な得点の機会を阻止する反則を犯す（押す，押さえる，引っぱる，またはボールをプレーする可能性がないなどの場合）
⑥攻撃的な，侮辱的な，または下品な発言や身振りをする
⑦同じ試合の中で二つ目の警告を受ける

4　審判法

❶主審のシグナル

笛およびシグナルによって指示する。

❶プレーオン（またはアドバンテージ）／両手または片手を開いて前方へ押し出す
❷間接フリーキック／片手を上に高く上げる（ボールが蹴られ，他のプレーヤーに触れる，アウトオブプレーになるまで片手を上げていろ）
❸直接フリーキック／キックするチームの攻撃方向を指す

❹ペナルティーキック／ペナルティーマークを指す

❺ゴールキック／ゴールエリアを指す

❻コーナーキック／ボールが出た側のコーナーアークを指す

❼警告・退場／警告はイエローカード，退場はレッドカードのカードを本人に示す

❷副審のシグナル

旗を広げて持ち，競技が停止したとき，主審を助けるための合図をする。

❶オフサイド
第1の行動　オフサイドの違反があったことを，主審に合図する
第2の行動　笛が鳴ったら旗を次のように倒す
反則地点が遠い位置であるとき
反則地点が中央付近であるとき
反則地点が近い位置であるとき

❷スローイン／スローするチームの攻撃方向を指す

❸コーナーキック／コーナーアークを指す

❹ゴールキック／ゴールエリアを指す

❺プレーヤーの交代／旗を横にして頭上に上げる

❸第4の審判

3名の審判員のいずれかがその職務の続行が不可能になった場合にその職務を行う。常に主審を援助する。試合中の交代手続きを援助する責任を持つ。

FUTSAL
フットサル

サッカーよりもひとまわり小さいローバウンドボールを用いて、小さいピッチ(競技場)で行う競技を「フットサル」と呼ぶ。攻守の切り替えがはやく、スピーディーで、しかも多くのボールタッチが可能なので、誰にでも得点のチャンスがある競技である。

1. 競技者の数
　試合は、5人以下の競技者からなる2つのチームによって行われ、そのうち1人はゴールキーパーである。交代要員は9人以内で、試合中の交代は、ゴールキーパーを含めて制限はない。ピッチを出るプレーヤーが交代ゾーンから外に出てから入場しなければならない。

2. 競技の進行
①試合は、プレーイングタイム(アウトオブプレー中は時計を止める。)で20分間の同じ長さからなる2つのピリオドで行われ、ハーフタイムは15分を超えないインターバルを取ることができる。
②コイントスに勝ったチームが第1ピリオドに攻めるゴールか、キックオフを行うかを決める。コイントスに負けたチームは、その結果によりエンドか、キックオフになる。第2ピリオドはエンドを替え、キックオフは第1ピリオドと反対のチームが行う。キックオフから相手競技者のゴールに直接得点することができる。
③シュートはピッチ内のどの位置からでもできる。両ゴールポストの間とクロスバーの下でボール全体がゴールラインを越えたとき得点となる。一方のチームが得点をあげたあと、他方のチームがキックオフを行う。
④ボールがタッチラインから出たり、天井に当たった場合、相手チームがタッチライン上からキックインしてプレーを再開する。キックインから直接得点できない。
⑤ゴールキーパーは、自陣ペナルティーエリア内では手を使える。
⑥攻撃側がボールをゴールラインから出した場合、ゴールキーパーが手で投げるゴールクリアランスでプレーを再開する。ゴールクリアランスから直接得点することはできない。守備側がボールをゴールラインから出した場合、コーナーキックでプレーを再開する。コーナーキックから直接得点することができる。
⑦各ピリオドそれぞれ1回、1分間のタイムアウトを取ることができる。
⑧十分な空気圧のフットサル専用ボールを使用し、ピッチ表面がなめらかな場所で行う。

3. 特有のルール
　主なルールはサッカーと同じであるが、フットサルとして次の規定がある。
①4秒ルール:直接および間接フリーキック、コーナーキック、ゴールクリアランスは4秒以内に行う。インプレー中、自陣でのゴールキーパーのボールコントロールも4秒以内である。違反したら、相手チームの間接フリーキックとなる。キックインの違反の場合は、相手チームのキックインとなる。
②退場:退場を命じられたプレーヤーは再び参加することはできない。ただし、2分間双方に得点がなかった場合は、交代要員からプレーヤーを補充できる。人数の多いチームに得点があった場合、少ないチームが補充できる。
③反則の累積:直接フリーキックの反則が各ピリオドチーム累計で6つ目以降10mマークから直接フリーキックとなる。10mマークより前方(ペナルティーエリアを除く)では、10mマークからか、反則地点からかを選ぶことができる。キッカーは、直接得点しようとしなければならない。守備のために「壁」は作れない。
④オフサイドがない。

4. 勝敗の判定
①競技終了時に得点の多かったチームを勝ちとする。
②審判は主審、第2審判、2人の副審(タイムキーパー、第3審判)で行う。

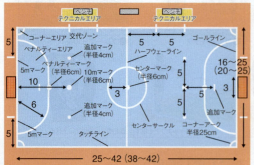

●ピッチ
ラインまたはマークの幅は8cmとする　　　(単位:m)　( )は国際試合

フットサル用シューズ▶
靴底がゴムまたは類似の材質のトレーニングシューズ(黒底は除く)。体育館用シューズも可。

RUGBY
ラグビー

ラグビー

おいたちと発展

　1987年から4年ごとに開催されているラグビーワールドカップは，世界的なスポーツイベントとなっている。2019年に日本で開催された第9回大会は，アジアで初めて開催された大会であった。ちなみに，日本代表チームは第1回大会から連続して出場している。

　世界的に発展した「ラグビー」というスポーツは，中世のイングランドにおいて民衆の間で盛んに行われていたフットボールから生まれた。このフットボールは，その後，上流階級の子弟が学ぶパブリック・スクールで盛んに行われるようになり，それぞれの学校で，独自のゲーム形態やルールが形作られ普及していった。そして，1871年には，パブリック・スクールの一つであるラグビー校式のフットボール統括組織としてイングランド・ラグビー協会（RFU）が設立され，これによってラグビーは，英国全土から世界各地の英国植民地に広がり，世界各国で行われるようになった。

　現在では，（男女ともに）15人制と7人制のワールドカップが開催され，7人制ラグビーは2016年から夏季オリンピック競技となっている。

　わが国では，1899年にイギリスのクラーク氏とケンブリッジ大学から帰国した田中銀之助によって慶応大学の学生に伝えられたのが始まりとされている。その後，1926年には日本協会が設立され，現在に至っている。

　さて，ラグビーの歴史を語るときに欠かせないエピソードを紹介する。それは「1823年ラグビー校の生徒エリス少年が，フットボールのゲーム中に，興奮のあまりボールを手で持って走ってしまった。ラグビーはこの偶然のハプニングによって生まれた」というものである。しかし，この説には確証がなく，いまだ論議のあるところとなっている。

●ラグビーの競技特性

1. 陣取ゴール型の球技で，それぞれ15名（または7名）の競技者からなる2つのチームが，お互いに楕円形のボールを奪い合い，"インゴール"という形で設定されたオープンエンドの相手陣地にボールを運び込み（トライ），それによって得られる得点を競うスポーツである。
2. ボールを手と足で自由に扱うことが許されている。
3. 攻撃してくる相手に対する身体接触（タックル）も許されている。
4. 走る（ラン），蹴る（キック），投げる（スロー）といった基本的な運動要素が要求される。
5. ハンドリング（手でボールを扱う），ランニング（走る），キッキング（蹴る），コンタクト（人と接触）といった各技能が，刻々と変化する状況に応じて適切に発揮されること（オープンスキル）が要求される。
6. すべての局面において，味方がプレーするボールよりも前方で（前から）プレーすることはできない。したがって，ボールを持たない者はつねにボールよりも後ろに位置し，また，ボールを持ったら多くの味方がプレーできるように相手のゴールラインに向かって前進する努力が必要となる。
7. 広いグラウンドを動き回れるだけの持久力（スタミナ），相手をかわすすばやさ（スピード），出だしの瞬発力（クイックネス），動きの柔軟性，さらには的確な判断力が要求される。
8. 「審判の判定に従う」という考えを越えて，相手を尊重し，自らフェアプレーに徹するという姿勢も大きな特性のひとつである。
9. チームゲームであり，組織力を活かしてチームとしての目標を達成することができる。

●攻防の原則

🏉 攻撃の原則

①**攻撃権の獲得と維持 Gain Possession**
基本的には攻撃権を得ること。地域を進めたり，相手陣地で戦うことを増やしたり，また攻撃時間を増やしたりすることも含める。

②**前進 Go Forward**
前進すること。

③**支援 Support**
味方（ボールキャリアー）の攻撃を支援すること。

④**継続 Continuity**
攻撃を継続すること。

⑤**圧力 Pressure**
得点などの攻撃に関わるすべてのプレーで相手に圧力をかけること。

🏉 守備の原則

①**前進 Go Forward**
相手を前で止めること。防御を行うことで地域的に前進すること。

②**圧力 Pressure**
防御に関わるすべてのプレーで相手に圧力をかけること。

③**支援 Support**
味方がタックルしやすいように支援すること。タックルした味方を支援すること。

④**攻撃権の再獲得 Regain Possession**
相手の攻撃権（ボール）を奪い，攻撃に転ずること。

●プレー中に攻守が入れ替わること（ターンオーバー）を常に念頭に置き，状況に合わせた瞬時の判断や，取るべき陣形などについて考えておく。

●戦術の原則

①スペースを攻める

攻めることができる空間をスペースという。スペースが広ければオフェンス側は攻撃しやすく，ディフェンス側は守りにくくなる。スペースはプレーヤーの位置関係や動きによって変わってくるので，スペースをいかに調整し，あるいは創造するかが重要となる。

②縦と横にボールを動かす

攻撃においては，ボールをどのように動かすかが重要となる。ボールの動かし方については，ゴールラインに向かってボールを前進させる「縦の動かし方」と，タッチライン方向にボールを動かす（運ぶ）「横の動かし方」とに大別できる。トライを奪うためには，縦にボールを動かさなければならないが，攻撃しやすい場所にボールを運ぶために，パスを主体としてボールを横に動かすことも重要となる。

③アウトナンバーをつくる

攻防の局面において，2対1，3対2といったように攻撃側の人数がマークする防御側より数的に上回る状況を「アウトナンバー」と言う。アウトナンバーをつくり出すことは攻撃の大きな目的でもある。ラグビーではこの状況を「余った」と呼んでいる。

④オープンとブラインド

スクラム，ラインアウト，モール，ラックといった攻撃の拠点からタッチラインまでの間のうち，広い方を「オープン・サイド」，狭い方を「ブラインド・サイド」と呼ぶ。オープンサイドへの攻撃の利点は，同じ方向への攻撃を連続して行いやすく，それにともなって反対のサイドは広がっていき，攻撃側はつねに左右どちらの方向にも攻めやすくなる。ブラインド・サイドへの攻撃は，相手防御人数が少ないことや，また仮にタックルを受け相手にボールを取られても，相手をタッチラインに押し出したりしやすく，攻撃失敗の危険性が少ない。

RUGBY ラグビー

●攻撃のフローチャート

- 1. ボールキャリアーが攻める
  - ・スペースを見つけて働きかける
  - ・ランニングやショートパントなどで前進する

- 2. サポートプレーヤーと協力して攻める
  - ・スペースをつくって働きかける
  - ・パスやキックを用いて前進する

- 3. ディフェンスを崩して攻める
  - ・精選したスペースに働きかける
  - ・ディフェンスを引きつけ，アウトナンバーなどをつくる

- 4. 拠点をつくって攻める
  - ・有効なスペースを見つけ効果的なポジショニング（位置どり）を行う
  - ・シティまたはカントリーへ働きかける(p177参照)
  - ・モールまたはラックをつくって攻撃を継続させ，モールまたはラックからのライン攻撃をねらう(p177，p180参照)

体ほぐしの運動

右手を前，左手を後ろにして股下でボールを持ちかえる

両手でボールを持ち，落とさないように脛の前後で持ちかえる

両手でボールを持ち，頭越しに投げ上げてキャッチする

スクラム

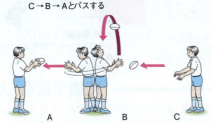
Bが1つのボールを真上に放り投げ，落ちてくる前に，もう1つのボールを，C→B→Aとパスする

A　　B　　C

キャッチボール

●安全に対する留意点①

　ルールを遵守し，相手を尊重しながら，フェアプレーの精神を失わないようにする。さらに各人がお互いに安全に対する配慮を心がける。

1. 気温や湿度の高くなる時間帯での練習や試合を控える。突然の雷雨や竜巻，豪雨，猛暑など，気象状況への予測や迅速な対応など安全を最優先する。
2. ウォーミングアップを十分にする。特に首の補強運動や身体接触を取り入れた運動を導入する。
3. 自分の健康状態をつねに把握しておくようにする。
4. 周囲の障害物やグラウンドの状況なども含めて活動場所の安全に十分に注意する。ボールや用具などを危険な場所に放置しないで，整理してから練習を行う。
5. 危険物は一切身につけない。
6. コンタクトが発生するゲームや運動を行う場合は，ヘッドキャップを必ず着用する。
7. 各自が能力に応じて練習を行うようにする。
8. トライの際ボールを地面につけようとして回転するプレーは，絶対に行わない。
9. 頭を下げたプレーはいかなる瞬間でも絶対に行ってはならない。
10. 相手と接触するプレーを行う場合は，相手の動きを最後までしっかりと見てプレーする。

STEP1. ボールキャリアーが攻める

相手防御ラインを突破したり後退させるには，ボールキャリアー（ボール保持者）がランニングスキルを使って縦方向（ゴールライン方向）に攻めることが有効である。

● サイドステップ

急激に方向を変えて相手を抜き去る技術である。相手との距離が接近しているときに使う。

● スワーブ

タックルポイントをはずして相手を抜き去る（かわす）技術である。相手との距離が比較的離れているときに使う。

POINT
- ルックアットプレー（目の前や周囲の状況を視野に入れてプレーすること）をこころがける。有効なスペースがどこにあるのかを判断できるとよい。
- チェンジオブペースを有効に使う。そうすると，相手ディフェンスは的が絞れなくなる。
- スピードを落とさずに攻めるべきスペースに走り込めるようにする。

戦術学習❶ スペースの認識

▶ 位置どりによるスペースの違い

位置する場所によってスペースは相対的に変わってくる。

▶ スペースをつくって攻める

ある場所へ移動すると，元いた場所の側がオープンスペースになる。

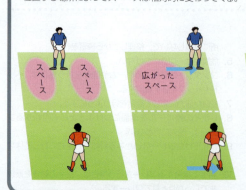
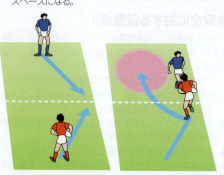

グリッド方式によるラグビーの学習

　グリッド方式とは，グラウンドを格子状に細分化して小グループで練習やゲームを行う方式である。本書では，このグリッド方式を用い，また各技能やルールを簡易的な方法で扱い，安全に練習やゲームを楽しめるよう配慮している。
　グリッドの大きさは，グループの人数や練習の内容によって決める。グリッドをつくる場合は，右図のように，5mの正方形から作成するとよい。

1 サイドステップ
・中グリッドの中にマーカーをおき，サイドステップの練習を連続して行う。
・走りながら，マーカーの内側に片足を踏み込み，体重をかけ，すばやく方向を変える。

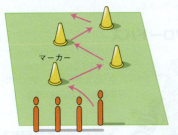

2 スワーブ
・中グリッドの中にマーカーをおき，スワーブの練習を連続して行う。
・Aのマーカーに踏み込み，Bのマーカーの外側を回って，Cにまっすぐ走り込む。

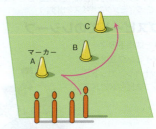

3 ランニング（1対1の抜き合い）
・小グリッドまたは中グリッドを使用する。
・A，B向かい合った状態から，Aがボールを頭上より高く放り上げるのを合図にスタートする。
・Aはタックルポイント寸前で，サイドステップ，スワーブ，チェンジオブペースなどでBをかわす。

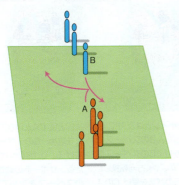

4 ラインパス
・小グリッド3個程度を縦に使う（チャンネル方式）。
・3人1組でグリッドの端に等間隔に位置し，ゴールラインに向かってまっすぐ走りながら，連続して平行なパスを行う。
・防御者を5m間隔で1人ずつおくが，防御者は，真横にしか動けず，パスカットだけ行う。
・攻撃側は，まっすぐ走りながらパスとランニングによってゴールまで攻め続ける。

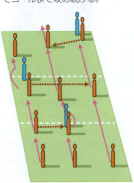

STEP2. サポートプレーヤーと協力して攻める

横方向へボールを動かす場合は，パス，キャッチなどのハンドリングスキルを使って，ボールキャリアーとサポートプレーヤーが協力して攻めなければならない。有効なスペースを見きわめ，相手を引きつけながら，状況に応じたパス（長いパス，短いパス，浮かすパスなど）を使う。

●パス

レシーバーのスピードが落ちないように，キャッチしやすいところへパスする。

両手をスイングさせ，手首のスナップをきかせる

ボールをしっかりと持つ

腕をリラックスさせ，手のひら全部で握る

POINT
- 横方向のすばやいボールの移動がポイントとなる。
- パスをすると同時に味方をサポートする。
- 相手ディフェンスや味方の位置，走っているコースなどの状況に応じて，タイミングよくパスを出す。

●キャッチ

上体をリラックスさせて，両手でボールを迎えるようにしてキャッチする。

両手で的をつくる

ボールを捕りにいくという気持ちでしっかりとキャッチする

POINT
- 次のプレーにすばやく移れる体の向きと体勢を意識
- 相手ディフェンスを視野に入れたりしながらキャッチングできるようにする。

●トップスピードでのレシーブ

レシーバーは相手のマークをはずすタイミングをはかりながら（カットイン，カットアウト），トップスピードでパスを受け取る。

トップスピードで走り込んでパスを受ける

●オフロードパス

タックルされながらボールをつなぐ（パスする）。
タックルされたら，ダウンボールする前に味方にパスする。

トップスピードで走ってくる味方がとりやすいようにフワッとしたパスを出す

戦術学習❷ スペースを攻める(1)

▶3つのスペース　　▶カットイン　　▶カットアウト　　▶ループ

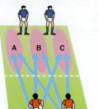   

2対2の場合，次の3つのスペース（A，B，C）を攻めることによってスペースが相対的に変化する。

②がいったんCのスペースに働きかけてBのスペースを広げ，すばやく方向転換して①からのパスを受け，Bのスペースを攻めてディフェンスを突破する。

カットインとは反対に，②がいったんBのスペースに働きかけてCのスペースを広げ，すばやく方向転換して①からのパスを受け，Cのスペースを攻めてディフェンスを突破する。

①と②でAとBのスペースを攻め，Cのスペースを広げる。①が②へパスした後，サポートの動きでCのスペースを攻めてディフェンスを突破する。

タグラグビーのルール

1．人数・競技時間・競技場

- 1チームのプレーヤーの人数は4名ないし5名とする。
- 5分ハーフ程度が一般的だが，プレーヤーの実態に応じて適切な時間を設定する。
- 競技場は横14m×縦20m（ゴールラインからゴールライン），インゴール（ゴールラインからデッドライン）は2mずつとする。ゴールポストは不要。

2．基本ルール

RULE 1　得点方法
- 1トライは1点である。
- トライをするためには，相手ゴールラインを越えてボールを持ち込み，ボールをグラウンドに押しつける。
- トライ後，ゲームはフィールドの中央から，トライをされたチームのフリーパスで再開される（RULE 5を参照）。

RULE 2　パス
- スローフォワードは反則であり，相手チームにフリーパスが与えられる（真横へのパスはOK）。

RULE 3　オフサイド
- タグ（相手のタグを取ること）の直後のパスをじゃましてはならない（オフサイド）。
- オフサイドが起こるのは，タグが起きた直後のみである。
- タグが起きたら，すべてのディフェンダーはボールより自分の陣地の側に戻る努力をしなければならない。
- オフサイドが起きると，反則を犯さなかったチームにフリーパスが与えられる。
- タグが起きてディフェンダーが偶然オフサイドになってしまったら，できるだけ早くオンサイドの位置に戻り，パスの邪魔にならないようにしなくてはならない。
- ディフェンダーがオフサイドであっても，プレーの邪魔にならないのであればプレーは続行される。

●タグベルト
マジックテープによって2本のリボンがつけられたタグベルトを腰に付けて行う。両方のタグが正しくベルトに付けられていなければゲームに参加することができない。

RULE 4　タックル（タグ）
- タグとは，ボールキャリアーが付けている2本のリボンのうちの1本をディフェンダーが取ることである。タグを取ったディフェンダーは自分の頭上に差し出し，「タグ」と叫ぶ。
- ボールを持ったプレーヤーにしかタグできない。
- ボールキャリアーは走りながらタグしようとする相手をかわすことはできるが，相手を払ったり，タグを取られないように守ったり，隠したりすることはできない。
- ディフェンダーがプレーヤーの手からボールを奪い取るようなことは許されない。
- タグした後は，ボールキャリアーがパスできるように離れなくてはならない。ボールキャリアーがパスしたら，ディフェンダーはただちにタグを返す。タグを返すまではゲームに加わることはできない。
- タグされたボールキャリアーはできる限りすばやく止まり，タグされてから3歩以内にパスしなくてはならない。

RULE 5　フリーパス
- ゲームの開始時はフィールド中央から行い，ゲームの再開時には，ボールがアウトオブプレーになったところ，あるいは反則が起きたところのサイドラインから行う。
- ボールは両手で持ち，レフリーの「プレー」の合図でチームメイトにパスする。パスをする選手から2m以内で手渡しのパスではなく，空中を通ってのパスでなくてはならない。
- パスを行うプレーヤーはボールを持って走ることはできない（パスしなければならない）。
- ディフェンダーは5m（7歩）以上下がり，パスが行われるまで前への動きをしてはならない。

RULE 6　アウトオブプレー
- ボールあるいはボールキャリアーがグラウンドの外に出た場合は，相手チームにフリーパスが与えられる。

3．禁止事項

①コンタクトは厳禁であり，プレーヤーの衣服をつかんでもいけない。
②ルーズボールに飛び込むプレーは許されず，立ってボールをプレーしなくてはいけない。
③キックは許されない。
④相手の顔や体を手で押したり（ハンドオフ）してはならない。タグを取ろうとする相手を防ぐためにディフェンダーの手を払う行為も許されない。

STEP3. ライン攻撃とその防御

　ライン攻撃とは，攻撃プレーヤーが横に並び（ライン形成），すばやくボールを移動させて攻める攻撃のことで，パスする味方同士の間隔によってショートライン攻撃とワイドライン攻撃がある。

①ショートライン攻撃

　パスする味方同士（バックスライン）の間隔を短くした攻撃のことである。ディフェンスの間隔もつられて短くなり，タッチライン方向に大きなスペースが生まれる。浅いラインですばやくパスをしたり，とばしパスなどを活用して，タッチライン方向の大きなスペースを効果的に攻めることができる。

②ワイドライン攻撃

　パスする味方同士（バックスライン）の間隔を極端に広くした攻撃のことである。ディフェンダー同士のスペースが広がり，1対1の攻めがしやすくなる。このスペースに後方からの攻撃参加（ライン参加）をすることによって効果的に攻めることができる。

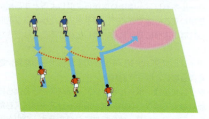

③ライン参加

　攻撃ラインに加わっていないプレーヤーが，後方からラインに参加する攻撃のことである。ショートライン攻撃，およびワイドライン攻撃でつくり出されたスペースに走り込んで防御ラインを突破する。

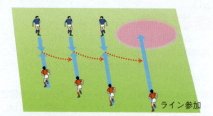

ライン参加　　　　　　　　　　　　　　　　　　ライン参加

戦術学習❸　スペースを攻める（2）

▶相手を引きつけないでパスをしたとき

　②が相手を引きつけないでパスを出した場合，②のディフェンダーは①のほうに寄っていき，①は1対2の不利な状況に追い込まれる。

▶相手を引きつけてパスをしたとき

　②が相手を引きつけてパスを出した場合，①は広いスペース（②のディフェンダーのいた場所）を攻めることができる。

▶相手を多く引きつけてアウトナンバー

　3対2，2対1，1対0といったように，オフェンス側がディフェンス側より数的に有利な状況を「アウトナンバー」と言う。②が自分の相手を引きつけるだけでなく，①のディフェンダーも引きつけることができれば，アウトナンバーの状況になる。アウトナンバーをつくり出すことは攻撃の大きな目的でもある。ラグビーではこの状況を「余った」と呼んでいる。

●防御の基本的な考え方

防御の目的は、次のような段階を経ながら相手を不利な状況に追い込むことであるが、最終的な目的は、ボールを奪い返すことによって攻撃権を得ることである。

① すばやいポジショニングと防御ラインの形成

攻撃拠点にあるボールの位置を把握し、オフサイドにならないようにボールラインよりも下がってポジショニングする。自分がマークする相手をすばやく見つけながら、なるべく等間隔で横一直線の防御ラインを形成する。

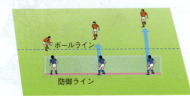

② 防御ラインの維持とプレッシャー

ボールの移動に合わせて、防御ラインもその形状を保ちながら移動していく。ライン（横一直線）が崩れたり、間隔がアンバランスになると相手に攻める隙を与えることになる。相手が攻めて来るのを待つのではなく、攻撃ラインに向かいながら味方と協力して、ボールキャリアーをタッチラインの方向に押し出すようにプレッシャーをかける。

③ タックル（タグまたはホールド）

タックルの目的は、相手の前進を阻止し、パスをさせないことである。ボールキャリアーにかわされないようにその正面に入り、しっかりとつかまえて（ホールド）、パスを出させないようにする。

④ サポート

自分のマークする相手がパスをしたら、ボールがパスされた方向にコースを換えて、ボールキャリアーのランニングコースをふさぐ。

3対3のラインの攻防

- 20m四方のグリッド内で攻撃3名、防御3名の2チームに分かれてラインの攻防を行う。
- 攻撃チームは、防御側にボールをインターセプトされたり、ボールを持って捕まらないようにライン攻撃を行う。
- 攻撃側のチームは、ライン攻撃を意識しながら、クロスプレー、ループプレーなどをおりまぜながら効果的なスペースをつくって攻撃する。
- 攻防は1回のみ。防御側は、横一直線になって揃ってスタートする。
- 防御の方法は、最初はタッチ、慣れてきたら相手を捕まえる（ホールド）ようにする。

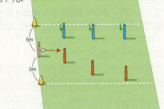

4対3のラインの攻防

- 20m四方のグリッド内で攻撃4名、防御3名の2チームに分かれてラインの攻防を行う。
- 攻撃側の1名は攻撃ライン後方の任意の位置にポジショニングし、攻撃が開始されたらラインに参加する。
- 攻撃チームは、ショートライン攻撃やワイドライン攻撃を意識して攻撃する。
- ラインに参加するプレーヤーを突破役にしたり、相手を引き付ける役にしたりしながら、効果的なスペースをつくったりアウトナンバーの状況をつくりだして攻める。
- 攻防は1回のみ。防御側は、横一直線になって揃ってスタートする。
- 防御の方法は、最初はタッチ、慣れてきたら相手を捕まえる（ホールド）ようにする。

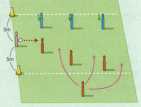

STEP4. ボールの奪い合いと密集の形成

　防御の方法を,「タッチする」あるいは「タグを取る」という段階から,相手を捕まえる「ホールド」という方法に変えることによって,ゲームの中にボールを奪い合う密集が形成される。
　密集は,攻撃側にとっては再度パスとランニングによる攻撃をしかける拠点となり,防御側にとっては,相手からボールを奪い,攻撃に転じるチャンスとなる。

●ターン

相手に捕まったとき,相手に背中を向けることをターンという。
　この動作によって相手からボールを取られないようにする。

●リップ

味方のボールキャリアーからボールをもぎ取るように受け取ることをリップという。

POINT
- 相手にボールをとられないようにする。
- 倒れないようにしっかりとした姿勢で立ち,すばやく相手に背中を向ける(ターンする)。
- 後方からサポートする味方がリップしやすいように,ボールを見せて差し出し,ボールの保持を継続する。

POINT
- ボールにまっすぐ体を寄せる。
- 攻撃方向に押しながらリップする。
- 腕全体でリップする。

簡易ゲーム (ボールの奪い合いになれよう)

①止まった状態で,ボールを奪い合う(30秒間)

- 50cm程度の間隔で向き合い(1対1),どちらかにボールをパスする。
- ボールをキャッチしたほうが相手にコンタクトし攻撃側となり,防御側は攻撃側からボールを奪う。
- 30秒間行い,防御側がボールを奪えばその時点で勝ちとし,攻撃側がボールを保持できれば攻撃側の勝ちとする。
- お互いに立ってプレーする。ボールが地面に落ちたり,いずれかが倒れた場合はゲームを止め,やり直す。
- 双方とも,ボールを奪うために相手側からプレーに参加してはならない(オフサイド)。
- 1対1からはじめて,2対2,3対3と徐々に人数を増やしていく。
- 複数でボールを取り合う場合は,ターンやリップの技術を導入する。

②走ってくる相手を捕まえて,ボールを奪い合う

- 1m程度の距離を開けて向き合い(1対1),①と同じ要領で行う。慣れてきたら,間隔を広げて行う。
- 攻撃側は相手のゴールラインに向かって走り,防御側はそれを阻止する。
- ボールを持って相手のゴールラインを越えたほうが勝ちとなる。
- パスやランニングを用いて相手を抜いてもよい。
- ボールの奪い合いに参加しない場合はボールラインより後方に位置し,ボールが密集から出た場合はボールラインの後方から相手を捕まえにいく。これに反した場合は反則負けとする。
- 左右のタッチラインの距離(幅)は,防御側が捕まえやすくするように,なるべく狭くする。

　(例) 1対1=1m,2対2=2m,3対3=3m

RUGBY ラグビー

●モール

両チームの1名以上のプレーヤーが立ったまま，互いにバインドし，ボールを持ったプレーヤーの周囲に密集するプレーのことで，ボールを持っている側2名，相手側1名の最少3名で成立する。形成されたモールは前進していなくてはならない。

ボールをしっかり持ち，相手に当たる。

当たったら，相手に背を向け，前進を図りながら次にくる味方を待つ。

最初にフォローにきた者は，ボールをもぎとるようにしながら相手を押し込む。
次にきた者は，両サイドからパックして，モール全体を押し込む。

●安全に対する留意点②

相手を捕まえたり，集団でボールを奪い合う行為は，他のスポーツに見られないラグビーの醍醐味であり，おもしろさでもある。それらを味わうためには，安全に対する十分な配慮が必要である。"ケガをしない，させない"ことがスポーツを楽しむ上でもっとも重要であることを理解し，自らの安全とともに味方や相手の安全をも守る態度を重視して学習を進めることが大切である。

●ラグビーのルーツ「フットボール」を経験しよう

ラグビーやサッカーは，「フットボール」とよばれる遊びから生まれた。中世のイングランドで行われていたこの遊びは，それぞれの土地によって異なったルールで行われていた。ここでは，今も年に一度，アッシュボーンという英国の田舎町で行われているフットボールのルールを参考にした簡易ゲームを紹介する。

①2チームで，相手をつかまえやすい広さの場所で行う。少なくとも1チーム20名以上で行うとより楽しめる。
②1.5m程度の幅のゴール（マーカーを置く）を向かい合わせて設置し，相手のゴールにボールを持って通過したら得点となる。
③体育館で行う場合は，離れた壁に，床からすべてのプレーヤーが手を伸ばせば届くような程度の高さに，双方の印（マーク）をつける。ボールを持って自分たちのマークにボールを着けたら得点（1点）となる。
④ゲームは競技場の中央から第三者がボールを投げ入れることによって開始する。ボールが競技エリア外に出た場合は，その地点から第三者がボールを投げ入れることによってゲームを再開する。
⑤ボールは前に投げてもキックしてもよい（キックはレベルや場所に応じて禁止する）。
⑥「安全に対する留意点②」を遵守する。

【具体的な留意点】
①立ってプレーする。相手を倒したり，自ら倒れたりしない。
②危険が予想される場合，プレーヤー自身が「危ない」「ストップ」などと声をかけ，自主的にゲームを止める。
③ヘッドキャップを必ず着用する。

戦術学習❹ シティとカントリー

▶密集（モールなど）の戦術的位置づけ
①攻撃の継続　　②攻撃の拠点（ポイント）づくり
③ゲインラインの前進（防御ラインの後退）
④サイド攻撃とオープン展開　⑤アウトナンバーの発生

▶シティとカントリー

グラウンド上で，プレーヤーが密集したエリアをシティ(city)，プレーヤーが少なく，大きな空間（スペース）があるエリアをカントリー(country)と呼ぶことがある。モールやラックでポイントをつくることによって，そのまわりがシティになる。シティを縦に攻めることができれば（サイド攻撃），相手はそれを食い止めるために密集しなければならない。シティからカントリーに向けてパスをすばやく行えば（オープン展開），大きなスペースを攻めることができる。攻撃側は，防御側の人数の方が多い「シティ」を形成し，防御側の人数のほうが少ない「カントリー」を攻めることが戦術的に重要となる。

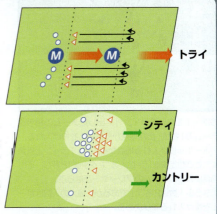

177

STEP5. スクラムとラインアウトの導入

❶ 1対1のハンドスクラム

・フォワードの間にスクラムハーフがボールを投入し、それをフォワードが右手で股の間からかき出す。オフサイドラインは、スクラムを組んでいるフォワードの足の線である。

❷ 2対2のハンドスクラム

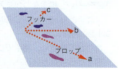

・強くバインドした2組のプロップとフッカーが、首、肩を入れないで腕だけで組む。中央にボールを置き、あらかじめどちら側のボールかを決めておく。
・スクラムハーフの指示でフッカーは上図のabcのいずれかの通路を通るようにボールを足でかく。

●ラインアウト

ボール、またはボールを持ったプレーヤーがタッチラインに触れるか、ラインの外に出たときにはタッチとなり、ラインアウトによってゲームが再開される。

① ボールをタッチライン外に出したチームの相手側チームの1名が、出た地点からボールを投げ入れる。
② ボールを投げ入れる地点から、タッチラインと直角に交わる想定線を「ライン オブ タッチ」と呼び、その両側に双方のチームのプレーヤーがならぶ。
③ ならぶ人数は2名以上であるが、最大の人数はボールを投げ入れる側が決める。
④ ならべる範囲は5mラインと15mラインの間で、相手と1mの間隔をとる。

❸ 3対3のハンドスクラム

① オーバーハンド
両プロップが腕でフッカーの体を支える。

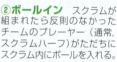

② ボールイン
スクラムが組まれたら反則のなかったチームのプレーヤー(通常、スクラムハーフ)がただちにスクラム内にボールを入れる。

③ フッキング
投入者の手からボールが離れると同時にフッカーは右足を伸ばし、足首を内側にスナップしてインサイドでボールをかきこむ。

●スローインのやり方

ラインアウトのスローインはだれが投げてもよいが、一般にはフッカーが投げることが多い。

●スローイング

投げる方向にボールの先を向ける。
指で少し下にスピンをかける。
ラインオブタッチ上に5m以上、山なりに投げ込む。
ボールのぬい目か締め口に指を当てる。

●キャッチングの基本
スローワーとタイミングを合わせ、相手より前で跳び上がる。

両手で確実につかむ。

STEP6. フルラグビーに必要な個人プレー

　フルラグビーとは，これまで紹介してきたさまざまなゲーム要素や技術に，タックルやキックなどが導入された本格的なラグビーである。ここではフルラグビーに必要な技術や複雑な戦術の一例を紹介する。

●タックル
　未熟な技術のタックルは大変危険なので，基本的な練習を十分積むとともに，タックルされる側も，しっかりした受身，上手な倒され方を習得しておく必要がある。

❶フロントタックル

相手の腰を目がけて肩で当たり，両腕をしっかりパックして前方へ倒す。

❷サイドタックル

肩で当たり，両腕を強くしぼって押し倒す。

❸背面タックル

肩で当たって，両腕を太ももに巻きつけ，腕をずり下げ，急激にしめる。

●キック

❶パントキック
ボールを落として地面に着く前に蹴るキック。地域をばんかいするようなときに用いる。

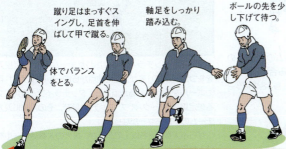

蹴り足はまっすぐスイングし，足首を伸ばして甲で蹴る。
体でバランスをとる。
軸足をしっかり踏み込む。
ボールの先を少し下げて待つ。

●パントキックの種類
ハイパント　ショートパント
グラバーキック：ディフェンス側の背後をねらってボールをころがすようにキックする場合もある。

❷ドロップキック
ボールを地面に落とし，はね返ってくる瞬間をキックする。

足首をしっかり伸ばし，甲でキックする。

❸プレースキック
地面にボールを置いて蹴るキック。ゴールキックのときに用いる。

軸足をボールのサイドにしっかりと踏み込む。
両腕をうまく使ってバランスをとり，力強く蹴る。

STEP7. フルラグビーに必要な集団プレー

A. フォワード (FW) プレー

●スクラム

スクラムは，ノックオン，スローフォワードなどの軽い反則後の試合再開の1つの方法で，反則のなかったチームが中央線にまっすぐにボールを投入し，そのボールを獲得し合うプレーである。

スクラムは両チーム各8名で組むが，最前列のフロントローは各3名以内と規制している。必ずレフリーの合図によって組む。双方の各プロップは相手の上腕に軽く触れ，組み合う前に静止する。そしてフロントローとセカンドローの5名ずつで組み，後ろからサードローの3名が組む。

〈スクラムにおけるフォワードのポジション〉

①プロップ
②フッカー ｝ フロントロー
③プロップ
④ロック ｝ セカンドロー
⑤ロック
⑥フランカー
⑦フランカー ｝ バックロー
⑧No.8

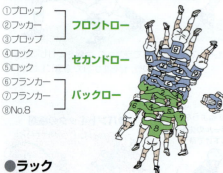

●ラック

地上にあるボールを奪い合うため，両チームの1名以上のプレーヤーが立ったまま，体を密着させて組み合い，ボールの周囲に密集するプレーのことで，両チーム各1名の最少2名で成立する。

ボールを両手にしっかり持ち，相手を下から上に突き上げるようにして当たる。

当たったら地面にかがみ込むように低く沈み，ダウンボールする。

フォローにきた者は，両サイドからパックして，味方にボールが出るように，ラック全体を押し込む。

●ラインアウト

ボール，またはボールを持ったプレーヤーがタッチラインに触れるか，ラインの外に出たときにはタッチとなり，ラインアウトによってゲームが再開される。

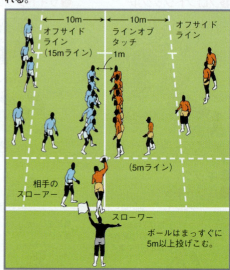

①ボールをタッチライン外に出したチームの相手側（投入権をもつ）チームの1名が，出た地点からボールを投げ入れる。
②ボールを投げ入れる地点から，タッチラインと直角に交わる想定線を「マーク オブ タッチ」と呼び，その両側に双方のチームのプレーヤーがならぶ。
③ならぶ人数は2名以上であるが，最大の人数はボールを投げ入れる側が決める。
④ならべる範囲は5mラインと15mラインの間で，相手と1mの間隔をとる。

●キャッチングの基本

スローワーとタイミングを合わせ，相手より前で跳び上がる。ラインアウトプレーヤーをリフティングすることができる。

両手で確実につかむ。

B. バックス（BK）プレー

バックスは，フォワードが獲得したボールを生かしてゲインラインを突破し，トライに結びつける役割がある。ハーフバック（HB）2名，スリークォーターバック（TB）4名，フルバック（FB）1名の計7名からなる。

バックスのポジションの名称

⑨スクラムハーフ（SH）　⎤ ハーフバック（HB）
⑩スタンドオフ（SO）　　⎦
⑪左ウイング（WTB）　　⎤
⑫左センター（CTB）　　 ⎟ スリークォーターバック
⑬右センター（CTB）　　 ⎟ （TB）
⑭右ウイング（WTB）　　⎦
⑮フルバック（FB）　　　──フルバック（FB）

●ポジションとライン構成

❶スクラム（モール・ラック）などのバックスラインのつくり方

●アタックの場合
①SHは，FW集団のあとについて，ボールを展開させるポジションをとる。
②SOは，SHからのパスを左右いずれのサイドに展開させるかの判断ができるポジションに立つ。
③4名のTBは，SOのポジションによって，SOを中心に1対3，2対2，3対1と各々ポジションをとる。
④FBは，相手の動きによって，いつでもライン参加できるようにポジショニングする。

●ディフェンスの場合
①SHは，一般的に密集周辺の守りを中心に行う。
②SO，TBはマンツーマンディフェンスが基本で，自分のマークの前に立つ。
③FBは，相手のボール展開に合わせ，どのようにも対応できるようにポジショニングする。

❷ラインアウトのバックスラインのつくり方

●ゲインライン
スクラム，ラインアウトなどの中心を通る想定線で，この線を越えることによって攻撃側の二次攻撃が有利になる。

●タックルライン
ディフェンスラインとアタックラインの中間の線で，相手にタックルされることが予測される線をいう。

●バックスの攻撃と防御

バックスの攻撃は，協力しながら，SHからのボールをパスやキックを用いてゲインラインを突破して，トライを狙う。
バックスの防御は，相手の展開とともに，SOを扇の要のようにして，いち早くディフェンスラインを敷き，相手にプレッシャーをかけながら，外へ外へと追い出すようにコースをとる。自分のマークがパスをしたら次の状況に対処するように動く。

❶カットワン

SH⑨からボールを受け取ったSO⑩は，CTB⑫の前をとばして，CTB⑬にパス。⑬は，自分のマーク⑬を引きつけて，ライン参加してきた⑮にパスをする。

❸ダミースイッチ

CTB⑫がボールを持って斜めに走りながら，CTB⑬とスイッチするように見せかけ，ライン参加してきたFB⑮にパスをする。⑮は可能な限りまっすぐ縦に走り込む。

❷スイッチ（クロス）

ボールを受け取ったSO⑩は，斜めに走りながらCTB⑫とスイッチ。スイッチしながらパスをする。
一般的に，攻撃方向を転換するために使用されることが多いプレー。

❹ループ

SO⑩がCTB⑫にパスした後，⑩が⑫の後方を回って，⑫から再びボールを受ける。
一般的に，バックラインに人を追加したり，また人を追加してボールを広い範囲にわたって横方向に移動させるために用いられるプレー。

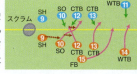

C. チームプレー（例）

ラグビーでは，個人技術がどんなに優れていても，それぞれのプレーがばらばらではトライに結びつかない。各プレーヤーがポジションの役割と任務をよく理解し，全員が一致協力することがきわめて大切である。

❶スクラムサイド攻撃

SHが直接ボールを拾って右サイドに走る。No.8❽をかわせない場合は，内側にパスを返して味方No.8❽の突進でゲインラインの突破をはかる。No.8❽が直接ボールを拾って攻撃してもよい。

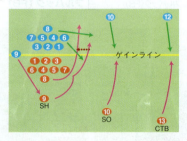

❷ラインアウトからの攻防

●攻撃側

背の高い❹か❺からタップパスを受けたSH❾は，速いオープンへの展開をはかる。また状況によってはサイドアタックを行ったり，ブラインドサイドをついたりする。

●防御側

速いオープン展開をされたとき，SO❿の防御にSH❾がいくかSO❿がいくか決めておく。サイドアタックをされたときには，❻と❾をSH❾がつぶす。

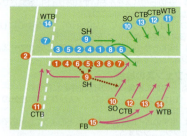

❸SOのハイパント

SO❿がディフェンスラインの後ろの攻撃有効エリアにハイパントキックを上げ，味方がラッシュしてゲインラインの突破をはかる。

❹ペナルティキックからの速攻

攻撃側はすばやくそれぞれのポジションにつく。相手の守備陣形ができていない隙をついて，SH❾がすばやくオープンに展開して速攻をはかる（ポイントより前に味方プレーヤーがいてもよい）。

アウト・オブ・プレーでの知的戦いに注目しよう

ゲームは，プレーが行われている状況（イン・プレー）と，レフリーの笛が吹かれていったん停止された状況（アウト・オブ・プレー）と，2つの状況が交互にあらわれる。

アウト・オブ・プレーの間に，意図的にポジションを変えたり，相手の様子を見ながら次の攻撃について話し合ったり，この時間における動きなど頭脳プレーにも注目しよう。

「攻撃させられていないか」考えながら見てみよう

連続して攻撃しているのに，一向に大きく前進できない場合がある。モールやラックからなかなかボールが出てこない間に，ディフェンスラインの人数がアタックラインの人数を上回っている場面もよく見られる。このような状況は，防御側有利な状況であり，攻撃側にとっては危険な状況と考えられ，ちょっとしたミスからボールを奪われると，すぐに防御に転じられず一気にトライを奪われることもある。

「攻撃させられていないか？」考えながら見てみよう。

RUGBY **ラグビー**

STEP8. 作戦の立案

●作戦の考え方

作戦とは「ゲームを通して用いられる戦い方の方針」であり，これを合理的に実行していくために必要な方法や理論を戦術という。作戦を立てるにあたっては，以下のようなことに留意する。

1. 自チームの特徴を把握し，"強み"を最大限活かすようにする。
2. 相手チームの特徴を把握して，自分たちの力と比較する。相手の弱点を突くような作戦を立てたり，自分たちの弱みを隠すような作戦も考える。
3. 気象条件やゲーム中の時間，あるいは得点差といった要素を考えて作戦を立てたり，変更したりする。

●作戦立案のステップ

第1ステップ
自己（自チーム）分析
・自分たちの強みや弱みなどを主観的および客観的に分析し，問題点や課題などを明らかにする。

第2ステップ
相手チームと目標の設定
・目標とする具体的相手と具体的達成目標を決定。
・目標達成までの期間を設定。

第3ステップ
他者（対戦相手チーム）分析
・VTRなどを見て，相手の特徴などを主観的，および客観的に分析し明らかにする。
・自己（自チーム）分析から得られた特徴を中心に，かつ比較分析から得られた情報を活用して効果的な作戦や戦術を考え練習する。

第4ステップ
具体的戦術や練習方法の作成
・作戦や戦術を成功させるための練習を計画し，実践する。
・強みを高め，弱みを減らす練習を計画し，実践する。

第5ステップ
発表と評価
・これまでの取り組みを振り返り，うまくいった点や課題を明らかにし，発表し合う。次に活かす方法などについて話し合う。

⚠ フォワード（FW）が勝てば，ゲームに勝つ確率は高くなる

スクラムやラインアウト，タックル後の密集でのボールの奪い合いなど，攻撃権争奪に関わる局面でのプレーが重要である。

味方が少しでも攻撃しやすいようなボールを供給しようと，ぶつかり合いから生まれるボールの争奪プレーに注目しよう。この戦いを有利に進めれば，攻撃の機会も多くなり得点する確率も高くなる。

⚠ ボールを持っていないプレーヤーに注目しよう

ゲームでは，ポジションの差こそあれ，ボールを手にしていない時間（アウト・オブ・プレーも含めて）の方が多い。つまり，ゲームのほとんどは，ボールを持っていない動きとなる。

ボールを持っていないときにどんな動きをしているのか，ボールを持っていないプレーヤーにも注目しよう。

HOW TO PLAY AND REFEREE

ルールと審判法

1 競技施設と用具

競技場
- 図は最大規格のもので，これより狭くても許される。ただし，22mラインや5m，10m，15mの位置を示す線分は正規の距離に引くこと。
- グラウンドは，草か危険でない程度の固さの土であること。
- タッチラインはタッチに，22mラインは22m区域内に，ゴールラインはインゴールに含まれる。タッチゴールラインはタッチインゴール。デッドボールラインはインゴールではない。

2 競技の進め方

❶チームの編成
- 15人制競技は，1チーム15名以内のプレーヤーで行う。7人制は1チーム7名以内。
- 試合中のいかなる時点であっても，脳振盪を起こした，または，脳振盪の疑いがあるプレーヤーが出たら，そのプレーヤーはただちに競技区域から離れ，戻ってはならない。
- プレーヤーが出血を伴う負傷をした場合，そのプレーヤーは，一時的交替が認められる。負傷したプレーヤーは，出血が抑えられたら，および/または，覆われたら，ただちにプレーに戻る。プレーヤーが競技区域を出てから15分以内に戻ることができない場合，その交替は正式なものとなる。

❷競技時間
- 国際競技時間は，80分以内。19歳未満は70分以内。試合時間は，上記の時間を等しく前・後半に分け，15分以内のハーフタイムをとる。日本の高校では60分で行われることが多い。7人制の試合時間は14分。2分以内のハーフタイム。前・後半7分以内に分ける（10分ハーフの場合もある）。
- 15人競技においては，負傷交代およびプレーヤーの入れ替えは最多8人まで。7人制は5名まで。
- 競技中にレフリーが承認した休止による遅延は，その時間だけ競技時間を延長する。

❸ゲームの開始
- ゲームに先立ち，両チームのキャプテンがレフリー立ち会いのもとにトスを行い，トスに勝った側が，キックオフをするかエンドを選ぶかのどちらかを決める。
- ゲームの開始は，ハーフウェイライン中央からのドロップキックによるキックオフによって行う。
- 後半は前半とサイドを交代し，前半の競技開始時にキックオフをしなかったチームのキックオフによって開始する。

❹トライ・ゴール後のプレーの再開
- 得点後のプレー再開は，得点されたチームのハーフウェイライン中央でのドロップキックによって再開する。

❺プレーの中断と再開
- 反則やボールのタッチなどで主審の笛によって中断されたプレーは，その笛の原因となったプレーの種類によってその地点もしくは近い場所で，スクラム，ラインアウト，ペナルティキック，フリーキックによって再開する。
- 次の場合は防御側にドロップアウトが与えられ，22mライン上，もしくはゴールライン上の任意の地点からの防御側のドロップキックによってプレーを再開する。
  ①攻撃側ペナルティーゴールやドロップゴールの失敗，またはドロップアウトによって防御側のインゴールに入ったボールが，タッチインゴールを出るか，デッドボールラインを越えた時，そのボールを防御側地面につけた時。
  ②攻撃側が①に示したプレーにおけるキックを除くキックによって防御側のインゴールに入ったボールが，タッチインゴールを出るか，デッドボールラインを越えた時，またはキックされたボールをインゴールで防御側が地面につける時。
  ③攻撃側防御側のインゴールに持ち込んだボールをノックオンする，あるいはそのボールをインゴールで防御側が地面につける，またはプレーできない状況になった時。

❻得点とゲームの勝敗

ペナルティトライ	7点	ペナルティキックのゴール	3点
トライ	5点		
コンバージョン（トライ後の）ゴール	2点	その他のドロップキックのゴール	3点

- 試合時間内の得点の多いチームを勝ちとする。同点の場合は，トライ数の多いチームを勝ちとする（大会規定によって異なる）。

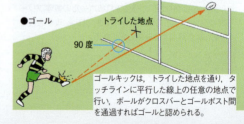

ゴールキックは，トライした地点を通り，タッチラインに平行した線上の任意の地点で行い，ボールがクロスバーとゴールポスト間を通過すればゴールと認められる。

RUGBY ラグビー

3 主なルール

規則違反と罰則

比較的軽い反則（相手ボールでスクラム）

- **ノックオン**……手または腕で，相手のデッドボールラインの方向にボールを落とす，押す，たたくなどして押し進める。
- **スローフォワード**……ボールを相手のデッドボールラインの方向に投げるかパスをする。

- **アクシデンタルオフサイド**……ボールを持ったプレーヤーが，（やむなく）前方にいる味方のプレーヤーに接触した。
- **ノットストレート**……ラインアウトに投入されたボールがまっすぐに入らない（相手側は，ラインアウトも選択できる）。
- **オフサイド（キックオフやドロップアウト時）**……キック時に，キッカー側の者がキックする者より前方に出た。
- **ダイレクトタッチ（キックオフやドロップアウト時）**……キックされたボールが，プレーヤーにも地面にも触れないで，直接タッチラインの外に出た（相手側は，再びキックオフおよびドロップアウトをやらせることもできる）。
- **ノット10m（キックオフ時）**……キックされたボールが，相手側10mに達しない。
- **アンプレアブル**……モールやラックでボールが出ず，プレーが停滞した。
- **キャリーバック**……味方のプレーヤーが，味方のインゴールに入れたボールを地面に着けた。

少し重い反則
（相手側のフリーキック＝直接ゴールはねらえない）

- **ノットストレート**……スクラムの中に投入するボールがまっすぐに入らなかった。
- **フットアップ**……スクラムでフッカーがボール投入より早く足を上げてボールを確保しようとした。
- **ノット1m**……ラインアウトの際，双方の列の間隔が1m以上離れなかった。
- **リターンザボール**……一度出たボールを，再びスクラム・ラック内にもどした。

重い反則
（相手側のペナルティキック＝直接ゴールがねらえる）

- **ハンド**……ラック内のボールを手でプレーした。
- **ピックアップ**……スクラム，ラックの中にあるボールを手や脚で拾い上げた。
- **オブストラクション**……相手のプレーを妨害する。例えば，相手側がタックルしようとする前に立ってじゃまをする。
- **オフサイド（キック時）**……キックした者よりも前方にいる者が，キックされたボールにプレーをしようとしたり，プレーをした。
- **オフサイド（スクラム，モール，ラック時）**……それぞれ定められたラインや地点の前方にとどまっていたり，それらを越えてプレーをした。

〈スクラムのオフサイドの反則〉

A—スクラムからボールが出る前にスクラムから離れる。
B—ボールを入れるプレーヤーの直接の相手が，ボールがスクラム内にあるとき，ボールの前方に出るか，ボールを入れる反対側にいて，オフサイドラインの前方にいる。
C—スクラムに参加しないプレーヤーが，スクラムからボールが出る前にオフサイドラインを越える。

〈ラックとモールでのオフサイドの反則〉

A—相手側から加わる。
B—ボールの前方で加わる。
C—離れたのち，再び加わることも，オフサイドラインの後方に退くこともしない。
D—参加しないプレーヤーが，オフサイドラインより後方に引かない。

✕オフサイド　○オフサイドではない　●ボール

- **オフサイド（ラインアウト時）**……ラインアウトに参加しない者が，ラインオブタッチから10m以上離れなかった。
- **コラプシング**……故意にスクラムを崩した。
- **ニーリング**……故意にスクラムの中で倒れたり，膝を着いたりした。
- **ノットリリースザボール**……タックルされたプレーヤーがボールをかかえて離さない。
- **オーバーザトップ**……地上（地面）にあるボールで相手側に倒れ込んでプレーしたり，ボールが出るのを妨害した。
- **トリッピング**……相手のプレーヤーに足を出してつまずかせた。
- **レイトタックル**……パスまたはキック終わったプレーヤーに，故意にタックルする。
- **アーリータックル**……相手のプレーヤーが，まだボールを受けていないのにタックルする。
- **スティフアームタックル**……腕で相手の首を引っかける危険なタックル。
- **不正なプレー**……相手プレーヤーに危険を与えたり，反スポーツマン的な行為。ペナルティが科せられ警告や退場になる。

4　審判法

レフリーのシグナル

アシスタントレフリーのシグナル

- **一時的退出(シン・ビン)制度**……危険なプレーや，防御側がトライになりそうな攻撃をペナルティ覚悟で妨害した反則に対して，レフリーはイエローカードを示してプレーヤーに10分間の一時的退場を命じる。この10分間はハーフタイムの時間を含まず，ノーサイドになれば自動的に終了となる。
- **アドバンテージ**……ゲーム中に反則があっても，反則をしなかったチームが利益を得たと判断したときは，レフリーは反則の笛を吹かない。
- **セーフティーアシスタント(医務補助員)**……各チーム1名のセーフティーアシスタントは，プレーヤーの負傷が軽度な場合には，レフリーの許可なしに競技場に入って，負傷者の手当ができる。倒れているプレーヤーおよびセーフティーアシスタントが競技の邪魔になったとレフリーが判断したときは，笛を吹いて競技を中断し，中断地点からのスクラムで競技を再開する。

VOLLEYBALL
バレーボール

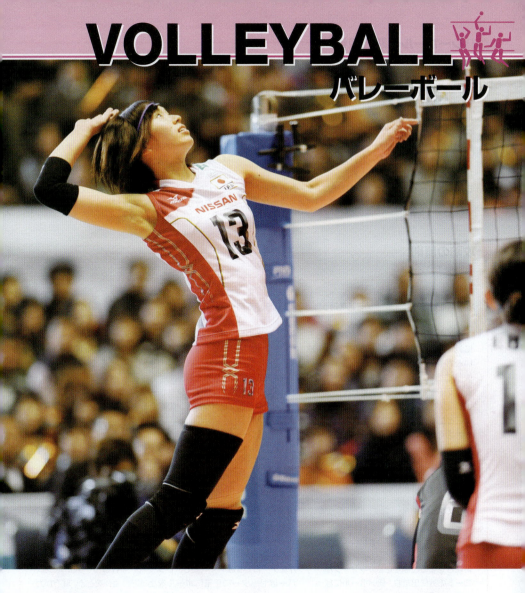

バレーボール

おいたちと発展

　1895年に，アメリカのYMCA体育指導者ウィリアム・G・モーガンにより，テニスとバスケットボールを参考に考案された。当初はチームの人数も流動的であったが，西欧では6人編成として広まり，わが国に紹介された明治時代の末には16人編成という記録もある。やがて12人編成を経て9人編成となって普及し，独自のゲーム形態のもとに競技性も強まった。
　1949年には男子（チェコスロバキア），1952年には女子（ソビエト）の第1回世界バレーボール選手権大会（6人制）が開催され，この頃からわが国でも6人制への移行が始まり，1964（昭和39）年のオリンピック東京大会で正式種目になってからは急速に普及していった。一方，9人制は，競技としてもレクリエーションとしても根強い支持を受け続け，幅広く親しまれている。

●バレーボールの競技特性

1. ネット型の球技で，それぞれ6名の競技者からなる2つのチームが，ネット越しにボールを打ち合い，相手にラリーを中断させることによって得られる得点を競うスポーツである。
2. ボールは体のどの部分に触れても構わないが，ボールを持ち運んだり，投げたり，一時的に捕えることはできない。
3. 走る（ラン），跳ぶ（ジャンプ），打つ（ヒット）といった基本的な運動要素が要求される。
4. レシーブ，トス，スパイクの各技能が，刻一刻と変化する状況に応じて適切に発揮されること（オープンスキル）が要求される。

5. 瞬間的にしかボールに接触できないため，ボールの扱い方（特にパス）とともに，ボールに触れない間のプレー（ポジショニング）のスキルが要求される。
6. ミスが直接ポイントとなるので，侵入型（ゴール型）の球技種目とは異なり，相手のミスを誘うことがポイント獲得の大きな要因になる。
7. コートを動き回れるだけの持久力（スタミナ），スパイク時の瞬発力（クイックネス），動きの柔軟性，さらには的確な判断力が要求される。
8. チームゲームであり，組織力を活かして，自分を上回る相手を打ち破る喜びが得られる。

●攻防の原則

攻撃の原則

①ミスをしない

相手のコートに返球できないとポイントを失うことになる。ラリーにおいてミスをしないことがもっとも大切である。

②ミスを誘う

相手が少しでもミスをするような返球を心がける。相手がまったく動かなくても拾えるようなボールを返球すると，相手に攻撃態勢を整えるチャンスを与えることになる。

③弱点を突く（サービス）

相手のサービスレシーブフォーメーションが崩れそうなところをねらうが，ネットにかけないで相手コートに入れることが基本である。
- レシーブの不得意なプレーヤー
- ポジションとポジションの間のエリア
- セッター
- スパイカー（エース，クイック）

④守備の弱いところをねらう（スパイク）

相手の守備の弱いところをねらう。
- ブロックのいないコース
- レシーバーのいないエリア

守備の原則

①ミスをしない

味方プレーヤーがいるところにボールを上げることができればラリーを継続させることはできる。レシーブがコートの外に出たり，低いボールになってしまうと，味方はカバーできなくなる。味方がカバーできるエリアにボールを上げることが大切である。

②すばやくサービスレシーブの体制をとる

どのプレーヤーがレシーブするのかをチームですばやく判断し，レシーバーはセッターに正確にボールを上げることが大切である。レシーブしないプレーヤーは三段攻撃の次の展開（トス）に移る。

③すばやくスパイクレシーブの体制をとる

ブロックからはずれるコースにポジションをとる。味方がカバーできるエリアにボールを上げることが大切である。

●バレーボールの学び方

1. 三段攻撃の各ポジションの役割を理解する

三段攻撃においては，レシーブからトス，トスからスパイクというように，局面が移行するごとに各ポジションの役割が変化し，ボールに接するプレーヤーだけでなく，その他のプレーヤーの動きや役割も重要になってくる。

2. 予測して次のプレーを判断できるようにする

ボールの動きや局面に応じて，いかに予測して次のプレーに移れるかが重要となってくる。

VOLLEYBALL バレーボール

体ほぐしの運動

- 天つきリレー

手のひらをボールの形にしてバンバンと突く。

- ボールを投げ上げ，ヘディングキャッチ

- 2人組ボール渡し（捻転・前後屈）

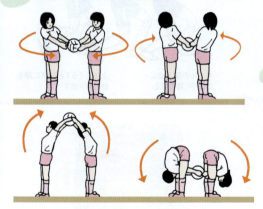

- ワンバウンドヘディング

ワンバウンドさせてボールの下へ移動し，ヘディング。

- ボール押し合い・引き合い（静的筋力）

頭上・顔・胸・腹・膝の前など，高さを変えて実施する。

- 馬跳び

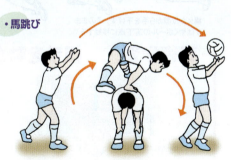

自分の投げたボールを，馬を跳んでつかむ。

●安全に対する留意点

ルールを遵守し，相手を尊重しながら，フェアプレーの精神を失わないようにする。さらに各人がお互いに安全に対する配慮を心がける。

1. 周囲の障害物なども含めて活動場所の安全に十分に注意する。
2. ウォーミングアップを十分にする。
3. 自分の健康状態をつねに把握しておくようにする。
4. ボールや用具などを危険となる場所に放置しないで，整理してから練習を行う。
5. ネット際の攻防のときやアタック，ブロックの練習のときに，ボールの上にのらないように十分気をつける。

STEP 1. パスを使って攻める

●オーバーハンドパス

もっとも確実にパスを送ることができる技術である。ボールの落下点に入ることができればこのパスを使うことができる。できる限りオーバーハンドパスで返球できることが望ましい。

構え

親指と人差指でできる菱形の窓からのぞくような感覚でボールをとらえる。ボールには指の腹から第2関節までの部分で触れる。

指を開いて丸みをもたせ、左右対称に開く

あごをしめ、上目づかいにボールを見る

膝は足首に連動させる

足首を十分に曲げる

足は前後に開く

前へのオーバーハンドパス

ボールの落下点にすばやく移動する

膝や肘のバネを十分に使って腰でボールを押し出す

低い姿勢からのオーバーハンドパス

後ろへのオーバーハンドパス

構えた位置から手を下げず、そのまますばやくボールの落下点に移動する

ボールの落下点にすばやく移動する

上体をそらすと同時に腰を前に突き出す

戦術学習①　相手を動かす

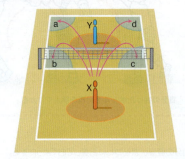

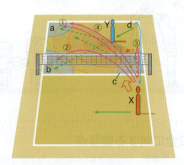

攻撃側(X)は、守備側(Y)が対応できなくなるエリアをねらって返球する。例えば、相手の移動距離が大きくなるところ(コートの端:a, b, c, d)をねらうのもそのひとつである。
　守備側は、相手がどこに返球してもコートを平均的にカバーできる位置をとり続ける。

XがYのコートのdをねらい、Yが図のように返球したとする。Xの次のねらいは、Yの移動距離が多くなる①〜③への返球である。④はcをねらうフェイントをかけて、Yをc方向に反応させてから、aをねらう返球である。

VOLLEYBALL バレーボール

●アンダーハンドパス

腰から下に飛んでくる低いボールのパスや、勢いのあるサービスやスパイクをレシーブするときに使う技術である。

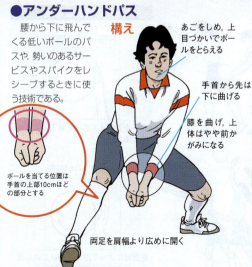

構え
- あごをしめ、上目づかいでボールをとらえる
- 手首から先は下に曲げる
- 膝を曲げ、上体はやや前かがみになる
- 両足を肩幅より広めに開く
- ボールを当てる位置は手首の上部10cmほどの部分とする

正面にきたボール
- 足首を曲げ腰を落として体勢を整える
- 肘を伸ばしてボールが当たる直前にしめる
- 膝と腰のバネを使ってボールを送り出す
- ボールを送り出す方向へ肘でフォロースルー

横にきたボール

- 横に1歩踏み出す
- ボールを送り出す方向へフォロースルー

フットワーク

なるべく低い姿勢で上体をボールに向け、重心の移動を滑らかに行う。ボールから目を離さないように移動する。

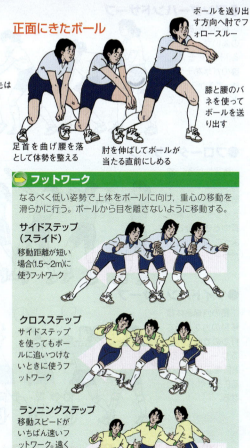

サイドステップ（スライド）
移動距離が短い場合（1.5～2m）に使うフットワーク

クロスステップ
サイドステップを使ってもボールに追いつけないときに使うフットワーク

ランニングステップ
移動スピードがいちばん速いフットワーク。遠くのボールを追いかけるときに使う

簡易ゲーム　ラリーゲーム

コートの広さと人数を任意に決め、ラリーゲームを行う。ミスをした者からコートの外へ出ていく。次のような返球の条件を設定して行う。

- 1バウンド／2バウンド
- 1タッチ／2タッチ

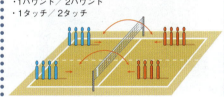

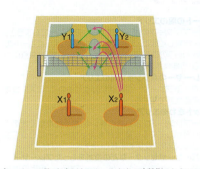

プレーヤーの数が2名以上になったとき、攻撃側のねらいにはコートの四隅のほか、相手のポジション間のエリアがある。守備側は、チームで協力してコートをカバーする。チームのプレーヤー同士のポジションは、ボールの位置や戦術（相手とのかけひき）によって違ってくる。

191

STEP 2. サーブで攻める

●アンダーハンドサーブ
もっとも確実性の高いサーブである。トスを低くし,膝のバネを十分に使って下からすくい上げるようにして打つ。

●フローターサーブ
確実性が高く,威力もあるサーブである。ボールをミートする手の位置や打つときの強さによって,変化に富んだサーブとなる。

●サイドハンドサーブ
腰の回転と体重移動の力を使って打つので威力のあるサーブとなる。トスを正確に上げることがポイントとなる。

ボールの回転と球質

ドライブ性回転

ネットを越えて急激に落下する軌跡をとる。

スライド性回転

逆回転によって浮力が働いているので,落ちずに直線的な軌跡をとる。

無回転変化性

回転軸がないので,不安定な軌跡をとる(伸びる,沈む)。

戦術学習② サーブのねらいどころ

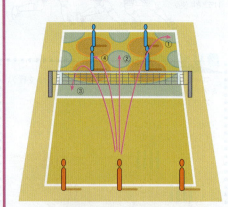

①コートの隅のエリア
サーブレシーブのボールがコートの外に出てしまうと,カバーが難しくなる。しかし①のコースのようにコートの四隅をねらうのは技術的に難しく,アウトにする(失点につながる)可能性も高い。

②プレーヤーのポジション間のエリア
近接するプレーヤー間に迷いが生じるので,ミスにつながる可能性がでてくる。

③ネットぎわのエリア
サーブレシーブが技術的に難しく,相手が攻撃できずに1回で返球してくる可能性がある。サーバーにとってはそこをねらうのは技術的に難しい(失点につながる)。

④スパイカーやセッターなどの役割をもったプレーヤー
役割をもったプレーヤーがレシーブすると,相手の攻撃が機能しなくなる可能性がでてくる。例えば,セッターがレシーブすると,他のプレーヤーがトスを上げなければならなくなる。また,スパイカーにレシーブさせれば,スパイカーがスパイクの準備ができなくなる。

VOLLEYBALL バレーボール

EXERCISE

軽く足踏みをしながら，真上に連続してボールを突く。

ワンバウンドさせたボールの下をすばやくくぐり抜け，もう一度ワンバウンドしたボールを真上にアンダーハンドでパスする。

バスケットボールのリングを狙って，ワンバウンドアンダーハンドパスを連続して行う。

高さは床から3〜3.5m

二人組になり，パートナーからのボールを一度真上にパスしてから2度目に返球する。パートナーも同じ要領でパスを続ける。

二人でパスしながら移動する。サイドステップ，またはクロスステップを使う。

ロングタイムパス
・「用意，ドン」の合図で対人オーバーハンドパスを始める。
・10往復行うが，高さや長さを稼ぎ，できるだけ長い時間終わらないように工夫する。
・記録を取りながら何度か試みたり，いくつかの組で競争してもよい。

・4〜7名で1グループとし，各グループ1個ずつボールを用意する。
・図のように列を作り，パスしたら対列の最後尾に移動する。
・オーバーハンドパス，アンダーハンドパス，各20周行う。

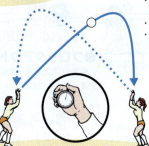

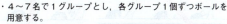

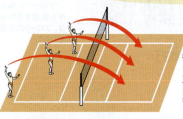

打ち慣れるにしたがって位置を移動し，正規の位置で打てるように段階的に練習する。

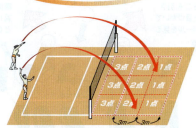

① 1コートを分割して得点を設定し，ボールの落下した地点の得点を競い合う。
② もっともボールがきやすいところを低い得点とし，ラインぎわなどの難しいエリアを高い得点にする。
③ ネットまで届かないサーブミスは「-2点」。ネットを越えたサーブミスは「-1点」。
④ 同じ人数で3本ずつサーブを打ち（あるいは，チーム全体でのサーブ本数を決める），チーム対抗でその合計得点を争う。

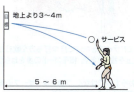

壁打ち
正しいトス・フォーム，ボールを打つタイミングを体得する。

STEP 3. スパイクとブロックを使った攻防

●オープンスパイク

トスされたボールを上目づかいでしっかり見る（そのとき周辺視野で相手のレシーブの状況も把握する）

両腕を後方へ大きく振り上げる

両腕をすばやくひき上げる

踏み切り地点からあまり遠くないところに着地する

トスの状況と左足で蹴るタイミングをはかる

腰を十分に曲げる

かかとから踏み込む

スパイクのスイング

力強いスパイクを打つためには，ムチのようにしなったイメージでスイングすることである。

●クロスとストレートの打ち分け

相手のブロックの状況に応じてスパイクのコースを打ち分けることができれば，攻撃の幅が広がる。

クロス方向（レフト）　　ストレート方向（レフト）
左肩をネットに向けるようにして打つ　　体の正面をネットに向けるようにして打つ

●フェイント

相手のブロックをよけて，レシーバーのいないところにボールを落とす技術である。

ブロッカーの背後か，ブロッカーの視野の届かない場所に落とす。

●ブロックアウト

相手のブロックにうまく当ててコートの外にボールを落とす技術である。

レフトブロッカーに対しては左手の小指側，ライトブロッカーに対しては右手の小指側をねらう。ブロックの真ん中を突破する場合は，ブロックの上端をねらう。

●トス

オープントス　　バックトス

あごを引き，上目づかいでボールを見る

肘はボールに触れるまでよく曲げておく

ボールを送り出す瞬間，手首の素早い返しからひとさし指となか指で押し上げ肘で方向づける

足を前後に開く

●軟打

上方向に向けてドライブをかけて打つ打ち方を軟打という。ブロックの上を抜くときや，相手コートの奥をねらうときに使う。
ボールを打ちおろすのではなく，フローターサーブの要領で，ドライブ回転がかかる打ち方をする。

 トス

セッターはスパイカーの状況だけでなく，相手のコートの状況（ブロッカーやレシーバー）も把握できるとよい。

VOLLEYBALL バレーボール

● ブロック

両手をかぶせるようにして、ボールを止める。

戦術学習③ スパイクの打ち分け

1. 3つの場所をねらい分ける

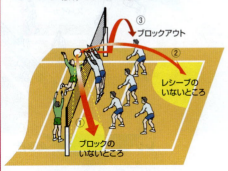

スパイクのねらいは次の3つである。
① ブロックのいないところ
② レシーブのいないところ
③ ブロックアウト

ブロックの位置や相手コートのレシーブシフトにより、クロスとストレート、強打と軟打、あるいはフェイントをうまく使い分けるようにする。

2. 相手コートの状況を把握する

助走時にトスのボールとともに、相手のコートの様子も把握する。顔ごとボールに向けるのではなく、顔は前を向けて上目づかいのようにして眼球でボールをとらえる。そうすると周辺視野で相手コートをとらえやすくなる。また、声によるコミュニケーションによって、ブロックの人数やコースを伝えてもらうのもよい。

3. ブロックの枚数から相手コートの状況を判断する

ブロック2枚

ブロック2名の場合、4名でコートをカバーしていることになる。クロスかストレートを強打でねらうことができる。

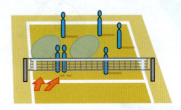

ブロック3枚

ブロック3名の場合、強打してもブロックにとらえられる可能性が高い。そのかわり、コートを3名でカバーしているので、軟打やフェイントが有効になる。

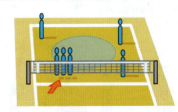

STEP 4. 三段攻撃

攻撃

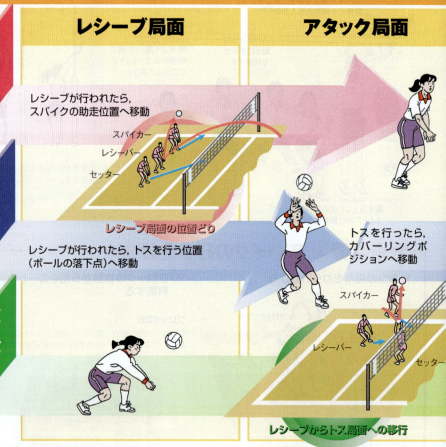

	レシーブ局面	アタック局面
スパイカー	レシーブが行われたら，スパイクの助走位置へ移動	
セッター	レシーブが行われたら，トスを行う位置（ボールの落下点）へ移動	トスを行ったら，カバーリングポジションへ移動
レシーバー		

レシーブ局面の位置どり

レシーブからトス局面への移行

EXERCISE

壁打ちのはね返りをスパイク
二人組で2mくらい離れて行う。

バックトス
バックトスⒶをしたら，後ろを向いて返ってきたⒷを受けて，バックトスⒸをする。

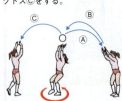

台上スパイク
台の上からジャンプしてスパイク。

3〜4名一組でいろいろなトスをスパイク
セッターは位置を変えて，いろいろな方向（相手コート，アタックライン付近など）からトスを投げ上げる。
アタッカーは1名10本程度で他の組と交代する。

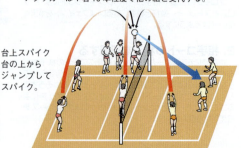

VOLLEYBALL バレーボール

守 備

ブロック局面

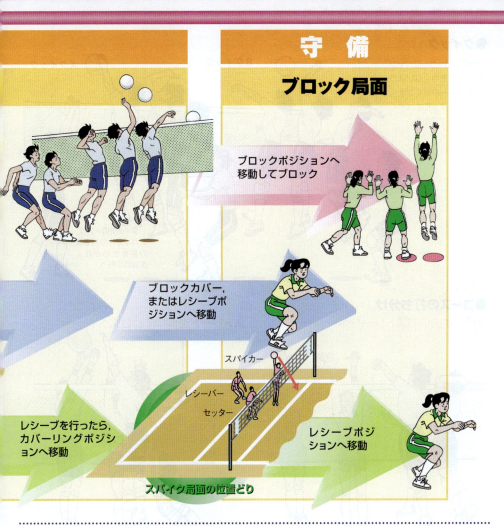

ブロックポジションへ移動してブロック

ブロックカバー、またはレシーブポジションへ移動

スパイカー
レシーバー
セッター

レシーブを行ったら、カバーリングポジションへ移動

レシーブポジションへ移動

スパイク局面の位置どり

ブロックジャンプ
正規のネットの高さでブロックジャンプし、ネット上のボールに触れる。ジャンプのしかた、手・腕の出し方、空間姿勢を理解する。

台上スパイクのブロック
台上から正面に打たれるボールをブロックする。慣れたら、打球コースの打ち分けを読んでブロックする。

連係複合練習
①レシーブ→トス
　Aはネット手前から軽く打たれた（あるいは投げられた）ボールをレシーブしてBに返し、Bはそのボールをネットぎわの左右いずれかにトスする。

②レシーブ→トス→スパイク
　ネット手前からのスパイクをBがレシーブしてAに返す。Aはそのボールをライトのネットぎわにトスする。Bはネットぎわに走り込んで、そのトスをスパイクする。

197

STEP 5. 速く攻める

●クイック

相手ブロッカーにジャンプのゆとりを与えないように、セッターの近くで低く速いトスによってすばやく打つスパイクである。

Bクイック　　Aクイック

クイックのトスは，スパイカーの利き腕の手首をめがけて直線的に行う。

●コースの打ち分け

クロスを向いてストレートへ　　　　　　ストレートを向いてクロスへ

クロス方向に助走に入って相手ブロッカーにクロス打ちを意識させ，上半身をひねってストレートに打つ。

ストレート方向に助走に入って相手ブロッカーにストレート打ちを意識させ，上半身をひねってクロスに打つ。

VOLLEYBALL **バレーボール**

Cクイック

クイック

セッターは，トスを上げる前のパスがまだ空中にあるときに，相手ブロッカーの状況を把握することができれば，どのサイドから攻めればよいのかが判断できる。その場合，センターブロッカーがどちらに寄っているかが判断の基準となる。
また，相手ブロッカーのタイミングを少しでも狂わせるためにも，ギリギリまで相手にトスの方向を読まれない工夫が必要である。

戦術学習④ アタックフォーメーション

アタックフォーメーションをどのようにするかは，相手チームの守備力に対して，アタッカーの特徴を生かした，チームにとってもっとも強い攻撃力が生まれるよう配慮されることが重要である。

❶ 高いトスからのアタック　❷ 平行トスからのアタック　❸ 速攻（ABCDクイック）

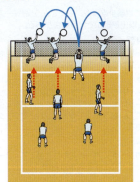 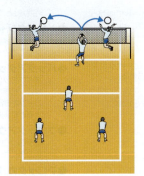 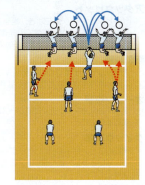

高いトスを上げてコートの両サイドと中央から攻撃させるもっともオーソドックスなフォーメーション。トスが高いため，相手のブロッカーが，アタッカーの前に移動するゆとりを与える。

速く低いトスをコートの両サイドに送り，マーカーいっぱいからアタックさせるフォーメーション。ブロッカーのとくにセンターの移動を遅らせ，攻撃を有利に展開させることができる。

相手のブロッカーのジャンプのタイミングを狂わせながら攻撃をする方法。セッター，アタッカーのタイミングが大切となる。

199

STEP 6. チームのフォーメーションプレー

●サービスレシーブフォーメーション

バレーボールは，サービスレシーブを失敗するとつねに1点を失う。したがって，サービスをいかにレシーブするかというサービスレシーブフォーメーションは，大変重要である。

❶ 1・5Wフォーメーション　　❷ 0・6Wフォーメーション　　❸ 0・6Mフォーメーション

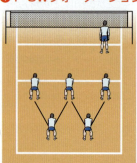  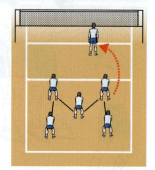

フォワードの1名がセッター役にまわり，始めからネットぎわにいるフォーメーション。

バックの1名がフォワードラインにあがり，レシーブする5名がW字型に並ぶ。サービスがどこへきても容易にレシーブすることができる反面，攻撃者が2名になってしまう欠点がある。

6名全員がレシーブ体制をとるフォーメーション。

バックからセッターがあがるため，フォワードの3名の攻撃力をフルに生かすことができる。

セッターはバックから出て行き，バックの両サイドは，コートの端に分かれてシフトをしくフォーメーション。

バック選手のライン側でのレシーブがしやすい。特に，スピードのないサービスのレシーブに有効。

🏐 競技用語の解説

●アタックヒット
サービスとブロックを除き，相手コートに向かってボールを送ろうとするすべての動作のこと。アタックともいい，ボールを打つ人をアタッカーという。

●移動攻撃
アタッカーがすばやく位置を変えて仕掛ける攻撃のこと。時間差攻撃などでしばしば見られる。

●オープン攻撃
両サイドのアンテナ近くに高いトスを上げてスパイクする攻撃のこと。

●クイック攻撃
速攻のこと。相手のブロッカーにジャンプのゆとりを与えないように，低く速いトスを上げて行うスパイク攻撃のこと。

●サイドアウト
サービス権が相手側に移ること。

●サービスエース
サーブで直接ポイントをあげること。サーブポイントともいう。

●時間差攻撃
相手ブロッカーの動きと攻撃との間にタイミングのズレをつくって攻撃する技術。一人で行う場合（一人時間差）と二人以上が組んで行う場合がある。

●トリックジャンプ
他のスパイカーに打たせるため，スパイクすると見せかけておとりになってジャンプすること。

●バックアタック
バックのプレーヤーがアタックラインの後方でジャンプし，相手コートにボールを打ち込むこと。アタックラインを踏んだり，踏み越えてジャンプし，アタックすると反則になる。

●ブロックアウト
相手のブロッカーの手にボールをわざと当てて，コートの外にたたき出そうとする攻撃技術のこと。

●ブロックカバー
相手にブロックされ，はね返ってくるボールを受けて再び味方の攻撃に切りかえようとするレシーブ技術のこと。

●ラリー
両チームが相手のボールをよくレシーブし，ボールの返し合いをすること。

●アタックレシーブフォーメーション

相手チームの攻撃に対して，臨機応変なレシーブフォーメーションがとれるチームは強いといわれる。相手の攻撃の特徴や味方のブロック能力，守りの領域分担などをしっかりつかんで，チームに適したフォーメーションを組み立てることが大切である。

❶3・3フォーメーションの場合

ブロックに参加をしないフォワードプレーヤーがフェイントカバーに入る。

＜レフトスパイクに対して＞　　＜センタースパイクに対して＞　　＜ライトスパイクに対して＞

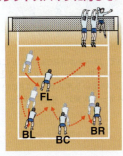 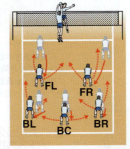 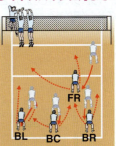

❷3・1・2フォーメーションの場合

バックのプレーヤーがフェイントカバーに入る。

＜レフトスパイクに対して＞　　　　　　　　＜ライトスパイクに対して＞

❸ブロックに参加できないプレーヤーがいる場合

ブロックには最大限フォワードの3名のプレーヤーが参加することができる。しかし，低身長でブロックに参加するより，レシーブをした方がよいプレーヤーがいるときには，ブロックの参加人数を減らしてレシーブの人数を増やすフォーメーションも考えられる。

＜2・2・2フォーメーションでの例＞　　　＜2・1・3フォーメーションでの例＞

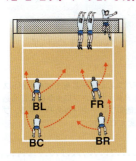 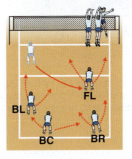

ブロックに参加できるプレーヤーが不足したときにブロッカーは2名，レシーバーは4名とし，特に中衛を守る者はセッター役も行う。

ブロック力のあるプレーヤー2名にブロックをまかせ，トスの上げられるプレーヤーを2・1・3の1の位置に配置する。

EXERCISE

●チームプレーの練習

チームプレーの練習は，試合に直結した練習であると同時に，各フォーメーションを徹底させる練習でもある。したがって，練習の中ではフォーメーションを確認させ，動き方を統一していかなくてはならない。6名の中の一人の動きのミスのために，バラバラになってしまうことがあるので，しっかりと練習しておく必要がある。

❶ 5名のサービスレシーブ・トス

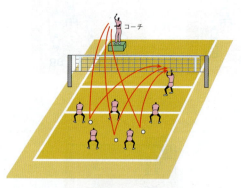

台上からのコーチの強力なサービスを，ネットぎわのセッターに正しくレシーブ・トスする。プレーヤーは，お互いにレシーブ範囲を確認し合い，後ろのプレーヤーは前のプレーヤーのレシーブカバーも行う。お互いにぶつかり合うのは好ましくない。このとき，プレーヤー同士声をかけ合うことが大切である。5～10本でローテーションを行う。

❷ 投げ上げトスの攻撃に対するレシーブからの攻撃

6名は基本の位置にいて，コーチがAB いずれかに投げ上げトスすると同時にアタックレシーブフォーメーションをとる。前衛2名がブロックに跳び，セッターはフェイントに備える。

❸ チャンスボールからの攻撃

6名は基本の位置にいて，コーチがABCいずれかにボールを上げると同時に，アタックフォーメーションをとる。このとき，全員が"チャンス"をいう声をかけ，ABCいずれかから上がったチャンスボールを受け，攻撃に移る。

❹ 台上からのスパイク攻撃に対するレシーブからの攻撃

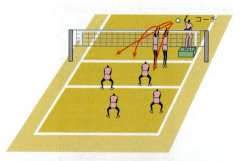

台上からのコーチのスパイクに前衛2名がブロックに跳び，レシーバーはワンタッチのボールや，左右に打ち分けられたボールをレシーブする。レシーブ後ただちにアタックフォーメーションをとり，攻撃に入る。

❺ ブロック板を使ったブロックカバーからの攻撃

コート後方のコーチがパスしたボールをセッターがトスを上げる。そのボールをアタッカーがブロック板に打ち込み，はね返ったボールを他のプレーヤーがカバーする。ブロック板の方向・角度を変えて行う。

VOLLEYBALL **バレーボール**

STEP 7.
作戦の立案

① 相手チームを知る

●サービスについて

<特徴>
- ・どこをねらう傾向にあるか
- ・どんな球種が多いか(フローター, ドライブ, サイドハンド, ジャンプサーブなど)

<長所>
- ・サービスを得意とするのはどのプレーヤーか
- ・強力なサービスを打つのはどのプレーヤーか

<短所>
- ・サービスを不得意としているのはどのプレーヤーか

●サービスレシーブについて

<特徴>
- ・どのようなシフトを採用しているか

<長所>
- ・サービスレシーブを得意としているのはどのプレーヤーか
- ・どのローテーションのときに相手の得意パターンが現われるか

<短所>
- ・サービスレシーブを不得意としているのはどのプレーヤーか
- ・どのローテーションのときにミスが多く現われるか

●アタックについて

<特徴>
- ・どのようなシフトを採用しているか
- ・セッターはどのプレーヤーか
- ・どのような攻めを多用してくるのか
- ・速攻(クイック)を行うか

<長所>
- ・エースアタッカーは誰か, その特徴は
- ・どのローテーションのときに相手の得意パターンが現われるか

<短所>
- ・スパイクを不得意としているのはどのプレーヤーか
- ・どのローテーションのときにミスが多く現われるか

●ブロックについて

<特徴>
- ・どのようなブロックシフトを採用しているか
- ・ゾーンブロックか, マンツーマンブロックか
- ・1枚ブロックか, 2枚ブロックか, それとも3枚ブロックか

<長所>
- ・ブロックを得意としているのはどのプレーヤーか
- ・どのローテーションのときに強力なブロックパターンが現われるか

<短所>
- ・ブロックを不得意としているのはどのプレーヤーか

② 自チームの力を評価する

サービス, サービスレシーブ, アタック, ブロックについて, 相手チームを見るのと同じ観点で特徴, 長所, 短所を把握する。

③ 作戦を立てる

作戦を立てるということは, 相手チームと自チームを見比べながら, 長所をうまく引き出し, 短所を表に出さず, 相手の弱点を攻めながら, 自分の得意なパターンを出せるようなプレーの組み合わせを考えることである。

作戦としては, 次の4つのタイプがある。

①相手チームの弱点を攻める作戦
②相手チームの得意パターンを封じる作戦
③自チームの得意パターンで攻める作戦
④自チームの弱点を攻められないようにする作戦

203

HOW TO PLAY AND REFEREE

ルールと審判法

1 競技施設と用具

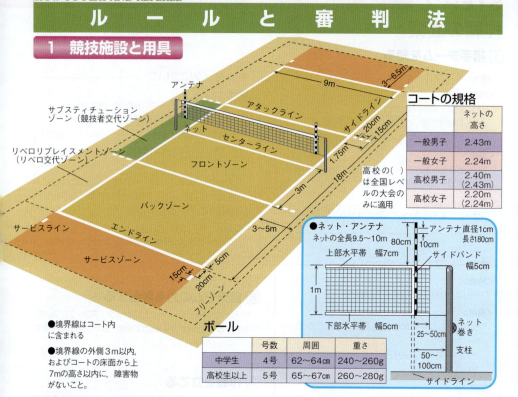

2 競技の進め方

❶チームの構成
チームは最大12名の競技者（大会によっては14名以内），監督，コーチ，医者およびトレーナー各1名の16名（18名）で構成される。

❷リベロプレーヤー
チームはリベロプレーヤーを登録することができる（2名以内）。リベロプレーヤーとは守備専門のプレーヤーのことで，他の競技者と区別できるように色の異なったユニフォームを着用する。コート上でプレーできるリベロプレーヤーは1名で，バック競技者の位置でしかプレーできず，サービスおよびスパイク・ブロックの試みをすることはできない。

❸セット開始時のサービス
第1セットと最終セットはトスによって決めるが，それ以外のセットは前のセットの開始時にサービス権のなかったチームが行う。

❹得点とローテーション
サービス権の有無にかかわらず，ラリーに勝ったチームが得点を得る（ラリーポイント方式）。レシーブ側のチームがラリーに勝った場合は，得点とサービス権を得て時計まわりに1つずつ位置を移動する（ローテーション）。

❺チェンジコート
コートはセットごとに交換する。最終セットに限って，いずれかのチームが8点を得たときに行う。

❻勝敗
最小限2点差をつけて25点を先取したチームがセットの勝者となる。ただし，両チームが24点を取って同点になった場合は，その後どちらかが2点をリードするまで行う（25点制）。5セットマッチでセットカウントが2対2になった場合のみ，第5セットは15点制で行う。

❼タイムアウト
作戦や休憩のためのタイムアウトは1回につき30秒で，両チームとも1セットに2回まで許される。

❽競技者の交代
交代は同一セット中に6回を限度とする。交代してベンチにもどった競技者は，1セットにつき一度だけ復帰できる。その場合，交代してコートに入った競技者との交代になる。

❾リベロプレーヤーの交代
リベロプレーヤーはバックの位置にある競技者と交代できる。コートから出るときは，もとその位置にいた競技者が戻る。交代回数に制限はないが，いったんコートを出てから再びコートに戻るまでに1ラリー終了していなければならない。

3 主なルール

競技の反則（ミスコンダクト）

ゲーム中に，ルールに反するプレーやミスを犯したり，不法な行為をすると反則となり，罰則が適用される。

サービス関係の反則

- ●サーバーのフットフォールト……ボールを打った瞬間，コート（エンドラインを含む）やサービスゾーン外側のフリーゾーンに触れたとき。
- ●ディレイインサービス……サービス許可の吹笛後，8秒以内にサービスをしなかったとき。一度上げたトスのやり直しはできない。
- ※サービスのボールがネットに触れて相手コートに入ってもインプレーとなる（ネットイン）。
- ●リベロプレーヤーがサービスの試みをしたとき。
- ●ローテーションの反則……サービスの順番を間違ったとき。

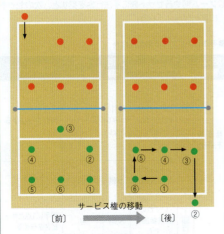

サイドアウトで時計まわりの方向にローテーションする。

- ●サービスチームのスクリーン……サービス側のプレーヤーがサービスコースの真下で，腕を振ったり，ジャンプしたり，左右に動いたりしたとき。

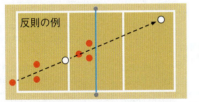

レシーブ側のプレーヤーがサービスセット，ボールコースが見えていれば反則にならない。

ボールプレー関係の反則

- ●キャッチボール（ホールディング，ヘルドボール）……ボールをつかんだり投げたりしたとき。
- ●ダブルコンタクト……2回連続してボールに触れたとき。
- ●フォアヒット……同じチームが3回を超えてボールに触れたとき（ブロックは除く）。

ボールアウト（アウトオブバウンズ）の反則

- ●ボールが許容空間の外側を通過し，自分のコートに再び返球できないとき。
- ●ボールがネットの下を通過したとき。
- ●ネットの上を正しく越えたボールが，相手チームのプレーヤーに触れずに，相手コートの外の床や物に触れたとき。
- ●ボールがゲーム中のプレーヤー以外の人，および物，天井，ネットの外部に触れたとき。

ポジション関係の反則

- ●アウトオブポジション（ポジショナルフォールト）……サービスのときに，決められた正しい位置をとっていない。（サービスが打たれた瞬間の相対する選手同士の足が相手を完全に越えたとき。）

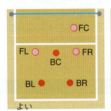

相対するフォワードはバックよりもネット側に，フォワードおよびバックのそれぞれのレフトとライトはセンターよりもサイドライン側に位置すること。

ネット・相手コート関係の反則

● **タッチネット**
…プレー中，アンテナを含む9mのネット部分に触れたとき（アンテナの外側の部分に触れても反則にならない）。

● **ペネトレーションフォールト**
…相手のプレー中のボールにネットの上や下から触れたとき（オーバーネット）。
…足がセンターラインを完全に踏み越して相手コート内へ侵入したとき（パッシングザセンターライン）。

アタックヒット・ブロッキング関係の反則

● **ペネトレーションフォールト**
…バックプレーヤーがフロントゾーン内から（アタックラインを踏む，または踏み越して），ネットの上端より完全に高いボールのアタックヒットを行ったとき。

…バックプレーヤーがブロックに参加したとき（アウトオブポジション）。
● プレーヤーがサービスのボールをブロックしたとき。

リベロプレーヤーの反則

● リベロプレーヤーがフロントゾーン内またはその延長から，指を用いたオーバーハンドパスによって上げたボールを，他のプレーヤーがネットの上端より高い位置でアタックヒットを行ったとき。
● リベロプレーヤーがネット上端より完全に高い位置にあるボールのアタックヒットを行ったとき。
● リベロプレーヤーがブロックに参加したとき。

試合の遅延

● プレーヤーの交代が遅れたとき。
● 試合の再開を指示された後，さらに中断を引かせたとき。
● 不法な競技者交代の要求をしたとき。
● 同一セット内で，不当な要求をくり返したとき。

● プレー中のプレーヤーが競技を遅らせたとき。

● **遅延行為に対する罰則段階表**

反則の種類	回数	競技参加者	罰則内容	提示カード	処置のしかた
遅延	1回目	チームのいずれの競技参加者でも	遅延警告	黄	再発を予防する
	2回目	チームのいずれの競技参加者でも	遅延反則	赤	相手に1点とサービスを与える

不法行為（サンクション）

❶ 役員，プレーヤー，観衆に対して無作法な行為や侮辱的あるいは暴力的な行為があったときは，下表にしたがって罰則が与えられる。
❷ 同一チームのプレーヤーが不法行為を同一ゲーム中に繰り返し行うときは，下表にしたがってさらに重い罰則が適用される。
❸ ゲーム前や各セット間に不法行為を犯すと，次のセットに罰則が与えられる。

● **不法行為に対する罰則段階表**

反則の種類	回数	競技参加者	罰則内容	提示カード	処置のしかた
軽度の不法行為	1回目	いずれの競技参加者でも	罰則とはみなさない	なし	
	2回目			黄	再発を予防する
	繰り返す	いずれの競技参加者でも	反則	赤	相手に1点とサービスを与える
無作法な行為	1回目	いずれの競技参加者でも	反則	赤	相手に1点とサービスを与える
	2回目	同一競技参加者	退場	黄・赤いっしょに	そのセット終了まで控室で待機
	3回目	同一競技参加者	失格	黄・赤別々に	その試合終了まで控室で待機
侮辱的な行為	1回目	いずれの競技参加者でも	退場	黄・赤いっしょに	そのセット終了まで控室で待機
	2回目	同一競技参加者	失格	黄・赤別々に	その試合終了まで控室で待機
攻撃的な行為	1回目	いずれの競技参加者でも	失格	黄・赤別々に	その試合終了まで控室で待機

VOLLEYBALL バレーボール

4 審判法

主審と副審は吹笛した理由をハンドシグナル，線審はフラッグシグナルを使って，判定に必要な合図をし，反則や中断の理由をプレーヤーや観衆にもはっきりわかるように示す。

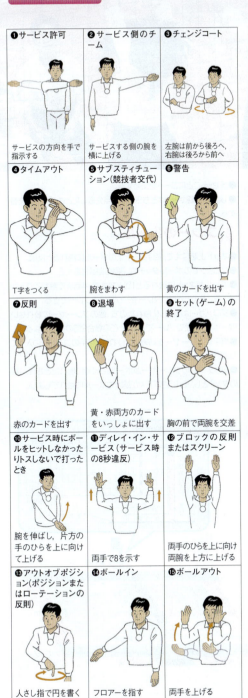

❶サービス許可 — サービスの方向を手で指示する
❷サービス側のチーム — サービスする側の腕を横に上げる
❸チェンジコート — 左腕は前から後ろへ，右腕は後ろから前へ
❹タイムアウト — T字をつくる
❺サブスティチューション（競技者交代） — 腕をまわす
❻警告 — 黄のカードを出す
❼反則 — 赤のカードを出す
❽退場 — 黄・赤両方のカードをいっしょに出す
❾セット（ゲーム）の終了 — 胸の前で両腕を交差
❿サービス時にボールをヒットしなかったりトスしないで打ったとき — 腕を伸ばし，片方の手のひらを上に向けて上げる
⓫ディレイ・イン・サービス（サービス時の8秒違反） — 両手で8を示す
⓬ブロックの反則またはスクリーン — 両手のひらを上に向け両腕を上方に上げる
⓭アウトオブポジション（ポジションまたはローテーションの反則） — 人さし指で円を書く
⓮ボールイン — フロアーを指す
⓯ボールアウト — 両手を上げる

⓰キャッチボール — 片手をゆっくり上げる

⓱ダブルコンタクト — 片手で2を示す

⓲フォアヒット — 片手で4を示す

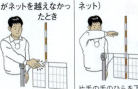
⓳競技者のタッチネット・サービスボールがネットを越えなかったとき — 反則した側のネットに触れる

⓴ペネトレーションフォールト（オーバーネット） — 片手の手のひらを下に向け，ネット上方に横に伸ばす

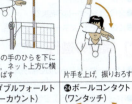
㉑アタックヒットの反則（バック競技者および相手サービスへのアタックヒット） — 片手を上げ，振りおろす

㉒ペネトレーションフォールト（パッシング・ザ・センターライン）ボールがネット下を通過したとき — 片手でセンターラインを指す

㉓ダブルフォールト（ノーカウント） — 親指を立て両腕を上げる

㉔ボールコンタクト（ワンタッチ） — ブラシをかけるように指先に触れる

㉕遅延警告および遅延反則 — 手首を黄カードで触れる

線審（ラインジャッジ）のフラッグシグナル

❶ボールイン — 旗を下げる

❷ボールアウト — 旗を上げる

❸ボールコンタクト（ワンタッチ） — 旗を立て，他方の手のひらを旗の先端にのせる

❹アンテナ外側通過またはサーバーのフットフォールト — アンテナまたはエンドラインを片手で指さし頭上の旗を左右に振る

❺判定不能 — 両手を腕の前で交差する

NINE PLAYERS SYSTEM VOLLEYBALL
9人制バレーボール

1953（昭和28）年に6人制が採用されるまで，日本ではこの9人制が公式のルールだった。背が低くても参加でき，動きが比較的激しくないので，クラブチームや実業団，ママさんバレーではいまも愛好されている。

1. チームの編成
- プレーヤーは9名。
- 交代プレーヤーは6名まで。
- 監督，コーチ，マネージャーが各1名。

2. 競技の進行
- 1セットは，どちらかが21点先取したら終了。20対20のときはジュースで，2点勝ち越すまで続ける。
- 3セット制を原則とし，2セット先取したチームが勝ち。
- ゲーム開始前に提出したサービスオーダーの順序でサービスをし，順序は最後まで変えられない。
- エンドラインの後方，両サイドラインの延長線内（サービスゾーン）の範囲でサービスを行う。
- サービスは1回失敗したら，2回目を行える。
- サイドアウトで，サーブ権を得たチームの次のサービス順のプレーヤーがサーバーとなる。
- 次のセットのサービスは，前のセットで最終サービスをした反対側のチームの次の人から始める。
- 前衛，中衛，後衛と3人ずつ3列に並ぶが，ポジションにかかわらずスパイクやブロックに自由に加わってもよい。
- 後衛のプレー制限はない。
- サービスのときのポジションの制限はない。
- ローテーションは行わない。
- サイドアウトによって得点と同時にサービス権を得る。
- サービス権があってもなくても，相手の反則やミスで得点となる。
- 各セットごとにコートを交替する。
- 1対1の最終セットはどちらかが11点先取したときコートを交替する。

3. プレーのルール
- ネット上を越えて，相手コート上のボールに触れると反則。
- ブロックでのボールタッチも，3回の回数に数える。
- ボールがネットに触れると1回と数えず，4回まで触れることができる。そのとき同じプレーヤーが続けてプレーできる。
- ブロッカーはボールに触れたのち，他のプレーヤーに触れないボールを，続けてプレーできるが，この場合2回の接触となる。
- 相手側プレーヤーを妨害しなければ，相手のコート内に入ってもよい。
- 同じチームのプレーヤーがボールに同時に触れたときは，1回のタッチとし，そのうちの1人が続けてボールに触れてもよい。

種別	男子一般	女子一般	女子ママさん
ネットの高さ	2.38m	2.15m	2.05m
ボール 円周	66±1cm	63±1cm	
ボール 重量	270±10g	250±10g	
ボール 号球	5号	4号	

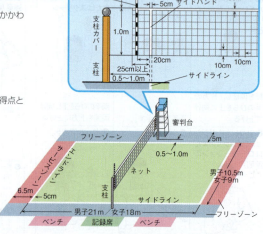

TENNIS
テニス

テニス

おいたちと発展

　テニスの語源については，諸説があるが，現在のテニス競技の原型ともいえるものは，11世紀にフランスやイタリアを中心に貴族や僧侶によって楽しまれた「ジュ・ドゥ・ポーム」と呼ばれるゲームであったといわれる。その後イギリスに伝わり，コートやラケット，ボール，ルールを改良して，1874年にイギリスのウイングフィールドが近代テニスを考案したといわれている。

　1877年にはウィンブルドン（全英オープン）選手権が，引き続いて1881年全米オープン，1891年全仏オープン，1905年全豪オープンが創設され，現在の4大大会（個人戦）の基礎ができた。また，1900年にはデビスカップ戦が生まれ，国別対抗による団体戦の形態も整った。

　わが国には1878年にアメリカのリーランドによってテニスが紹介された。しかし，ラケットやボールを輸入に頼っていたのではテニスの普及が困難なために，日本人の生活の知恵によって，1890年にゴムマリを作ることに成功して誕生したのがソフトテニスである。ソフトテニスは，学校を中心に広く全国に普及していった。

　しかし，外国との交流が増えるなかで，国際的にプレーされていたテニスへの転向は時間の問題だったのかもしれない。1913年に慶應義塾大学がテニスを採用したのをきっかけに，わが国ではテニスとソフトテニスが2通りのスポーツとして普及，発展していくことになった。

　1968年，世界のテニス界はプロ，アマにこだわらずに，同一大会への参加を認めるオープン化を決定した。この影響を受けてわが国においてもプロ・プレーヤーが誕生することになった。近年では，男子は松岡修造，女子は伊達公子，沢松奈生子，杉山愛などが世界的なレベルのなかで活躍した。

　現在，錦織圭が世界の上位で活躍するなか，老若男女が生涯を通じて楽しめるテニスの愛好者は急増の一途をたどっている。また，ソフトテニスも学校教育を中心に地域のクラブで盛んに行われ，国際スポーツとしてもアジアを中心に普及が進んでいる。

●テニスの競技特性

テニスはコート上に備え付けられたネットをはさんで，ラケットでボールを打ち合い，得点を競う競技である。ゲーム形式には，シングルスとダブルスの2つがある。

1.打球の特性

サービスでは，自分の手で投げ上げたボールをノーバウンドで打つ。サービスのレシーブでは，自陣にワンバウンドしたボールを打たなければならない。しかし，それ以降のラリーではノーバウンド，またはワンバウンドのボールを打つ。

2.技能の特性

相手が打ったボールのスピード，コースを読みながら敏速に判断し，俊敏な動きで対応しなければならない（オープンスキル）。自分の思い通りのショットを打つためには，ボールのスピン（回転），スピード，コース（方向），深さ（長さ）をコントロールできる必要がある。また，ラリーを続けるには，待機ポジションと打球位置を効率的に移動するためのフットワークも必要である。

3.体力特性

卓球やソフトテニスなどの他のネット型競技に比べるとかなり重いボールを扱う。打球時にボールに大きな力を加えるためには瞬間的なパワー（力×スピード）が必要であるが，その際，特にテニスでは，打球の衝撃に耐えうる力の要素が重要になってくる。また，そのようなスイングを何百回と繰り返せるだけの持久力も求められる。

●プレーの原則的な考え方

テニスは，正規に返球できなくなったときにポイントが与えられるゲームである。どんなに技能が上達したとしても，ポイントの8割はラリーのミス（ネット，またはオーバー）によるものである。いわゆるエースによるポイントはわずかしかない。

したがって，相手よりも1本余計に打ち返すために，確実に返球できる方策をつねにとり続け（ミスをしない），また相手が返球できないようにさせること（ミスをさせる）がプレーを行う上での原則的な考え方である。

●戦術の基本的な考え方

1.自分のミスをなくす

ポイントの8割がラリーのミスによるものであるとすると，そのミスを自分がしないようにすることが戦術を考える上での大前提である。

ネットになるまたはオーバーする確率の少ない安全なショットをこころがける。リスクの大きい攻めは一時的なポイントの獲得には有効な場合もあるが，ゲームやセットの獲得，あるいは試合の勝利にはあまり貢献しない。

2.相手のミスを誘う

自分の安全を確保したら，相手のミスを誘うことを考える。相手がうまく対応できなかったり，弱点としているようなショットを打ち出してミスを誘う。例えば，苦手なサイドをねらったり，走らせたり，あるいはボールのスピードや深さ，コースを変化させる。自分のミスに対するリスクを考慮しながらショットを打つことが大切である。

3.相手を空間的に追い詰める

ラリーのコースを変えたり，角度のあるショットを打つことによって相手を大きく走らせることができれば，コート上に大きな空間ができ，相手は合理的待機ポジションを維持できなくなる。そこをねらって攻撃をうまく組み立てれば，相手を追い詰めることができる。

4.相手を時間的に追い詰める

グランドストロークでライジングのボールを打ったり，ネットに近づいてプレーすることによって，相手は時間的な余裕がなくなり，ショットに反応できなくなってくる。そこをねらって攻撃をうまく組み立てれば，相手を追い詰めることができる。

⚠ テニスのマナー

①コートではテニスシューズを着用する。
②ウエアは清潔なものをきちんと着る。
③コートを横切るときは，そのコートのプレーが中断するのを待ってから行う。
④ネットをたたいたり，跳び越したりしない。
⑤ゲーム前後の挨拶をきちんとし，正々堂々と最善を尽くしてプレーする。
⑥セルフジャッジの場合，判定の困難なボールはセーフとしてプレーを続行する。
⑦練習後は，コートにブラシをかけ，ラインをはいておく。

🎾 安全に対する留意点

①コート上にボールを散在させない。プレー中に，ボールに脚をとられて転倒し，ねんざや骨折をしたりする恐れがある。
②ボールを拾うときは，プレーを中断して行う。ボールが眼にあたる事故があるので注意する。
③素振りをする際は周りに人がいないことを確認してから行う。ラケットで殴打する事故に注意する。
④ネット巻き機やローラーの取り扱い方は，事前に指導を受ける。

STEP 1. 確実に返球する

● グリップの理解

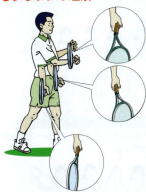

① ウエスタングリップ
上向きのスイングでトップスピン系（順回転）のボールを打つときに用いる。

② イースタングリップ
やや上向きのスイングで回転数の少ない順回転のボールを打つときや，フラット系（あまり回転しないボール），あるいはスライス系（逆回転）のボールを打つときに用いる。

③ コンチネンタルグリップ
当てて返すだけのグランドストロークやスライス系（逆回転）のボールを打つときに用いる。また，サービス，ボレー，スマッシュにも適している。

POINT
適切なグリップに持ち換えることをグリップチェンジという。グリップチェンジをスムーズに，しかも的確に行うことが正確なラリーにつながる。

● グランドストローク
フォアハンド　　　バックハンド

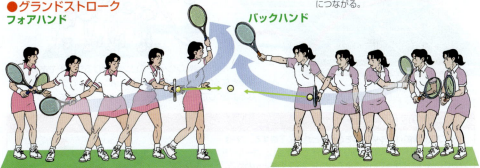

● ボールのコントロール

ボールの飛ぶ方向は，次の3つの要素をコントロールすることによって決まる。
① ボールをとらえる位置
② ラケット面の角度
③ スイングの方向

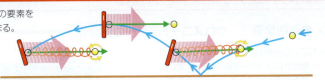

● 戦術学習① コート上の合理的な待機ポジション

合理的な待機ポジションとは，ボールがどこに飛んできても追いつくことができるコート上の位置のことである。ゲーム中は待機ポジションから打つ位置まで移動し，また待機ポジションに戻るというサイクルをくり返すが，相手がショットを打つ位置や球種によって待機ポジションも変わってくる。ラリーを続けるには，つねに適切な合理的な待機ポジションをとり続けることが必要である。

相手が返球可能な角度（最左端のコースと最右端のコースでできる角）の二等分線を目安にして考える。

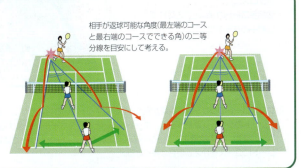

STEP 2. ラリーにおけるエラーを少なくする

●トップスピン系

フォアハンド

バックハンド

ボールに順回転（トップスピン）をかけるショットである。ネットの高い位置を通過させることができるのでラリーの安全性が高い。インパクトでラケットが垂直になるようにしてボールをとらえ，上向きにスイングする。

●スライス系

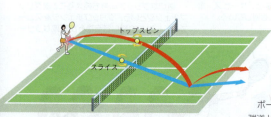

ボールに逆回転（アンダースピン）をかけるショットである。低い弾道となるので相手は返球しにくい。インパクトでラケットが垂直になるようにしてボールをとらえ，下向きにスイングする。

● ボールの回転（スピン）

トップスピンのボールは頂点を過ぎると急激に下降する。これは，ボールの縦回転によってボールの上下で圧力差が生じ，ボールが圧力の低いほうに曲がっていく現象であり，マグヌス効果といわれる。
トップスピンの場合，ボールの下側では空気の流れと回転方向が同じになるので圧力が小さくなり，ボールには下向きの力が働く。反対にアンダースピンではボールに上向きの力が働く。

● 戦術学習② クロスコートラリーの安全性

1) ミスの危険性が少なく，しかも相手に攻撃されないラリーを続けるには，次の条件をなるべく満たすことができる返球がよい。
①クロスに打つ
②相手コートの深いところに打つ
③相手のバック側に打つ

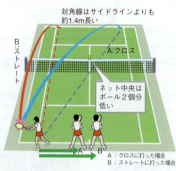

クロスラリーからストレートに展開した場合，合理的待機ポジションまでの距離が長くなる（A＜B）。

2) クロスコートのラリーは，距離が長く，しかもネットのいちばん低いところをボールが通過するので，ストレートのラリー（距離が短く，ネットの高いところをボールが通過する）に比べて，ミスの危険性が少ない。また，次の待機ポジションへの距離も，クロスコートラリーでは短くて済むが，クロスからストレートにコースをかえる場合は長くなる。

STEP 3. 相手を崩す（チャンスをつくる）

●サービス

フラットサービス
　スピードを重視したサービスである。ボールに回転を与えないように、ボールに対してラケットを直角に向けてインパクトさせ、ボールの進行方向にラケットを振り抜く。

　サービスは，相手の返球の影響を受けず，自分でコントロールできる唯一のショットである。ファーストサービスは戦術的なウエイトが高く，相手を崩すきっかけをつくることができる。セカンドサービスでは失敗が失点につながるので，確実性を重視しなければならない。

●サービスダッシュ

スピンサービス
　ボールの順回転にともなう効果を重視したサービスである。ボールに順回転を与えるために，ボールに対してラケット面をあまり開かず，ボールの進行方向に対して右上にこすり上げるように（右利き）ラケットを振り抜く。

　サービスからネットプレーに移行するための技術である。相手のレシーブのインパクトに合わせてスプリットステップを踏んでタイミングをはかることがポイントになる。

●戦術学習③　相手を崩すとは

　相手を崩すには，基本的には，相手が対応しにくい返球をすればよい。そのための要素は次の4つである。
　①相手を走らせるような返球をする
　②相手が反応できないスピードで返球する
　③相手のミスを誘う返球をする
　④相手の予測の逆をつく返球をする

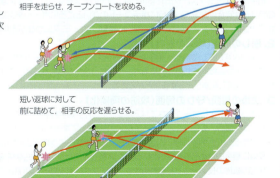

相手を走らせ，オープンコートを攻める。

短い返球に対して
前に詰めて，相手の反応を遅らせる。

STEP 4. 相手を追い込む

●アプローチ

相手からの返球が短くなったとき，打球後にネットにつくために行うショットである。ネットプレーにつなげるための，戦術的な判断が必要になる。

●ボレー

ネットぎわでボールをノーバウンドでストロークするショットである。相手を追い込んだ後の決めのショットにもなる。相手の動きを見ながら，どこにポジショニングするかが重要である。

●スマッシュ

頭上に浮いたボールや相手からのロブに対して，オーバーヘッドのストロークをするショットである。ボールをタイミングよく頭上で捕らえることが重要である。

●パッシングとロブ

ネットポジションにいる相手の両サイド(ストレートまたはクロス)をボレーされないように通過させるショットである。追い詰められ，パッシングショットの体勢がとれない場合，相手の頭上の高い位置を通過させるロビングで挽回のチャンスをねらう。

●戦術学習④　ラリーにおける戦術的局面

テニスでは，どの局面でラリーが行われているのかを把握し，より攻撃的な局面に移行するきっかけをつかむことが大切である。

1. つなぎの局面 (攻防の均衡)

相手を崩すチャンスが見出せるまでは，自分のミスをなくし，相手に攻撃させないラリーを維持する。クロスコートのラリーは安全性が高く，さらに相手コートの深いところにボールを集めることができれば，相手は前に出てくることができない。チャンスではないのに強引に攻撃しても，ミスにつながるだけである。

2. 崩しの局面(均衡の崩れ)

相手の返球が短い場合は，相手を崩すチャンスである。ショートクロスを打ったり，ラリーのコースを変更するなどして，相手が距離的にも時間的にもボールを拾う余裕がなくなるようにすると，相手の体勢を崩したり，体力を消耗させたり，リズムを崩したりすることができる。

3. 決めの局面/守りの局面(攻防の両極化)

相手のコート上にオープンなエリアができたり(合理的な待機ポジションを維持できない)，相手が浅く浮いた返球しかできない場合，あるいはアプローチショットを使ってネットポジションをとることができる場合は，決め球を使うチャンスである。相手が時間的にも距離的にも反応できないようなエリアをねらう。

反対に相手に攻められた場合は，崩れた体勢を整えたり，合理的な待機ポジションに戻る時間を確保するために，ロブなどの軌跡の長いショットで対応する。ロビングは相手コートの深い位置に落とすことができれば，局面を挽回することも可能である。

TENNIS テニス

STEP 5. ダブルスの攻防

●ダブルスの陣形

①雁行陣
1名がベースライン（後衛），もう1名がネット（前衛）に位置し，後衛はラリーでチャンスをつくり，前衛がネットプレーで決めるという役割を分担する。

③ベースライン並行陣
2名ともベースラインに下がることによって，相手からの打球を粘り強く返球することが可能。防衛の面からはもっとも堅固な陣形である。

②ネット並行陣
2名ともネットにつくことによって，浮いたボールはすべて攻撃できる点で，もっとも攻撃的な陣形である。

●戦術学習⑤ さまざまな陣形での攻防

シングルスに比べ，ダブルスのゲームでは，ネットに出て攻撃を仕掛けたほうが有利である。チャンスがあれば，初期陣形の雁行陣から，より攻撃陣形である並行陣への移行を考えるとよい。

①ネット並行陣vs雁行陣

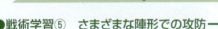

- チャンスボールにはポーチに出る
- ストレートのパッシングショットやロブに注意する

- 浮いたボールを決める
- 沈められたら正面のプレーヤーのポーチに注意しながら，相手を動かす
- パートナーの頭上へのロブをカバーする

- センターやクロスに沈むボールを打ったり，ロブを上げて，相手の陣形を崩す
- 浅いチャンスボールはパスで決めるか，沈むボールを打ってネットに詰める

- 正面のプレーヤーがローボレーで打つときはポーチに出る
- 斜め前のプレーヤーが打つときにはセンターをカバーする

②ネット並行陣vsベースライン並行陣

- チャンスボールにはポーチに出る
- ストレートのパッシングショットやロブに注意する

- 浮いたボールを決める
- クロス，センター，ストレートに打ち分けて，相手コートに空きをつくる
- パートナーの頭上へのロブをカバーする

- クロス，センター，ストレートにパッシングショットやロブを打ち分け，相手の陣形を崩す
- ロブで相手の頭上を越えたら，二人でネットに詰める
- 浅いチャンスボールはパスで決めるか，または沈むボールを打ってネットへ詰める

③ネット並行陣vsネット並行陣

- 双方，ボレーでの戦いとなる
- クロス，センター，ストレートに沈むボールを打ち，相手から浮いてきたボールを決める
- 相手がネット近くに詰めたときに，ボレーでロブを上げることも有効である

※ポーチ：ダブルスの前衛が，パートナーが本来受けるべきボールを横からとび出して打つ（ボレーする）こと。

215

STEP 6. 作戦の立案

① 自分または自チームの特徴

自分の能力以上のゲームをしようとすると，無理が出る。熟練度によってその内容は異なるが，「自分のできることをして効率よく攻撃する」ことが大切である。そのためには，「つなぎ球（チャンスを待ってつなげる）」「決め球（チャンスボールを決める）」「逃げ球（相手から攻撃されたときに，自分の体勢を立てなおすために一球多く返しておく）」を区別する必要がある。

② 相手または相手チームの特徴

相手のポジションに応じて自分の配球を工夫し，また，相手の配球に応じて自分のポジションを工夫しよう。

a. ネットポジションをネットの近くにとる相手にはロブを上げ，ネットから離れて位置する相手にはパスを打つ。

b. 速い打球の相手とラリーする際は，少し後方に位置する。

c. ストロークが得意でネットが苦手な相手には，ドロップショットを使う，など。

③ 試合場の条件

a. 風上ではポジションを前に，風下では後ろにとる。

b. 風上ではトップスピンで打ち，風下では強めに打ち，ときにドロップショットを使う。

c. 滑りやすいコートでは，スライスショットが有効。

d. サイドフェンスのあるコートでは，決め球のスマッシュをそのサイドに打つ。

④ 試合の流れ（重要なゲームやポイント）

どのポイントも重要であるが，マッチゲームやゲームポイントなどでは，特に気力を充実してプレーに集中する必要がある。マッチポイントをとられない限り，どちらにも勝利の可能性がある。

⑤ 心理的なゲーム（心理的問題の克服）

「相手の意図を予測し，自分の意図を予測させない，あるいは相手の予測の逆をつく」ことが大切である。また，心理的な動揺があると集中力を欠くために反応が遅れてミスが多くなる。したがって，気持ちを切りかえて，新たな1ポイントを集中してプレーする必要がある。

簡易的なスコアリング方式

ノーアド方式： デュース後，次の1ポイントでそのゲームの勝敗を決する。このときレシーバーは，左右いずれのコートでサーブを受けるかを選択できる。

タイブレーク方式： 7ポイント先取，ただしポイント数が6対6になった場合は，その後2ポイントリードしたほうがそのゲームを得る。奇数目のポイントが終了するごとにサーバーは交代する。コートサイドは6ポイントを経過するごとに交代する。

ショートセット方式： 2ゲーム以上の差をつけて4ゲーム先取したほうがそのセットを得る。ただし，ゲーム数が4対4になった場合はタイブレークを行う。

⚡ テニスの試合を観戦する視点

1.シングルス

①サーブやレシーブの組み立て
- コースはどこに集中しているか
- どんなポイントでコースや種類を変えているか
- サーブ＆ラッシュやレシーブ＆ラッシュをどのようなポイントで行っているか

②どのようなタイプのプレーヤーか
- 粘り強く拾うタイプか，早めに強打するタイプか
- ネットについて勝負するタイプか，相手をネットに誘って勝負するタイプか

③ラリー中のクロスとストレートの使い方
- クロスへの角度のあるショットと深いショットの使い分けはどうか
- ストレートへの有効なショットはどこから打っているか

④角度のあるショットを打たれたときの処理
- 合理的ポジションに戻るためにどんなショットを使っているか（ロブで逃げる，深く返す，角度をつけるなど）
- どのようなポイントで強打しているか

⑤決め球に結びつくショットの組み立て
- どのようなショットでチャンスをつくり，そのとき相手打球に備えてどこにポジションをとったか
- 最終的にどのように動いて，どこに，どんなショットを打って決めたか

2.ダブルスのコンビネーション

①陣形
- サービスサイドの陣形は
- レシーブサイドの陣形は

②ファーストボレーのコース
- 浮いたボールがきたら
- 足元にきたら

③前衛のポーチや，逆に前衛サイドへのパス
- どのようなポイントで使っているか
- お互いの駆け引きはどうか

④センターに打球されたときの処理
- どちらのプレーヤーが返球しているか
- どこへ，どのようなボールを返球しているか

⑤ロブの使い方と，逆にロブに対する処理

3.心理的なゲームとして

- きわどいボールに対する自分に不利なジャッジに対しても，平然とした態度を維持しているか
- 平凡なミスをしたときはどうか
- 大切なポイントで弱気になっていないか
- リードされても挽回を目指してプレーしているか
- 悪条件やパートナーの不調にも腐らずにプレーしているか

4.ショットの打ち方

- 見本となる選手のフォームを学習したいときは，ボールを追わずに，そのプレーヤーに注目するとよい。
  その際，スイングだけでなく，グリップから観察する必要がある。また，戻り足を含めたフットワークを観察することも大切だ。

TENNIS テニス

HOW TO PLAY AND REFEREE
ルールと審判法

1 競技施設・用具・服装

コート

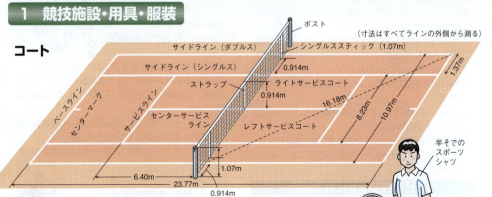

ラケット

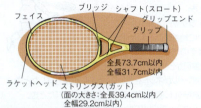

ボール
6.54～6.86cm
重さ56.0～59.4g

服装
女子はワンピースまたはシャツと，スコートまたはショーツ

2 競技の進め方

❶トス
最初のゲームでどちらがサービス（レシーブ）をするか，どちらのコートに位置するかは，トスによって決める。一方がラケットをまわし，回転しているうちに他方が「スムース／アップ（表）」か「ラフ／ダウン（裏）」をいいあてる。トスの勝者は，ⓐサービスまたはレシーブの選択か，ⓑコートサイドの選択のうち，どちらかひとつを選択する。敗者は残りの選択権を得る。

❷サービス
サービスは各ゲームの最初のポイントでは右コートの後方から，次は左コートの後方から行う。いずれも対角方向の相手サービスコートに打つ。第1サービスがフォールトの場合は第2サービスを行う。

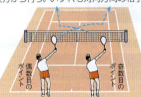

❸サービスの交代
サービスとレシーブは，1ゲームが終了するごとに相手と交代する。

● 競技の得点構成

4ポイント先取。ただし，3対3になった場合はデュースとなり，デュース後は2点リードしたほうがゲームを得る。
6ゲーム先取。ただし，ゲーム数が5対5になった場合は，その後は2ゲームをリードしたほうがそのセットを得る（アドバンテージセット）。なお，ゲーム数が6対6になった場合に特別な1ゲームをとったほうがそのセットを得るタイブレークセットもある。
2セット先取（3セットマッチの場合）した方がそのマッチ（試合）の勝利者となる。ファイナルセットの代わりに，タイブレーク・ゲームを行うマッチタイブレークもある。

❹サービスの順序
ダブルスの場合，各セットの第1ゲーム，第2ゲームはそれぞれの組のどちらのプレーヤーがサーバーになってもよいが，第3，第4ゲームはそれぞれのパートナーがサービスを行い，以下同様な順序でくり返す。つまり，全員が交代でサービスし，1人が3ゲームおきにサーバーになる。

❺コートの交代
各セットの奇数目のゲームが終了するごとにコートサイドを交代する。

❻レシーブ
ダブルスでは，右コートでレシーブする者と左コートでレシーブする者を決め，1セットの間これを変更してはならない。

217

3　主なルール

サービスがフォールトになる場合

①入れるべきサービスコートにサービスがノーバウンドで入らなかったとき。
②サービスが終わるまでにラインを踏んだり，ラインを越してコートに入ったとき。ただし，どちらかの足が空間でラインを越えてサービスしてもよい。
③ボールをトスして打とうとしたが，空振りして打てなかったとき。
④サービスをしたボールが審判員や審判台，ダブルスのパートナーに当たったとき。
※第1サービスがフォールトの場合，第2サービスを行う。
　第2サービスがフォールトの場合，ダブルフォールトになり失点。

サービスがレットになる場合

①ボールがネットやストラップに触れて相手方のサービスコートに正しく入った場合(ポストに当たって入った場合はフォールトになる)。
②ボールがネットやストラップに当たった後，地面に落ちる前に，レシーバーのラケット，体，着衣などに触れたとき。
③トスを上げたが打たなかったとき。
④レシーブの準備ができていないときにサービスが打たれた場合。
※サービスがレットの場合，当該サービスだけをやりなおしする。
※上記①②をインプレー(ノーレット)とするやり方もある。

4　審判法

審判の任務

●主審は自分に任せられたラインの判定だけでなく，他の線審の判定の通告を復唱し，またポイントやゲームのスコアをコールする。
●フォールトまたはアウトのボールに対して大きな声で判定する。グッドのボールに対しては判定しない。

審判の判定区分(2名で行う場合)

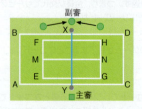

※ラインの責任分担
　主審＝AC,EG,MN,
　　　　AB,CD,XY
　副審＝BD,FH,EF,
　　　　GH,XY

競技中に失点となる主な事項

①サービスが2本ともフォールトになったとき。
②サービスされたボールが地面に落ちる前に，直接レシーバー側のラケット，体，着衣などに触れたとき。
③二度バウンドする前に返球できなかった。
④返球が直接ネットを越さなかったとき。
⑤返球が直接相手のコートの外に落ちたり，審判台などに触れたとき。
⑥たとえコートの外側に立っていても，ボールを直接打球して，それが有効な返球にならなかったとき。
⑦ラケットでボールを故意に二度打ったり触れて打球したとき。
⑧プレー中にプレーヤーの体，ラケット，着衣，持ち物がネットやポスト，相手のコートに触れたとき。
⑨ラケット以外のものをプレー中に地面に落とした場合，最初はそのポイントをやりなおすが，2度目からはその都度失点となる。
⑩ボールがネットを越してくる前に直接打球したとき。
⑪ボールに直接，体，着衣，持ち物が触れたとき。
⑫ラケットを投げてボールを打ったとき。
⑬ダブルスでの1つの返球で，ペアの両方がボールを打ったとき。

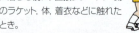

審判コールのしかた

●ゲームの進行のコール

試合の開始時	The best of 3 (or5) advantage(or tie-break)sets, First set, A to serve. Play!
ゲームの終了時	Game A, B leads, 3-2.
セットの終了時	Game and first set B, 6-4
試合の終了時	Game, set and match A, 2 sets to 1, 4-6, 6-4, 7-5

●ポイントコール(サーバーの得点を先にコールする)

得点 サーバー　レシーバー	コールのしかた
1点 対 0点	フィフティーン・ラブ(15対0)
1点 対 1点	フィフティーン・オール(15対15)
2点 対 3点	サーティー・フォーティ(30対40)
3点 対 3点	デュース(40対40)
デュース後，Aさんが1点リード	アドバンテージ・A

SOFT TENNIS
ソフトテニス

ソフトテニス

おいたちと発展

1874年にイギリスのウイングフィールドが近代テニスを考案したといわれ，わが国には1878年にアメリカのリーランドによってテニスが紹介された。ところが，ラケットやボールの輸入が高価につくため，日本人の生活の知恵が発揮されて，1890年にやわらかいゴムボールが開発・製造された。そして，日本独自のソフトテニスが誕生した。それ以来，学校を中心に普及し，130年行われてきたソフトテニスが現在では，競技人口約50万人と愛好者の推定人口700万人余が，大衆的競技スポーツとして楽しんでいる。

一方，近年国際普及の努力が実り，アジア競技大会に関しては，1994年に広島で正式種目として採用された。以降7大会継続し，2018年にはインドネシアのジャカルタで開催され，日本は優秀な成績を収めている。また以前から長年行われているアジア選手権，世界選手権をはじめとする国際大会も開催されており，国際的にも着実に発展の道を歩んでおり，オリンピックへの道を模索している。

国際普及に伴って1992年には「軟式庭球」の名称が「ソフトテニス」と変更された。ルールに関しては抜本的に改訂されて1994年度から国際ルールが約10年適用されてきたが，2004年からダブルス・シングルスともに現行国際ルールに改訂されて，現在に至っている。

また，ダブルスを主体としてきたソフトテニスも国際大会では，シングルスが重要視されるようになり，大学リーグ，実業団リーグ，日本リーグなどで団体戦の中に導入されており，底辺層へ普及すべく方策が検討されている。

今後，より一層競技として魅力的なスポーツになっていくことが期待される。

●ソフトテニスの競技特性

ソフトテニスは，コート上に備え付けられたネットをはさんでラケットでボールを打ち合い，得点を競う競技である。ゲーム形式としてはシングルもあるが，ダブルスの方が広く行われている。

1 打球の特性

サービスでは自分の手で投げ上げた（トスした）ボールをノーバウンドで打ち，レシーブでは自陣にワンバウンドしたボールを打つ。それ以降のラリーではノーバウンドまたはワンバウンドのボールを自由に打つことができる。

2 ゲーム特性

サーバーは，1ゲームの中でパートナーと2ポイントずつ交代して行う。サービス時にもう一方のパートナーは後陣あるいは前陣にポジションをとることができ，いろいろな展開が可能で，オールラウンドプレーが課題となる。

3 技能の特性

ベースラインプレーヤーには，グラウンドストロークにおけるコース，スピード，軌跡の長短，ボールの回転，球種などをコントロールする技術，および相手のネットプレーヤーに対処する技術が必要になってくる。ネットプレーヤーには，ネットぎわでのボレーやスマッシュの技術が必要になってくる。ゲームではどちらのプレーヤーにも，相手から打たれたボールのコースや球質に関する予測，および瞬時の判断と反応が要求される。

4 体力特性

適切な打点にすばやく移動するためのクイックネス，打球時に大きな力を加えるためのパワー（力×スピード），さらにはゲームを最後まで戦い抜くためのスタミナやメンタルタフネスが要求される。

●プレーの原則的な考え方

ゲームの1ポイントに要する平均ラリー回数は10本にも満たない程度であり，さらにそのポイントの多くはラリーのミスで終わる場合が多い。
サービスからの3球目攻撃，5球目攻撃，レシーブからの4球目攻撃，6球目攻撃をいかにミスを少なくしてポイントにつなげていくかが，プレーにおける原則的な考え方である。

●戦術の基本的な考え方

1. **相手よりも1本でも多くラリーを続ける**
   ゲームにおける1ポイントは，ミスで終わる場合がきわめて多い。先にミスをしないように，相手よりも1本多くラリーを続けようとすることが戦術を考える上での基本である。

2. **相手のミスを誘う工夫をする**
   ミスをしないように正確で安全な配球をしながら，相手を惑わせ，弱点をついてミスを誘うことを考える。

3. **相手を空間的・時間的に追い詰める**
   相手を走らせ，陣型を崩すことによって，コート上にオープンスペースをつくり出し，空間的・時間的に追い詰める。さらには積極的なネットプレーによって，相手を混乱させて心理的に追い詰めることを考える。

●ゲームのしくみ

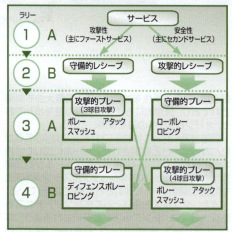

●技能の関係

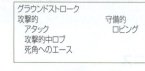

▶ 安全面に対する配慮

①ウォーミングアップをしっかりと行う。
②多人数での練習では，隣同士ラケットやボールをぶつけないように，ぶつけられないように気をつける。
③転がっているボールに足をとられて転ばないように，ボール拾いはしっかり行う。
④自分の体調を考えながら自分のペースでプレーする。

SOFT TENNIS ソフトテニス

STEP 1. 確実に返球する（ラリーを続ける）

●グリップの特徴
ソフトテニスではウエスタングリップが基本的な握り方になる。フォア，バックとも握り替えをせず，同じ面でボールをとらえる。

●いろいろなグリップ

ウエスタングリップ

セミイースタングリップ

イースタングリップ

●ウエスタングリップの握り方
地面に置いて上から握る

POINT
手のひらでぎゅっと握りしめない。小指側から指で握っていき，手の平は添える感じでリラックスさせる。

●基本的なグラウンドストローク
グラウンドストロークは，地面に一度バウンドしたボールを打つ技術である。打ち方は打点の高さによって，アンダー，サイド，トップの3つのストロークに分けられる。

①フォアハンドのアンダーストローク

バックスイングしながら軸足（右足）を決める

ボールをフラット面でとらえる

下から斜め上に振り抜く

②バックハンドのアンダーストローク

ボールのバウンドに合わせ軸足（左足）を決め，バックスイングを完了する

右足をステップインして腕を伸ばしながらボールをラケットでとらえる

下から斜め上に振り抜く

●ボールのとらえ方

基本的にはフォアもバックも同じ面で，手のひらの感じでボールをとらえる。

●ラケットの引き方とスイングの方向
トップストローク
サイドストローク
アンダーストローク

●フォアとバックの打点のちがい
打点はバックのほうが幅がせまく，前にある。
フォアハンド　　バックハンド

DRILL ラリーを続けるためのドリル

1. **A対Aのラリー合戦（サービスコートでのラリー）**
   ピンポンの要領で，スイングではなく，ラケットの面をプッシュする感じで1本でも多くラリーを続ける。
2. **B対Bのラリー合戦**
   プッシュするだけではボールが飛んでいかないので，ラケットにボールをのせて押し出す感じで10本程度ラリーが続くようにする。
3. **C対Cのラリー合戦**
   ベースラインでのストロークでは，フォアハンドのアンダーストロークを身につける。

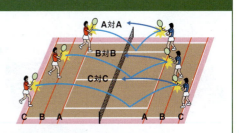

STEP 2. ラリーを組み立てる

●シュート打法
膝を曲げ，ラケットを地面と平行にスイングし，左肩（フォアハンド）に振り抜く。

フォア

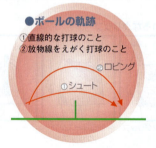

●ボールの軌跡
① 直線的な打球のこと
② 放物線をえがく打球のこと
② ロビング
① シュート

●ロビング打法
膝を曲げ，ラケットを下から上へスイングし，高い位置に振り抜く。

フォア
膝を曲げて，ラケットを下から上へ縦面に使って脇を締めてスイングし，高い位置に振り抜く。

コースの打ち分け

打点を変えることによって，ストレートとクロスの打ち分けができる。

DRILL ラリーを組み立てるためのドリル

グラウンドストロークの基本が身につくと，次はそれがゲームの中で状況に応じて使えるように，ラリーを組み立てる能力を身につける必要がある。

１．シュート打法とロビング打法を組み合わせる
シュートに対してシュートとロビング，ロビングに対してシュートとロビングを打ち分ける技術も必要になる。

２．長いボールと短いボールを打ち分ける
相手を前後に走らせるのも重要な技術である。肩を中心とした大きなスイングで深いボールを打ち，肘を中心としたコンパクトなスイングで短く打つ。短いボールを打つときにはスライス気味に打つ打法も習得する。

３．コースを自由に打ち分ける
ポジションをとっている相手ネットプレーヤーを基準にし，シュート，ロビングの左右への打ち分けが必要となる。相手のネットプレーを迷わせるためには，どちらにも打てる体勢をつくりながら，シュートかロビングか，右方向か左方向か予測されにくい打法を心がける。

SOFT TENNIS ソフトテニス

STEP 3. コンビネーションプレーを発揮する

●ネットプレー

①ボレー
ボレーとは，相手から打たれたボールをノーバウンドで返球する技術である。

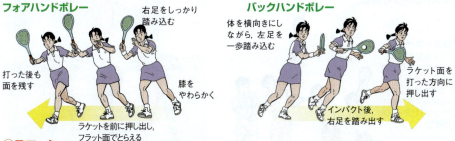

②スマッシュ
スマッシュは，ロビングに対応する技術で，効果的で破壊力のあるストロークである。ロビングの判断と後退のフットワークが大切である。

●ダブルスの陣型

①並行陣(後陣)VS並行陣(後陣)
初級レベルでは，お互いにグラウンドストローク中心のゲーム展開をめざす。また，グラウンドストロークを得意とするペアは積極的にこの陣型で戦い，お互いに相手のミスを待つ粘り強い配球を心がける。

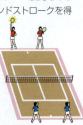

②雁行陣VS並行陣(後陣)
グラウンドストロークを得意とするペアは後陣の並行陣で戦い，ベースラインプレーとネットプレーの役割分担がしっかりできているペアは攻守のバランスのとれた雁行陣で戦う。

③雁行陣VS雁行陣
ソフトテニスでもっとも一般的で，かつ理想的な陣型である。お互いの役割分担でコンビネーションプレーを目指す。ベースラインプレーヤーとネットプレーヤーのかけひきがきわめて重要となる。

戦術学習① 相手を走らせてスペースをつくる

(1) 正クロスから正ストレートへ
クロスでの打ち合いからロビングでストレートに打ち，相手を大きく走らせ，また，バックハンドで打たせることによってネットプレーヤーの攻撃チャンスをつくりだす。

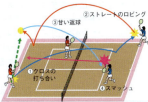

(2) 正ストレートから正クロスへ
ストレートに走らせた相手からの甘い返球を，さらにクロスへロビングで振ることによってネットプレーヤーに攻撃チャンスをつくりだす。

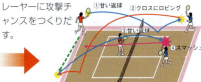

STEP 4. サービスで主導権を握る（3球目攻撃）

サービスには，ファーストサービス（攻撃）とセカンドサービス（守り）がある。サービスは唯一誰にも妨害されることなく，自分の考え方やリズムで打つことができるストロークである。

●サービス
①フラットサービス
ラケット面にボールが直角に当たるように右肩の高い位置でとらえ，左脇の下に振り抜く。ウエスタンとイースタンの中間のグリップ（セミイースタン）で握る。

②ショルダーカットサービス

イースタングリップで握り，低いトスを上げると同時に右肘を曲げてためをつくり，ボールの右下をとらえ，ラケットを右から左に振りぬく。

● プッシュサービス
ラケットは，最初からかつぎ，右肩の上でボールをプッシュしてサービスコートに入れる。

戦術学習② サービスから3球目攻撃

攻撃的なサービス（1球目）を入れ，甘くなった相手レシーブ返球（2球目）を3球目で攻撃する。ネットプレーヤーはボレーやスマッシュで，ベースラインプレーヤーはトップストロークで攻撃する。

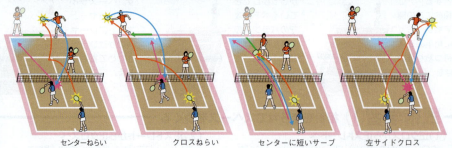

センターねらい　　クロスねらい　　センターに短いサーブ　　左サイドクロス

（1）センターをねらってレシーバーをフォアハンド側にまわりこませ，クロスにオープンスペースをつくる。

（2）クロスをねらい，センターにオープンスペースをつくる。

（3）センターに意表をついてショートサービスをし，前によせて後ろにオープンスペースをつくる。

（4）左サイドへのサービスのとき，クロスをねらって相手のバックハンドで打たせたり，コートの外に追いやることによってセンターにオープンスペースをつくる。

SOFT TENNIS ソフトテニス

STEP 5. レシーブで主導権を握る

　ファーストサービスは相手が主導権を握っているので，確実性や安全性を考えたレシーブになるが，セカンドサービスではいかに攻撃して相手の陣型を崩していくかがポイントになる。

●レシーブ
フォアハンド　　　　　　　　　　　**バックハンド**

●ネットプレーヤーが前にいる場合　　　●ネットプレーヤーがサービスの場合

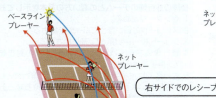

右サイドでのレシーブ

POINT
レシーブではネットプレーヤーのサービスのときのほうが後陣の並行陣になるため返球コースは多く，攻撃しやすい。特にセンター攻撃は有効である。

左サイドでのレシーブ

DRILL　練習としてのシングル・ゲームのやり方

　国際ゲームにもシングルスが導入されているが，やり方はテニス（硬式）のシングルスとほとんど同様である。ソフトテニスはこれまでダブルスが中心だったが，これからはシングルスも重視される。練習する人数によってコートの半面をクロスやストレートに打ち合ったり，シングルスの正規のルールで打ち合う。

クロスに打ち合う　　　ストレートに打ち合う　　　シングルスの正規のコートで打ち合う

225

STEP 6. 作戦の立案

① 自チームの特徴

特にベースラインプレーヤーで大切なことは，相手が決め球できたときは「守り」，つなぎボールを打ってきたときは「つなぎ」，相手が守ってきたときは「攻め」という配球のリズムを理解することである。相手の攻めに対して攻めが必要なときもあるが，無理とか無茶といった自滅したプレーにならないように注意する。あくまで自分たちの得意なパターンで戦い，苦手な部分はできるだけ目立たないものにする。

また，いつもいい調子でゲームに臨めるものではない。いいときもあれば，最悪のときもある。たとえ調子が悪くても，悪いなりの戦い方を工夫しておくことが大切である。

② 相手チームの特徴

ベースラインプレーヤーは，相手ネットプレーヤーのポジションやモーションによってシュート，ロビングの打ち分けやコースを考えながら配球する。また，ネットプレーヤーは，相手ベースラインプレーヤーの配球に応じて，ポジションやモーションをとりながら，チャンスをのがさない。

●対戦相手をみるときのポイント

＜ベースラインプレーヤー＞
・シュートとロビングの割合
・フォア，バックの特徴
・コースの得意，不得意（グリップによる）
・走らせるとストロークが不安定かどうか

＜ネットプレーヤー＞
・横の動き（ボレー），縦の動き（スマッシュ）の得意，不得意
・コースの得意，不得意
・攻め主体か，守り主体か
・勝負が早い方か，おそい方か，どんなカウントで勝負してくるか
・ポジション，モーションの特徴

③ 自然条件

＜コートが湿っているとき＞
ボールがふきやすいので，できるだけフラットで押し出す打ち方を意識する。逆にスライス気味に打つのも1つの方法である。

＜風が強いとき＞
・風下…ネットプレーヤーはスマッシュを捨てて，ネットにぴったりついて横の動きで相手を迷わせる。ベースラインプレーヤーはロビングを多用し，相手のミスを待つ。
・風上…ネットプレーヤーは相手のロビングをいかにおさえるかが課題である。ストロークはより高い打点でコンパクトに6～7分程度の力で打っていく。

＜太陽がまぶしいとき＞
まぶしい場合は，ゲームの最初のトスでサイドあるいはレシーブを選ぶ。

④ 試合の流れ

特に，ゲームポイント，マッチポイントなどの重要なカウントでは集中して得意なプレーで，しかもペアとのコンビネーションを発揮してプレーすることが肝心である。ゲームをとるためには2ポイント連取することが大事である。

また，最後の1本をとられるまでは負けないし，とるまでは勝てないことを心しておくことも重要である。

🔁 雁行陣 VS 並行陣の戦い方

雁行陣VS並行陣の戦い方で面食らう場合があるので，後陣の並行陣のチームとの戦い方の基本を示しておく。
1. センターを攻める。
2. ストロークの弱いほうにボールを集める。
3. ショートボールを用いて，前にゆさぶる。
4. 雁行陣のネットプレーヤーは誘いの横の動きを多用して，相手を焦らせ迷わせる。
5. 並行陣ではポイントが取りにくいので，雁行陣としてはミスをしないよう守りを固め，並行陣の持ち味である粘りをあきらめさせるようにしむける。

👁 試合観戦するときの視点

1. 各プレーヤーの各技術および配球のコースの特徴を知り，理解する。
　・得意な技術，苦手な技術
　・得意な攻撃パターン
2. 各プレーヤーの心理的変化を観察し，理解する。
　・表情，態度，しぐさ（ポイント時，ミス時）
3. ポイントやミスの原因について分析する。
4. 大事なカウントでの攻撃パターンの特徴を観察し，理解する。
5. 自分自身を各プレーヤーの立場において，特にピンチやチャンス時に，その時点でどんなプレーができるかを考えてみる。
6. 特に一流といわれるプレーヤーがどのようなプレーをしているか，またプレーの特徴を把握し，イメージを作り上げる。
7. 心理的かけひきの重要性を理解し，どんなかけひきがなされているかを観察し，心理分析してみる。

⚠ ソフトテニスのマナー

①コート整備（ブラシがけ，ラインはき），ネット張り，ボール空気調整等の準備は率先して行う。
②コートサーフェイスに応じたテニスシューズを着用する。
③ゲーム前後のあいさつの励行。
④審判の判定には素直に従う。
⑤スポーツマンシップにのっとって，正々堂々とフェアに戦う。
⑥ミスしたパートナーを怒ったり，けなしたりせず，むしろ励ましの言葉をかける。
⑦相手がミスしたとき，威嚇するような行為はさけ，すばらしいプレーには賞賛する。

SOFT TENNIS ソフトテニス

HOW TO PLAY AND REFEREE
ルールと審判法

1 競技施設・用具・服装

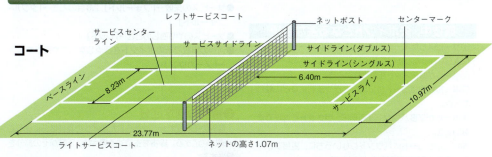

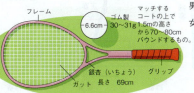

2 競技の進め方

❶試合前のあいさつ
整列してからネットに歩みより，相手と審判にあいさつする。

❷トス
ジャンケンに負けたほうがラケットをまわし，勝ったほうが表か裏を言いあてる。トスに勝ったほうがサービス(レシーブ)かサイドの選択ができる。

❸試合前の乱打
正クロスと逆クロスで乱打する。

❹試合の開始
正審の「レディ」のコールでゲームの陣型に入り，「プレーボール」で開始される。

❺サービスとレシーブ
サービスは，右側から始め，右左交互に対角線上の相手サービスコートに入れる。同一ゲーム中にパートナー同士が2ポイントずつ交互にサービスを行う。同一ゲーム内ではサービスの順序を変えることはできない。

レシーブ側は，それぞれライトサービスコートまたはレフトサービスコートのいずれかでレシーブし，そのゲーム中は場所をかわることができない。

❻ゲームのとり方
1ゲームは4点先取で，3対3になったときはデュースとなり，2点先取でゲームをとることができる。ただしファイナルゲームでは7点先取とし，6ポイントオールでデュースとなる。7回ゲームマッチのときは4ゲーム，9回ゲームマッチでは5ゲーム先取したチームが勝ちとなる。

❼サービスとサイドの交代
サービスは1ゲームが終わるごとに相手と交代し，ゲームの進行に従って奇数ゲームが終わるごとにサイドを交代する。ファイナルゲームでは，サービスは2ポイントごとに相手と交代し，サイドのチェンジは2ポイント後，それ以降は4ポイントごとに行う。

❽ゲームの終了
「ゲームセット」のコールで両チームはネットに整列し，終了のあいさつをする。

227

3　主なルール

サービスされたボールは，レシーバーが一度地面にバウンドした後に打つ。それ以外は，ワンバウンドかノーバウンドのボールを相手と味方が交互に相手コートの中に打ち合う。

競技中，失ポイントとなる主な事項

①サービスしたボールが二度とも規定のサービスコートに入らなかったとき(ダブルフォールト)。
②ボールが直接ネットを越さないとき。
③ボールが直接コート外に出たときや審判台などに触れたとき。
④ボールが二度バウンドする前に，ラケットで返球できないとき。
⑤ボールがコートにバウンドしないうちに，直接プレーヤーの身体や着衣に触れたとき(ボディタッチ)。
⑥ラケット，身体，着衣などがネットやポストに触れたり(ネットタッチ)，ネットやポストを越したとき(ネットオーバー)。ただし，打球後の惰性で越した場合は，インターフェアでない限り有効である。
⑦打球時に，ボールが二度以上ラケットに触れたり，打ったとき(ドリブル)。
⑧手から離れたラケット(ラケットを投げ出して)で打ったとき。
⑨ボールが，コート内の他のボール，身体より離れた帽子，タオルなどにあたり返球できないとき。
⑩ラケットや帽子などがプレーヤーから離れ，直接ネットやポストなどに触れたり，相手コートに入ったとき。
⑪相手側プレーヤーを明らかに妨害したとき(インターフェア)。

4　審判法

❶正審のコール

● 練習を中止させ，プレーヤーを定位置につかせる→「レディ」
● プレーヤーの紹介と試合開始の宣告→「サービスサイド○○ペア，レシーブサイド○○ペア，セブン(またはナイン)ゲームマッチ，プレーボール」
● サーバーが1ポイント得たとき→「ワン・ゼロ」(コールはサーバー側よりその得たポイントをコールする。)
● どちらも3ポイントを得たとき→「デュース」
● デュース後にサーバー(レシーバー)がポイントを得たとき→「アドバンテージサーバー(レシーバー)」
● 再び同点となったとき→「デュース・アゲイン」
● ゲームが終了したとき→「ゲーム」
● ゲームの進行に従って，奇数ゲームの終了時にコートを交代する→「ゲーム，チェンジ・サイズ」
● 偶数ゲーム終了時にサイドはそのままでサービスを交代させるとき→「ゲーム，チェンジ・サービス」
● ゲームカウントのコールは，次のゲーム開始時にサービス側から行う→「ゲーム・カウント○・○」
● 最終ゲームになったとき→ゲームカウントに続けて→「ファイナルゲーム」
● 試合が終わったとき→「ゲームセット」
● サービスの失敗→「フォールト」，2度目のとき→「ダブル・フォールト」
● サービスのやり直しのとき→「レット」
● 何かの事故でそのポイントを採点しないでやり直す場合→「ノーカウント」

❷審判の判定区分

審判のそれぞれが，決められたラインの責任区分に従って正確に判定する。線審を省略する場合は，正審がその部分を担当する。

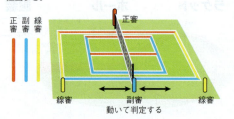

❸副審のサイン

●フォールト	●レット
足を出した側の腕を直角に曲げる。	「レット」とコールする。第1サービスのときは指2本，第2サービスのときは指1本出して上げる。
●ノーカウント	●アウト
両手を交差させて振り，「ノーカウント」とコールする。	手のひらを内側に向け，腕を上にまっすぐのばして「アウト」とコールする。
●その他の判定区分	●タイム
ネットタッチ，ドリブルなどの判定をコールする。	両手のひらを正審のほうに向けて「タイム」とコールする。

TABLE TENNIS
卓球

卓球

おいたちと発展

　英語の「Table Tennis」という名前からもわかるように、卓球はテニスから派生し競技化された。テニスを楽しんでいた人たちが、雨天でゲームを中断している間の時間つぶしに、クラブハウスのテーブルを使って思いつきのルールを決めて楽しむようになったのが始まりだといわれているが、その起源にはさまざまな説がある。

　近代卓球は、1898年にイギリスのJ.ギブがセルロイドのボールを使ったのが始まりだといわれ、1926年には、イギリスに国際卓球連盟が設立された。

　当初は、ボールをラケットで打つと「ピン」「ポン」と音がすることから「ピンポン」と呼ばれていたが、これが用具の名称として登録されたので、1922年に「テーブルテニス」と改められた。

　日本で正式に卓球が行われるようになったのは、1902(明治35)年、坪井玄道がイギリスから卓球を紹介してからである。戦時中は、外来スポーツの排斥などで一時衰えたが、戦後は再び盛んになり、1952(昭和27)年にボンベイ(現ムンバイ)で開かれた世界選手権に初参加し、4種目に優勝して世界を驚かせた。

　近年は、男子では中国やドイツが、女子では中国や日本が世界の上位に位置しているが、2012年ロンドンオリンピックの女子団体で史上初の銀メダル、2016年のマレーシア世界卓球(団体)で男女そろって銀メダル、同年のリオデジャネイロオリンピックでは、男子団体で銀メダル、女子団体で銅メダルを獲得、2017年のドイツ世界卓球(個人)では、混合ダブルスで石川佳純・吉村真晴組が金メダル、女子シングルスで平野美宇選手が銅メダルを獲得。2021年東京オリンピックでは混合ダブルスで水谷・伊藤組が中国ペアに勝ち金メダル、団体戦においても女子が銀、男子が銅を獲得し勢いを増している。

●卓球の競技特性

卓球は，卓球台の上に備えつけられたネットをはさみラケットでボールを打ち合い，得点を競う競技である。シングルスとダブルスのゲーム形式がある。

1.ボールの特性

直径が40mm，重さが2.7gのプラスチック製ボールが使用されている。他のネット型競技のボールと比べかなり小さく，軽い。近年，高齢者向きのラージボール（直径44mm）も普及している。

2.ラケットの特性

ラケットは合板と単板がある。ラケットの表面に貼るラバーには多くの種類があるが大別すれば裏ソフトラバーと表ソフトラバーである。それらの特性に応じて打球の回転やスピードが異なる。

3.打球の特性

自分のサービス以外はすべて，相手の打ったボールを自コートでワンバウンド後打ち返す。打球時にボールに大きな力を加えるとかなりのスピードがでる。近年，高性能なラバーが開発され，より回転を多く与えることができるがその対応も難しくなっている。

4.技能特性

ボールへの回転のかけ方やスピード，コースなどが焦点となる。相手との距離が近く，ボールがかなりのスピードで飛んでくるので，瞬時に予測判断して，俊敏な動きで対応する必要がある。

5.体力特性

打球時に大きな力をボールに加えるには，瞬間的なパワー（力×スピード）が必要。その際，卓球では特にラケットのスイングスピードと下半身の安定が必要となる。近年では体全体のフィジカルトレーニングが採用され，特に体幹部分の強化が多く取り入れられている。

6.相手とのかけひき

野球の投手と打者は，お互いに相手の特徴や心理を読み，有利な戦いを考える。卓球の試合も同様に相手とのかけひきで頭を使い，相手の心理や特徴，弱点を記憶しながら有利な戦術を考える。

7.心理状態がただちにゲームに反映

小さくて軽いボールの打球感覚は微妙で心理状態がすぐに競技に反映され，競った場面でパフォーマンスが落ちないよう自己コントロールが必要な競技である。

8.その他の特性

卓球の練習は反復練習が基本となる。技の習得にしてもくり返し同じ内容での練習になるが，少しでも早く習得するためにはミスした時の感覚を微調整しながら練習する。例えばオーバーミスしたら次はラケット面をややかぶせ気味にして打球する。くり返し練習するなかでどこか必ず良い感じで，相手コートに入る打法が見つかる。

●プレーの原則的な考え方

相手コートに返球すれば失点にならないが，できなければ失点となる。また相手が返球できなければ得点を得る。どんなに技術が上達したとしても，得点のほとんどはラリー中の相手のミス（ネットまたはオーバー）によるものである。したがって，相手よりも1球多く打ち返し，確実に返球できる打法を常に心がける（ミスをしない）。また相手が返球できないように打球すること（ミスをさせる）が有利に試合を行う上での原則的な考え方である。

●戦術の基本的な考え方

1.攻めと守りの組み立て

競技としての卓球では，サーバー側は1球目攻撃（サーブ），3球目攻撃，5球目攻撃というように，奇数のラリーにおける攻めの組み立てを考える。レシーバー側は2球目（レシーブ），4球目というように，偶数のラリーにおける攻めか守りの組み立てを考える。

2.自分のミスを少なくする

得失点のほとんどがラリーのミスによるものである。何球目の返球かにかかわらず，ミスをしないようにすることが戦術を考える上での大前提である。リスクの大きい攻めは一時的なポイントの獲得には有効な場合もあるが，試合の勝利にはラリーの攻守の見極めや安定性が重要となる。

3.先手をとる

競技としての卓球は，相手に対していかに先手攻撃をとるかがカギとなる。先手をとるためには，次の打球で攻めの展開ができるように相手の返球を技やコースで限定させるということである。例えばサービスやレシーブにおいて，ボールの回転，スピード，コースなどを変化させたり苦手なサイドをねらったりする。その結果，相手の返球が高くなったり特定の技になったり，自分の予測通りのところに返球してくれば，サーバーにとっては3球目攻撃，レシーバーにとっては4球目攻撃で有利に展開できる。

🏓 卓球のマナー

①清潔感のあるきちんとした服装でプレーする。
②卓球場の清掃はきちんと行い，部屋の換気にも気を配る。
③コートは乾いた布でふき，ネットを規定通り張って練習の準備を整える。
④練習や試合の前後には礼か握手で，さわやかなあいさつを行う。
⑤サービスは相手が構えてから行う。
⑥ボール拾いは機敏に行う。
⑦ミスしたときなど，くやしがってラケットでコートをたたいたり，大声を出して相手を不愉快にしない。
⑧審判の判定には素直にしたがう。
⑨試合の観戦では，大声を出したり，カメラのフラッシュ撮影等，プレーの妨げになるような行為はしてはならない。

STEP 1. ラリーを続ける

●ラケットとグリップ

ラケットのグリップ(握り方)には、ペンを持つように握るペンホルダーグリップと握手するように握るシェークハンドグリップがある。自分の手の一部になるような感じで振れるよう自分に合ったラケットとグリップを選ぶことが大切である。

①シェークハンドグリップ

親指と人差し指でグリップをはさみ、小指と薬指で握って安定させる。握りしめてしまうと手首に力が入り操作性が悪くなる。

②日本式ペンホルダーグリップ

フォアハンドのブレード(打球面)を出すには、親指と中指に力を加える。薬指と人差し指は軽く支え打球時に力を入れる。

③中国式ペンホルダーグリップ

日本式に比べて親指と人差し指の間を開けて握る。裏面の指は、日本式より曲げる。

●基本のスイングと構え

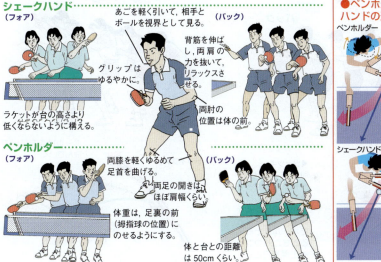

シェークハンド（フォア）
ラケットが台の高さより低くならないように構える。

あごを軽く引いて、相手とボールを視界として見る。
グリップはゆるやかに。
背筋を伸ばし、両肩の力を抜いて、リラックスさせる。
両肘の位置は体の前。

（バック）

ペンホルダー（フォア）
両膝を軽くゆるめて足首を曲げる。
両足の開きはほぼ肩幅くらい。
体重は、足裏の前(拇指球の位置)にのせるようにする。

（バック）
体と台との距離は50cmくらい。

POINT
●ペンホルダーとシェークハンドの違い (バックハンド攻撃時)

ペンホルダー

シェークハンド

バックハンドに大きな違いがある。
ペンホルダーは脇をしめて肘を脇腹付近に置くが、シェークハンドは肘を体の右外に出す。
その結果、ボールをとらえる位置が、ペンホルダーは体のやや外側になるが、シェークハンドは体の正面になることが多い。

●戦術学習① ミスをへらすボールコントロール

相手からのボールの回転、スピード

ドライブ性のトップスピンのボールに対しては、ラケット面を床に対し垂直面にして、打球すればボールは天井方向に飛び、ミスとなる(左図)。したがって、ラケット面をやや下に向け打点は頂点前でネットの上部をねらい、ボールの上部をソフトに打つ(右図)。そうすればネットを越して相手コートに入る。

これに対しツッツキや下回転系サーブに対しては、ラケット面を床面に対し垂直にして打球すればボールは床方向に飛び、ミスとなる。そこでドライブで強いトップスピンの回転を加え打球すれば、ボールは弧を描きネットを越して相手コートに入る。強打のドライブもあるが、安定性を重視するなら打点は頂点よりやや後ろとなる(p 232参照)。

スピードに対しては、それ以上のスピードで返球(強打対強打)する場合もあるがミスが多くなりやすい。そこで相手からのスピードボールに対しては、スイングを小さく、ラケット面を床に対し垂直に近い面でソフト感覚で受け止める。守りのプレーとなるが安定したブロックで返球することができる。

231

STEP 2. ラリーをつないでチャンスをつくる

●ツッツキ
相手からの下回転のボールを下回転で返球する打法のことで安全なツッツキの打球点は頂点よりやや後ろ（下図Ⓓ付近）。この打点でのツッツキはスピードが遅く相手から攻撃されやすい。そこでスピードのある攻撃的なツッツキをするにはバウンド後，上昇中に打球する（下図Ⓑ付近）。

●ドライブ
ボールに強い前進回転を与える打法のことで，相手からのツッツキなどの下回転ボールに対して威力のある攻撃をする（下図Ⓒ〜Ⓓ）ときやループドライブでチャンスをつくるとき（下図Ⓔ付近）に用いる。

フォア

バック

POINT

◀ツッツキ
肘を支点にして，直線的にラケットを前方に押し出しながら少し回転を加える。頂点付近でボールをとらえるときとバウンド後上昇期でとらえるときがある。

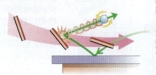

ボールは弧を描いて飛んでいく。

ドライブ▶

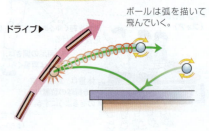

🔍 いろいろな技の最適打点

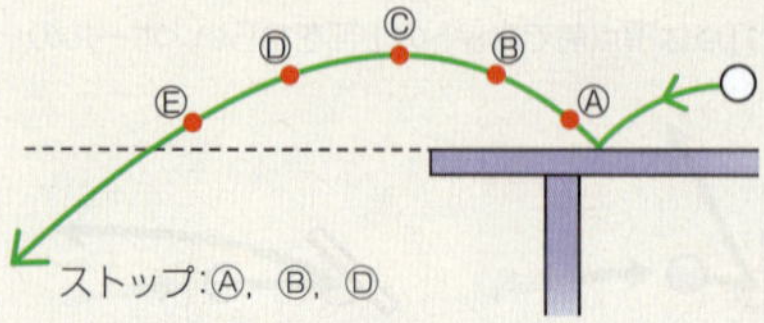

ストップ：Ⓐ，Ⓑ，Ⓓ
ツッツキ：Ⓑ〜Ⓓ の間
スマッシュ：Ⓑ〜Ⓓ の間
ドライブ：Ⓑ〜Ⓔ の間
バックショート：Ⓑ〜Ⓒ の間
カウンタードライブ：Ⓑ〜Ⓓ

●戦術学習②　ラリーにおける戦術的局面
ラリーにおける戦術的目標は，いかに先手攻撃をするかである。そのためには台上の短い，強打しにくいボールをいかにうまく処理し，相手からの返球を甘くさせ強打に結びつけるかである。

1．つなぎの局面（攻防の均衡）
台上の低い空間では強打は難しいので，ツッツキやフリックを中心に小さいスイングでの弱打のラリーとなる。そこで，先手攻撃をするには逆モーション等の打法で相手の逆をつき，甘い返球がくるよう仕掛けてから先手攻撃をする。

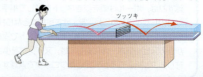

TABLE TENNIS 卓球

●スマッシュ
最高のスピードボールを打ち出す打法のことで，浮いてきたボールを得点に結びつける決定打として用いる。踏み込みながら強くたたく感じで体全体を使って打球。

POINT

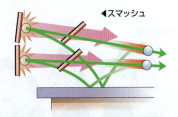

◀スマッシュ

●ブロック
相手の強打に対し，安定して返球をする技でボールの勢いを吸収したり，利用したりして返球する打法のこと。

●バックショート
バック側にきたボールの処理でラケット角度を出し，スイングは小さくして安全に返球する。相手が強打してきた場合は，ブロックとしてソフトに当てて返球する。

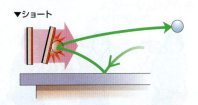

▼ショート

⚠ フットワーク（三歩動の動き）
ボールが来た方向の足をまず半歩出して重心を乗せ，両足で床をけって移動する。

① 前後の動き

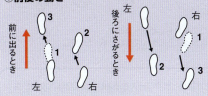

② 左右の動き（左から右）　　（右から左）

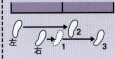 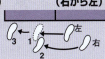

1で重心を右へかけて，ボールに近づいていく感じを出す　　1で重心を左へかけて，ボールに近づいていく感じを出す

2. 崩しの局面（均衡の崩れ）
相手のレシーブのツッツキが台からワンバウンドで出た場合，3球目（戦術学習③）ドライブ打法で仕掛け（打点Ⓓ～Ⓔ），崩しにかかる。その後，両選手のラリーはドライブやスマッシュでのラリーとなり卓球のおもしろさにつながる。

3. 決めの局面・守りの局面（攻防の両極化）
相手の返球が高く浮いたときはスマッシュを打つ。バウンド後，頂点付近で打球するには，相手からのボールのバウンド位置と変化する方向を見極め，すばやくポジションを移動しなければならない。反対に相手が先にスマッシュで攻めてきたときはブロックやロビングの守りで対応する。

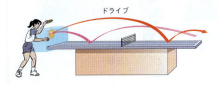

ドライブ

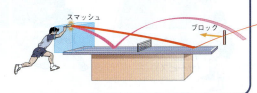

スマッシュ　　ブロック

233

STEP 3. サービスから3球目攻撃

●下回転サービス

フォアハンド

下回転サーブ
ラケットが卓球台の面と平行になるくらいに構え、ボールの下面を強くこすり打つ。ラケットの先のほうにボールを当てるようにするとバックスピンがよくかかる。

バックハンド

●横回転サービス

フォアハンド

横回転サーブ
肘を支点にして、ラケットを振り子のように上から斜め下へ動かす。インパクト時にスイングスピードが最大になるようにすれば回転が多くかかる。

バックハンド

●戦術学習③　3球目攻撃のパターン

自分のサービス力を高め、なるべく相手レシーブを甘く返球させたり、技やコースを予測し自分の3球目攻撃が有利に展開できるよう工夫する。3球目で先手をとり5球目連打で得点できるようになれば、相手に心理的プレッシャーを与え有利な試合展開ができる。

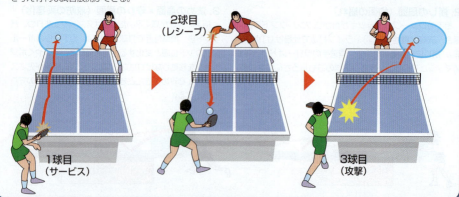

TABLE TENNIS 卓球

STEP 4. レシーブから4球目攻撃

●レシーブ

　レシーバーの戦術的な目標は，サーバーに3球目の強い攻撃をさせないことである。そのためには，ネット際に小さく返球したりサーバーの動きを予測し逆コースにレシーブしたり，意外性のあるスイングでレシーブをすることが重要である。

①右回転サービスに対するレシーブ

ボールの右横を打球する。

②左回転サービスに対するレシーブ

ボールの左横を打球する。

右横回転のサービスに対するフォアでの対処	左横回転のサービスに対するバックでの対処

サービスに対してラケット面を直角に当てると，ボールは右方向に飛んでいく。

サービスに対してラケット面を左側に向けて当てると，ボールはまっすぐ飛んで安全に返球できる。

サービスに対してラケット面をやや左側に向け，左側に移動すると，ボールは右前方向に飛んでいく。

サービスに対してラケット面を直角に当てると，ボールは左方向に飛んでいく。

サービスに対してラケット面を右側に向けて当てると，ボールはまっすぐ飛んで安全に返球できる。

サービスに対してラケット面をやや右に向け，右側に移動すると，ボールは左前方向に飛んでいく。

POINT

- 相手のサービス時のラケットの角度，スイング方向，手首の使い方から回転方向や回転量を察知する。
- ネット際のショートサービスに対してはストップ，ツッツキ，フリック，チキータなどでレシーブする。
- 相手が3球目攻撃でどのような技を使いたいのかを読み，それをやらせない，あるいはやりにくくするレシーブを心がける。
- 自分の4球目は，相手が3球目強打してきたときはブロック，つなぎの技で返球してきたときは逆に攻撃を心がける。

●ダブルスの楽しみ方（2人が右利きのローテーション）

　シングルスに対してダブルスの基本的な違いは，①サービスは自コートの右半面から相手コートの左半面にバウンドさせる，②2人が交互に打球する。1人が打球後速やかにパートナーの後方に移動，次にパートナーが前に出て打球後ただちに後方に移動をくり返す，③2人のコンビネーションが重要，1人がチャンスをつくり他の1人が攻撃，その後連打。

＜回りながら前後に入れ替わる＞

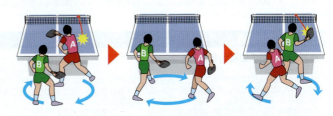

※相手の返球コースによって，右回りと左回りがある。

235

STEP 5. 作戦を立ててゲーム展開ができるようになろう

ゲームプランの立て方

 卓球の技術的要素を整理

- 自分の特徴的な攻めで相手の弱点を攻め，相手の特徴的な攻めに対して対応する。

 対戦相手の研究

- 相手の使用ラバー，グリップ，得意，不得意な技のチェック。
- 特にサービスと3球目攻撃の技やコース，レシーブと4球目の特徴やくせ。

 自分の得意・不得意の整理

- 相手の戦型（カットの守備型，前陣速攻型，両ハンドドライブ主戦型）などに対し，自分の特徴を発揮して得点を多くする戦い方と，相手の特徴に対する対応面での準備，つまり失点を減らす戦いの整理。

 試合運び

- 試合内容や作戦は常に変化，1ポイントごとに相手の心理や作戦を考え，戦術を立てる。
- ミスで失点したり，予測が外れたとしても気落ちしないで次の戦いに備える。

 試合後の反省

- 試合は勝っても負けても反省は必ず存在する。特に負けた試合では次の自分のステップアップにつながる課題が多く含まれている。得失点の内容を整理整頓，技や動き，予測や戦術といった点で課題を見つけよう。
- 勝ったとしても慢心するのでなく失点の内容を分析，さらなる飛躍につなげよう。

競技用語の解説

- **エッジ**：コートの側面ではなく上側にボールが当たった場合をエッジボールといい，有効返球になる。
- **カット**：下回転のかかった打球およびその打ち方。
- **フォアハンドのバッククロス打ち**：バックサイドの打球をフォアハンドで回り込み，対角線上に返球すること。
- **ネットイン**：ネットに触れて入った打球。
- **ショート**：バック側に飛んできたボールの正面を打球し，まっすぐ押し出すようにする打ち方。
- **ストップ**：相手が台から離れているときなどに，打球の勢いを止め，ネットぎわに落とすプレー。
- **スマッシュ**：全力でボールを打ち込む決定打のこと。
- **3球目攻撃**：サービス後のリターンボールを待ちかまえ，攻撃をしかけること。
- **前陣攻撃**：台の近くで，バウンドの直後から頂点付近までで打球し，打球タイミングの早さとボール返球時間の短さで攻撃するプレー。
- **ツッツキ**：ボールの下部をこすり抜くように，下回転を加えながら打つ打ち方。
- **トップ打ち**：飛んできたボールのバウンドの頂点前で打つこと。
- **ドライブ**：ボールに前進回転を与える打法。ドライブボールのこと。
- **ナックル**：無回転球。
- **プッシュ**：ショートの一種でスイングにスピードを加えた攻撃的な技。
- **チキータ**：ショートサービスのレシーブやストップに対し攻撃する技で肘を高くしてラケットを脇の下に構え，ボールの左側（右利きの場合）をこすり打つ。
- **カウンター攻撃**：相手のドライブ攻撃に対し，その回転や威力を逆に利用してドライブで返球する。打点を早くボールの上昇期をとらえてラケット面とボールは薄く当てる。
- **巻き込みサーブ**：フォアハンドサーブでボールの右側に回転を与え巻き込むようなスイングをする（右利き）。

卓球観戦の視点

●対戦する相手の試合を見るとき
①ラバーの種類，グリップの特徴。
②多用するサービスの種類やコース，主戦武器（ドライブ，カットなど）は何か。ジュースのとき，どのような戦術をとるか。
③レシーブの特徴や3球目の技の種類やコース。苦手なレシーブはどのようなサービスに対してか。
④ラリー中，前陣にいるか，中・後陣にいるか。得意技は何か。
⑤心理的なプレッシャーに強いか弱いか。ミスしたときの表情はどうか。

TABLE TENNIS 卓球

HOW TO PLAY AND REFEREE

ルールと審判法

1 競技施設と用具

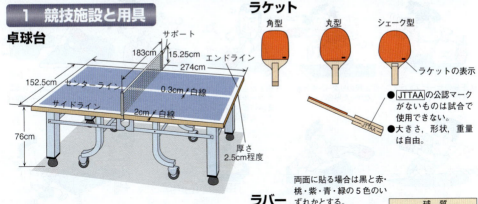

ボール

2 競技の進め方

❶競技の開始
①お互いラケットを見せ合いラバーの確認をする。
②相手と握手または礼をして，ジャンケンかトスで最初のサーバーやエンドを決める。
③主審の「レディ」の合図で競技の態勢に入り，「ラブオール」(0対0の意味)で開始する。

❷サービスとレシーブ
①サービスは手のひらにボールをのせ，ほぼ垂直に16cm以上投げ上げ，ボールが落下してくるところを打球する。打球時のボールの位置はエンドラインの外側であり，コートの面より高い位置であること。サービスの開始(トス)から打球までの間ボールが相手にハッキリ見えること(腕や体，衣類でかくしてはならない)。ラケットはコート面より低い位置からスタートしてよい。

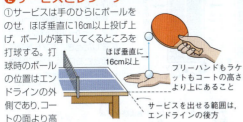

②ボールが手のひらから離れたら，ただちにフリーハンドと腕を，ボールとネットとの空間の外に出さなければならない。
③サービスを打つタイミングは，主審の宣告後，相手が構えてから行う。これより早いタイミングで出された場合は，レット(ノーカウント)で，もう一度やりなおす。ネットにあたって入ったサービス(ネットイン)もやりなおす。

④サービスは2本ずつで交代する。ただし，10対10以後，および促進ルールに入った場合は1本交代に出す。
⑤第1ゲームで最初にサービスした者は，第2ゲームの初めはレシーバーになる。以後ゲームごとに交代する。
⑥レシーバーは，直接ネットを越して相手コートに入るように打つ。
⑦試合中のタオルの使用は6本ごととする。

❸促進ルール
競技時間をスピードアップさせるためのルールで，ゲーム開始後10分経過してもそのゲームが終了しなかった場合にはその後のゲームはすべて促進ルールが適用される。たとえば，第1ゲームが7対5で10分に達したら，副審が「ストップ」を宣告して試合を中断し，主審が「以後，促進ルールで行います」と宣告する。ただし，9対9以降に10分に達した場合はそのゲームでは適用しない。ただし，それ以降のゲームには適用される。促進ルールでは，サーバーがサービスも含めて13回打球するまでの間に得点しないと，レシーバーの得点となる。

❹ゲームの終了とエンドの交代
どちらかの得点が11点に達したらゲームを終了する。ただし，10対10になった場合は続けて2点リードした方を勝ちとする。エンドの交代はゲーム終了ごとに行うが，最終ゲームの場合はどちらかが5点に達したときエンドを交代する。

❺試合の終了
5(7)ゲームの試合では，3(4)ゲームを先取した方が勝ちとなり，ゲームを終了する。

3 主なルール

❶ プレーヤーのミスとして，相手側のポイントになるもの

①正規のサービスを行えなかった場合。
②正規のリターンを行えなかった場合。
③相手からリターンされたボールをコート上で進路妨害（オブストラクト）した場合。
④故意にボールを続けて2回以上打った場合。
⑤自分側のコートにリターンされたボールが2回バウンドした場合。
⑥コートを動かした場合。
⑦フリーハンドがコートに触れて打球した場合。
⑧ラケットや衣服がネットに触れた場合。
⑨促進ルールで，レシーバーに13回の正規のリターンをされた場合。

❷ ダブルスのルール

①第1ゲームは最初にサーブ権をもったペアがサーバーを決める。レシーブ側も同じようにどちらが最初のレシーバーになるかを決める。
②以後，各ゲームとも，サービス組が最初のサーバーを決めたら，レシーブ組は前のゲームでそのサーバーにサービスしたプレーヤーが自動的にレシーバーとなる（下図参照）。

❸ サービスを入れる場所

サービス側から見て，センターラインの右半分から相手コートの左半分へ入れる。

❹ 打球

各組同士必ず交互に打つ。交互に打たなかったときは，相手側の得点となる。

●ダブルスのサービスとレシーブ順序

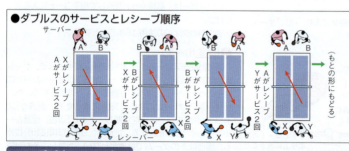

得点が10対10になったとき，および促進ルール適用後は，サービスは1回ずつ，同じ順序でくり返す。
勝敗を決める最終ゲームでは，どちらかの組の得点が5点に達したとき，エンドを交代するとともに，レシーブ組はレシーバーも交代する。

4 審判のやり方

※選手や監督から手でT字の合図があった場合，1分以内のタイムアウトを1試合を通じて1回ずつ与える。
※2022年6月から主要な大会においてビデオ判定が認められた。

BADMINTON

バドミントン

バドミントン

おいたちと発展

　バドミントンの発祥に関しては諸説があるが，現在ではバトルドーアンドシャトルコック起源説が最も有力な説と認識されている。これは，英国に古くから伝わるバトルドーアンドシャトルコックと呼ばれる羽根突き遊びが進化してバドミントンというスポーツになったという説である。

　英国サウスグラスタシャー州にはバドミントンという村があり，ここにはバドミントンハウスと呼ばれるボーフォート公爵家の邸宅がある。あたかもお城のような荘厳な邸宅であるが，現在も公爵家の人たちの住居である。このバドミントンハウスの大広間では，19世紀の中頃，バトルドーアンドシャトルコックが盛んに行われていた。最初は1人で打ち上げたり，2人で打ち合って打球音やシャトルが飛ぶ様子を楽しんでいた。しかし，ただ打ち合っているだけでは飽きてくる。そこで，何回続けられるかという記録に挑戦するゲームに進化した。しかし，このゲームも果てしなく続くようになると面白くなくなる。ここで，このゲームを面白くするために2人の間にロープを張り，その上を越すように打ち合いながらどちらが先に失敗するかを競うゲームに進化していった。さらに，コートや得点法などのルールが考えられていった。そして，いつしかこのゲームは「バドミントン」と呼ばれるようになった。バドミントンハウスで生み出されたこのゲームはその後，英国内はもちろんのことインドなどでもプレーされるようになっていった。そして，同時に色々なローカルルールが作られていった。

　1893年にルールを統一するためにロンドンで「The Badminton Association」という組織がつくられた。そして，1899年にその統一ルールのもと第1回の全英選手権が開催された。さらに，1934年には「The International Badminton Federation」（現「The Badminton World Federation」）が組織され，いずれも団体戦であるが，1948年には第1回トマス杯大会（男子の世界選手権），1956年には第1回ユーバー杯大会（女子の世界選手権）が開催された。

　一方，オリンピックに関しては1988年のソウル大会で公開競技として採用され，さらに，1992年のバルセロナ大会から正式競技となり，現在に至っている。

●バドミントンの競技特性

バドミントンは，鳥の羽根（もしくはナイロン製の羽根）からできたシャトルをネット越しに打ち合い，得点を競う競技である。シングルス（1対1）とダブルス（2対2）がある。

1.シャトルの特性

シャトルは16枚の羽根から構成されており，飛行中は空気抵抗を受けやすい構造になっている。そのため，軽く打ち合えば，簡単にラリーを続けることができる。

2.フライトの特性

シャトルの飛行軌跡をフライトという。トップレベルの選手のスマッシュであれば，初速が300km/hを超える場合もあるが，相手がレシーブする頃には60km/hくらいにスピードが激減する。このシャトルの緩急差がさまざまな軌跡のフライトを生み出す。

3.技能の特性

シャトルおよびフライトの特性を利用し，独特の弧を描いてフライトする各種ショットを，いろいろなストロークを使って打ちこなすことがバドミントンにおける技能の特性である。

4.体力的特性

バドミントン競技は上達するにしたがって非常にハードなスポーツに変わる。トップレベルの選手のゲームでは，1回

のラリーが30秒以上続くことも珍しくなく，また，スマッシュの初速はテニスの弾丸サーブよりもはるかに速い。さらに，ひと試合あたりの所要時間が1時間以上になることもある。したがって，パワー，スタミナといった総合的な体力が必要になってくる。一流選手の対戦ではハードという表現を越え，過酷なスポーツといえるだろう。

5.プレーの原則的な考え方

バドミントンのゲームでは，シャトルを相手コートに返球できなければポイントとサーブ権を失い，相手が返球できなければポイントとサーブ権を得ることができる。

したがって，どのようにしたら確実に返球できるのか，あるいはどのようにしたら相手が返球できなくなるのか，ということがプレーを行う上での原則的な考え方になる。この原則的な考え方を逸脱した技術や戦術は，ほとんど意味をなさなくなる。

●戦術の基本的な考え方

1.相手の体勢を崩すことによってエラーを誘う

相手の体勢が崩れるようなコースを正確に何度もねらいながらチャンスボールを待つ。すなわち，クリアー，ドロップ，ロブ，ヘアピンなどのショットを使って相手の体勢を崩し，相手のエラーを誘うのである。

攻めながらも守りのことを考え，また，守りながらも次に攻勢に転じていくための方法を考えながらプレーを続けていくということが大切である。

2.相手をあざむくと同時に相手を読む

ゲームを有利に進めていくためには，これまでのゲームの流れを振り返り，自分がどのようなショットやコースを多用してきたかを考えた上で，ディセプション（相手をあざむくプレーのこと）をかけ，相手の読みをはずすことが重要となる。例えば，スマッシュと見せかけてドロップを打ったり，ストレートと見せかけてクロスに打ったりして相手の裏をかくプレーである。

また，ゲームの流れや相手の癖からアンティシペーション（相手のショットの種類とコースを予測すること）を鋭くし，相手のショットを待ち伏せすることも重要である。

3.エースをねらう

スマッシュやドライブのような攻撃的なショットをオープンスペースや相手のボディに打ち込み，エースを取りにいく。ただし，いくら良いショットを打ってもその後に自分の体勢が崩れてしまってはリターンされた場合に対応ができなくなってしまうので，自分の体勢が崩れるような無理なショットは極力避けるようにする。

> **⚠ 安全に対する留意点**
>
> ①ラケットを事前に点検し，破損したものは使用しない。
> ②ネットの用意，片づけの際は，ポストによる事故に注意する。
> ③ラリーは十分な広さをとって行う。また，ラリー中の人には近づかない。

STEP 1. 確実に返球する

●グリップの理解

①イースタングリップ
親指と人差し指でVの字ができるように握るグリップである。多くのショットに対応でき，力強いストロークができるが，使いこなすのには熟練が必要である。

②サムアップグリップ
親指を立て，それを支点にした力を使うグリップである。バックハンドストロークの際に多用されるが，フォアハンドストロークには向かない。

③リストスタンド
ラケットと腕でVの字ができるように角度をつける。しっかりとしたリストスタンドが威力あるストロークを生む。

●正確なショットのためのストロークの理解

①オーバーヘッドストローク
頭よりも上のスペースでシャトルをとらえるストローク。
→ハイクリアー，ドライブクリアー，ドロップ，スマッシュ

②サイドハンドストローク
頭からウエストの間のスペースでシャトルをとらえるストローク。
→ドライブ，プッシュ

③アンダーハンドストローク
ウエストより低いスペースでシャトルをとらえるストローク。
→ロブ，ヘアピン

┌ 戦術学習① ┐

●コートカバーリングの原則（ホームポジション）

シャトルがどこに飛んできても追いつくことができるプレーヤーのコート上の位置を「ホームポジション」という。基本的にはコートのほぼ中央付近であるが，相手がショットを打つ位置に応じて，ホームポジションも変化する。ラリーを続けるには，常に適切なホームポジションに戻ることが必要である。また，攻撃のきっかけをつくるには，相手がホームポジションに戻れないようにラリーを組み立てることである。

241

STEP 2. ラリーを組み立てる

●リアコートからのショット

リアコートからのショットは，オーバーヘッドストロークを使って打つ場合が多いが，そのショットには大きく分けて5つの種類がある。

●フライトの特徴

①ハイクリアー
バックバウンダリーラインに向かって，クリアーよりもさらに高いところを越えて飛んでいくフライト。自分の体勢が崩れたときに，それを挽回するための時間を稼ぐために使う。

②クリアー
バックバウンダリーラインに向かって，相手のラケットが届かない高さを越えて飛んでいくフライト。相手を動かすために使う。

③ドライブクリアー
クリアーよりも低いところを飛んでいくフライト。相手の体勢を積極的に崩そうとするときに使う。

④ドロップ
ネットを越えてすぐに落下するように飛んでいくフライト。相手を前方に動かすときに使う。

⑤スマッシュ
下方向に，スピードをともなって飛んでいくフライト。エースをねらうときに使う。

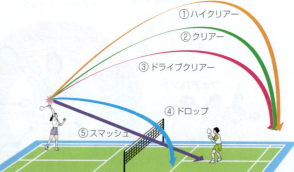

> **ラケットフェースの角度とショット**
>
> リアコートからのショットの打ち分けは，インパクト時のラケットフェースの角度がポイントとなる。それぞれのショットにふさわしいインパクト時のラケットフェースの角度を把握することが大切である。上のイラストの➡（丸数字）がそれぞれのショットの打点。

戦術学習② ラリーにおける戦術的局面

ゲームにおけるラリーの目的は，相手からポイントを奪うことである。そのためには，リアコートおよびフロントコートからの攻防で，次の3つの戦術的な局面を意識する必要がある。

1.つなぎの局面（攻防の均衡）
相手を攻めるチャンスが見出せるまでは，自分のミスをなくし，相手に攻撃させないラリーを維持する。ネットの上端よりも低いエリア（相手はアンダーハンドストロークの返球になる）やネットから離れたエリアからは攻撃的なショットはできない。そのエリアにショットを集めれば，相手から攻撃的なショットをされる可能性は少ない。
　［リアコートからのショット］→クリアー／ドロップ
　［フロントコートからのショット］→ロブ

2.崩しの局面（均衡の崩れ）
相手のショットが浮いたり，相手のショットを予測できた場合は，相手を崩すチャンスである。相手が距離的にも時間的にもシャトルを拾う余裕がなくなるようにすると，相手の体勢を崩したり，体力を消耗させたり，リズムを崩したりすることができる。
　［リアコート］→クリアー／ドロップ
　［フロントコート］→ドライブロブ／ヘアピン

BADMINTON バドミントン

●フロントコートからのショット

フロントコートからのショットには大きく分けて5つの種類がある。いずれのショットを打つときも、フットワークを使ってなるべく高い位置でシャトルをとらえるようにする。そうすればネットに引っかかりにくく、また、より攻撃的なショットが打てる。

●フライトの特徴

①ディフェンシブロブ
ロブよりもさらに高い弧を描くように飛んでいくフライト。自分のホームポジションに余裕を持って戻るために使う。

②ロブ
ネット際から高く弧を描くように飛んでいくフライト。相手を後方に追い込むときに使う。

③ドライブロブ
相手の頭上を低い弧を描くように飛んでいくフライト。相手を後方に追いつめて体勢を崩すときに使う。

④ヘアピン
ネットを越えてすぐ落下するように飛んでいくフライト。相手を前方に引きつけるときに使う。

⑤プッシュ
ネット近くからラケットに押し出されるように飛んでいくフライト。攻勢をかけるときに使う。

フォアハンド　バックハンド

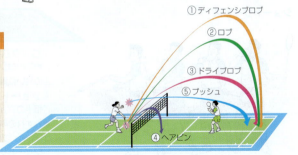

> ⚠ **相手に読まれないフォーム**
>
> どこからのショットでもいえることであるが、相手に読まれないようにするために、いろいろなショットを同じフォームで打つようにしたほうがよい。
> 例えば、スマッシュとクリアーとドロップを同じフォームで打つ。あるいは、ヘアピンとロブを同じフォームで打つということである。

3.決めの局面/守りの局面(攻防の両極化)

相手のコート上にオープンなエリアができたり(ホームポジションを維持できない)、相手が浅く浮いた返球しかできない場合は、エースをとるチャンスである。相手が時間的にも距離的にも反応できないようなエリアをねらう。
[リアコート]→ドライブ/スマッシュ
[フロントコート]→プッシュ
反対に相手に攻められた場合は、体勢を整えたり、ホームポジションに戻る時間が確保できるように、軌跡の長いショットで対応する。
[リアコート]→ハイクリアー/クリアー
[フロントコート]→ディフェンシブロブ

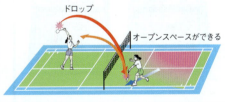
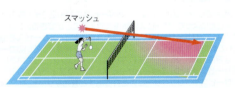

243

STEP 3. サービスで主導権を握る

●サービス

①フォアハンドサービス

フォアハンドストロークを使って打つサービス。ラケットはイースタングリップで持つ。

ロングハイサービス

・左足を前にして構える。
・体重を右足から左足に移動しながら，腰の回転や手首のスナップを利用して振り抜く。

ショートサービス

②バックハンドサービス

バックハンドストロークを使って打つサービス。ラケットはサムアップグリップで持つ。

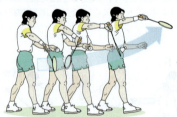

・右足を若干前にして構える。
・肘の高さを変えないようにしてコンパクトに打つ。

●サービスの種類とフライト

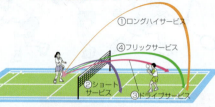

①ロングハイサービス

相手のロングサービスライン付近をねらって，相手の頭上の高い位置をフライトさせる。

②ショートサービス

相手のショートサービスライン付近をねらって，ネットすれすれの高さをフライトさせる。

③ドライブサービス

ショートサービスの構えから，相手の顔の高さをすばやく通過するようにフライトさせる。

④フリックサービス

ショートサービスの構えから，相手の頭上のそれほど高くない位置を通過するようにフライトさせる。

─ 戦術学習③ ─

1. サービスの基本的なねらい所は，相手コートのすき間のエリアである。

2. サービスによってラリーの主導権を握るには，相手が攻撃的なショットを打てないようなサービスを打つことである。そのためのねらいは，次のようになる。
   ・相手にネットの上端よりも下でレシーブさせる→ショートサービス
   ・相手をネットから遠ざけてレシーブさせる→ロングサービス
   ・相手の意表をつく→ドライブサービス/フリックサービス

3. 相手のレシーブポジションと各サービスの特徴をうまく組み合わせることによって，サービスの戦術を考えることができる。シングルスではロングハイサービスを，ダブルスではショートサービスを基本として戦術を考えるとよい。相手がレシーブを得意としているサービスは避け，また，相手に読まれないように同じフォームでいろいろなサービスを打つ。ショートサービスと同様のフォームからドライブサービスやフリックサービスを打ち出すと有効なサービスになる。

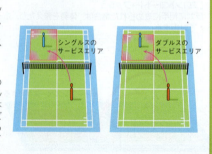

STEP 4. フォーメーションを使っての攻防（ダブルス）

●ダブルスのフォーメーション

①トップアンドバックフォーメーション（攻め）

二人が前後に位置し，高く上がってきたシャトルに対して後衛が，また，ネット際に逃げてきたシャトルに対しては前衛が，スマッシュ（後衛）やプッシュ（前衛）を中心としたショットで攻める攻撃的なフォーメーションである。

②サイドバイサイドフォーメーション（守り）

二人が適切な間隔をとって左右に位置し，スマッシュなどの攻撃的なショットに対応するための防御的なフォーメーションである。

①ロングリターン：高く遠くにフライトするリターン。相手をゆさぶったり，じっくりと守ろうとするとき。
②ドライブリターン：ネットすれすれの高さを高速でフライトをするリターン。一気に逆襲し，攻勢に転じようとするとき。
③ショートリターン：距離も高さもネットぎりぎりをフライトするリターン。相手の意表をつき，攻守を入れ替えようとするとき。

スマッシュのリターン

フォアハンド

バックハンド

スマッシュのレシーブの6～7割はバックハンドストロークになる。両足を左右に開いてしっかりと構え，左足に重心を移しながら左膝をゆっくり曲げ，スイングする。

戦術学習④

ダブルスでの攻防

ダブルスでは，いったん相手にシャトルを打ち上げてしまうとスマッシュを打たれ，ラリーの主導権を握られてしまう。シングルスに比べて相手を動かして攻撃のきっかけをつくることが難しいので，ネットの上端よりも下のエリアにシャトルを運んできっかけをつくることになる。いったん主導権を握って攻撃的なショットを打つことができた場合のねらいは，次のようになる。

・相手のボディーの右脇をねらう（ラケットが邪魔になってレシーブしづらい）
・二人の間をねらう（とくにサイドバイサイドフォーメーションの場合）
　守勢にまわって追い詰められると相手コートに返球することで精一杯になるが，少しでも攻撃のきっかけができるようにするには，次のようなショットをねらうとよい。
・スマッシュを打った人をねらってドライブリターン（スマッシュを打った後は体勢が崩れやすい）
・スマッシュを打った人がいる場所と反対のサイドへのロングリターン（スマッシュを打った人をたくさん走らせることができる）
・ネット際へのショートリターン（相手からチャンスボールが上がってくることになり，攻撃に転ずることができる）

STEP 5. 作戦の立案

●作戦立案の要素

「敵を知り己を知れば百戦危うからず」

作戦を考えるときには，次の4点を整理しておく必要がある。

①相手の弱点(不得意な技術)
②相手の得意技(得意なパターンや戦術)
③自分の弱点(不得意な技術)
④自分の得意技(得意なパターンや戦術)

その上で，実戦では，相手の得意技を警戒しながら相手の弱点をつき，自分の弱点をさらけ出さないようにしながら，自分の得意技を有効に使うことが大切である。

1.相手の弱点を攻める作戦の例

相手のスマッシュレシーブ力について，フォアハンドが弱いのか，バックハンドが弱いのかを検討し，どちらに打った方が効果的なのかを探る。また，相手のスタミナについて考え，スタミナがない相手であればなるべくラリーが長くなるように持っていく。ダブルスのペアで一方が極端に攻撃力に劣る場合，相手の攻撃を受ける際には攻撃力のない方が後衛になるようにもっていく。

2.相手の得意技を出させない作戦

もし，スマッシュを得意としている相手であれば，なるべくスマッシュを打たせないような展開にする。例えば，シングルスでもショートサービスを多用する。また，ネットプレーを得意としている相手であれば，ヘアピンやドロップの割合を少なくする。さらに，相手が長身の選手であれば，クリアーやロブにおけるフライトの高さにも気を配る。相手をコート後方に追い込むつもりのショットが，背の高さのためにチャンスボールになってしまうからである。

3.自分の弱点を出さない作戦

ダブルスで，前衛が苦手なパートナーと組んだ場合，パートナーが前衛にならないようなローテーションを考える。また，ドライブの技術で自分が相手より劣ると予測した場合には，自分からはドライブ戦に持ち込まないようにする。

4.自分の得意技を出す作戦

いくら強力なスマッシュを持っていても相手がそれに慣れてくれば決まらなくなる。つまり，ゲームの開始直後に決まっていても終盤には決まらなくなるということである。得意技が必要なときに使えるよう，そのタイミングを検討しておくことが大切である。

💡 ダブルスとシングルスのゲーム様相の違い

シングルスでは，ショットを打った後の相手のリターンに対してコートを一人でカバーしなければならないので，オープンなスペース(隙間)ができやすい。相手をゆさぶることもできるが，ちょっとしたショットでゆさぶられることも多く，したがって，ラリーの主導権(攻め)の切り替わりがはやくなる傾向にある。

ダブルスでは，コートを二人でカバーすることができるので，オープンなスペースはできにくい。スマッシュなどの攻撃的なショットを打つ側とそれに対する防御のフォーメーションでレシーブをする側にはっきりと攻守が分かれる傾向にある。

💡 バドミントンの試合を観戦する視点

1. コート後方から選手の視点での観戦

プレーをしている選手の立場になって試合を楽しみたい場合には，この位置での観戦が推奨される。すなわち，自分が観戦している場所と反対のサイドの選手と対戦しているつもりで観戦しやすいということである。したがって，自分なら次のサービスはショートサービスにするとか，このクリアーに対しては絶対にスマッシュだ，などといったことを瞬時に考えながら見ることができる。また，相手のショットやコースを相手が打つ前に予測しながら観戦するにも都合がよく，先のプレーを見通す(アンティシペーション)力を磨くことにもなる。

2. ネット真横の位置から主審の視点での観戦

主審の立場になって両サイドの選手を公平に見ながら試合を楽しみたい場合には，この位置での観戦が推奨される。両サイドの選手の息づかいや疲労度も観察しやすく，臨場感

のある観戦が望める。また，ネットプレーなどバドミントン独特の妙技の研究もしやすい。サービスやサービスレシーブの時のフォルトやネットタッチなどのルールに関係する点にも目を光らせて観戦することにより審判法の勉強にもなる。

3. 斜め後方の高い位置から指導者の視点での観戦

試合全体の流れを見ながら試合を楽しみたい場合には，2階観覧席等の高い位置からコートを立体的に見ることが推奨される。試合全体の流れから選手のショットの選択ミスやコースのミスなどをチェックするとよい。すなわち，あの場面ではスマッシュを使うべきではなかったとか，あの場面ではストレートに打つべきだったなどと分析するのである。そして，自分があの選手のコーチだったらこのようなアドバイスをするというようなことを考えて観戦するのもおもしろい。

ルールと審判法

BADMINTON バドミントン

HOW TO PLAY AND REFEREE

1 競技施設・用具・服装

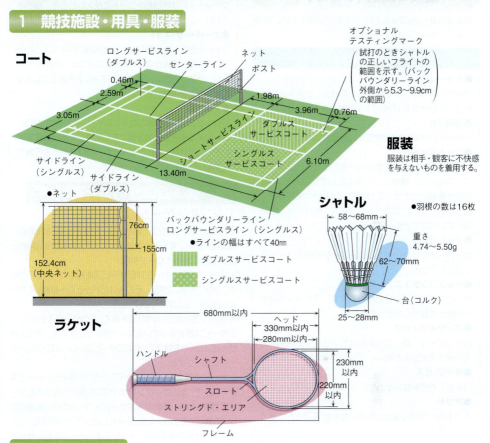

2 競技の方法

❶マッチとゲーム
すべての種目で、2ゲーム先取したサイドがそのマッチ（試合）の勝者となる。また、21点先取したサイドがそのゲームの勝者となる。ただし、20オールになった場合は、その後最初に2点リードしたサイドが勝者となる。また、29オールになった場合は、30点目を得点したサイドが勝者となる。

❷インターバルとエンドの交替
すべてのゲームで、一方のサイドの得点が11点になったとき、60秒を超えないインターバルが認められる。また、ゲームとゲームの間に120秒を超えないインターバルが認められる。一方、1ゲーム目が終わったとき、2ゲーム目が終わったとき、3ゲーム目で一方のサイドの得点が11点になったとき、エンド（場所）を交替する。

❸サービス
1ゲーム目の最初のサービス権はコイントスやジャンケンで決める。そして、サービスはラリーに負けるかフォルトを犯すまで、左右のサービスコートを替えながら同じ人が繰り返す。サービングサイドがラリーに負けるかフォルトを犯すとサービス権が反対サイドに移る。サービスはサービスコートの中から対角線上のサービスコートの中に入れる。1ゲーム目の勝者が2ゲーム目の最初のサービスを行う。そして、2ゲーム目の勝者が3ゲーム目の最初のサービスを行う。

❹ラリーとポイント
一打で相手のコートに打ち返して、ラリーに勝ったサイドが1点を得る。シャトルがネットに当たって入ってもフォルトではない。コートのライン上に落ちた場合はインとなる。

247

3 主なルール

競技の反則（フォルト）

次のような反則（フォルト）を犯すと，反対サイドに1点が与えられ，サービスオーバーとなる。

サービス時のフォルト

●トゥー・ハイ
サーバーのラケットで打たれる瞬間に，シャトル全体がコート面から1.15m以下でなかったとき。

●羽根打ち
シャトルの最初の接触点がコルク（台）でなかったとき。

●フットフォルト
サービスが終わるまでサーバーまたはサービスレシーバーの両足の一部がコート面に接していなかったり，位置が移動したとき。その場でかかとやつま先が浮くのはよい。サービスコートのラインに触れたり，踏み越していればフォルトになる。

●ディレイング
サーバーまたはサービスレシーバーがわざとサービスを遅らせたとき。

●ディスコンティニアンス
サービスを始めてから打たれるまで，ラケットの前方への動きを継続しなかったとき。

●アンサイティング
パートナーが，サーバーまたはサービスレシーバーの視界をさえぎったとき。

●サーブ・ミス
サービスを空振りしたとき。

●アウト
ネットの上を越えなかったり，サービスコートに落ちなかったとき。

インプレー時のフォルト

●タッチ・ザ・ボディ
シャトルが，プレーヤーの体または着衣に触れたとき。

●タッチ・ザ・ネット
ラケットまたは着衣が，ネットまたはポストに触れたとき。

●ドリブル
同じプレーヤーが2回連続でシャトルを打ったとき。

●ダブルタッチ
プレーヤーとパートナーが続けてシャトルを打ったとき。

●ホールディング（スリング）
シャトルをラケットで保持して振り投げたとき。

●アウト
シャトルがコートの境界線の外に落ちたとき。ネットを通り抜けたり，下を通り抜けたとき。ネットを越えそこなったとき。天井または壁に触れたとき。コート外の物または人に触れたとき。

●オブストラクション
ラケットまたは体が相手コートに侵入したとき。相手のストロークを妨害したとき。

●オーバー・ザ・ネット
シャトルを打ったときにラケットが相手コートに入ったとき。ただし，打者がネットを越えてきたシャトルを打つ場合，ラケットがシャトルを追ってネットを越えてしまうのはやむを得ない。

●不法行為
プレーを意図的に中断したり，シャトルを変形させたり，審判に対して不快な振る舞いをしたり，不品行な振る舞いをしたときは，警告が宣言され，再びそれらの行為をくり返したときは，フォルトとなる。

4 ゲームの進め方と審判法

1.ダブルスゲームの進め方

①トスまたはジャンケンで最初にサーブするサイドを決める。
②最初にサーブする人は右サービスコートの中から対角線上のサービスコートにサーブする。
③サービスレシーバーだけがサービスを相手コートに打ち返すことができる。ただし，その後はだれがどこへ移動して打っても良いし，2人が交互に打つ必要もない。
④ラリーに勝ったサイドが1点を得て，次のサービスを行う。
⑤サービス権を持っているサイドが勝った場合は，同じ人がサービスコートを替えて，直前のサービスレシーバーのパートナーにサーブする。
⑥サービス権を持っているサイドが負けた場合は，サービスオーバーで，次のサービングサイドの得点が偶数なら右サービスコートから，奇数なら左サービスコートから，直前のラリーの最初にそのサービスコートにいた人がサーブする。
⑦レシービングサイドは，サービスオーバーの直前にサーブした人が同じサービスコートでサービスレシーブし，そのパートナーがその反対のサービスコートでサービスレシーブする。

2.シングルスゲームの進め方

①トスまたはジャンケンで最初にサーブするサイドを決める。
②最初にサーブするサイドは右サービスコートの中から対角線上のサービスコートにサーブする。
③ラリーに勝ったサイドが1点を得て，次のサービスを行う。
④次のサービスは自分の得点が偶数なら右サービスコートから，奇数なら左サービスコートから行う。

SOFTBALL
ソフトボール

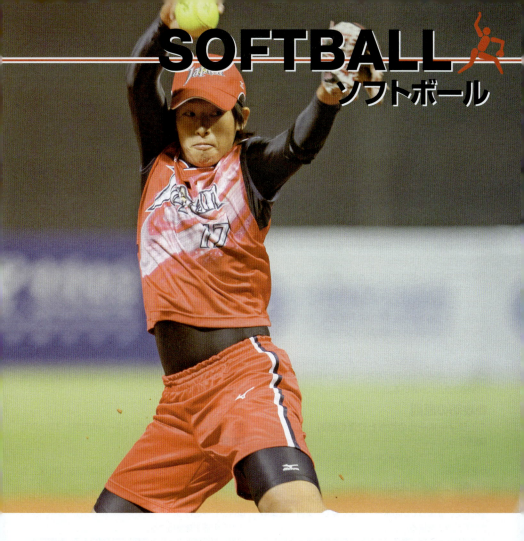

ソフトボール

おいたちと発展

アメリカでインドアベースボール（考案：ジョージ・ハンコック，1887年），キィッツンボール（考案：ルイス・ローバー，1895年），プレーグラウンドボール（考案：E.B.デクルートら，1900年代初頭）などと呼ばれていた野球に似た簡易競技があった。「ソフトボール」という名称は1926年にハケルソンがはじめて用いた。1933年にはアマチュア・ソフトボール協会が設立，その翌年に標準ルールが制定された。

現在，アメリカにおけるソフトボールは8,000万人を超える競技人口とファンを持ち，アメリカ最大のレクリエーションスポーツのひとつとなっている。

わが国には，1921年にアメリカ・シカゴ大学に留学していた大谷武一によって，今日でいうソフトボールが「インドアベースボール」，ならびに「プレーグラウンドボール」という名称で紹介されたとする考え方が一般的である。第二次世界大戦後，それらがソフトボールとなって急速に普及した。1949年に日本ソフトボール協会が設立され，翌年の国民体育大会では正式競技に加えられた。現在では，その競技人口は1,000万人を超えている。また，男女ともに日本代表チームは，オリンピック（女子のみ）をはじめ世界選手権大会（男女）でもメダル獲得や好成績をおさめている一方で，老若男女を問わず，学校・職場・地域で盛んにソフトボールが行われている。

◆ソフトボールの競技特性

①「打つ」「捕る」「投げる」「走る」といった運動の基本動作を複雑に組み合わせて行われる球技である。

②「いつでも」「どこでも」「だれでも」手軽に行える球技である。

③老若男女がその技術に応じて，競技的にも，レクリエーション的にも行える球技である。

④2つのチームが攻守に分かれ，得点を競い合う。

⑤大別すれば，9名(指名選手を採用する場合は10名)で行うファーストピッチ・ソフトボールと，10名(10人目の野手はショートフィルダー，エキストラヒッターを採用する場合は11人)で行うスローピッチ・ソフトボールがある。

⑥大きなボールを細いバットで打つため，打球はあまり遠くに飛ばず，比較的狭い競技場でプレーすることができる。

⑦選手の特徴によって，守備位置や打順を決めるなどの工夫ができる。

⑧得点差やアウトカウント，走者・打者・投手の特徴によって，守備の陣形を変えたり，狙い打ちやサインプレーを行うなどの工夫ができる。

⑨近年，ファーストピッチ・ソフトボール，およびスローピッチ・ソフトボールの前段階として，ティーボールが整備されている。

⑩わが国では，全国各地でソフトボールの前段階として，さまざまな簡易ゲームが行われ，それが今日のソフトボール隆盛の源となっている。

●攻防の原則

1．ティーボールの攻撃と守備の原則
[攻撃]

①打者は，相手チームの守備位置を見て，どの方向に打つかを決める。

②打者は，バッターズサークル内で立つ位置を決め，前足(踏み出し足)をどの方向へステップするかを決める。

③そして，止まっているボールをよく見て，気持ちを集中させてバットを振る。

④打球が内野手間，あるいは外野手間を抜けるようにねらい，ボールをジャストミートして打つ。

⑤ゲームが全員打撃制の場合，大振りせず，確実に次の打者につなげるようなバッティングを行う。

[守備]

①一塁手，二塁手，三塁手は，それぞれの塁ベースに容易に戻れるように各塁ベース近くで守備する。

②塁ベース上にいると打者走者や走者の走塁妨害となるので，走路を空けて守備をする。

③第一遊撃手と第二遊撃手は，打者のタイプにより，自由に守備位置を移動する。

④一塁，二塁，三塁とできるだけ近い位置で打者走者や走者をアウトにする。

⑤本塁手は，他の9人の野手の守備の陣形が見えるので，打者のタイプを判断して，各野手に守備位置をアドバイスする。

●戦術の原則

①ソフトボール型球技には，ファーストピッチ・ソフトボール，スローピッチ・ソフトボール，そしてティーボールがある。

②ファーストピッチとスローピッチ・ソフトボールは，いずれも7回で勝敗を決め，同点の場合は延長戦を行う。

③ティーボールの場合は，3回で勝敗を決める。同点の場合は，原則として引き分けとなる。

④ファーストピッチとスローピッチ・ソフトボールでは，まず投手の投球から開始され，投手は打者に打たれないように工夫する。また，打者は投手の投球をいかに打つかを試みる。

⑤ティーボールは，打者がバッティングティーにのせたボールを打つことによって開始される。

⑥ソフトボール型球技では，攻撃チームがいかに多くの点をとるかが一番の目標となり，そこに多くの攻撃や走塁の戦術が生まれる。

⑦⑥とは逆に，守備チームは，いかに打者をアウトにして失点を最小限に防ぎとめるかを追求する。これらをもとに，投手の投球術や守備の方法などの戦術が考え出される。

⑧打者は打順表に記載された順番で打席に入り，ゲームの状況に応じて強打やバント，バスター(バントの構えから普通にスイングして打つ)などを試みる。

⑨内・外野手は，打たれたボールをいかにすればアウトにできるかを試みる。

2．ファーストピッチ・ソフトボールの攻撃と守備の原則
[攻撃]

①打順の編成を工夫する。

②各打者の役割を理解させ，さまざまな状況において，強打を行うか，ウェイティングかを決める。

③バント・エンド・ランやヒット・エンド・ランなどの攻撃の連係プレーを行う。

④投手の調子を見極める。

⑤投手が投げるボールを予想して打席に入る(速球の速さ，変化球の種類：ドロップ，ライズボール，スライダー，変化球の頻度，どういう場面でどの変化球を投げてくるかという傾向を知る)。

[守備]

①投手は，打者に打たれないために威力のある速球やさまざまな変化球を習得できるようにする。

②捕手は，投手の投球を低めに集めさせるようにする。そして，打者の目から遠い位置で，さらにボールが変化するよう投手の能力を引き出す。

③内・外野手は，ボールカウントやアウトカウント，あるいは打者のタイプによって守備位置を変更する(例えば，2ストライクや2アウトでは，打者によるバントの可能性が低いため，守備位置を後方に下げる)。

④内・外野手が前方で守備すると，左右の守備範囲が狭くなる。逆に後方で守備すると左右の守備範囲が広くなる。

SOFTBALL **ソフトボール**

体ほぐしの運動

ソフトボールの学習に入る前に，①自分や仲間の体と心の状態に気づくこと，②体の調子を整えること，③仲間と交流すること，などをねらいに，自分たちで楽しくできる「体ほぐしの運動」を取り入れる。

❶ストレッチング

指先を自分の方へ引く。　肘を横へ引く。　上方で手を組み，上・左右に伸ばす。　尻を後ろへ落として肘を伸ばす。　体を前傾しないで肩を伸ばす。

足を踏んばり，肩を前へ押しこむ。　二人組になって，一人は股を左右に伸ばし，一人は肩を押す。　二人組で股を前後に伸ばす。

❷用具を使った体ほぐし

●バットを使う

体の前後屈運動　　上体を中心とした捻転運動　　腰の捻転運動

●ボールを使う

二人組でリズムよく腰の捻転運動　　二人組でボールのスローイングとキャッチング

◆安全に対する留意点とマナー

- グラウンドはよく整備し，使用後には必ずトンボをかけてならす。
- バットやボール，グラブやミットは，在校生全員が使うものである。むやみに投げたり落としたりせず，また汚れていたらきれいにふき，ていねいに使うことを心がける。また，元の場所にきちんと返す。
- バットを振るときは，まわりに人がいないか確認する。
- 服装は清潔であることはもちろんだが，靴のひもなどがほどけていたりゆるんでいるとケガの原因になるので，練習や試合前にしっかり確認する。
- ソフトボールは一人だけで楽しむことはできない。自分一人の都合で時間に遅れたりせず，集合時間をしっかりと守る。
- 審判や相手チームの選手にクレームをつけたり，汚い言葉でやじらない。
- 味方のミスやピンチのときには，お互いに声をかけ合い，励まし合う。

251

STEP 1-1. 止まっているボールを打つ

●構え方
- 頭を上下に振らない
- バットの位置はストライクゾーンの上端で、後ろ足の真上が基本
- ボールをしっかり見る
- 腰は地面に対して水平に
- 両肘は、上体から少し離す
- 膝はやや曲げ、重心は両脚へ均等にかける
- 踏み出し足は広過ぎないように

●スイング
- 後ろ足に体重を移しながらバックスイングを行う。
- 前足を投手の方向へ踏み出しながら腰の回転を始め、そのとき手首も腕も腰と同じように前方へ回転させる。
- そのまま上体を回転させボールをミートし、その後手首を返す。腕、腰、肩を回転させてフォロースルーを行う。

●バットの握り方（グリップ）

POINT
●スイングの練習法
① 素振り
② ティーバッティング

止まっているボールをよく見て、バットを水平に、そして力強く振る。

簡易ゲーム
ティーボールを楽しもう！

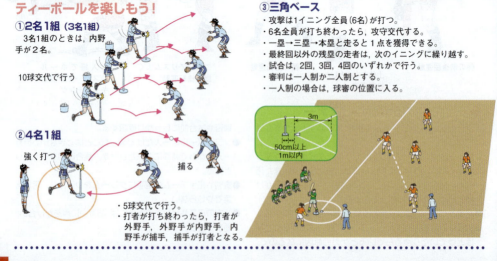

①2名1組（3名1組）
3名1組のときは、内野手が2名。
10球交代で行う

②4名1組
強く打つ　捕る
・5球交代で行う。
・打者が打ち終わったら、打者が外野手、外野手が内野手、内野手が捕手、捕手が打者となる。

③三角ベース
・攻撃は1イニング全員(6名)が打つ。
・6名全員が打ち終わったら、攻守交代する。
・一塁→三塁→本塁と走ると1点を獲得できる。
・最終回以外の残塁の走者は、次のイニングに繰り越す。
・試合は、2回、3回、4回のいずれかで行う。
・審判は一人制か二人制とする。
・一人制の場合は、球審の位置に入る。

3m
50cm以上
1m以内

STEP 1-2. 下手投げのボールを打つ

●遠くへ打つ技術
・バックスイングを十分とり，足を踏み出しながらフォワードスイングに移る。インパクトまでの最短距離をスイングする。
・バットの運動量が最大のときボールをとらえる。インパクトの瞬間近くまでボールを見続け，手首を返して，力強くフォロースルーを行う。

●反対打ち(流し打ち)の技術
・右打者は右脇，左打者は左脇を十分絞りながら投球を引きつけてミートする。左右の手首を十分に返して打ち返す。
・バットは上から下へ振り抜き，フォロースルーは前足を中心に回転する。

●バントの技術
❶犠牲バント…バットを胸元で握り，肘や膝を少し曲げて構える。ボールを見続け，確実にミートして内野手か投手の前にボールをころがす。
❷プッシュバント…打撃姿勢で構え，ボールを手元に引き込む。ミートする際にバットを少し押し出しながら二塁手や遊撃手前にころがし，すばやく一塁に走る。

ヒットをねらうバント(プッシュバント)

犠牲バント

簡易ゲーム
下手投げのボールを打って楽しもう！

④四角ベース
（ティーボールを正式に楽しもう）
・10名対10名の正式試合
・「ティーボールの攻撃と守備の原則」(p.250)を参考にし，ルールを守って楽しもう。

[3名で行うとき]
・3名は，打者，投手兼捕手，外野手に分かれる。
・投手兼捕手は，打者に打ちやすいスローボールを投げる。
・打者は，その投球を外野手がいる方向に力強く打つ。
・外野手は，打球をノーバウンドで捕れば，打者アウト。
・ゴロの場合，外野手はそれを捕り，ホームプレートに戻っている投手兼捕手へワンバウンドで返球し，それを投手兼捕手がホームプレートを踏みながら(一塁手のように)捕れば，打者アウト。
・送球が左右にそれて，投手兼捕手がホームプレート上で，送球を捕れなければ，打者セーフ。
・女子や初心者の場合，ホームプレートの代わりにサークルを描く(サークルの大きさは実力に応じて変える)。
・打者が，投手兼捕手へのフライ，あるいはゴロを打ったときは自動的にアウトとする。
・打者が，外野手が守備する方向と反対側に投球を打つと，自動的に打者アウト。

●メジャーリーグ・ゲーム
> ミッキー・マントル(元ニューヨーク・ヤンキース)たちが幼少時代にやっていたことからこの名前がつけられた

・3アウトになると，打者が外野手，外野手が投手兼捕手，投手兼捕手が打者となる。

[4名で行うとき]
・攻撃側は打者と次打者，守備側は投手と外野手となる。
・次打者は，仮の捕手となり，打者が打たなかったボールのみ処理する。
・ルールは3名で行うときと同じ(攻撃側が3アウトになると，攻守交替)。

捕球はワンバウンドで投手兼捕手に返す
投手
投手が捕手の位置に入る
スローピッチ
外野手の方向へ打つ
投手兼捕手がサークル内で捕球したら「アウト」
サークルを描く(実力に応じて大きさは変える)

STEP 2-1. 確実に投げ確実に捕る

●スローイング
オーバースロー（上手投げ），スリークォータースロー（上手投げと横手投げの中間），サイドスロー（横手投げ），アンダースロー（下手投げ），トスなどがある。
キャッチボールでは，相手が捕球しやすいように，相手の胸を目標に投げる。

オーバースロー（上手投げ）

投げる方向へ一歩踏み出す　　目標をしっかり見る　　胸を十分にはる　　手首は後方から前方へ十分返す　　左手は引く動作に

正しいボールの握り方
投手として握る場合は，球質によって縫い目を利用したり，指の位置を変えて投球する。しかし，野手の場合は，ボールの縫い目に対して指を垂直にかけて握るのが基本である。ゴロを捕球した場合は，縫い目に関係なくしっかり握ってすばやく送球する。

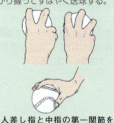

人差し指と中指の第一関節を縫い目に垂直に当てる

サイドスロー（横手投げ）

●キャッチング
ボールの来る方向にすばやく動いて，両手で正確に捕球する。

構え
・グラブの中に5本の指を入れる。
・力を抜いて胸の前でグラブを構える。
・膝をやわらかく保つ。

高目の捕球
送球する手をグラブにしっかりとそえる。

正面の捕球
送球する手をグラブにそえて，グラブの手のひらの部分でしっかりと捕球する。

右の捕球
左足を右に踏み出し，グラブに送球する手をそえる。

低目の捕球
腰を落とし，下からボールをすくうようにする。

左の捕球
左足を前に踏み出し，送球する手をグラブにそえる。

守備の基本練習

・キャッチボール練習
ノーバウンド，ゴロ，フライの順でボールを投げ合う。

①2人でのキャッチボール

②3人でのキャッチボール

←BがCに，CがBに捕球や送球方法のアドバイスをしながら，キャッチボールの練習ができる。

←AとBとCは，ボールを捕った後，右横（左横）の選手に送球する練習ができる。

STEP 2-2. 場面に合わせた守備技術

●内野ゴロの捕球と送球
・ボールをよく見ながら低い姿勢で構え，グラブを下から上へ移動させる。
・必ずダッシュして，なるべく正面で捕る。
・捕球後，ボールをしっかり握って投げる。

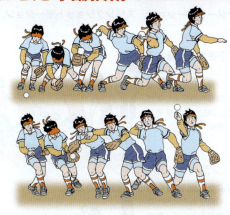

●外野ゴロの捕球と送球
・ゆるいゴロは，ダッシュして捕球する。強いゴロは，慎重に体の正面で捕球する。
・左右の強い打球に対しては，守備位置から一直線に走る。
・送球には必ずオーバースローかスリークォータースローを用い，ボールの回転を縦にする。

●外野フライの捕球
・楽な姿勢で構え，投手が投球するごとにどちらかの足を前に少し踏み出す。
・打者が打った瞬間に打球音と打球角度を見きわめ，前後左右のいずれかにスタートする。

練習ゲーム

●トスを入れたキャッチボール
① 5－4－3のダブルプレーの練習
・打者兼捕手が三塁手（5）にゴロを投げる。
・三塁手はそれを捕り，二塁手（4）へと送球する。
・二塁手は送球を捕り，一塁手に送球する。
・一塁手は送球を捕った後，捕手へ返球する。
・一連の流れを5回繰り返した後，三塁手が二塁手，二塁手が一塁手，一塁手が打者兼捕手，打者兼捕手が三塁手へと移動し，この練習を続ける。

▶ 捕球後，横方向に投げるのがこの練習のポイント

② 4－6－3のダブルプレーの練習
・打者兼捕手が二塁手（4）にゴロを投げる。
・二塁手はそれを捕り，遊撃手（6）へバックトスする。
・遊撃手はそれを捕り，一塁走者の走路を空けて，一塁手（3）へ送球する。
・一塁手はそれをできるだけ体を伸ばして捕り，その後，捕手へ返球する。
・一連の流れを5回繰り返した後，二塁手が遊撃手，遊撃手が一塁手，一塁手が打者兼捕手，打者兼捕手が二塁手へと移動し，この練習を続ける。

▶ バックトス，ジャンピングスローをすることにより，日頃やらない動作をすることがポイント

●5－4－3のダブルプレー

●4－6－3のダブルプレー

③ボールのリレー練習（カットプレー）
・外野手から内野手，そして捕手への連係プレー。

●ボールのリレー練習（カットプレー）

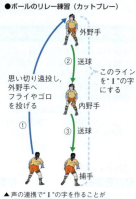

思い切り遠投し，外野手へフライやゴロを投げる

このラインを"I"の字にする

▲ 声の連携で"I"の字を作ることがポイント

STEP 3. 正式なピッチング技術で投球する

スタンダードモーション，スリングショットモーション，ウインドミルモーションの3種類がある。

●スタンダードモーション
標準的に下手から投球する方法

腕を中心に後方へゆっくり振り上げ，その反動を利用して，ゆっくり腕を前方へ振り出しながら投球する。スローピッチではこの投球が義務づけられる。

●スリングショットモーション
振り子のように腕を速く振って投球する方法

肩を軸にして腕を後方に振ったら，その反動を利用して，腕を全力で前方に振りながら投球する。

●ウインドミルモーション
腕を風車のように1回転させて投球する方法

足を前方へ1歩踏み出すと同時に腕を1回転させて投げる。このとき，肘をあまり曲げないで投球する。

変化球の投げ方

カーブ（横の変化）
手首を思いきり立て，指先が下を向くようにして手首をひねり，ボールを右から左に回転させる。

シュート（横の変化）
尺側部と大腿部の接触を弱く行い，手首を左から右へとひねる。

ドロップ（縦の変化）
手のひらを下向きにして，腰からかぶせるようにして，上から下への回転を与える。

ライズボール（縦の変化）
ボールを下からすくうようなつもりで，上向きの回転を与える。

ウインドミルモーションの練習

右投手は三塁の方向へ正対して，左腕を前方（ホームプレートの方向）に伸ばしたまま，右腕を1回転させ，腕の内側を脚の大腿部に接触させる。これをくり返す。腕がスムーズに回旋するようになったら，2名1組となり，実際にボールを投げてみる。

簡易ゲーム

四角ベース［8（7）名対8（7）名のゲーム］

◎打者に打たせるために投手と捕手は攻撃側の選手が行う
・攻守8（7）名ずつに分かれる。
・攻守は3アウトで交代する。
・フェアボールのときは，打者は一塁に走る。
・一塁に出た走者は，二塁→三塁→本塁と走ると1点となる。
・ルールはスローピッチを採用する。

POINT ベースランニング

❶打者走者
一塁ベースまでの最短距離を走り，走り抜けたらあとはファウル地域から一塁ベースへもどる。

❷塁のまわり方
一塁ベースの手前で少しふくらみをつくり，二塁方向へ向かう。一塁触塁は左足でも右足でもよい。

SOFTBALL ソフトボール

STEP 4-1. スローピッチのゲームの進め方と作戦の立案

●選手
- チームは10名。エキストラヒッター（ＥＨ）を採用した場合は，11名で構成する。
- 守備チームの選手は，投手，捕手，一塁手，二塁手，三塁手，遊撃手，左翼手，左中堅手，右中堅手，右翼手の10名である。
- ＥＨは，いつでも代打者や代走者と交代できる。その交代した選手が次のＥＨになる。
- ＥＨは再出場することもできる。

●正式試合
- 正式試合は7回である。
- 選手が10名（EHを採用した場合は11名）より少なくなると，没収試合が宣告される。
- 得点差コールドゲームは，大会規定によって採用することができる。

●スローピッチでのゲームの進め方

[投球]
1.投手の投球準備動作
- 投手は両足を地面にしっかりとつけ，片足か両足をピッチャーズプレートに触れていなければならない。
- 体の前面を打者に向け，ボールを片手，または両手で持って，完全に停止しなければならない（この姿勢は投球をはじめるまで1秒以上10秒以内持続させなければならない）。
- 捕手が，キャッチャーズボックスにいない場合は，投手は投球位置にいるとはみなされない。

2.投手の正しい投球動作
- 投手は，打者に対して速やかに投球しなければならない。
- 投球動作は，一連の動作であって，途中で停止したり，逆もどり（モーション）をしたりしてはならない。
- 投手の投球は，手が最初に腰を通過するときの前方へのスイングでなければならない。
- 軸足は，ボールが手から離れるまでピッチャーズプレートに触れていなければならない。自由足は踏み出さなくてもよいが，ステップする場合は1歩に限られ，前方でも後方でも横でもよい。
- 投手は，ボールを背後から投げたり，両脚の間から投げたり，グラブから投げたりしてはならない。
- 投球は適当なスピードであって，地面から1.5m以上3.0m以下の高さでアーチを描くように投げなければならない（スピードの適否は，審判員の判断による）。
- 投手は，ボールを離したのち，投球動作を続けてはならない。
- 投手はボールを受ける，もしくは審判員が"プレーボール"と指示したならば，10秒以内に次の投球をしなければならない。

[打撃]
1.打者の打撃姿勢
- 打者は，球審が"プレー"を指示したのち，10秒以内に打撃姿勢をとらなければならない（違反するとボールデッドで，打者に対してワンストライクが宣告される）。

2.投球が"ボール"になる場合[ファーストピッチと異なるルール]

【スローピッチの競技場】

1.競技場
- ホームプレートからフェンスまでの距離
  男子:68.58m（225フィート）
  女子:60.96m（200フィート）
- 塁間の距離
  男子:18.29m（60フィート）
  女子:18.29m（60フィート）
- 投球距離
  男子:14.02m（46フィート）
  女子:14.02m（46フィート）
※なお，ピッチャーズサークルは不要。

2.用具
- バットとボールはファーストピッチ・ソフトボールと同様である。
- 捕手はマスクを着用しなければならない。
- 女子はボディープロテクターを着用することが望ましい。
- 打者・走者・捕手は，ヘルメットを着用することが望ましい。

- 投球がホームプレート前の地面やホームプレート上に落ちた（ワンバンドした）投球は，打者が打っても正しい打球にはならない。
- ストライクゾーン外で打者に触れた投球は，"デッドボール"にはならない。

3.打者がアウトになるとき
- 第3ストライクが宣告されたとき（2ストライク後のファウルボールが捕られなかったときも含む）。
- 打者が，バントしたり，チョップヒット（高いバウンドのゴロを打とうとしてバットを振りおろす打法）したとき。

[走塁]
1.走者がアウトになるとき
- 正しい投球がホームプレートに達する前に，走者が塁を離れたとき（ボールデッドで，"ノーピッチ"とする）。

2.盗塁（進塁）
- 投球が打者によって打たれない限り，走者はどのような条件においても盗塁（進塁）することはできない。

3.四球
- "四球"は，ボールデッドである。意図的に走者を一塁に歩かせたい場合には，そのことを球審に申し出ればよい（1球も投げる必要はない）。

●スローピッチでの作戦の立案

【攻撃の原則】
①打ちやすいスローボールが投げられたなら，各打者は積極的に打つ。
②内・外野手間をライナーやゴロで抜くように，ねらい打ちする。
③力強い打撃を行える選手は，思い切りバットを振って強打する。
④毎回得点するためには，4番打者と8番打者に強打者をおく（これを"ダブルクリーンアップ制"という）。
⑤ファーストピッチと異なる打撃と走塁のルールを正しく理解しておくこと。

【守備の原則】
①10人目の野手であるショートフィルダー（左中堅手か右中堅手）は，打者のタイプによって，左中間前方か右中間前方で準備する。
②投手は，スローピッチが義務づけられているが，ゲームのときはスローボールで打たれにくいコースや山なりの度合などを考えて投球する。
③捕手は，中腰で構えて，投手の投球をワンバウンドで捕るようにする（安全のため）。
④一塁手と三塁手は，打者によるバントやチョップヒットはアウトとなるため，各塁ベース横，あるいは少し後方で守備をする。

257

STEP 4-2. ファーストピッチのゲームの進め方と作戦の立案

●投手がスローボールしか投げられない場合

[バッテリーによる打者攻略法]
投手が打者を打ちとるには，次のような方法が考えられる。

1.投球の高低を上手に利用する。
・ストライクゾーンを外れるボールでも，打者は打ちたがるボールがあることを知る。
①適度な山なりのボール(高すぎず，速すぎず)をホームプレートの前方に落とすボール　→　内野ゴロになりやすい
②打者の肩近くに投げられる，適度な山なりのボール　→　ファウルになりやすい

2.逆手で投球し，ストライクゾーンを上手に利用しながら，さまざまな変化球を投げる。
・逆手で投球し，ボールに多くの回転を与えると同時に，カーブ，シュート，ドロップなどを投げる。
①逆手でボールを投げるとき，手首を身体の外側から内側へとひねると，カーブ系のスローボールとなる。
②逆手でボールを投げるとき，ボールにバックスピンを多くかけると，投球は途中で止まったようになり，ドロップ，あるいはチェンジアップとなる。
③2ストライクの後に，外角低目にカーブ(スライダー)を投げると，右打者は遊撃手方向へのゴロを打つ確率が高くなり，ダブルプレーをとるためのボールとして有効なものとなる。

3.投手は，ストライクゾーンから外れるボールを打者に打たせる。
①適度な山なりのボールは打ちやすいので，そのような投球はストライクゾーンに入れないで，"ボール"にする。
②高目か外角のコースぎりぎりのボールを投げて，球審がストライクと宣告したら，次はそのボールの1つ高目か外角へ，"ボール"となるように投球する。それもストライクとなったら，さらに高目か外角へと投げ，ストライクゾーンを広く使う。

[打者による投手攻略法]
1.投手がどのような回転のボールを投げても，ストライクだけを打つようにする。
2.投手が適度な山なりのボールを投げると，打者はついつい大振りし，思い切り引っ張りフライを打つ傾向がある。そうしないためにも，内・外野手の間を抜くように打つ。
3.投球はできるだけ引きつけて，広角に打つ。
4.自分一人がホームランを打とうとはせず，次打者へとつなぐバッティングを行う。

●投手が速球や変化球を投げられる場合

[バッテリーによる打者攻略法]

1.速球を使う
・打者に打たれないほどの，より速い速球を投げる。
①短期間にウインドミル投法を習得し，より速いボールをコントロールよく投球する。
②その速球が打たれるようであれば，さらに速く投げるようにするか，その速球を少しムーブさせる(動かす)。
③ムーブさせるためには，ボールの握りを変えたり，手首をひねってボールにより多くの回転を加えるようにする。

2.変化球を使う
・打者に打たれないほどの，鋭い変化球を投げる。
①ボールの握りを変えて，変化球を投げる。
②手首をひねるなどして，ボールに多くの回転を与えて変化球を投げる。
③自由足のステップの位置(前後左右)，投球する腕や手の位置(高低)を変えて，変化球を投げる。
④①+②，①+③，②+③，①+②+③など自由に組み合わせて，打者に打たれない変化球を投げる。

3.配球を工夫する
・バッテリーは配球を考え，打者を打ち取る。
①速球を投げ続けると，打者はそのタイミングで投球を待つため，少し遅いボール(変化球など)が有効となる。
②外角球を続けると，打者は外角をねらいにくるため，内角球が有効となる。
③ストライクゾーンを外れる"ボール"を投げ続けると打者は集中力を欠くようになる。"ボール"を投げ続けた後に"ストライク"を投げると効果的である。
④チェンジアップを投げた後の速球は，打者には実際よりも速いボールに見えるために有効である。
⑤内角高目，外角低目と投球を散らすと打者の集中力を乱すことになり，強打される確率は低くなる。

[打者による投手攻略法]
1.前述した「バッテリーによる攻略法」を参考にしてねらい球を絞る。
2.投手がもっとも多く投げるボール(速球が多い)にタイミングを合わせて，バットを力強く振る。
3.投手がライズボールとドロップといった高低のある変化球を投げ分けてくる場合は，ドロップに的を絞り，ねらい打つ。
4.打者は，どのようなケースでもバントを行えるようにする。
5.「好球必打」で行く。

⚠ 試合を観戦するときの視点

1.観て学ぶ
・一流選手の個人技術を観て学ぶ
・一流チームの組織プレーを観て学ぶ
(守備の連係・攻撃の連係)

2.動画で学ぼう
・一人ひとりのプレーを観てみよう。
　投手はどのような変化球を投げているのか。野手はボールを捕ってから送球までの連続動作。
　守備では，盗塁阻止(捕手の二塁送球)，バント処理，ダブルプレー，内・外野の中継プレー，状況に応じた守備位置の移動。
　攻撃では，バントエンドラン，ヒットエンドラン，ベンチからの指示(サインプレー)。

3.競技を観る目を養おう！
　全国各地で行われる日本リーグの試合を「ライブ」で観戦したり，国際試合をテレビで観る機会が増えている。そこでは，1-0の試合も5-0の一方的な試合もある。1-0の試合では息詰まる投手戦により，どのようにバッテリーが打者を攻略しているのか，あるいはどのような守備技術や連係プレーによって失点を防いでいるのかといった視点で試合を観よう。
　一方，5-0の試合では打者がどんな技術で投手のボールをあるいは守備の陣形を打ち崩しているのか，ベンチがどんなサインプレーを使い得点を重ねているのか，特徴のある選手たちをどのような打順を組むことで，攻撃の布陣を工夫してとっているのかなどを考えながら観ることで，ソフトボールがより一層楽しくなるだろう。

258

SOFTBALL ソフトボール

HOW TO PLAY AND REFEREE

ルールと審判法

1 競技施設・用具・服装

競技場

ピッチングの距離
高校以上女子	13.11m
中学以上男子	14.02m

ピッチャーズプレートの前縁の中心をもとに半径2.44mのサークルを描く。

ベース間の距離
| 中学以上男女 | 18.29m |

●一・二塁、二・三塁を結ぶ実線は引かない。
●ホームプレートから外野の境界線まで正式には225フィート(68.58m)、女子は200フィート(60.96m)以上あればよい。

服装
- **ユニフォーム**…同一チームのプレーヤーは、同一のものを着用。
- **帽子**…男子は同一のものをかぶる。
- **スパイク**…金属製のものは中・高校生は原則として使用不可。
- **ヘルメット**…打者、捕手、走者、高校生以下のベースコーチは必ず着用。
- **ボディプロテクター**…捕手は必ず着用。
- **スロートガード付きマスク**…捕手は必ず着用。

※スローピッチソフトボールでは、金属製スパイクは使用できない。

競技用語の解説

●**ファウルボールとフェアボール**：
（ファウルボール／フェアボール 図）
- ● ボールが静止した場所
- ● ボールが地面に触れた場所

●**インフィールドフライ**：無死または一死で走者一・二塁か満塁のとき、打者が打ったフライ（ライナーおよびバントを行いフライになった場合を除く）で、内野手が普通の守備行為をすれば捕球できるフライ。

●**指名選手（DP：DESIGNATED PLAYER）**：打撃専門のプレーヤーで、どの守備者につけてもかまわない。DPの打順は、その試合中変更することはできない。

●**タイブレーク**：延長8回より無死走者二塁から攻撃をはじめるルール。

●**振り逃げ**：無死あるいは一死で一塁に走者がいない場合、あるいは二死のいかなる場合においても第3ストライクを捕手が地面に着く前に捕球できなかった場合、そのときの打者は走者になれる（スローピッチではこのルールはない）。

●**リエントリー**：再出場。試合開始時の打順表にその名前が記載されている場合は、その時期に関係なく一度限り、再び選手として試合に参加できる。

●**テンポラリーランナー**：捕手が塁上の走者となっていて二死となったとき、あるいは二死後、捕手が出塁し走者となったときに捕手の代わりに走者となる選手のこと。交代させるかどうかは攻撃側チームの選択である。

2　ゲームの進め方と主なルール

ゲームの進め方

❶先攻・後攻の決定
イニングにおける先攻と後攻は，特に定めがないときは，コインのトスによって決定する。

❷試合の開始
後攻の各選手が，それぞれの守備位置につき，先攻の第1打者がバッターズボックス内に位置したとき，球審は「プレーボール」を宣告し，試合が開始される。

❸打者・走者がアウトになるとき
- 打者がフライを打ち，地面につく前に野手に捕られたとき。
- フェアボールを打った後，打者走者が一塁へ達する前に，野手がそのベース上に体の一部を触れながらボールを確実に保持したとき。
- 走者が，投手の手からボールが離れる前に，その占有するベースを離れたとき。
- 打者，打者走者，それに走者が，野手の守備を妨害したとき。

❹攻守の交代
攻撃チームが三人アウトになると，攻撃と守備は交代する。

❺得点が入るとき
走者がイニングの第3アウトの前に，正しい方法で一塁，二塁，三塁，本塁に触れた場合，1点が記録される。

❻勝敗の決め方
試合の勝者は，正式の試合において相手チームより多く得点したチームである。

投球に関するルール

❶投球準備動作
軸足は投手板につけて立ち，両腰を一塁と三塁を結ぶ線に合わせる。体の前面で両手によってボールを持ち，全身の動きを2秒以上5秒以内完全に停止させ，その後，投球する。

❷投球動作
投手はボールを利き腕の手に持ち投球動作を起こす。このあと，ウインドミル，スリングショットまたはスタンダードモーションにより投球する。投球のために前方へ踏み出す足は1歩であり，踏み出す範囲は，投手板の前方で，投手板の両端の延長線の内側である。

手と手首は体側線を通って（平行），前へ通過させ，その位置は腰よりも低く，手首は肘よりも体から遠く離れないように投球する。

❸不正投球（イリーガルピッチ）
前記の投球のルールに違反すると，審判員は「イリーガルピッチ」を宣告し，ボールデッドとなり，打者にはワンボール，走者には1個の安全進塁が与えられる。ただし，「イリーガルピッチ」のボールを打ち，打者が走者となって生き，ほかの走者も1個以上の進塁をしたときに限り，プレーはそのまま続行することもある。

❹無効投球（ノーピッチ）
以下はボールデッドで，その投球にともなうすべてのプレーは無効となる。
- ボールデッド中に投球したとき
- 打者がまだ打撃姿勢をとっていないときに，すばやく次の投球をしたとき
- 走者が"離塁アウト"になったとき

3　審判法

球審の任務
①球審は捕手の背後に位置し，試合の適切な運営のために全責任を負う。また，あらゆる投球に対して，ボールとストライクを判定し宣告する。
②フェアボールとファウルボールの判定と宣告をする。
③本塁周辺で行われるすべてのプレーに対して判定をくだす。

塁審の任務
①各塁での判定をくだすのに，最適と思われる位置につく。
②塁審は，一塁と二塁のあらゆる判定を行い，球審によってなされるものをのぞいて，三塁でもあらゆる判定を行う。

審判員のジェスチャー

球審のシグナル：プレーボール（プレー）／ストライク／アウト／セーフ／タイム・ファウル

塁審のシグナル：セーフ／アウト／フェア／タイム・ファウル

260

ゴルフ

おいたちと発展

　ゴルフの起源についてはいろいろな説がある。棒あるいは杖のようなものでボールや小石を打って，目標のゴールへ運び，その飛距離と正確さを競い合うといったゴルフの原形のような遊びは世界各地で行われていたようだ。15世紀に入ってイギリスのスコットランドで大流行したこの遊びは次第に競技化し，そのためのコースもつくられて「ゴルフ」と呼ばれるようになった。1744年にはスコットランドのエジンバラで初の選手権大会が行われ，世界最古のルール(13条ルール)が制定された。現存する最古のトーナメントである「全英オープン」は1860年から始められている。

　現在，プロのトーナメントが世界各地で開催され，日本人プロゴルファーも活躍している。全英女子オープン(2019年)で渋野日向子プロが優勝，マスターズ(2021年)で松山英樹プロがアジア人・日本人初のメジャー優勝を果たした。東京オリンピックでは稲見萌寧プロが日本勢初の銀メダルを獲得した。2019年からの新規則では，さらなる普及のために規則を簡略化して不要な罰をなくし，かつプレーのスピード化をめざしている。日本では1903年，神戸在住の外国人によって日本最古のゴルフクラブ「神戸ゴルフ倶楽部・六甲コース」がつくられたのが始まりで，上流階級の人々の遊びとして広まった。その後，日本人によるゴルフクラブがつくられたのが1913(大正2)年，日本アマ選手権が行われたのが1918(大正7)年，日本ゴルフ協会が創立されたのが1924(大正13)年で，各地にゴルフクラブ，ゴルフ場がつくられてきた。1957年，日本の霞ヶ関カンツリー倶楽部で行われた「カナダカップ(現在のワールドカップ)」で中村寅吉プロが個人優勝，団体も小野光一プロと組んで優勝したのがきっかけとなり，ゴルフは爆発的に普及した。日本は，アメリカに次ぐ世界第2位のゴルフ大国で，いまや老若男女670万人のプレーヤーが2250に達するコースでプレーするという普及ぶりを示している。

●競技特性の理解

❶ゴルフゲームの3大特性

GOLFのGはグリーン(緑の芝生)，Oはオゾン(空気)，Lはライト(太陽)やラブ(愛)，Fはフット(足)やフレンドシップ(友好)を意図しているように，広大な緑あふれる自然の競技場を劇空間・舞台として，多くの人々に親しまれている。

ゴルフには，次のような3つの大きなスポーツ特性がある。

①審判員不在のゲーム
- 広大な競技場→不正を行えるチャンスは多い
- 正直にプレーする習慣があってこそ競技が成立する
- 「正直，公正」は人間性を向上させる
- ゴルファーズオネスティ・レディース，ジェントルマンズゲーム

ゴルフゲームの3大特性

②自然との交流
- 自然と親しむ→自然を愛する心
- 自然との闘い→試練を克服
- ストレスの解消→リフレッシュ
- プレーの原則は「あるがまま」

③生涯スポーツ適性
- 適度な運動強度→幅広い競技人口
- 技術の幅があり，長い期間かかって上達する
- ハンデキャップ制の競技がある
- 社交性・ファッション性
- エチケットを守る伝統

❷エチケット・マナー

ゴルフはエチケット(①礼儀作法，②慣習・掟)・マナー(①仕方・作法，②態度・行儀作法)を重んじる紳士・淑女のスポーツである。

仲間と楽しく，安全にかつスムーズにプレーするために，次の4つの点を実行するとよい。

①コース上やゴルフ施設利用上の礼儀
- あいさつをする
  →「おはようございます」「こんにちは」「ありがとうございました」
- 服装はきちんとして
  →入場には上着および靴の着用。プレーには襟付きシャツ
- 他人のプレー中は静粛に！
- 食事，入浴，洗面所のマナーを守る

②安全の確認
ボールやクラブが人にあたらないように，前の組までの距離や素振りの際の周囲の安全などを確認する。
- 危険なときには「フォー！」のかけ声をかける
- 前の組にボールを打ち込まない
- 素振りで土や小石を飛ばさない
- 他のプレーヤーがショットするときに前方へ出ない

③コースの保護
- 切り取った芝をもとへ戻して埋土する
- バンカーの足跡をレーキできれいにならす
- グリーンやティでは芝を傷めないように，プレーが終わったら最短距離から外に出る

④プレーの促進
プレー促進の「ボクレバ法」
- ボ………予備のボールをポケットに持ちましょう
- ク………クラブを2〜3本もって次のショットの場所へ
- レ………レーキを持ってバンカーへ
- パ………パターも持ってアプローチの場所へ

⚡ あなたのゴルフ文化人としてのレベルは？

ゴルフ発祥の地，スコットランドのセントアンドリュースのゴルファー達の間で流行っている戯れ歌を紹介します。これは，ゴルフ愛好者のゴルフ年齢，いわゆるゴルフに対する文化・精神年齢をあらわしたものです。

①飛距離が自慢の幼稚園 ………………… 飛びすぎるとヘルバンカーやラフにつかまる。
②スコアにこだわる小学生 ………………… ゴルフゲームの原点はマッチプレー。
③コースが見えて中学生 …………………… コースレイアウトの理解や自然との共生。
④ルールに厳しい高校生 …………………… エチケット・マナーはゴルファーの宝。
⑤歴史が解かって大学生 …………………… ゴルフ文化の理解や，感動や夢を与えたゲーム史。
⑥友群れ集う卒業式 ………………………… クラブライフの楽しさ，コミュニティー形成の役割。

このように，それぞれのレベル(段階)でゴルフを楽しむことができますが，日本人は飛距離やスコアーにこだわる者が大多数で，ゴルフの文化・精神年齢は小学生並といえます。スコットランドのゴルファー達のようにゴルフの特性や文化性を自覚し，ゴルフの品位や質を高めていくことが大切です。

GOLF ゴルフ

基本技術の習得

1 スイングの基本　B→A→C

ゴルフスイングの組み立ては3つにわけて考えられる。まず，ボディの動き(Body-swing)があり，それに腕の振り(Arm-swing)が加わり，さらにクラブの振り(Club-swing)が加わって完成する。

この3つの手順に沿ってスイング作りのトレーニングをして，正しいフォームを体で覚えるようにする。

ボディスイング　ボディスイングにアームスイングが加わる　さらにクラブスイングが加わってスイングが完成する

❶ Body-swing（ボディの動き）

ボディスイングの3要素は
①ボディの回転（ターン）
②重心の移動
③回転の中心軸維持

・上体のねじり上げ（上半身と下半身の間にねじれをつくる）
・重心の移動（右足から左足へ）
・中心軸の維持（脊椎を中心に「こま」のように回転）

❷ Arm-swing（腕の動き）

アームスイングの3要素は
①肘の動き
②手首の動き
③振りの大きさ

・肘の動き（伸ばして折りたたむ）
・手首の動き（右手のひらは左手甲と終始向かい合う）
・振りの大きさ（腕は振り子のように）

❸ Club-swing（クラブの振り）

クラブスイングの3要素は
①右腕の使い方
②左腕の使い方
③左右の腕を均等に使う

・右腕の逆クラブスイング（「ムチ」のようにしなやかに振る）
・左腕の逆クラブスイング（バックスイング中に手首が左手親指方向に折れる）
・両腕の逆クラブスイング（トップとフィニッシュの形を確認）

※両手で逆クラブスイングをしてみよう。

時計をイメージして振り子スイングを身につけよう

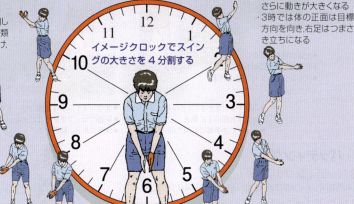

④ フル（4/4）スイング「10時〜2時」
・フリースイングの完成

③ スリークウォーター（3/4）スイング「9時〜3時」
・胴体の回転・腕の振りともさらに動きが大きくなる
・3時では体の正面は目標方向を向き，右足はつまさき立ちになる

このイメージクロックを利用して，スイングの大きさの4種類を体感覚となるまで身につけ，各クラブの距離の時間割をマスターすると，ショートゲームやアプローチショットに応用できる。

※時計の針になるのは，バックスイングでは左腕，フォロースイングでは右腕。

イメージクロックでスイングの大きさを4分割する

① クウォーター（1/4）スイング「7時〜5時」
・胴体も腕もわずかに動く
・体重移動も足の踏み変え程度

② ハーフ（2/4）スイング「8時〜4時」
・胴体の回転・腕の振りが大きくなってくる
・体重移動もかかとが上がるようになる

2 グリップ

クラブを握ることを「グリップ」という。グリップは体と腕の動きや力をクラブヘッドに伝える重要な役割を果たす。握り方は下のように3つのタイプがある。

①オーバーラッピング・グリップ
左手の人さし指と中指の間に右手の小指を重ねる。多くの人がこのグリップを用いている。

②インターロッキング・グリップ
右手の小指を左手の人さし指と中指の間にからませる。

③テンフィンガー・グリップ
左手の人さし指と右手の小指をくっつけて、10本の指全部で握る。ナチュラル・グリップともいう。

3 基本スイング

- 足腰(スタンス)は肩幅ぐらい
- リラックスした前傾姿勢
- スクェアグリップ

- 右膝は左膝裏に寄り、右足はつまさき立ちになる
- 体の正面は目標方向に向く
- 体重は左足に乗りきる

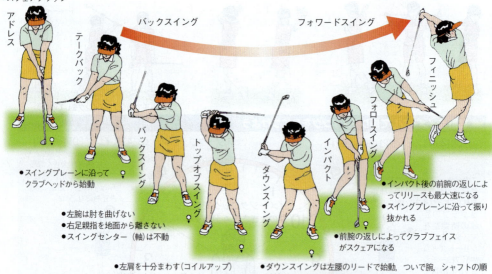

バックスイング　フォワードスイング

アドレス／テークバック／バックスイング／トップオブスイング／ダウンスイング／インパクト／フォロースイング／フィニッシュ

- スイングプレーンに沿ってクラブヘッドから始動
- 左腕は肘を曲げない
- 右足親指を地面から離さない
- スイングセンター(軸)は不動
- 左肩を十分まわす(コイルアップ)
- 体重は右膝の上に乗る
- トップで左手首は前腕と同一平面
- ダウンスイングは左腰のリードで始動、ついで腕、シャフトの順
- 手首のコックを早くほどかない
- 体重は左足に移行する
- 前腕の返しによってクラブフェイスがスクェアになる
- インパクト後の前腕の返しによってリリースも最大速になる
- スイングプレーンに沿って振り抜かれる

4 パッティング

❶パッティングの基本
基本的なパッティングフォームは「7時～5時」のスイングに近い

❷振り子スイング
パッティングも振り子の原理によるスイングである。"振り子"はある一点を支点にして、一定のテンポで往復運動を行う。

基本的な振り子式は、バックスイングとフォロースイングの振幅が同じになる。

GOLF ゴルフ

HOW TO PLAY AND REFEREE
ルールと審判法

ホールの構成

	ホールのPAR		距離	数
18ホールの内容	パー3	男子	250ヤード以下(229メートル)	4
		女子	210ヤード以下(192メートル)	
	パー4	男子	251ヤード(230メートル)～470ヤード(430メートル)	10
		女子	211ヤード(192メートル)～400ヤード(366メートル)	
	パー5	男子	471ヤード以上(431メートル)	4
		女子	401ヤード以上(367メートル)	

基準打数 (PAR)
18のホールは、表のようにそれぞれの距離によって基準打数(パー)が定められ、その合計打数は「72」が標準。通常のゲームは「ストロークプレー」と呼ばれる方式で、18ホールの合計打数を競う。ストロークプレー以外のゲーム方式もいくつかあっていろいろと楽しめる。
各ホールを基準打数であがるのをパー(Par)
それよりも1打多いもの………ボギー(Bogey)
　　　　　2打多いもの………ダブルボギー(Double Bogey)
　　　　　3打多いもの………トリプルボギー(Triple Bogey)
　　　　　1打少ないもの……バーディー(Birdie)
　　　　　2打少ないもの……イーグル(Eagle)
　　　　　3打少ないもの……アルバトロス(Albatross)、
　　　　　　　　　　　　　　またはダブルイーグル(Double Eagle)
パー3(まれにはパー4)のホールで第1打がホールインしたものをホールインワン(またはエース)といい、祝福をうける習慣になっている。

1 ゴルフコース
ゴルフコースは通常18(パー72)のホールで成り立っている。各ホールには、ボールを打ち出すティイングエリアから、目標のホール(穴)があるパッティンググリーンまでの間に、深い草の地帯(ラフ)や樹木や池や川や砂場(バンカー)などが配してある。ルールに従って各ホールをなるべく少ない打数であがろうと競い合うのがゴルフゲームである。

2 ゲームの構成
ゴルフのゲームは、規則に従って1つの球を連続したストロークでプレーしてホール・アウト(ホールに球を入れて、そのホールを終わる)しなければならない。
ふつう行われるプレーの形式は、ストローク・プレーで、正規のラウンド(18ホール)を最小の打数で終了したプレーヤーが優勝者となる。

マッチ・プレーは、各ホールごとに勝負を決め、少ない打数でホール・アウトした側(サイド)が勝者となる。
その他、さまざまなゲーム方式①みんなで楽しむスクランブルゲーム、②ダブルスゲーム(2人チーム)、③ステーブルフォード(ポイントターニーともいう)がある。

3 スコア
各ホールが終わるごとに、打数を確かめ、マーカー(通常、同伴競技者)が記録する。しかし、打数に関する責任があるのは競技者自身である。

4 クラブ
ゴルフクラブは①ウッドクラブ(W)、②アイアンクラブ(I)、③パター(P)の3種類に大別され、使用するクラブの本数は14本以内と定められている。

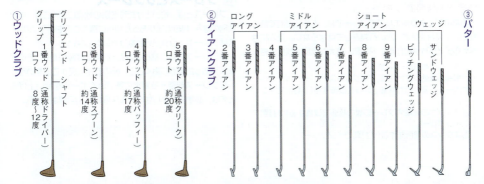

265

●クラブの種類と標準的な飛距離・弾道の関係

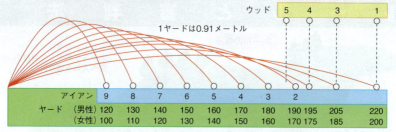

●自分自身のクラブ別飛距離を知っておくことが大切である。

1ヤードは0.91メートル

ウッド		5	4	3	1
アイアン	9	8	7	6	5	4	3	2		
ヤード（男性）	120	130	140	150	160	170	180	190	195	205	220
（女性）	100	110	120	130	140	150	160	170	175	185	200

5 ボール

ボールは，規定でその大きさと重量が定められている。直径は4.267cm以上で，重さは45.93g以下。

ボールには，2ピースボール・3ピースボール・4ピースボールなどの種類がある。

6 プレーの順序

最初のティであらかじめ順番が決められていない場合は，抽選やジャンケンなどを行う。次のホールからは，前のホールのスコアのよい順に，同スコアの場合は前ホールの順のままになる。ティングエリア以外からのプレーは，ホールから遠い順にプレーする原則があるが，準備ができた人が安全を確保した上で先にプレーできる。

7 ストローク

ストロークとは，①正しくボールを動かす意志を持って，②クラブを前方へ動かし，③ダウンスイングを自主的に中止しなかったスイングをいう。空振りはストロークであるが，素振りはストロークではない。

8 ティングエリア

現にプレーするホールの出発点で，2つのティマーカーの前方外側を結ぶ一辺とクラブ2本分の長さの奥行きを縦の一辺とする方形の区域をいう。この区域の外から打つと，ストロークプレーでは2打を加え，この区域内から打ちなおさなければならない。

9 ボールの状態

球はあるがままの状態でプレーされなくてはならない。これはゴルフの規則ができてからの基本といってよい。

Ⓐ通常の状態でのプレー

通常のジェネラルエリアのプレーでは，とくに規則で許されている場合を除き，次の行為をしてはならない。反則にはペナルティが科せられる（1〜2打罰。重大な違反は競技失格）。

①ボールに触れる（1打罰）
②ボールを動かす（1打罰でリプレース）
③ボールが置かれた状態（ライ）を改善する（2打罰でインプレー）
④スイングの区域やプレーの線の状態を改善する（2打罰でインプレー）
⑤スタンスの場所を作る（2打罰でインプレー）

Ⓑ障害物からの救済

コース内にあるすべての人工物件を"障害物"といい，救済がうけられる。障害物には，①動かせる障害物と，②動かせない障害物がある。

①動かせる障害物（人工物件）は取り除くことができる
→タバコの吸殻，紙，バンカーレーキなどの動かせる障害物に適用される。取り除くときにはボールが動いても無罰で，ボールをリプレースすればよい。木の葉や枯れ葉などの自然物（ルースインペディメントという）の場合は，障害物ではないので取り除くときにボールが動いたら1打罰でリプレースする。

②動かせない障害物の場合には"ニアレスポイント"を定めてドロップする
→道路，マンホール，撒水栓などの動かせない人工物に適用される。この場合はニアレスポイント（もっとも近い地点）を定めてボールをドロップするという方法で"無罰救済"を受ける。
同じようにニアレスポイント設定による無罰救済には，カジュアルウォーター（臨時の水たまり），修理地，目的外のグリーン，穴掘り動物が作った穴などによってプレーが妨げられる場合に適用される。

10 ドロップ

ドロップはプレーヤー自身が行わなければならない。反則は1打罰。ドロップは膝の高さからボールを落下させる。

落下の途中や落下後にプレーヤーやキャディの体や携帯品に触れないで，規定の範囲（救済エリア）内で停止する（範囲内で停止しないときはやり直し。2度目も停止しないときは2度目に落下した地点にプレース）。方法違反は誤りに気づいて正しい方法でやり直せば無罰，やり直さないと1打罰となる。

11 プレースとリプレース

プレースとは，拾い上げた球を別の地点に置くこと，または別の球を，初めの球があった地点に置くことをいう。プレースはプレーヤー自身が行わなければならない。

リプレースとは，拾い上げた球（または動いた球）をその球が元あった地点に置くこと，元のライに戻すことをいう。

リプレースを要する規定に基づいてボールを拾い上げるときは，必ずマークしなければならない。反則は1打罰。

JUDO 柔道

柔道

おいたちと発展

現在,世界各国で行われている柔道は,嘉納治五郎が1882(明治15)年に東京下谷にある永昌寺の本堂を道場として指導を開始したのがその始まりである。嘉納は,日本古来の柔術を学び,各流派の長所を集め,さらに創意工夫をこらして講道館柔道とした。その目的は,攻撃,防御の練習によって身体や精神を鍛錬し,社会に役立つ人間を形成することにあるとした。

学校における柔道は,1931(昭和6)年に正課必修となるまでに発展したが,終戦とともに禁止された。しかし,1949(昭和24)年全日本柔道連盟が結成され,翌年には学校柔道が復活し,1958(昭和33)年には選択必修となり,1989(平成元)年,「格技柔道」から「武道柔道」に改訂された。

戦後の海外への普及はめざましく,1951(昭和26)年に,国際柔道連盟が発足し,1964(昭和39)年の第18回オリンピック東京大会で男子の正式種目となった。さらに,1992(平成4)年の第25回バルセロナ大会から女子も正式種目となるなど,今日では名実ともに世界のJUDOとして発展している。

◆柔道の特性
柔道の良さを知り，柔道を楽しもう

① 「僕は背負い投げ」，「私は大内刈り」といったように，自分の得意技を身につけて，相手との攻防の中で見事に1本を決める。そのときの爽快感や喜びはなにものにも代え難いものである。この柔道ならではの良さ（機能的特性）を体験する。

② 柔道を行うことで，筋力や瞬発力のほか，持久力や調整力など，総合的な体力を高めることができる。また，精神力や集中力も養われる。
柔道の良さにふれ，柔道を楽しむ中で，こうした心身の発達や体力の向上（効果的特性）を図る。

③ 柔道の技能は，受け身や体さばきなどの基本動作と，投げ技や抑え技などの対人的技能から成り立っている。また，技は手技，腰技，足技など，それぞれの系統性で分類することができる。
こうした技能の特性（構造的特性）を生かして効果的に技を身につける。

④ 試合などの場面で，相手との激しい攻防の後に，勝敗にかかわらず，正しい礼法で爽やかに終了する。自分の気持ちをコントロールしつつ，相手を尊重する気持ちを形で表す。それが礼法の意味である。
こうした礼法などの伝統的な行動の仕方を学び，ルールや規則に対する公正さ，相手を尊重する態度，お互いに協力する姿勢などを身につける。

⑤ 日本で生まれた柔道は，今日では名実ともに，世界のJUDOとして発展している。
21世紀はさらに国際化が進むことから，この諸外国に誇れるわが国固有の文化としての武道を理解，体験し，国際人として，外国に向けてわが国の文化の良さを発信できる資質や能力を身につける。

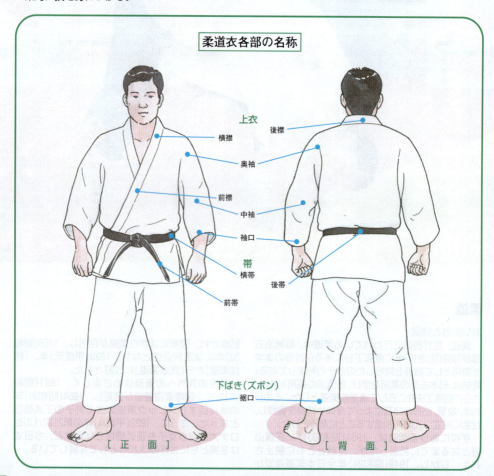

柔道衣各部の名称

JUDO 柔道

体ほぐしの運動

柔道の学習に入る前に，①自分や仲間の体と心の状態に気づくこと，②体の調子を整えること，③仲間と交流すること，などをねらいに，自分たちで楽しくできる「体ほぐしの運動」を取り入れる。

●地蔵倒し
倒れる人は体を硬直させ，キャッチする人は近い距離から始める。

●バランスくずし
二人または数人で押したり手を引き合ってバランスを崩し合う。帯などを使ってもよい。

●ジャンケンおんぶ
ジャンケンで負けたチームの人が馬になる。

●根っこ引き抜き
座った姿勢でお互いに腕や脚をからめ合い，鬼の人がそれを引き離す。

●安全に対する留意点
安全の3原則

1. 畳や施設の整備など，つねに身の回りの安全確認の習慣をつける。
2. 練習ではつねに相手の安全に配慮し，相手を尊重する態度で行う。
3. 試合や自由練習では，勝敗ばかりにこだわって，すでに習っている技以外の技をかけたり，無理な体勢から技をかけたりしない。

STEP 1. 基本動作と対人的技能を関連づけて身につける

○礼法
●座礼
①背すじを伸ばし,両足のつまさきを伸ばして親指を重ねる。
②両手は,脚の付け根にハの字に置く。

③両膝の間隔は握りこぶし2つ分くらい開ける(女子は1つ分)。
④両手を大腿部に沿って滑らせ,膝の前にハの字に置き,上体を前傾する。

●立礼
①気をつけの姿勢から上体を約30°前傾させる。
②両手を体側から前に滑らせ,指先が膝頭より少し上にくる。

●座り方と立ち方
①左足から座り,右足から立つ。
②両膝つきの姿勢では,つまさきを立てる。

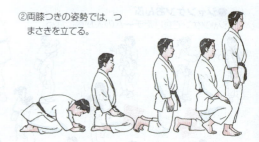

柔道衣の着方と扱い方
●着方

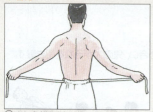

①ひもを横に引っ張り

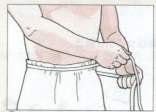

②前で結ぶ

③左を上に重ねる

④2本まとめて下から上に通す

⑤かた結びにして

⑥結び目が横になる

JUDO 柔道

○姿勢

●右自然体 — 右足を1足長前へ出す
●自然本体（足幅は約1足長）
●左自然体 — 左足を1足長前へ出す
●右自護体 — 右足を前に出し，足幅を広くし，腰を沈める
●左自護体 — 左足を前に出し，足幅を広くし，腰を沈める

●扱い方

① 柔道衣は，つねに清潔に保つこと。
② 汗のついた柔道衣は，ひろげて乾かしてからたたむこと。
③ 柔道衣の持ち運びは，たたんでバッグに入れ，むき出しでは持ち歩かないこと。

女子は上衣の下に，丈夫で下ばきの中に十分に入る長さがある白色半袖のTシャツ，またはレオタードを着用。

●たたみ方

① 上衣に下ばきをのせる。
② 内側に
③
④
⑤
⑥ 帯でしばる

271

◇基本動作と投げ技の関連

○組み方

●右組み　基本となる組み方

●左組み

○進退動作

すり足での継ぎ足・歩み足によるスムーズな移動のしかた

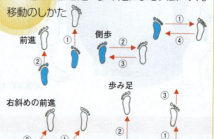

○体さばき

相手を不安定な姿勢に崩し，自分が技をかけるのによい位置に体を移動する方法

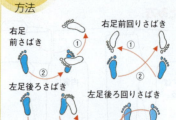

用語の解説

継ぎ足：一方の足が他方の足を越さないように，足を継いで歩く
歩み足：主に前後への普通の歩き方
すり足：畳を足の裏でするように移動する方法

JUDO 柔道

●後ろ受け身
背中が畳につく瞬間に，両手で畳を打つ

●横受け身
両膝を軽く曲げ，腕と脚を同時に打つ

○崩し
●八方向の崩し
組んだ相手の正しい姿勢を不安定な姿勢に崩す方法

○受け身
●前回り受け身
腕で回転の弧を作りながらまわり，横受け身の形になる

練習のポイント

慣れてきたら，次第に高い姿勢から受け身の練習をしよう

蹲踞　中腰　立位　蹲踞　立位　足を上げたままの横受け身の練習もしておく

273

◇体さばきで投げる（崩し，体さばき，受け身の関連）
体さばきを使って，いろいろな方向へ相手を崩して投げる。

❶「前さばき」で投げる

左足を踏み出し，相手を後ろに崩して投げる

❷「後ろさばき」で投げる

左足を引いて，相手を前に崩して投げる

❸「前まわりさばき」で投げる

右足前まわりさばきのまわる勢いで，相手を前に崩して投げる

> **用語の解説**
>
> **取と受**
> 取は，技をかける人。
> 受は，技を受ける人。

> **練習のポイント**
>・「取」は，いろいろな方向へ体さばきを使って崩し投げてみよう
>・「受」は，投げられる方向に応じて受け身がとれるようにしよう

◇技への発展（崩し，体さばき，掛けの関連）
　体さばきで投げることができるようになったら，次は足で支えたり，刈ったり，投げる動作（掛け）を加えて，投げ技に発展させる。

大外刈り

左足前さばきから，右足で刈る

膝車

右足前さばきから，左足で支える

STEP 2. 技を系統別にまとめて学ぶ

支え技系　膝車，支えつり込み足

※まとめ方のポイント：支え足の位置の違いを意識しながら，技をまとめて学ぶ

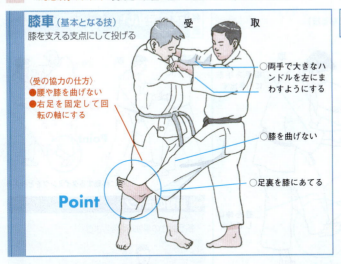

膝車（基本となる技）
膝を支える支点にして投げる

〈受の協力の仕方〉
● 腰や膝を曲げない
● 右足を固定して回転の軸にする

○両手で大きなハンドルを左にまわすようにする
○膝を曲げない
○足裏を膝にあてる

Point

発展　支えつり込み足
足首を支える支点にして投げる

Point

技のイメージ：右足前さばきで，相手を前に崩してかける

連絡技「膝車→膝車」

膝車をかけ　　右足をさらに踏み込む　　再び，膝車をかける

練習のポイント

低い姿勢から，立ち姿勢へ段階的に練習しよう

膝つき姿勢

中腰姿勢　　立ち姿勢

受の協力の大切さ
技の上達には，受の協力が必要です。投げやすい姿勢を保ち，力の入れ方にも配慮しましょう。

得意技を身につける道すじ

はじめに，基本となる技をいくつか身につけ，その技の系統性を利用して新しい技を学んでいく。練習した技の中から自分のかけやすい技を選び，その技に磨きをかけて得意技としていく。

基本技	→	選択技	→	得意技
基本となる技を学ぶ		自分のかけやすい技を学ぶ		自分に合った技をみがく

足払い系　出足払い，送り足払い

※まとめ方のポイント：払う方向やタイミングの違いを意識しながら，技をまとめて学ぶ

参考 出足払い（基本となる技）
前に出てくる足を払って投げる

発展 送り足払い
両足が揃うように払って投げる

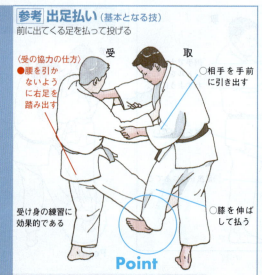

〈受の協力の仕方〉
● 腰を引かないように右足を踏み出す

○相手を手前に引き出す

受け身の練習に効果的である

○膝を伸ばして払う

Point

Point

横に移動するタイミングをとらえる

練習のポイント
払う動作の単独練習をしよう

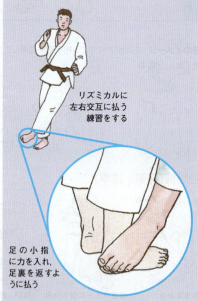

リズミカルに左右交互に払う練習をする

足の小指に力を入れ，足裏を返すように払う

技のイメージ：右足後ろさばきで，相手を前に誘い出してかける

連絡技「膝車→出足払い」

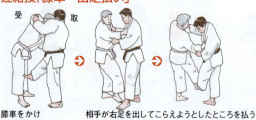

膝車をかけ　相手が右足を出してこらえようとしたところを払う

技のみがき方
柔道には伝統的な技の練習法がある。こうした技の練習法を身につけ，仲間と協力して自分の得意技にみがきをかける。

かかり練習（打ち込み）	約束練習（投げ込み）	自由練習（乱取り）
技に入るまでの動作を繰り返し練習することで技の入り方やかたちを身につける。	練習した動きの中で実際に投げる感覚やタイミングを身につける。	かかり練習や約束練習で身につけた技を，実際の攻防の中で使えるようにする。

JUDO 柔道

刈り技系　大外刈り，大内刈り，小内刈り
※まとめ方のポイント：刈り方や刈る方向の違いを意識しながら，技をまとめて学ぶ

大外刈り（基本となる技）
左足を軸足に，右足で大きく外から刈って投げる

〈受の協力の仕方〉
● 腰を引かず，体を伸ばして受ける

○ 相手を引きつけ，胸を合わせるように後ろに崩す

○ 左足に重心をしっかりのせる

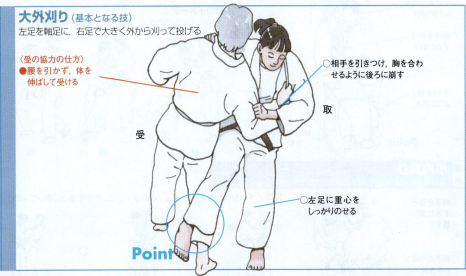

Point

技のイメージ：左足を大きく踏み出し，相手を後ろに崩しながらかける

練習のポイント
・刈る動作の単独練習をしよう
・左足でバランスをとりながら，右足で大きく刈る動作をくり返す

壁や柱を利用するとよい

連絡技「膝車→大外刈り」

膝車をかけ　　相手が右足を出してこらえようとしたところを刈る

変化技「相手の大外刈り→大外刈り」

相手が大外刈りをかけてきたところを　　受け止めて刈り返す

用語の解説
連絡技と変化技
　自分の技から自分の技をかける場合を**連絡技**，相手の技を利用して自分の技をかける場合を**変化技**と呼ぶ。

277

発展 大内刈り
左足を軸足に，右足で内側から刈って投げる

- かける方向をしっかり向く
- 相手を後ろすみに崩す
- 半円を描くように刈る

Point

〈受の協力の仕方〉
● 足幅を広く構え，腰を引かない。

技のイメージ：
右足①，左足②のステップで，相手を後ろに崩して③かける

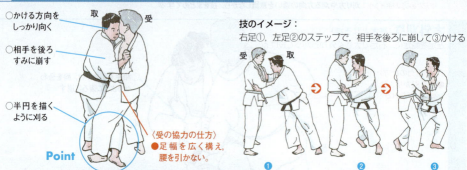

発展 小内刈り
左足を軸足に，右足で相手の右足つまさき方向に刈って投げる

- 相手を後ろすみに押し崩す
- 相手のつまさき方向へ刈る

Point

〈受の協力の仕方〉
● 足幅を広く構え，つまさき方向へ足を開く

技のイメージA：右足①，左足②のステップで，相手を後ろに崩して③かける

技のイメージB：左足後ろさばきで，相手を前に誘い出してかける

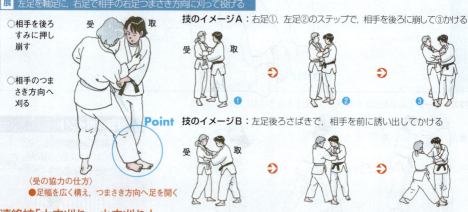

連絡技「大内刈り→小内刈り」

大内刈りをかけ，相手が足をはずして下がったところに，小内刈りをかける

変化技「相手の小内刈り→膝車」

相手の小内刈りを利用して，膝車に変化する

278

JUDO 柔道

まわし技系1　体落とし，大腰，つり込み腰，背負い投げ，一本背負い投げ

※まとめ方のポイント：前回りさばき（後ろ回りさばき）など，体をまわす動作を基本にして，手足の使い方の違いを意識しながら技をまとめて学ぶ

体落とし（基本となる技）
前回りさばきから，右足を一歩踏み出して投げる

前回りさばきのイメージ：
右足①を踏み出し，左足②をまわし込み，体を回転させながら③技をかける

〈受の協力の仕方〉
●前方を見て，取の腰にのらないように姿勢を保つ

○大きな落差をつけて引き落とす
○右足を大きく踏み出す

前回りさばきから

発展　大腰
右手を相手の帯に沿って引きつけ，腰にのせて投げる

〈受の協力の仕方〉
●前方を見て，上体を曲げないように姿勢を保つ

○右足は踏み出さず，両足を平行にする

発展　つり込み腰
右手で相手をつり込むように引きつけて投げる

○手首をおこし，前方へつり上げる

連絡技「大内刈り→体落とし」

大内刈りをかけ，相手が下がったところに，体落としをかける

279

前回りさばきから

発展 背負い投げ
右腕を相手のわき下に入れ，かついで投げる

技のイメージ：右足前まわりさばきから，膝を曲げて低い姿勢でかける

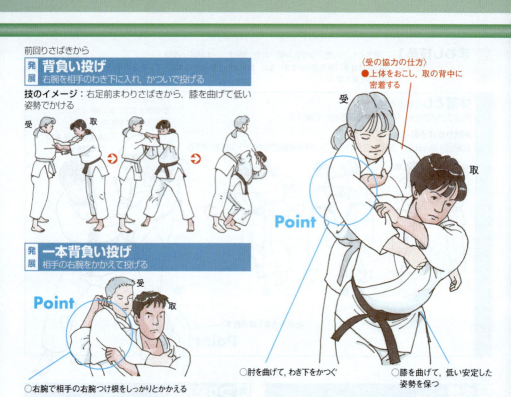

〈受の協力の仕方〉
● 上体をおこし，取の背中に密着する

Point
○肘を曲げて，わき下をかつぐ
○膝を曲げて，低い安定した姿勢を保つ

発展 一本背負い投げ
相手の右腕をかかえて投げる

Point
○右腕で相手の右腕つけ根をしっかりとかかえる

連絡技「小内刈り→背負い投げ」
小内刈りをかけ，相手が下がったところに，背負い投げをかける

練習のポイント
つり手（右手）の使い方の違いで技を身につけよう

大腰	つり込み腰	背負い投げ	一本背負い投げ
「帯に手をまわす」	「つり上げる」	「肘を曲げてかつぐ」	「腕をかかえてかつぐ」

用語の解説
つり手と引き手
右組みの場合，右手がつり手，左手が引き手になる。

JUDO 柔道

まわし技系2　払い腰，跳ね腰，内股

※まとめ方のポイント：前回りさばきを基本に，左足を軸足にしてバランスをとり，右脚の使い方の違いを意識しながら，技をまとめて学ぶ

前回りさばきから

発展　払い腰
右脚で払うように投げる

〈受の協力の仕方〉
● 腰を引かないように姿勢を保つ

Point

○相手をつり込むように前に崩す

○左足一本でバランスを保ち，右脚で払う

技のイメージ：右足前まわりさばきから，相手を腰にのせ右脚で払うようにかける

連絡技「大内刈り→内股」

大内刈りをかけ，相手がこらえたところを内股に入る

発展　跳ね腰
右脚を曲げて跳ね上げるように投げる

Point

発展　内股
右脚を伸ばし，大腿部から跳ね上げるように投げる

Point

練習のポイント
右脚の使い方の違いで技を身につけよう

払い腰「払う」　　跳ね腰「跳ねる」

内股「振り上げる」

固め技　けさ固め系　本けさ固め，くずれけさ固め

※まとめ方のポイント：本けさ固めのかたちを基本に，腕の使い方や体の向きの違いを意識しながら，技をまとめて学ぶ

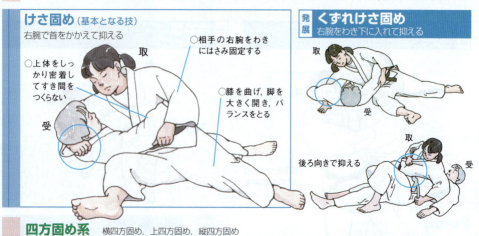

けさ固め（基本となる技）
右腕で首をかかえて抑える
- 上体をしっかり密着してすき間をつくらない
- 相手の右腕をわきにはさみ固定する
- 膝を曲げ，脚を大きく開き，バランスをとる

発展　くずれけさ固め
右腕をわき下に入れて抑える
後ろ向きで抑える

四方固め系　横四方固め，上四方固め，縦四方固め

※まとめ方のポイント：横四方固めを基本に，抑えに入る方向を意識しながら，技をまとめて学ぶ

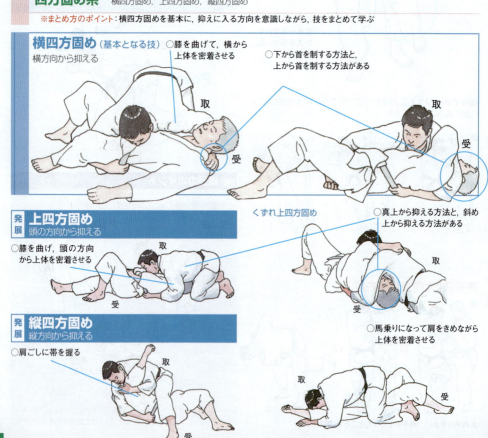

横四方固め（基本となる技）
横方向から抑える
- 膝を曲げて，横から上体を密着させる
- 下から首を制する方法と，上から首を制する方法がある

くずれ上四方固め

発展　上四方固め
頭の方向から抑える
- 膝を曲げ，頭の方向から上体を密着させる
- 真上から抑える方法と，斜め上から抑える方法がある

発展　縦四方固め
縦方向から抑える
- 肩ごしに帯を握る
- 馬乗りになって肩をきめながら上体を密着させる

抑え技の条件と応じ方のポイント

抑え技の条件
①相手が仰向けである
②相手とほぼ向き合っている
③脚や胴体が相手の脚でからまれていない
④一定時間抑えることができる

試合では	
20秒	一本
10秒	技あり

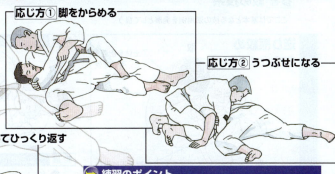

応じ方① 脚をからめる
応じ方② うつぶせになる

応じ方③ ブリッジしてひっくり返す

練習のポイント
抑え技の条件が応じ方のポイントにもなる。抑え技の条件を満たす新しい抑え方を考えてみよう。

固め技に入るタイミング

実際の試合の場面では，立ち勝負の流れの中から，固め技の攻防が始まる。ここでは固め技の攻防が始まる4つのタイミングを理解して，どのタイミングにどのように固め技に入ったらいいか考えてみよう。

①相手が仰向け
相手の膝を横にさばきながら抑える

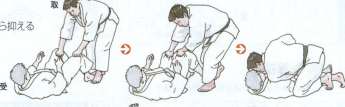

②自分が仰向け
脚を使い，相手を横に倒しながら抑える

③相手がうつ伏せ
相手のわきをすくって横に返して抑える

④投げ技を利用して
相手を投げた後，そのまま組み手を利用して抑える

参考 絞め技系

ここでは基本となる技の活用例を発展として扱う

送り襟絞め
襟を利用して絞める

・上体を密着させ，手首を使って絞める
・襟を下に引く

裸絞め
手首を使って直接絞める

・手を合わせて上体を密着させながら絞める

応じ方：あごを引き，両手で相手の腕を引く

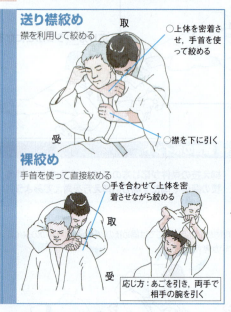

発展 仰向けに制しながら絞める

発展 うつぶせにきめながら絞める

参考 関節技系

ここでは基本となる技の活用例を発展として扱う

腕ひしぎ十字固め
両脚で腕をはさみ，肘の関節をきめる

腕がらみ
手を組み合せ，テコをつくり，肘関節をきめる

発展 抑え技から連絡して関節をとる

「横四方固め→腕がらみ」

発展 投げ技から連絡して関節をとる

「体落とし→腕ひしぎ十字固め」

💡 練習のポイント

絞め技，関節技は，技能の進んだ段階で練習しよう。練習するときは，形に入ったら止めるようにし，つねに相手の状態に配慮しよう。

JUDO **柔道**

HOW TO PLAY AND REFEREE

ルールと審判法

1 競技施設

試合場

選手席（白側）

正面（役員・審判員席側）

14～16m

14～16m

副審

白のテープ

10cm

50cm

主審

4m

赤(青)のテープ

副審

8～10m

8～10m

試合場内

3m以上安全地帯（場外）

選手席（赤側）

記録係・時計係

※国際柔道連盟試合審判規定をもとに，教育的な視点から必要なルールを紹介しています。

2 試合の進め方

❶試合時間

試合時間は，その大会のルールによって決められる。高校生の場合は3～4分が多い。

❷試合の開始（礼法は立礼とする）

試合場に入るとき礼をし，中央の所定の位置で向かい合って，互いに礼を行い，一歩前に進んで自然本体に構え，主審の「始め」の宣告で開始する。

❸試合の方法

試合は立ち姿勢から始め，一本勝負とし，投げ技または固め技によって勝負を決める。危険な技や動作，見苦しい態度は禁止されている。

❹勝負の判定

●**一本勝ち**：投げ技では試合者の一方が他方をコントロールしながら，背を大きく畳につけ，強さと速さをもって投げたとき。固め技では「参った」をするか，抑え技で20秒間抑えたとき。絞め技・関節技では，能力を喪失したとき（高校では「見込み」でとる場合もある）。または，「技あり」を2回とったとき。

●**試合内容による勝ち**：試合時間内に「一本」で勝負が決しないときは，次の内容によって勝負の判定をする。「技あり」をとっている。得点が同等のときは，ゴールデンスコアによる延長戦を行う。

●**引き分け**：試合時間内に得点で優劣がつかないとき，など，団体試合及び個人のリーグ戦のみ適用される。

❺試合の終了

一本が決まったときや規定時間が終了したときは，開始時の位置に戻り，自然体に立って向かい合う。審判員の宣告と指示あるいは宣言と動作の後，一歩下がって直立姿勢になり，互いに礼をする。試合場を出るときに，礼をしてから退場する。

🏅 試合を観戦する視点

1.選手の得意技を知る

一流選手は，特徴ある得意技をもっている。体の小さい人は「背負い投げ」，大きい人は「大外刈り」といったように，それは主に体格に応じたものが多く，自分と体格の似ている選手の技を参考にすることは，自分の得意技を発見することにもつながる。

2.試合展開の臨場感を味わう

試合には駆け引きがある。自分に有利な組み手になるための組み手争いは，自分の得意技をかけるためだけでなく，相手の技を封じる役割もする。また，試合時間やスタミナを考えて，技をしかけるタイミングをはかったり，相手の攻撃パターンを読んで，相手のかけてくる技を利用して自分の得意技を出すなど，試合

の流れの中ではさまざまな駆け引きや作戦が展開されている。自分がその選手になったつもりで，相手の得意技を分析し，試合展開の醍醐味を味わう。

3.メンタルな戦いを見抜く

戦いは，試合前にすでに始まっている。試合場に向かう選手の表情や態度などから，その闘志気迫が感じられる。格闘技を観戦する醍醐味はこうした選手の気迫を肌に感じ，戦いへの期待感を高めていくことにもある。また，試合終了時，勝敗にかかわりなく，落ち着いて正しく礼をする選手からは爽やかな人間性を感じることができる。

こうした目に見えない心理的な内面を推測することも，また，試合観戦の面白さといえる。

285

3　禁止事項と反則の判定基準

禁止事項を犯した場合，その程度に応じて次のような罰則が与えられる。
※指導3回で反則負けとなる。

- 立ち勝負のとき極端な防御姿勢をとる。（指導）

- 相手の顔面に直接手や足をかける。（指導）

- 内股，跳ね腰，払い腰等の技をかけながら体を前方に低く曲げ，頭から突っ込む。（反則負け）
- 河津がけで投げる。（反則負け）

- 相手の袖口に指を差し入れたり相手の袖をねじり絞って持つ。（指導）

- 払い腰等をかけられたとき，相手の支えている足を内側から刈りまたは払う。（反則負け）

- 立ち姿勢で組んだ後，何の攻撃動作もとらない。（指導）
- 立ち姿勢において攻撃しないで［標準的な］組み方以外の組み方をする。（指導）
- 帯の端または上衣の裾を利用して絞め，あるいは指で直接絞める。（指導）

- 頸の関節および脊柱に故障をおよぼすような動作をする。（反則負け）
- 片手または両手（もしくは片腕または両腕）で帯より下へ直接，攻撃・防御する。（指導）

4　審判の動作

	①「一本」	②「技あり」	③「抑え込み」	④「抑え込み」「解けた」
主審	片手を頭上高く伸ばし，手のひらを前方に向けて上げる。	手のひらを下にして片手を伸ばす。	片手を伸ばし，抑え込んでいる者に向ける。	片手を伸ばし，体の前で左右に2〜3回振る。

	⑤「待て」	⑥「指導」「反則負け」	⑦攻撃しない場合	⑧宣告したスコアを取り消す場合	⑨「引き分け」
主審	片手を伸ばし，指を上にして手のひらを時計係に向ける。	人差し指で違反者を指す。	両手を回した後，攻撃していないほうを指さす。	宣告した動作を一方で示すと同時に，他方の手を上方で2〜3回振る。その後，正しい判定を所定の動作で示す。	片手を上から下ろし，胸の前で一時止める。

	①場内にあると考えた場合	②場外にあると考えた場合	③主審の宣告に意見のある場合	④主審の判定を適当と認めない場合
副審	片手を伸ばして上から下ろし，肩の高さで止める。	片手を伸ばして，肩の高さで水平に振る。	自分の判定を所定の動作で示す。	片手を伸ばして，頭の上で左右に2〜3回振る。

KENDO 剣道

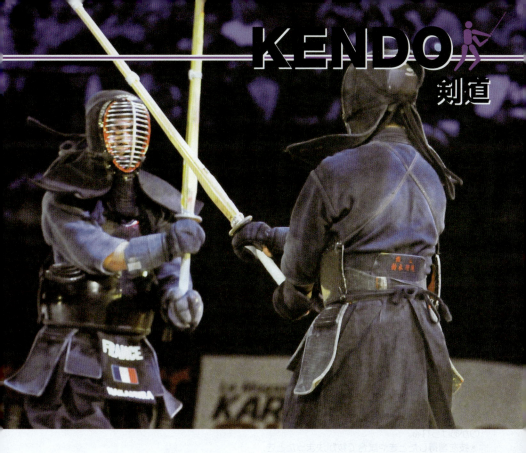

剣道

おいたちと発展

多くの国や地域にさまざまな刀剣が存在する中で，剣道は日本の風土から生まれた刀剣の操法，心法を起源にして発達してきた運動文化である。

「剣道」という語は，江戸時代にもいくらか使われた例がみられるが，一般的に用いられるようになったのは明治以後のことである。1911(明治44)年に，学校の教科としてはじめて採用され，中学校の体操の中に撃剣と柔術を加えて指導することができるようになった。1913(大正2)年に，「学校体育教授要目」が公布され，その後，1926(大正15)年教授要目の改正が行われた際に，「撃剣及柔術」の名称が「剣道及柔道」に改められている。この頃から，「剣道」という語が定着しはじめるのである。

剣道に類似した用語でもっとも古く使われたのは，『日本書紀』にみられる撃刀・撃剣の文字であり，たちかき・たちうち等と訳されている。後代になっては，剣術・剣法・刀術・刀法・兵法などといろいろな語が用いられている。剣術家として有名な宮本武蔵が著したといわれる『五輪書』や『兵法三十五箇条』，あるいは沢庵禅師が徳川将軍の指南役柳生宗矩に与えたと伝えられる『不動智神妙録』の中にも，この「兵法」という語が用いられている。

現在の剣道で使用されている竹刀(古語では撓)という語が用いられるようになったのは，剣術の防具が考え出された正徳から宝暦以降であるとされている。この時代，直心影流の長沼四郎左衛門(正徳年間)や一刀流の中西忠蔵(宝暦年間)らによって，防具の工夫・改良がなされ，次第に多くの流派で行われていた真剣や木刀を用いての稽古法(形稽古)に代わって，防具着用の竹刀稽古が主流となっていった。

第二次世界大戦後，近代スポーツとしてのルールが整備され，体育・スポーツとしての発展の道をたどっている。現在，剣道は「生涯剣道」として，青少年から高齢者まで男女問わず，各層を通じて多くの人々に愛好されている。また，1970年に発足した国際剣道連盟には，現在62ヵ国・地域が加盟しており，3年ごとに世界大会が開催されている。

◆剣道の特性
剣道の楽しさを知り，剣道を得意になろう

① 剣道は，竹刀を使って相手と定められた打突部位（右図）を打突し合って有効打突を競い合うという格闘形式の運動である。

② 剣道は，竹刀を媒介にして行うために直接的な身体接触が少ないことから，体格・体力の優位性に大きく影響されることなく，だれにでも行え，男女共習ができる。

また，年齢に応じてできることから，生涯を通して親しめ，生活を豊かなものにすることができる。

③ 心身の発育発達におよぼす効果的特性としては，竹刀操作と体移動の協調運動の中で，平衡性，敏捷性，協応性，瞬発力，持久性などの能力の発達をうながし，構え姿勢では，自然体が求められるので，正しい姿勢の習慣形成がなされる。

また，相手の動きに対応する攻防を展開する中で，瞬時の決断力や集中力なども育成される。

④ 運動の考え方や技術が，相手との関係から成り立っており，かつ，伝統的な行動様式を有しているため，礼法や作法を養える運動である。

また，剣道における対人関係は，共に学び合う関係でもあり，決して対立的なものではない。相手を尊重することや自己を制御することが求められ，規則の遵守，公正，協力，克己などの社会的に望ましい態度を身につけられる。

⑤ 生徒からみた機能的特性としては，次のようなものがあげられる。

- 技を習得したときや試合で技が決まったとき，楽しい。
- 相手と対峙(たいじ)するときに，緊張感や集中力が味わえる。
- 1対1で行うことにより，相手の表情や気持ちがわかる。
- 道場，剣道着，袴(はかま)姿などに武道独特の雰囲気を感じる。
- 何となく怖そう，そして打たれたら痛そう。
- 剣道具は重そうだし，着けるのが大変そう。
- 足さばきがむずかしいし，剣道具を着けると，動きにくそう。
- 気合いの入った声にびっくりする。

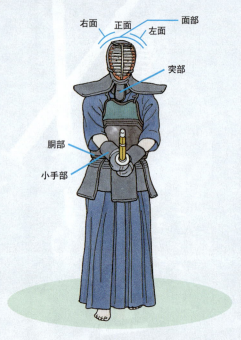

中段の構えに対する打突部位

🗲 有効打突とは

「充実した気勢，適正な姿勢をもって，竹刀の打突部で打突部位を刃筋正しく打突し，残心あるもの」と規定されている。

　これらのことがらは，次のことをさしている。

- **竹刀の打突部**は，物打(ものう)ちを中心とした刃部(じんぶ)(弦の反対側)。
- **刃筋正しく**とは，竹刀の打突方向と刃部の向きが同一方向である場合。
- **打突部位**は，面部は正面および左右面，左右面はこめかみ部以上，小手部は，中段の構えの右小手(左手前では左小手)および中段以外の構え等のときの左小手または右小手，胴部は右胴および左胴，突部は突き垂れ。
- **残心**とは，打突後の油断のない身構えと心構えのこと。

288

KENDO 剣道

体ほぐしの運動

- **●片足相撲，手合わせ相撲**
  押したりかわしたりして，両足をついたり動いたら負け。相対運動のなかで，体を動かす楽しさを味わう。

- **●ボールつきゲーム**
  木刀や竹刀を用いて，各種ボールをドリブルしたり，バウンズパスをする。物打の部分で打つことやボールを体の正面で捕らえるようにして打ち，仲間との競い合いを楽しむ。

- **●2人向かい合って行う足さばき**
  向かい合い，相互の竹刀の両端をお互いに軽く左右の体側につけながら，両手が体側から外れたり，体のバランスが崩れないようにして前進・後退動作を送り足で行う。相手を替えながら，仲間との交流を深める。

●安全に対する留意点

- ウォーミングアップとクーリングダウンを十分に行う。
- 竹刀の破損が場合によっては大きな事故につながるので，竹が割れていないか，弦が緩んでいないか，先皮が破損していないかを練習の前後や合間に必ず点検する。
- 素足で行うため，床の状態や床面に危険物がないかを点検する。
- 汗取りと頭部保護のために手拭いを必ず使用する。
- 剣道具のない部分や打突部位でない箇所は絶対に打たないようにする。

COLUMN　剣道にかかわる言葉にはどのようなものがあるのだろうか

残心（ざんしん）
打突した後も，油断することなく，相手の反撃に対応できる身構え，心構えをいう。一般的には，打突後に間合をとって，中段の構えになって相手に正対する。剣道のルールでは，残心のあることが有効打突の条件になっている。

稽古（けいこ）
古（いにしえ）を稽（かんが）えるという意味で，日本古来の伝統的な武道や芸道の修行，練習をいう。このことばは単にくり返しを意味するのではなく，技や芸に対する自己の確立や心の問題を思念・工夫していくところに特性がみられる。

互格稽古（ごかくげいこ）
技能に差のない者同士の稽古。また，たとえ差があっても，同等の気持ちになって行う稽古。

驚懼疑惑（きょうくぎわく）
相手と対峙したときにおこる心の動揺や心の動揺を抑えきれない状態をあらわしたことば。驚いたり，懼（恐）れたり，疑ったり，惑ったりする心の状態。四戒，四病ともいい，これをいかに制御するかが重要であるという教え。

交剣知愛（こうけんちあい）
「剣を交えて"おしむ"を知る」と読まれ，剣道を通してお互いに理解し合い人間的な向上をはかることを教えたことばである。愛はおしむ（惜別），大切にして手離さないことを意味しており，あの人ともう一度稽古や試合をしてみたいという気分になること，また，そうした気分になれるように稽古や試合をしなさいという教えを説いたことば。

STEP 1. 基本動作：対人的技能と関連づけて基本動作を身につける

○礼法

●正座
- 両足の親指を揃えるか，または重ね，かかとの上に腰を下ろす。
- 背筋をまっすぐに伸ばす。
- 両膝の間は握りこぶし約2個分あける。

●座礼
- 背すじを伸ばしたまま首を曲げずに両手をついて上体を倒す。
- 手のひらは右図のように置き，礼をしたときに＊の方向に鼻先が向くようにする。
- 少し間（一呼吸程度）をおいてから上体を起こす。

●座り方と立ち方（左座右起）

[座り方]
- 座るときは左足を一歩後ろに退き，床に左膝，右膝の順につけ，つまさきを伸ばして座る。

[左座①→⑥]

[立ち方]
- 立つときは両膝を床につけたまま腰を上げ，つまさきを立てて，右足を一歩前に出しながら左足を揃えて立ち上がる。

[右起⑥→①]

●剣道具の持ち方と置き方
- 小手を面の中に入れ，面金を下に，突き垂を前方にして右腕に抱える。
- 竹刀は左手で持つ。
- 座って，竹刀を体の左側につばの位置と膝頭を揃えるように置く。
- 小手は握りを外側にして，右膝頭斜め前に揃えて置く。
- 面は小手の上に置く。

●立礼
- 剣道の試合や稽古の開始，終了時に行う礼法。
- 正面への礼は，約30°前傾する。
- 相互の礼は，約15°前傾する。

正面への礼　　　相互の礼

290

KENDO 剣道

○構え

●自然体
剣道の構えの基本となる姿勢であり、重心線が耳、肩峰、股関節、膝、足首の前方を通過する。

●中段の構え
・攻撃にも防御にも適した代表的な構え。
・自然体の姿勢を保持しながら構える。
・剣先の延長が相手の両眼の間の方向を向くように構える。

●竹刀の持ち方
・左手の小指を柄頭いっぱいにかけて上から握る。
・小指、薬指をしめる。
・右手は上から軽く握る。
・親指と人指指の分かれ目が、弦の延長線上に位置する。

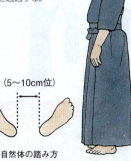
自然体の踏み方 （5〜10cm位）

右自然体の踏み方　重心

左足のかかとを挙上する

○足さばきと間合の取り方

●送り足
・あらゆる方向へすばやく移動する場合や打突の場合の足さばきであり、攻防の中でもっとも多く使われる。
・攻防の基本となる一足一刀の間合（一歩踏み込めば打突でき、一歩退けば打突をかわすことのできる距離）を保持しながら、お互いに相手に入り込まれないように、相手の動きに対応する。

●踏み込み足
打突する際に用いられる足さばきである。前足で強く床面を踏みつけ（踏み込み足）、その後、後ろ足をすばやく前足に引きつけ、送り足で前方に移動する。

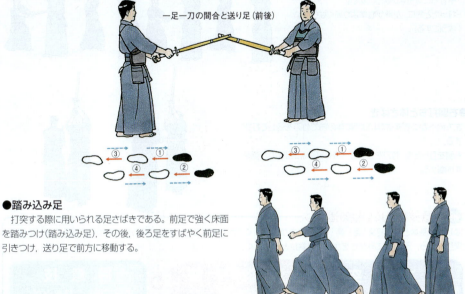
一足一刀の間合と送り足（前後）

○相手の動きに対応した打突の仕方

●上下振り
・左拳が正中線から外れないようにして、大きく振りかぶり、床面近くまで振り下ろす。
・振り下ろしと振り上げのタイミングを相互にずらしながら、しかけと応じのタイミングや間合をとる。

●左右面打ち
・振り下ろす角度は左右とも約45°。
・お互いに、左右面を前進後退しながら連続して打つ。

○正面打ち：打ち込み棒や相手の竹刀を利用した面打ち
・力みのない適度な強度で打つ。
・振り下ろしと足さばきを協調させる。

> 🔵 **練習の仕方：パターン作成とその練習**
> ・相手の前後動作に対応して、
> 　正面5本→前進面5本→後退面5本

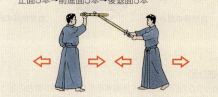

○胴打ち

●左右胴打ち
・平打ちにならないようにする。
・打ったときに、左拳が右拳より高くならないようにする。

●右胴打ちと体さばき
・左方向へかつぎすぎないように体の前で竹刀を返して打突する。
・右胴を打った後、竹刀を右前方へ抜くと同時に相手の左側をすりぬける。

🔵 **得意技を身につける道すじ**
はじめに基本となる打突（面・胴・小手）の中から、いくつかを身につけ、その打突の仕方を中心に自分に適した技を探りながら、その技にみがきをかけて得意技としていく。

基本打突	→	選択課題	→	得意技
対人的技能と関連づけて学ぶ		自分に適した技を探る		自分に適した技をみがく

KENDO 剣道

○小手打ち
- スナップを利かせ、「パクッ」という打撃音を確かめながら打つ。
- 最初は相手の剣先の上から打ち、次第に下からも打ってみる。

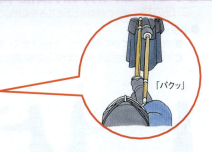

「パクッ」

○受け方

●面の受け方
両手を斜め上方に上げ、相手の竹刀と交差させて受ける。

●胴の受け方
開き足で左斜め後方へ体をかわしながら、小さく振りかぶって打ち落とす。

●小手の受け方
右手をしぼりながら右方に出し、竹刀の右側で受ける。

○打たせ方と構えの隙

●面の打たせ方
←面を打つチャンス。剣先を右下方へ下げて面部を打たせる。

●胴の打たせ方
←胴を打つチャンス。両腕を上げて胴部を打たせる。

●小手の打たせ方
←小手を打つチャンス。剣先を左上方へ上げて小手部を打たせる。

👉 表と裏とは

右側（裏）　正中線　左側（表）

相手の正中線より左側を「表」、右側を「裏」という。

👉 体さばきの方向とは

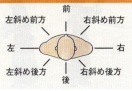

中段に構えたときの自分と相手の方向・位置を示す用語は、図のように使われている。

前／左斜め前方／右斜め前方／左／右／左斜め後方／右斜め後方／後

COLUMN

懸待一致（けんたいいっち）
懸は攻撃の意味、待は防御の意味である。攻撃と防御は表裏一体をなすものであり、攻撃中でも相手の反撃に備える気持と体勢を失わず、防御にまわっているときでも常に攻撃する気持ちでいることの大切さを教えたことば。攻防一致ともいう。

動中静・静中動（どうちゅうせい・せいちゅうどう）
相手と対峙するとき、理想的な心身の働かせ方をあらわしたことば。
「動中静」とは、外面は体を活発に動かしていても、内面は相手を冷静に観察している状態。逆に「静中動」とは、外面は体を静止させていても、内面は気持ちを充実させ、いつでも対応できる状態。

STEP 2. 対人的技能:自己の能力に応じた技を身につける

○二段の技 ： 相手の隙の生じたところを連続してしかける技

●小手-面
受：剣先を上げて小手を打たせ，さらに大きく一歩後退して面を打たせる。
打：小手を打ち，左足を引きつけると同時に振りかぶり，右足から踏み込んで面を打つ。

●面-胴
受：剣先を下げて面を打たせ，さらに大きく後退しながら，手元を上げ，胴を打たせる。
打：面を打ち，左足を引きつけると同時に振りかぶり，そのまま踏み込んで胴を打つ。

○抜き技 ： 相手に空を切らせるように体をかわして応じる技

●面抜き胴
受：一歩前進し，ゆっくりと面を打つ。
打：相手の面打ちのタイミングに合わせて，右足から右斜め前方に踏み込んで右胴を打ってすり抜ける。

●小手抜き面
受：小さく振りかぶり，一歩前進して小手を打ち，相手に面を打たせた後，一・二歩後退しながら体をさばいて相手を通過させる。
打：小さく一歩後退し（またはその場で），大きく振り上げてこれを抜き，踏み込んで面を打って，そのまままっすぐに進む。

○払い技：竹刀を払って相手の構えを崩してしかける技
●払い面
受：剣先をやや高く（相手の目の高さぐらいに）して中段に構える。
打①：右足より一歩踏み込みながら、相手の竹刀を表下から払い上げ（表払い）、ただちに面を打つ。
打②：同様にして裏下から払い上げ（裏払い）、ただちに面を打つ。

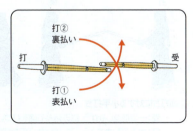

●払い小手
受：剣先をやや高く（相手の目の高さぐらいに）して、中段に構える。
打：右足より半歩踏み込みながら、相手の竹刀を裏から斜め上方向に払い上げ、小手を打つ。

○すり上げ技：相手の竹刀を払い上げるようにすり上げ、相手の打突を無効にして応じる技
●小手すり上げ面
受：一歩前進して、小手を打ち、相手にすり上げ面を打たせた後、体をさばいて相手を通過させる。
打：振り上げる途中で竹刀の右側を使ってすり上げ、真っすぐに踏み込んで面を打ち、前進する。

COLUMN

打突の好機（だとつのこうき）
打突すべきもっともよい機会は、「技の起こり」「技のつきたところ」「居ついたところ」「相手がひいたところ」「技を受けとめたところ」などがある。これらの機会をとらえて練習することが技能の向上のために重要である。

遠山の目付け（えんざんのめつけ）
自分の目のつけどころについて、あたかも遠くの山を眺めるように、一点を凝視せず相手全体を見ることが大切であるという教え。

一眼二足三胆四力（いちがんにそくさんたんしりき）
剣道を練習する上で大切な要素を、重要度に応じてあらわした教え。一番目に眼の働き、二番目に足さばき、三番目に何事にも動じない強い気持ち、四番目に思い切った技、およびそれを生み出す体力の発揮が重要であるとされている。

観見の目付け（かんけんのめつけ）
宮本武蔵が『五輪書』の中で「観の目強く、見の目弱く」と指摘しているように、物事の本質をみる見方を「観の目」、単に現象をみる見方を「見の目」といい、単に相手を見るというだけでなく相手の姿や形を通して、技量や心理状態までも見抜く見方を示した教え。

○**出ばな技**：相手が攻める，あるいは打ち込もうとする，その起こりばなをとらえてしかける技

●**出ばな小手**
①相手の振りかぶる動作をとらえての小手打ち
　　受：中段の構えからゆっくりと振り上げる。
　　打：相手の手元が上がる瞬間をとらえて小手を打つ。

②面打ちに対する小手打ち
　　受：一歩前進しながら，踏み込んで面を打つ。
　　打：相手の動きをとらえて，出ばな小手を打つ。

○**引き技**：つばぜり合いや体当たりによって相手の構えがくずれたところを，後方に体をさばきながらしかける技

●**引き面**
　　つばぜり合いからの引き面
　　受：つばぜり合いから，相手に合わせて手元を下げ，面に隙をつくる。
　　打：つばぜり合いから左足を引きつつ，両手をやや下げ，右足をすばやく引きつけつつ面を打ち，大きく後退して残心を示す。

●**引き胴**
　　つばぜり合いからの引き胴
①受：相手の動きに合わせて手元を上げ，胴に隙をつくる。
　　打：左足を引きながら振りかぶり，右足を引きつけながら胴を打つ。
②受：相手の押す動作に対抗し，両腕を伸ばすようにして押し返す。
　　打：相手の押し返そうとして腕を伸ばすときに引き胴を打つ。

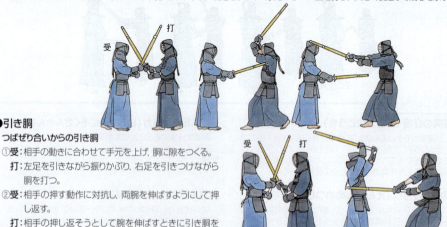

KENDO 剣道

Point　正しいつばぜり合いの仕方

・お互いに体が接近して、つばとつばがせり合う状態を「つばぜり合い」という。
・竹刀を相手の肩にかけたり、不当な妨害行為を行うと反則となる。

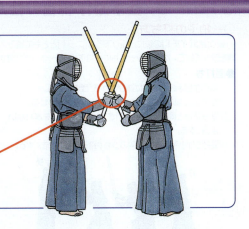

つばとつばがせり合う
＝
「つばぜり合い」

■試合の仕方と審判法A

○簡易試合

●十文字稽古
・練習形態を十文字にとり、試合者と審判者を交代しながら行う。
・有効打突の判定には、試合者も加わり、打たれたと思ったら手を上げるようにする。
・有効打突の表示を審判旗、または挙手で行う。
・審判員の宣告「始め、△△あり、勝負あり」を行う。

●回り稽古
・約束練習などで学んだ技を自由にだして行う実践練習。
・隊列を組み、制限時間を設けて、一定方向に相手を順番に替えながら一斉に行う互格稽古法。
・1本勝負または3本勝負で行い、有効打突を相互評価する。

十字に位置する

順番に相手を変えていく

🎾 技のみがき方

剣道の伝統的な練習法を身につけて、自分の得意技にみがきをかける。

基礎練習	➡	約束練習	➡	自由練習
（素振り、切り返し、打ち込み）		（基本稽古）		（互格稽古）
打突動作の基本となる構え、目、手、足の協応動作を身につける		打つ側と打たせる側との間に約束をして技を身につける		約束練習で身につけた技を、実際の攻防の中で使えるようにする

297

STEP 3. 基本動作:練習の仕方を工夫して基本動作をみがく

○一拍子の打ち方

振り上げ「イチ!」の後に,振り下ろし「ニッ!」とともに踏み込んでの打ち方は,相手に動きを察知されてしまう。振り上げ時間を少なくして,踏み込みとともに一拍子(「イチッ!」)で打突する。

●面打ち

① 剣先を相手の咽喉部に運びながら,間合に入る。
② 左手を支点にしてこの原理を用い,剣先を働かせる。
③ 踏み込みと同時に左足を引きつけて,体移動を遅れないようにする。
④ 面打ちは小手打ちより,間のつめや踏み込みを大きくする。

●小手打ち

・受ける側は,相手に打たせた後,相手の剣先が受ける側の体の正中線に向けられるように数歩後退して,間合をとるようにする。

○跳躍素振り

・一拍子の動作を身につける練習法。
・前後に跳躍しながら連続的に行う素振り。
・後ろの跳躍で振りかぶり,前の跳躍と同時に打つ。

Point 中心の取り方

・相手の正中線をとったときは,相手の剣先がこちらの体の中心を外れている。
・同じ機会に面を打ったとすると,正中線をとっていた方の面が的確に決まる。

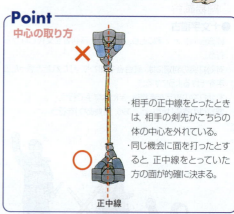

○突き

・突部の部位を,右足から一歩踏み出すと同時に腕を伸ばして突く。
・表から突く場合と裏から突く場合,片手突きと諸手突きの方法がある。

・攻めや崩す手段として突きを利用する。
・習熟度を十分に考慮し,安全に留意する。

●すり足による諸手突き

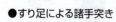

●踏み込み足による片手突き

KENDO 剣道

○打ち込み稽古
・スムーズな体さばきや効果的な打ち方を身につけるための練習法。
・打たせる側は，剣先を上げたり，下げたりして，面，胴，小手の打突部位を打ちやすいような状況をつくってやる。
・打つ側は，隙の生じた打突部位を連続して打突する。

○切り返し
・基本打ちだけでなく，体力，気力，間合などを習得するための練習法。
・剣道の準備運動，整理運動としてもよく使われる。

切り返しの手順
正面打ち ➡ 連続左右面打ち(前進4本，後退5本) ➡ 正面 ➡ [体当たり] ➡ 連続左右面打ち(前進4本，後退5本) ➡ 正面
|―――――― 1回目 ――――――|　　　　　　|―――――― 2回目 ――――――|

●左右面の打ち方
・頭まで両手を上げたところから，左手を正中線上から外れないように右手首を返して左面を打つ。
・振り下ろしたコースを通って両手を頭上に戻し，反対側の右面を打つ。
・この動作を交互に連続して行う。

●受け方
・竹刀を垂直に立て，両手を左に寄せ，左面打ちを受ける。
・竹刀を垂直に立て，両手を右に寄せ，右面打ちを受ける。

○体当たり
・打突後の余勢をかり，自分の体を相手にぶつけると同時に，両拳を相手の下腹部からすくい上げるようにして当たり，相手の気勢をくじくとともに，相手が退いたり，構えが崩れたところを打突するためのものである。
・切り返しや打ち込み稽古時に，これを加えて練習する。
・相手が強く当たり返してくる場合，体を右，左にかわして斜めから押せば，力の強くない人でもかなり強い力の人の体も崩すことができるので，剣道は腕力の競い合いでないことを理解させる。
・体当たりで相手が後退すれば，追い込んで打ち，相手の受けが強くて通じないときは，相手の押し返す力を利用して退きながらの引き面や引き胴へ結びつける。

STEP 4. 対人的技能:新しい技を身につけて相手の動きに対応した攻防を深める

○**出ばな技**：相手が攻める，あるいは打ち込もうとする，その起こりばなをとらえてしかける技

●**出ばな面**

①剣先を下げる動きをとらえての面打ち
　受：相手の右手の高さまで剣先をゆっくりと下げる。
　打：相手の剣先の下がり始めたところを鋭く踏み込んで面を打つ。

②相手の前進する動きをとらえての面打ち（遠い間合から）
　受：剣先をゆっくり下げながら，送り足で一歩前進する。
　打：相手が右足を出してくるところを鋭く踏み込んで面を打つ。

●**払い突き**
　受：剣先を咽喉の高さにして，中段に構える。
　打：表から（または裏から）真横に払い，前進して突く。

●**面すり上げ面**
　受：一歩前進して面を打ち，すり上げ面を打たせた後，体をさばいて相手を通過させる。
　打：振り上げる途中で竹刀の左（または右）側を使ってすり上げ，そのまま踏み込んで面を打って前進する。

○**返し技**：打ち込んでくる相手の竹刀を受けると同時に，相手の打突部位へ竹刀を返して応じる技

●**面返し胴**
　受：すり足で一歩前進して面を打つ。
　打：右足を斜め右に出しながら竹刀の左側ですり上げるようにして受け，手の内を返し右胴を打つ。

○**打ち落とし技**：相手の竹刀を打ち落として，相手の竹刀を無効にして応じる技

●**胴打ち落とし面**
　①一足一刀の間合での胴打ち落とし面
　　受：一足一刀の間合から，すり足で一歩前進して右胴を打つ。
　　打：中段の構えのまま，左足からわずかに斜め左後方に体をさばき，胴打ちにきた相手の右肘が伸びようとする瞬間を打ち落として面を打つ。

②つばぜり合いからの胴打ち落とし面
　受：つばぜり合いから一歩後退しつつ引き胴を打つ。
　打：体を開き足でわずかに左にさばき，打とうとするタイミングに合わせて打ち落とし，踏み込んで面を打つ。

● 引き小手
　受：相手の動きに合わせて手元を左側へ寄せ，小手に隙をつくる。
　打：左足を斜め左後方に引き，右足を引きつけながら右小手を打つ。

○ 二・三段の技
● 小手一面一胴
　①打：機を見て小手を打つ。
　　受：後退しながら小手を防ぐ。
　②打：小手打ちの後，踏み込んで面を打つ。
　　受：さらに後退しながら面を防ぐ。
　③受：面を防いだ状態で止まり，胴を打たせる。
　　打：体を右前方にさばいて右胴を打つ。

■ 試合の仕方と審判法B

○ 円陣試合
・グループで円陣を組み，1本勝負の勝ち抜き戦をする。
・有効打突を全員で確認する。
・勝負が長くなったときは引き分けとし，新たな組ではじめる。
・3人勝ち抜いたら交代する。

○ 団体戦
・公式戦に近い形で，3または5名の団体戦をする。
・勝者数法で試合をする。
・主審1名と副審2名の審判員によって判定し，「試合中に場外に出る」などの主な禁止行為の判定もする。
・時計係，記録係を置き，また掲示板を使って，選手の呼び出しをする。
・オーダーの組み方を工夫する。

HOW TO PLAY AND REFEREE
ルールと審判法

1 競技施設と用具

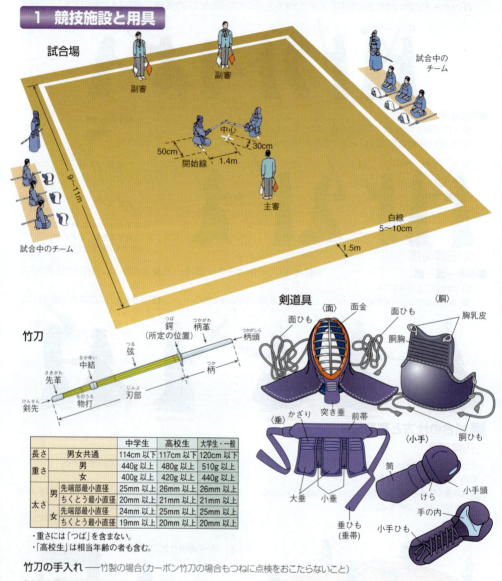

		中学生	高校生	大学生・一般
長さ	男女共通	114cm 以下	117cm 以下	120cm 以下
重さ	男	440g 以上	480g 以上	510g 以上
	女	400g 以上	420g 以上	440g 以上
太さ	男 先端部最小直径	25mm 以上	26mm 以上	26mm 以上
	男 ちくとう最小直径	20mm 以上	21mm 以上	21mm 以上
	女 先端部最小直径	24mm 以上	25mm 以上	25mm 以上
	女 ちくとう最小直径	19mm 以上	20mm 以上	20mm 以上

・重さには「つば」を含まない。
・「高校生」は相当年齢の者も含む。

竹刀の手入れ ──竹製の場合(カーボン竹刀の場合もつねに点検をおこたらないこと)

[手入れの順序]

竹刀の柄革だけを残し(はずしてもよい),弦,中結,先革,先ゴム,結んでいる糸をはずす。

扇形の角を紙やすり(ガラス破片や小刀を立てて)で少しみがく。みがく部分は竹刀の先の半分くらいでよい。

みがいた部分に油(ゴマ油やサラダ油などの植物油がよい)を含ませると同時に,竹刀全体を油布でみがく。

乾いた布でからぶきをしてから,もとのように組み立てる。

2 試合の進め方

❶試合時間
●試合時間は5分，延長戦は3分を基準とするが，高校生の試合の場合にはほとんどが試合時間4分，延長戦2分で行われている。

❷試合の開始
●竹刀を下げて(提刀)相手と合わせて礼をし，竹刀を腰につけて(帯刀)3歩進み，構えながら蹲踞する。主審の「はじめ」の宣告で立ち上がって試合を開始する。

❸試合の方法
●3本勝負を原則とし，試合時間内に有効打突2本を先取した方を勝ちとする。ただし，制限時間内に一方が1本だけをとって時間切れになったときは，その方を勝ちとする。
●個人試合では，制限時間内に勝負が決まらないときは延長戦を行い，先に1本とった方を勝ちとする。

●団体試合では，勝者数法か勝ち抜き法で行う。
勝者数法：勝者の多い方を勝ちとする方法。勝者が同数の場合は総取得本数の多い方，その本数も同数なら代表者戦によって勝った方を勝ちとする。
勝ち抜き法：勝った方が，相手チームの次の順番の者と続けて試合を行い，相手チームの全員を早く負けにした方を勝ちとする方法。

❹試合の終了
●立ったまま竹刀を構え，主審の「勝負あり」または「引き分け」の宣告で試合は終了する。
●試合の終了により，その場で蹲踞し，竹刀をおさめて立ち上がり，帯刀のまま左足から5歩退き，立ち合いの位置にもどって提刀し，相手と合わせて立礼ののち退場する。

●試合の始め方

●試合を中断したあとの開始宣告　●団体戦での試合開始時の礼

3 主なルール

反則とその処理

反則があったとき
1. 反則があれば，その程度に応じて罰則が与えられる。
2. 審判員は，反則があれば試合を中断させ，その反則を明示して，試合者を試合開始位置に戻す。

負傷，または事故で試合が続行できない場合
1. 試合継続の可否は医師の意見を聞き，審判員の総合判断とする。

主な反則とその処罰

1回ごとに「宣告」が行われ，2回で「1本」が相手に与えられる反則

次のような反則を犯すと，1回ごとに「宣告」が行われ，2回犯すと相手に「1本」が与えられる。

①場外に出る

②足を掛け，または払う

③-A 相手を不当に場外に押し出す

●場外の判定

片足が完全に場外に出ると，場外となる。

両者同時と認められたら，両者場外になる。

③-B 相手を不当に場外に突き出す

倒れて体の一部が場外に出ると，場外になる。

体が出ようとしたので竹刀を突いて体を支える（竹刀は身体の一部分と見なす）と，場外になる。

④自分の竹刀を落とす

⑤不当な打突をする

ただし，落とした直後に相手から有効打突が加えられたときは，反則にしない。

KENDO 剣道

2. 試合が継続できないとき。
①原因が一方の故意及び過失による場合
　→その原因を起こした者が負けになる。勝者は２本勝ち。
　（加害者として負けとされた者の既得本数は認められない）
②原因が明瞭でない場合
　→試合不能者が負けになる。勝者は２本勝ち。
　（試合不能者の既得の１本は有効となる）

⑥相手に手をかける　⑦相手を腕でかかえ込む

⑧不当なつばぜり合い　⑨相手の竹刀を握る

⑩その他の規則に反する行為（例）

- 正当な理由がなく試合の中止を要請する。
- 自分の竹刀の刃部を握る。
- 相手の竹刀を抱える。
- 相手の肩に故意に竹刀をかける。
- 倒れた場合，相手の攻撃に対応することなくうつ伏せなどになる。
- 故意に時間の空費をする。

審判員が合議し，状況に応じて「反則」にする。

「反則負け」となる例

①禁止物質を使用もしくは所持し，または禁止方法を実施すること。
②相手または審判員に対し，非礼な言動をすること。この場合は，相手に２本が与えられて「負け」とされ，退場が命じられる。それまでに１本を取っていても認められない。
③定められた以外の用具を使用すること。

「分かれ」の宣言

　主審は，つばぜり合いがこうちゃく（膠着）した場合は，試合者をその場で分け，ただちに試合を継続させる。

「指導」が与えられる場合

　竹刀の弦がまわって横になっている場合は，その打突は有効とならないから，主審は試合を中断して，「指導」する。
　以後，その行為が続く場合は有効打突としない。

〔注〕1. 延長戦および双方共に１本をとっている場合，2回目以降の反則を同時に犯したときは，反則として数えない（相殺となる）。
　　 2. これらの反則・注意・指導は一試合を通じて加算される。

305

4 審判法

宣告のしかた

主審が宣告を行う。なお，緊急のときは，副審も試合中止の宣告をすることができる。

場　面	宣　告
●試合を開始・再開するとき	「始め」
●試合を中止するとき	「止め（やめ）」
●有効打突を認めたとき	「面（小手・胴・突き）あり」
●有効打突を取り消すとき	「取り消し」
●2本目を開始するとき	「2本目」
●両者1本1本になったとき	「勝負」
●延長戦になったとき	「延長，始め」
●勝敗が決したとき	「勝負あり」
●1本勝ちしたとき	「勝負あり」
●不戦勝ちしたとき	「勝負あり」
●試合不能のとき	「勝負あり」
●勝敗が決しないとき	「引き分け」
●反則したとき	「反則1（2）回」
●反則を2回したとき	反則者に「反則2回」（指で示す），相手側へ「1本あり」（旗で示す）
●両者1本1本ののち，同時に2回目の反則をしたとき	「相殺」と宣告して試合を続行する
●審判員が合議をするとき	「合議」
●つばぜり合いが膠着（こうちゃく）したとき，試合者をその場で分け，ただちに試合を継続させる	「分かれ」，「始め」

旗の表示方法

試合を観戦する視点

1. 一足一刀の間合での攻防で，どのようなしかけ技や応じ技が出るのかに注目する。
2. つばぜり合いでは，どちらの競技者が積極的に技を出そうとしているのかに注目する。
3. パフォーマンスには，気力の影響も大きいことから，両者の気力の比較をする。
4. 試合には制限時間があるので，先取した人，取られた人の，その後の戦術を予想してみる。
5. 開始直後の戦い方として，速攻でいくのか，じっくりと相手をみるのか，その戦術の効果を吟味する。
6. 自分にできない技やみたこともない技の出現を期待しながら観戦する。
7. 団体戦では，チームがピンチな状況の中で，どのように打開しようとしているのか注意深くみる。
8. どの競技者の構えが美しかったかなど，中段の構え姿勢を評価しながら観戦する。
9. 試合中および試合後の礼法や態度において見習うものはなかったかに注目する。
10. 審判員の判定と自分の判定とを比較しながら観戦する。

DANCE
ダンス

ダンス

おいたちと発展

ダンスは人間の誕生とともに生まれ、民族の風土や文化に根ざし、歴史の流れに影響されながら、その生活や思想、感情を身体のいろいろな動きで表わし、いろいろな形式をつくり、壊し、新生し、たえず微妙に変化してきた。ダンスは、原始、古代の宗教舞踊、戦闘舞踊など、生活に密着した祭式としての舞踊に始まり、中世のコートダンス、フォークダンス、ルネッサンス期の宮廷舞踊、キャラクターダンス、近世におけるバレエの発展を経て、現代では、形式主義を否定し自由な身体表現を目指したイサドラ・ダンカン（アメリカ 1878～1927）に始まるモダンダンスを含めて、各種の舞踊が互いに影響しあいながら、芸術として伝承し、踊り楽しむものとして発展している。

日本においてもダンスは、舞楽や能、歌舞伎、日本舞踊、民俗芸能など、固有の舞踊文化の上に、大正以後、洋舞の影響を大きく受けて発展した。

特に最近では、各種の舞踊の芸術としての発展とともに、健康と快適な生活を楽しむためのリズミカルな運動に対する欲求が高まり、ダンス・フォア・オール（みんなのダンス）の世界が広がっている。

学校では、若者の流行を反映して新たに加わった**現代的なリズムのダンス**とともに、すでに半世紀も前から取り組まれてきた、自己の思想や感情を自由に身体で表現する**創作ダンス**と民族固有の伝承の形式を持ち、仲間と踊り楽しむ**フォークダンス**（日本の民踊を含む）を学習する。なお私たちは、小学校では、低学年で**表現**（現行は**表現リズムあそび**）を体験し、中・高学年で**表現運動**を、さらに中学校でも、ダンスは、1・2年生ですべての生徒が履修することになった。そこで高校では、これまでに培った経験をより広げたり深めたりしながら、生涯学習を見通した主体的な学習を行っていきたい。

どんなダンスに興味がありますか？

私たちの周りには，こんなダンスがあります。
それぞれのダンスの歴史や特徴を理解して，「踊る・創る・観る」を楽しみましょう！

バレエ・民族舞踊型ダンス

バレエ
日本舞踊，能
インド舞踊やスペイン舞踊など
各国を代表する民族舞踊

◎伝承された美しい型をもつ踊りである。国や地方の風習や歴史に支えられた民族舞踊や，バレエのような中世期（16世紀）から芸術性を継承しながら発展した汎世界的な踊りがある。
体系化したテクニックをもち，舞台芸術として，時代を超えて人々に鑑賞されている。

創作型ダンス

モダンダンス（創作ダンス）
ポストモダンダンス
コンテンポラリーダンス
創作バレエ
舞踏

◎人は，生きていくプロセスの中で，さまざまな感情や思いに出会い，体験の中に刻みこんでいく。個人が心を表すもう1つの言葉，すなわち動きの言葉によって，自由な表現と創造をくり広げるのがダンスの世界である。
「創る」「表現する」体験が心を豊かに，そして個性を育てる。同様に，創作型ダンスは鑑賞することを通して，鑑賞者の創造力を刺激し，感動をもたらす大きな力を有している。

DANCEダンス

社交型ダンス
各地のフォークダンス
民踊
社交ダンス
・ワルツ，タンゴ，フォックストロット（モダン）
・ルンバ，チャチャチャ（ラテン）

◎ダンスステップや踊りの型が明確で，覚えれば誰にも踊れ，誰とでも楽しく交流することができるダンスである。世界各地でいかにダンスが人々から親しまれ，愛されてきたかを教えてくれる。型を覚えるだけでなく，ダンスの由来や背景に目を向けて，文化として理解していくことも大切な学習になる。

社交ダンスは，パーティーなどの社交の場でのあいさつやマナーとして発展してきたが，現代では，競技ダンスとしての位置を確立している。モダン種目やラテン種目，多くの踊り方の開発がなされながら，「観て楽しい」華やかな世界がくり広げられている。

リズム型ダンス
ヒップポップ
ストリートダンス
ジャズダンス
ファンク
ロック
ハウス
ウェーブ
ブレイキン
タップダンス
サルサ
サンバ
エアロビクス

◎時には気ままに，エネルギーをいっぱい使って弾けてみたい。人間の運動欲求を満たし，ストレスフルな生活から自らを解き放つ。

リズム型ダンスは，人間の活力，健康と直結したダンスである。近年では，若者の時代感覚とエネルギーから生まれた音楽との関係が深く，流行を強く意識したダンスが生まれている。

A：現代的なリズムのダンス

現代的なリズムのダンスは，音楽との関係が深い。ポップス，ロック，ヒップポップ，サンバ調の音楽など，流行の曲や好きな曲をかけながら，気持ちよく，思いっきり動こう。

● 学習のねらい

流行の曲やアップテンポの軽快なリズムの音楽にのって体を動かせば，自然にエネルギーが湧いてくる。

現代的なリズムのダンスは，誰にでもできる動きやリズムのとり方などを自由に工夫して，楽しみながら，気楽に交流できる。また，まとまりのある動きを工夫して踊ったり，1曲を使ったりして作品にまとめて，みんなで発表し合うことができるようにしよう。

◆どうするの？　ダンス学習（現代的なリズムのダンス）
● 学習内容と進め方

		ねらい	学習内容
毎時	ダンス・ウォームアップ （心と体のほぐし）	みんなで明るくリラックスした雰囲気をつくりながら，ケガを予防するために身体を十分温めよう。	・ジャンケンあそび（ジャンケンを使ったあそびを，相手をたくさん替えながら行う） ・各部位のストレッチ ・体ほぐしを取り入れたゲーム
1〜5時間	〈ねらい1〉 はじめて，ダンス （やさしい段階のダンス）	誰にでもできる動きで音楽にのって動いてみよう。	・手拍子，足ジャンケンのグー，チョキ，パー，ケンケンなど，身近にある運動を使って現代的なリズムの音楽にのって踊る ・2〜3名の少人数から動き出してみよう ・流動的にかかわる友達と気軽に誰とでも交流してみよう
6〜8時間	〈ねらい2〉 チャレンジ・ダンス （やや難しい段階のダンス）	少し難しい動き（ニューテクニック）に挑戦したりオリジナルな動きを創意工夫することで，ダンスの世界を広げてみよう。自分たちで選曲した音楽のリズムにのって簡単なコンビネーションを作る。 1曲（1作品）をまとめて踊ってみよう。	・グループ（固定）で，まず曲を選ぶ ・ニューテクニックに挑戦 ・マイダンス（自分で作ったステップ），ユアダンス（友達が作ったステップ）をグループで教え合い，練習する ・簡単なコンビネーションの工夫 ・人数や隊形の工夫をして簡単な構成をする ・記録ノートの作成
1〜2時間	ダンス・タウン （ダンス発表交流会）	街のストリートに集まってダンスが始まるように円座になり，各グループがダンスで交流する。	・1グループずつ作成 ・コンテストではなく「もう一度見たいダンス」，「もう一度会いたいグループ」を選ぶ ・まとめ－各グループへの一言コメント－

🔄 運動の工夫

・〈ねらい1〉では，誰にも誰とでもできる運動を使って，たくさんのパートナーと交流できるように踊ろう。

・動きを工夫し，出し合うときには，頭の中だけで考えず，音楽をかけながら動いて考えてみよう。

・〈ねらい2〉の簡単な作品を踊る段階に入ると，どうしても間違うことが気になってくる。動きの練習時間をたっぷりとって練習しよう。

・グループ内で分かれて練習し合う時間を組み込もう。お互いに手拍子やカウントをかけ合うことで，より一層助け合い，励まし合って練習することができる。

・グループ同士の動きを交換して踊り合うなど，交流方法も工夫しながらやってみよう。

DANCE ダンス

◆はじめて，ダンス

自由にリズムにのりながら，一人で，二人で，三人で･･･簡単なコンビネーションを共有して，楽しく踊ろう。

❶先生とダンシング

先生がリーダーになって，ヒップホップ，ロック，ポップスなどの音楽のリズムにのって，みんなで踊る。
簡単な動きの工夫で，ステップに挑戦(8カウント×4回程度の動きをくり返しながら)。

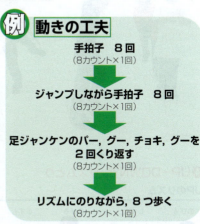

例　動きの工夫

手拍子　8回
(8カウント×1回)

↓

ジャンプしながら手拍子　8回
(8カウント×1回)

↓

足ジャンケンのパー，グー，チョキ，グーを
2回くり返す
(8カウント×1回)

↓

リズムにのりながら，8つ歩く
(8カウント×1回)

❷ハロー！　タッチ・アンド・ダンシング

リズムにのって，走る。歩く。ジャンプする。スキップする。空間を自由に移動する。
リーダーが，「ハイ！」と合図を出したら，近くにいる人同士でタッチする。

● ジャンプしてタッチ
● 回ってタッチ
● 転がってタッチ　など

自由に連続して動いてみよう。

走ってタッチ

転がってタッチ

ジャンプしてタッチ

311

❸ クラップ（手拍子）・ダンス

手拍子や体のいろいろな部分をたたくことも含め，リズムを打つ。
リズム打ちになれてきたら，重心を右左にずらして，揺れたり，脚のステップ（歩く，踏むなど）に合わせて動く。

1人から，自由に
いろいろな人と。

❹ UP-DOWNで，リズムとり

UPのリズム　→
のびる　しずむ　のびる　しずむ

DOWNのリズム　→
しずむ　のびる　しずむ　のびる

● アップやダウンのリズムに慣れてくると，体の動きも力が抜けて，楽に大きく動くようになる。
● 動くようになってきたら，動きのサンプルを参考にしながら，これまでの動きに，新しい動きを少し加えて，少し長い動きを練習してみよう。（8カウント×6回）

動きのサンプル

足踏み，グー・チョキ・パー（足ジャンケン），片脚跳び
両脚跳び，スキップ，ツーステップ，ターン（回転），
前へ歩く，左右に歩く，後ろへ歩く，ツイスト（ひねる）

● 一人ひとりが，自由に組み合わせるので，違う動きがたくさん出てくる。
● 音楽に合わせる前に，カウントで練習すると，上達も早い。
2～3名のグループで，協力し合いながら声を出してカウントを数えて，くり返し練習してみよう。
● 自信をもって動けるようになったら，音楽をかけて，Let's Dance！

Catch Up

現代的なリズムの音楽は，ほとんど8カウントで数えることのできる曲が多い。幼い頃，遊んだ手遊びの中にも，この音楽に合わせて動くと，意外にぴったり合うものがあるので試してみよう。

　例　アルプス一万尺
　　　げんこつ山のたぬきさん
　　　ロンド橋落ちた　　など

また，なわとびを使ってリズムをとったり，ボールをつきながらリズムをとるなどの楽しい練習方法をグループで発見し，教え合おう。

DANCE ダンス

◆チャレンジ・ダンス　〜ニューテクニックをゲットしよう〜

●基本ステップ

① 両手を上へ上げて伸びる
② 床に両手をつく
③ 床に両手をついたまま両足を一気に開く
④ 床に両手をついたまま両足を閉じる
⑤ 立ち上がり、右足を大きく右へ出す
⑥ 右足を戻す
⑦ 左足を大きく左へ出す
⑧ 左足を戻す

●クロスステップ

●ジャンプ・ツイスト

●キック

いろいろな動きを組み合わせてみよう

◆マイダンス，ユアダンス

二人組で「私の思いついた動き＝マイダンス」を踊ったら、「相手の思いついた動き＝ユアダンス」を教え合う。

↓

「マイダンス」、「ユアダンス」2つとも踊れるようになる。

↓

楽しみ方の幅を広げて、みんなで動きの足し算をしながら、少し長いフレーズ（8カウント×10回程度のもの）をつくってみよう。

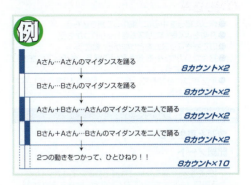

例

Aさん…Aさんのマイダンスを踊る	8カウント×2
Bさん…Bさんのマイダンスを踊る	8カウント×2
Aさん＋Bさん…Aさんのマイダンスを二人で踊る	8カウント×2
Bさん＋Aさん…Bさんのマイダンスを二人で踊る	8カウント×2
2つの動きをつかって、ひとひねり！！	8カウント×10

313

◆ "ダンス・タウン" 〜ダンス発表交流会〜

街のストリートパフォーマンスのように，ステージを人の輪でつくり，その中で，1グループずつ交代しながら踊る。ダンス・タウンは「見る」，「踊る」が同一空間で，熱気を共有できるから楽しい。選曲は，各グループ自由。ひとひねり工夫を加えながら，踊ってみよう。各グループの発表が終わったら，「もう一度見たいダンス」，「もう一度会いたいグループ」を選ぶ。

Catch Up
1曲を踊るためには，基本になるくり返しの効く簡単なコンビネーションを考えよう。コンビネーションに，①一人ひとりリズムを変えて踊る，②方向を変えて踊る，③人数を変えて踊る，④移動しながら踊る，などを組み合わせると動きの世界が広がります。

手順と注意するポイント

❶ グループに分かれて，曲を選び，動きを工夫する。
- マイダンス，ユアダンスの要領で動きを出し合おう。
- 同じ動きのくり返しばかりにならないように。
- 「みんないっしょに」の部分はもちろん，「自由がいっぱい」の部分をよりたくさん作ろう。

❷ 踊り込み
- 作った部分を中心に，集中して踊り込もう。
- 音楽をよく聴いてリズムをしっかりつかもう。
- 口で好きにリズムをとりながら，動こう。
- 覚えたらカウントを数えないで踊る。体のリズムを感じながら，動こう。
- 半分ずつに分かれて，「見る人」，「踊る人」を交代しながら練習しよう。

準備する物
音源と再生プレーヤー，記録ノート

1曲を全員で踊るためには，「どこまでできた？」が分かる記録ノートをつくっておくと便利。動きを忘れないように，曲と動きのつながりをまとめて記録しておこう。その日の感想なども書き加えると楽しい思い出になる。

記録ノート（班用）

（　）年（　）組　　グループ○○○○○○　　（名前）

カウント	曲の部分	動きの構成	適正度
8×2	イントロ	リズムをとる	○
8×4	唄（前半）	サイドステップ＋フロアの動き	△うまくつながって
8×4	唄（後半）	一人ひとり方向を変えて	動けない。
8×2	イントロ	移動する	○
8×4	唄（前半）	四人が踊る、四人は手拍子	○
8×4	唄（後半）	踊る人と手拍子が交代	○
8×2	イントロ	移動する（陣形にならぶ）	○
8×4	唄（前半）	スキップして二人組でタッチ4回繰り返す	×リズムに乗れないし、変えた方がいい
8×4	唄（後半）	全員で自分のマイダンスを踊る	△まだ動いていないから
8×2	イントロ	歩きながら、真ん中に集まってポーズ	わからない

今日の感想	創意工夫したポイント

DANCEダンス

B：創作ダンス
ダンス（創作ダンス）が人と社会にできること
創作ダンスの可能性を知って学習に取り組もう！

文化としてのトータルな体験
○新鮮に自分の眼でとらえ，感じ，運動化する活動が，社会文化としての芸術に通じる。
○創造のための知の獲得が，自分で表現して楽しむ力を培う。
○鑑賞が，美しさに触れる体験を提供する。

新鮮な感動
○新しい体験が，心をゆり動かし，身体をめざめさせる。

セラピューティックな充足
○リズムや極限の動きが心を解放する。

自我と個性の覚醒（めざめ）
○創造的・形成的なパフォーマンスが，自他の性格・行動の特徴や傾向に気づかせる。
○自己（独自性）の確立。

表現の楽しさ
○動きで自分の考えが相手に伝わる驚きと，分かってもらえる喜びを味わえる。
○仲間と協和する楽しみを味わえる。
○人に感動を与える楽しさを実感できる。

心の時代への対応
○身体表現による情動・感情の活性化と解放。
※ダンスセラピー

創作ダンス

生涯学習
○トータルなダンスの体験が，生涯にわたるクリエイティブな活動の契機となる。
○ダンスのある豊かな人生。

問題解決の力
○グループ学習（題材を選択し，動きを創出し，試しつつ洗練し，課題を達成する）が，自信と見通し力を培う。

学校と地域社会をつなぐ
○地域のフェスティバルや祭りでの学習成果＝作品の発表が，地域の舞踊文化を育む。
○学習の成果＝作品が，地域社会との交流を可能にする（施設等の訪問）。

望ましい人間関係
○グループ学習（協同作業）が，仲間への親和の感情を高め，より強い相互の認知へ至る。
○社会的個。

◆どうするの？ ダンスの学習（創作ダンス）

●学習内容と進め方

まず，学習（単元）の進め方を知ろう！

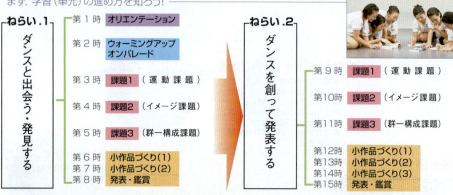

ねらい.1 ダンスと出会う・発見する
- 第1時 オリエンテーション
- 第2時 ウォーミングアップオンパレード
- 第3時 課題1（運動課題）
- 第4時 課題2（イメージ課題）
- 第5時 課題3（群―構成課題）
- 第6時 小作品づくり(1)
- 第7時 小作品づくり(2)
- 第8時 発表・鑑賞

ねらい.2 ダンスを創って発表する
- 第9時 課題1（運動課題）
- 第10時 課題2（イメージ課題）
- 第11時 課題3（群―構成課題）
- 第12時 小作品づくり(1)
- 第13時 小作品づくり(2)
- 第14時 小作品づくり(3)
- 第15時 発表・鑑賞

次に，1時間の学び方を知ろう！

◎創作ダンスの学習は1時間で完結する学習がベースです。毎時間，新しい課題を1つ解決しましょう。

表1　1時間完結での学習の流れ

- 5分　ウォーミング・アップ
  ・心と体をほぐす
- 10分　今日のめあてを確認する
  先生のことばかけで動く（一人で）
  ・極限への挑戦　・先生のイメージで
- 5分　課題からイメージを広げる
  ・動きながら，あるいは見せ合って
- 15分　イメージをもって動く（小グループで）
  ・自分たちが選んだイメージならではのメリハリのあるまとまりをつくる
- 10分　発表とまとめ
  ・見せ合い（2〜3のグループ間で）
  ・感想や評価の交換

表2　2〜4時間完結での学習の流れ

○第2次〜
- 5分　ウォーミング・アップ
  ・心身をほぐす
- 20分　小作品（約1分）にまとめる
  ・第1次の動きから，イメージ特有の動きを繰り返したり，場所を変えて反復したりする。
  ・簡単なはじめと終わりをつけて踊る。
  ・第1次の動きの"それから（新しい動きを見つける）"をつくり，続けて踊る。
- 5分　見せ合い（2グループ間で）
  ・アドバイスの交換
- 15分　修正と踊りこみ（発表会にむけて）
- 10分　発表とまとめ
  ・見せ合い（2〜3のグループ間で）
  ・感想や評価の交換

○最終時（発表と鑑賞の1時間）
- 15分　ウォーミング・アップをかねて，**通しで踊る練習**
- 25分　ミニ発表会（1グループずつ）
- 10分　学習のまとめ・感想と評価の交換

◎1時間完結の学習に慣れたら，次は2〜4時間で完結する学習に挑戦し，小作品を創って発表します。ただし，それぞれの第1時は1時間完結学習（表1）で行い，第2時以降は表2のように進めましょう。

Q & A

運動課題って何？
〈走る―止まる〉や〈伸びる―縮む〉，〈走る―跳ぶ―転がる〉，〈捻る―回る〉のように，対極の性質を持つ動きの連続（ひと流れ）から，イメージを引き出して表現する練習問題。

イメージ課題って何？
イメージの側から，対極の性質を持つ動きの連続性（ひと流れ）を引き出して表現する練習問題。「風と○○」（やさしい風―激しい風…そしてや）や「地鳴り―落石」「凍る―溶ける」など。

群―構成課題って何？
〈集まる―離れる〉や〈ひとり―大ぜい〉，〈群―群〉のように，グループの固まりの変化を用いてイメージにふさわしい長さを踊る練習問題。

※その他に，主題―構成課題もあります。

316

DANCE ダンス

◆Dance Warming-up（心と体をほぐす）

〈友だちと一緒に楽しむW-up〉

1 スキップで移動し5分間で全員と握手
- リズミカルな曲に合わせてスキップ（8呼間）。
- 握手は右左交互に2回ずつ（8呼間）。
- 次々相手を変えて。慣れてきたらスキップを4呼間，握手を4呼間。

2 フォークダンス風に手をつないで
- リズミカルな曲に合わせて，ステップ・ホップ，ランニング。時計回りに16呼間，次は反時計回りに16呼間。方向転換をすばやく。
- 慣れてきたら8呼間で方向転換。さらに慣れてきたら16呼間ずつ→8呼間ずつ→4呼間ずつと，方向転換の間隔を短くしてみよう。
- 発展させるには……わらべ歌『あんたがたどこさ』を歌いながら時計回りに両足でジャンプ。ただし歌詞の"さ"の部分は反時計回りにジャンプ。さあ，みんなで一緒にジャンプ！

3 好きなステップや短い動きをリレーして
- アップテンポな曲で。1曲を踊りきろう！
- 先生の動きで始め，次々リーダーを変えて。グループの全員がリーダーになるまで続けよう。
- 移動の動き（歩く，走る，ステップいろいろ）やスポーツの動き，作業動作（はく，ふく，運ぶ）などから動きをみつけて。
- 発展させるには…みんなの動きを足し算し，連続で動いてみよう！

"だるまさんが転んだ"でピタッと止まる

〈体が感じる・体に気づくW-up〉

4 身体の部位を意識しながらストレッチ
- 床に寝て，目を閉じ，スローテンポな曲に合わせて全身で伸びる。
- ゆっくり息を吸いながら伸びて，ゆっくり吐きながら縮む。
- はじめは気持ちよく，次第に意図的に（部位や高さを変える）。
- 発展させるには…イメージをもって。

「蔦（つた）」のイメージで

5 鏡のように相手の動きをまねして動くW-up
- 二人で向かい合って。リーダー役の動きやポーズを"そっくり"まねしてみよう。
- リーダーは，大きくゆっくりした動きからだんだん激しい動きへ。あるいは簡単なポーズから複雑なポーズの連続へ。
- リーダーを交代して。慣れてきたら8mぐらい離れて。二人対二人でも楽しい。

〈その日の課題へつなぐためのW-up〉

6 『だるまさんが転んだ』
（「走る－止まる」につなぐ）
- "だるまさん"で走り，"転んだ"で止まる。止まるポーズをいろいろ変えて。おでこを床につけて，おへそを天井に向けて，片足を頭上に上げて，友だちと絡んで，本当に転んでから止まる。
- 発展させるには…グループで。リーダー役はできるだけ難しいポーズやおもしろいポーズを注文しよう！

7 『さあ！試合が始まった』
（「スポーツいろいろ」につなぐ）
- まず二人で。いろいろなスポーツの"見どころ"をさっとデッサンする。バドミントン，卓球，ボクシング，空手，アーティスティックスイミングなど。
- 慣れてきたら，グループで集団スポーツの"見どころ"を。攻める・守るなど役割をもって。BGMはアップテンポなものを流そう。

317

◆だんだんダンス（創作ダンス）が見えてくる
運動課題の学び方　〈走る−跳ぶ−（転がる）〉を例に

❶ みんなでいろいろな〈跳ぶ〉を見つけて動いてみよう。　○先生のリードでいろいろ跳んでみる。

すばやく高く

力強く

柔らかくふわっと

前へ・斜めへ・後ろへ

❷ イメージをもって,〈走る−跳ぶ−（転がる）〉を続けて動いてみよう。　○次は自分のイメージで跳んでみる。
○最初はみんなで一緒に「地鳴り−落石」のイメージでその場で足踏み−パッと跳ぶ・
　パッと跳ぶ・パッと跳ぶ−転がる・転がる・転がる

走る（その場で足踏み）　　パッと跳ぶ・パッと跳ぶ　　　　跳んで…転がる

イメージ例
弾けるポップコーンのように
弾むゴムまりのように
ホースから飛び出る水のように
爆発する怒りのように
反射する光線のように

ダイナミックなイメージが
見つかりましたか？

❸ 友だちと一緒に,見つけたイメージを次々動いてみよう（2〜3名で）。
「鳥のように」
〈大空を目指して飛び立つ……しかし〉

❹ 気に入ったイメージを1つ選び,イメージならではのまとまりを工夫しよう。
「導火線」〈点火→走る火花→爆発〉

イメージ例
ひな鳥
雨だれ・落雷
津波・突風
沸騰・導火線
ガラスの破片
若さ・葛藤

工夫の仕方は？
○イメージにふさわしい走り方，跳び方，転がり方を見つける
○回数や強弱を決める（精いっぱいの動きを必ず入れる）
○タイミングや位置を決める

❺ イメージならではのまとまりができたら,繰り返し練習して見せ合おう（2〜3グループ間で）。

　　　　発　表　　気持ちを切らずに踊り切る。
　　　　鑑　賞　　お互いのグループ表現の違いを楽しもう，理解しよう。

DANCE ダンス

イメージ課題の学び方 〈風と○○〉を例に

❶ みんなでいろいろな「風」になって動いてみよう。

突風・竜巻・地表を這う風・ビルの谷間をぬう風・春風・そよ風・春の嵐・台風・切り裂くような鋭い風・からっ風・湿り気の多い風・ほほをなでる風・微風ー強風……etc.

「地表を這う風」

「舞い上がる風」

❷ 次は,「風に飛ばされるものや耐えるもの」になって動いてみよう。 ○先生のリードで動いてみる。

○まず最初は「はがれたポスター」になって

(風が吹いた)
はがれそうではがれないポスター

○次は「花びら」になって

(やさしい風が吹いた)
花びらが揺れる

(ふいに風が吹く)と…

(強い風が吹いた)
あっ!
ポスターが飛ばされた

舞い上がった花びらはどうなった?

(もっと強い風が吹いたら)ポスターはどうなる?

❸ グループで,風と風に耐えるものや飛ばされるものになって,いろいろ動いてみよう。

イメージ例
風と新聞紙・落ち葉
風と風鈴・風車
風と炎・カーテン
風と看板・雨戸
風とヨット・波

「風と新聞紙」

「風と風車」

「ティッシュペーパーを春風に見立てて」

❹ 気に入ったイメージを1つ選び,どんな風で何がどうなったかがはっきり分かるように,仲間と感じ合いながら簡単なストーリを動いてみよう。

「風が生まれる…そして」

❺ 繰り返し練習したら……見せ合おう。

※発表や鑑賞の方法は運動課題と同じ

319

群一構成課題の学び方　〈集まる－離れる〉を例に

❶ **小グループでいろいろな〈集まる－離れる〉を動いてみよう（4～5名で）。**
○先生のリード（太鼓）で動いてみる。

○いろいろな集まり方・離れ方で　　　　　　　　　　　　　　　　　○集まったら少し動いてみよう！

走って・くるくる回って・転がって・ジャンプしてすばやく－スローモーションで・だんだん　　左右に揺れる・足踏みする
伸びたり縮んだり・あちこち見る

どんなイメージが浮かびましたか？

❷ **友だちとイメージを次々出し合い，即興で動いてみよう。**
○最初はみんなで一緒に　　　　　○次は自分たちのイメージで次々動こう

イメージ例
ゴキブリ・ミツバチの巣・スイミー・砂鉄・血液の循環・万華鏡・改札口・化学変化・あれは何？

「獲物を狙う狼」になり
〈集まって動く－離れる〉を繰り返そう！

「流氷」
〈亀裂が走る…
　　ぶつかり合う氷塊〉

❸ **気に入ったイメージを1つ選び，イメージならではのまとまりを工夫しよう。**

Q & A
○集まる場所は？
○どんな動きで集まる？離れる？　回数は？
○どう集まる？
　できるだけ固まって
　できるだけ小さく
　重なり合って
○集まったとき，離れたときの動きは？

「自然破壊」
〈切り倒される大木…そして〉

❹ **グループで気持ちを合わせて動けるように練習し，見せ合おう。**
　　　※発表や鑑賞の方法は運動課題と同じ

DANCE**ダンス**

◆ちょっと困ったときのQ&A

Q "ひと流れの動き"の長さは？

A
ひと息で踊れる長さです。
ひと流れを動くときは，一気に，気持ちを切らずに，メリハリをはっきり出して踊りましょう。

Q グループ学習の進め方は？

A
まず，気軽にイメージや意見を出し合います。
そして，出されたイメージやアイデアをすべて動いてみます。いろいろ動いているうちに，必ずみんなが気に入る，他のグループと違う（独創的）イメージと動きが見つかるはずです。そんなイメージや動きが見つかったら，見つけた動きを反復したり強調したりして，イメージにふさわしいまとまりを工夫・練習しましょう。

Q ありきたりのイメージしか浮かばないときのイメージの広げ方は？

A
友だちと，あるいはグループでブレーンストーミング（brainstorming）−各人が自由に考えを出し合って創造的思考を引き出す集団思考法−を試してみましょう。友だちのイメージに触発されるので新鮮な発想ができます。とび離れた発想は大歓迎。そこからさらにイメージが広がります。

（例）「流氷」→春の訪れ→気温の上昇→氷が割れる→
バリバリ・バリバリ→漂流→オホーツク海→北海道→漁場→アザラシの群れ→白熊→北極→オーロラ→神秘的→白夜→太陽がまぶしい……

もし作品づくりなどで時間があるときは，辞書や書籍，写真集や映画，彫刻，音楽などを手がかりにすると，ヒントがたくさん見つかります。

Q 小作品のまとめ方は（2〜4時間完結での学習の第2時・第3時）？

A
テーマやイメージに応じて，第1時の動きを広げたり深めたりして，1分程度（気持ちを持ちこたえて踊りきれる長さ）にまとめましょう。

広げ方・深め方
○第1時の動きから，イメージ特有の動きを繰り返したり，場所を変えて反復する。
○第1時の動きに，簡単は"はじめ"と"終わり"をつけて，続けて踊る。
○第1時の動きの"それから（新しい動きを見つける）"をつくり，続けて踊る。

Q 雰囲気のある作品をつくるには？

A
まずテーマやイメージを決めたら，どんな作品の感じ−モーティブ（Mv.）−にしたいかを話し合います。そしてそのMv.にふさわしい動きのリズム・スピード・長さ（**時間性**）や力の強弱・アクセント（**力性**），形・位置・移動の仕方・隊形（**空間性**）などを参考に動いてみましょう。
また音楽も"作品の感じ"に合わせて選曲し，BGM風（雰囲気を出す）に使います。できるだけ1曲を使い，細切れに何曲もつなぐことは止めましょう。

7 モーティブズ	
躍動的なMv.（迫力のある）	スピードのある／軽い・強い／急変的／拡大的
鋭いMv.（冷たい・機械的）	アクセントのある・規則正しい／強く・急変的／直線的
厳かなMv.（重い）	ゆっくりした・なめらかな／重い／拡大的・バランスのとれた
さりげないMv.（自然な）	規則正しい／持続的／バランスのとれた／直線的
寂しいMv.（ねばった）	ゆっくりした／重い／縮小的
流れるようなMv.（柔らかい）	なめらかな／持続的／曲線的
楽しいMv.（軽快な）	スピードとアクセントのある／規則正しい／軽い

Q 発表会の企画・運営の方法は？

A
1. できるだけたくさんの人に作品を鑑賞してもらえるような場や機会を設定します。
2. クラスや学年で簡単な実行委員会をつくり，
①概要　②当日までのスケジュール　③係
を決めて準備に当たります。
3. できればクラス担任や校長先生などを招待し，講評をお願いしましょう。

	当日までの準備	当　日
進行係	タイムテーブルの作成	進行・アナウンス
会場係	会場使用の確認	舞台・客席の設定
プログラム係	作成・印刷	配布
音楽係	音のチェック	音響機器の操作
照明係	照明案のチェック	照明機器の操作
記録係	アンケートの作成	ＶＴＲ撮影

※発表会終了後はVTRやアンケートを参考に，さらに作品に手を加えたり，グループの作品を合体させてクラス作品にまとめるなどして，学内（文化祭や体育大会）や学外で発表しましょう。

C：フォークダンス

◆日本，再発見 －踊りを通して日本を知ろう！
どんな踊りも見るより踊る方が楽しい －踊る阿呆に見る阿呆，同じ阿呆なら踊らにゃ損々 －阿波踊りより－

　古くから，地域で大切に踊り継がれてきた民踊。その動きは，日常生活や労働から生まれたものが多く，夏や秋の祭りによく踊られます。あなたの住んでいる地域の民踊を知ることから，始めてみませんか？

❶ わたしの街の踊り
　住んでいる地域に伝わる民踊を調べてみよう。
- 踊りのルーツ（いつ，どこで，誰が？）
- 踊りのエピソード，郷土史
- 唄，曲
- 踊り方―動きの意味，動きの順序，隊列

❷ みんなで踊ろう
　伝承されてきた踊り方，それに加えて若い人たち向けにアレンジされた曲や踊り方も急増中。
　民踊も時代とともに生きている。踊れば踊るほど，地域が身近に感じられ，心と体になじんでくる，それが民踊です。

❸ 交流を深める
　体育祭や文化祭で民踊を踊るなど，学校行事とともに，各地域で行われている祭りや交流の場に参加して踊ってみよう。

① 曲を聴きながら，一つの二つ，三つの四つ，五つの六つ，七つの八つと手拍子を打ってみる。
② 足のはこびを覚える。
③ 手のふりをつけて踊ってみる。
④ 前奏や間奏の動き（たいがいは手拍子）を確認する。
⑤ 繰り返して全曲を踊る（大きなふりで）。

　"わたしたちの街の踊り"に出会ったら，次は日本のいろいろな踊りに出会ってみよう。日本の踊りは，民衆の中で，大ぜいでおおらかに踊られてきました。日本の踊りのよさ（リズミカルで荒削り，エネルギーにあふれている）を，実際に踊って体感してみましょう。

日本の踊りの特徴
- 2拍子（が多い）。
- 腰をぐっと落とし膝を折る。
- 姿勢を崩さない。
- 滑るように動く，あるいは跳ねる。
- 一人踊り。手はつながない。
- 輪おどり，あるいは村落を練り歩く。
- 歌やお囃子に合わせて踊る。

見栄えよく踊るには？
- 腰をすえ，ふらふらしない。
- 「一つの・二つ」の"の"を意識して踊る。

DANCE ダンス

ソーラン節（北海道）

　ニシン漁の水揚げ作業（捕った魚を運搬用の船に引き上げるもっとも激しい作業）を表した踊りである。腰を落とし，足をしっかり踏みしめ，力強く大きく踊ります。

① 左足を踏み出し，櫓を押すしぐさをして左足を引き寄せる。
② 反対動作の後，胸の前で手拍子。
③ 両手を広げて左足を踏み出し，左手右手と綱をたぐり，右足をひき寄せて右手を顔の斜め横にかざす。
④ ③をくり返す。
⑤ 左足を横に踏み出し，すくい上げて肩ごしに背中の籠に入れる動作をする。
⑥ 反対動作をする。
⑦ 両手でたすきにを握ってその場で足踏みを4回し，左右に荷物をはね上げる。
⑧ 右手，左手と額の汗をふく

※男性的で勇壮なこの歌は，現代的なアレンジを加えたポップス調やロック調の曲も出ており，ともに人気が高い。

郡上踊り〈春駒〉（岐阜県）

　郡上八幡は馬にゆかりの深い所である。農民は馬をわが子のごとく育てたという。馬とのゆかりを踊りに表したのが「春駒」である。底抜けに明るいこの郡上踊りは，7月中旬から9月の初旬まで，八幡の各地で踊られている。

① 円心を向いて立つ。前奏4呼間のあと手拍子2回。
② 左斜めを向き，両手を軽く握って胸の前で交差し，右足を1歩後ろへひく。
③ 両手を左右に開き，右足を左斜め前にけり出す。②③をもう1回くり返す。
④ 右斜めを向き，②③の反対動作後，両手を軽く握って肩の上におく。
⑤ 両手をふりおろしながら右足から2歩前進し，2歩目の左足をホップすると同時に右足を上げ，胸前で拍手を1回。
⑥ 右足を円周上におろし，軽く握った両手を肩の上におく。
⑦ 左足を右足の前へ踏み，両手をふりおろす。次に右足をその場で踏み，その右足でホップすると同時に左足を上げ，胸前で拍手を1回する。
⑧ 左足を円周上におろし，軽く握った両手を胸前で交差する。

323

◆Let's Folk Dance　仲間と一緒に,世代を超えて,フォークダンスを楽しもう!

フォークダンスは形のある踊りを,覚えて踊って楽しみます。
友だちと手をつないだり,カップル(1対1の男女)で踊ったり,人間関係が楽しいダンスです。
踊りを通して,音楽や踊り方のもつ"お国柄"も楽しみましょう。

高校生にふさわしいフォークダンス

○やさしい段階
　コロブチカ(ロシア),バージニア・リール(アメリカ)
　トゥ・トゥール(デンマーク)
　オクラホマ・ミクサー(アメリカ)
　ドードレブスカ・ポルカ(チェコスロバキア)

○進んだ段階
　ミザルー(ギリシャ)
　タンゴ・ミクサー(アメリカ)
　ザ・ロード・ツー・アイルス(スコットランド)

やさしいフォークダンス

○小学生やお年寄りにもやさしい
　キンダー・ポルカ(ドイツ)
　エース・オブ・ダイヤモンド(デンマーク)
　グスタフス・スコール(スウェーデン)
　パティケーク・ポルカ(アメリカ)
　マイム・マイム(イスラエル)

※CD番号
　CG－3996「学校フォークダンス(小学校)」
　CG－3997「　　〃　　(中学・高等学校)」　日本コロムビア

ミザルー(MISIRLOU)(ギリシャ)

踊りの発祥はクレタ島。「ミザルー」は娘の名。

〈隊形〉
オープンサークル(シングルサークルの1ヶ所を切ったサークル)。
右端にリーダーが立ち,全員円心を向く。肩より少し低い高さで小指をつなぐ。

[オープンサークル]
リーダー

スタート

〈踊り方〉

①サイド・ステップし[1,2],左足を右足前へトー・ポイントする[3,4]。次に,左足を右足後ろにステップし[5],右足を右横へ小さくステップする[6]。

②を右足前に交差してステップし[7],左肩をひきながら左足のボールでピボットして逆LODへ向き,右足をわずかに床から浮かせる[8]。

③逆LODへ右足から小さく3歩前進し,3歩目の右足をライズして左足を,右足のくるぶしの高さに浮かす[1～4]。

④次に,上がっている左足から3歩後退し,同様に3歩目の左足をライズして右足を浮かせ[5～9]右肩をひいて円心を向く。
(以上を繰り返す)

※慣れてきたら,リーダーは自由な方向へ進む。

DANCE ダンス

タンゴ・ミクサー　TANGO MIXER（アメリカ）
スローステップとクイックステップの切り替えが楽しい

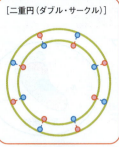
［二重円（ダブル・サークル）］

●バルソビアナポジション

〈隊形〉
ダブルサークル（二重円）。男子内側，女子外側でLOD（反時計回り）を向き，バルソビアナポジション（右図参照）に組む。

〈踊り方〉
①男女とも左足を前にヒール・ポイント[1, 2]。
その足を戻して右足踵後方でトー・ポイント[3, 4]。

②次に右手を離し，左手はつないだまま，男子はその場で3歩足踏みしながら，左手で女子を円心へリードする。
女子は左足から3歩で左まわりに半回転して円内に入って逆LODを向き[5〜7]，休む[8]。

③左手連手のまま，右足でヒール・ポイント[1, 2]。
左足の踵後方でトー・ポイント[3, 4]。

④次に空いている右手を斜め前に伸ばして，男子は一人前の女子（女子は一人後ろの男子）とつなぎ，パートナーとの連手を解く。

⑤右足から3歩で新しいパートナーと最初の隊形となり[5〜7]，休む[8]。

⑥男女とも左足からスロー・ウォーク2歩でLODへ進み[1〜4]。
左足をさらにステップ[5]。

⑦右足は左足のそばを通って右横へステップ[6]。
左足を右足に閉じ[7]，休む[8]。

⑧同じく右足からくり返す。

フォークダンスの基礎知識

フォークダンスの隊形やステップなどの基本的な用語を覚えて，自分たちで解説書を参考に踊ってみよう。

ステップ

- **ウォーキングステップ**
  自然に歩くステップ。
- **ランニングステップ**
  リズムに合わせてかけ足をする。
- **ポイント**
  つま先やかかとを床に軽くタッチする。その際，体重はかけない。
- **スタンプ**
  足裏全体で床を打つ。
- **クローズ**
  片足にもう一方の足を寄せる。
- **スイング**
  示された方向に足を振る。
- **ブラッシュ**
  足のボールの部分で床をこすり上げる。
- **ピボット**
  足のボール部分やヒール部分でターンする。
- **ホップ**
  軽くジャンプするときに，踏み切った足と同じ足で着地する。
- **リープ**
  片足で高くジャンプして，踏み切った足と反対の足で着地する。

ポジション

▲クローズドポジション　▲ショルダーウェストポジション　▲パルソビアナポジション

▲オープンポジション　▲スケーティングポジション　▲ハンガリアンターンポジション

進行方向と回転方向

円周上の移動	円径上の移動	一人で回る	二人で回る
LOD (Line of Dance) 逆時計回り	円内 (円心)へ	右回り	CW (Clock Wide) 時計回り
逆LOD 時計回り	円外へ	左回り	CCW (Counter Clock Wide) 逆時計回り

隊形（フォーメーション）

- 自由
- サークル ― シングルサークル／ダブルサークル／トリプルサークル／オープンサークル
- 方形（スクエア・フォーメーション）
- 対列（ロングウェイズ・フォーメーション）

●自由

空間の中を，カップルが好きな方向を向く。

○男子　●女子

●一重円（シングルサークル）　●二重円（ダブルサークル）　●三重円（トリプルサークル）

全員が円周上に立ち，円の中心を向く。　円の外側と内側でカップルを形成し，互いに向き合う。　円を三重にし，三人で組をつくる。

●オープンサークル　●方形（スクエア・フォーメーション）　●対列（ロングウェイズ・フォーメーション）

円の一部が切れたもの。　正方形の一辺にカップルが立つ。　2列対向にならび，正面をトップ，反対側をフットという。

SKIING
スキー

スキー

おいたちと発展

　近代スキーの基礎は，1890年代にオーストリア人のツダルスキーがシュテムを取り入れた回転技術をあみだしたことによってつくられた。

　その後，彼の技術はシュナイダーによって完成され，1922年にはシュナイダー主演の映画「スキーの驚異」によって世界中に伝播され，スポーツとしてのスキーが確立した。1924年にはシャモニー（フランス）で第1回冬季オリンピックが開催され，1936年の第4回ガルミッシュ大会（ドイツ）からはアルペン種目も加えられ，今日の隆盛の基となった。

　わが国では，1911(明治44)年オーストリアのレルヒ少佐が高田師団の歩兵隊に教えたことに始まり，のち全国に広まった。戦後，冬季オリンピックへは，1952(昭和27)年の第6回オスロ大会（ノルウェー）より参加，1972(昭和47)年の第11回札幌大会によっていっそう国民の関心を集めた。昨今は，経済の発展，生活水準の向上，スキー場の開発と近代化などによって世界的規模のスキーブームが呼び起こされ，ウインタースポーツの華として国民生活に密着し，とどまるところのない発展を続けている。

◆スキーの特性
スキーの運動と力

❶スキーはなぜ滑るのか

　斜面においたボールは、手を離すと自然に真下に向かって落下し始める。スキーも同じように、斜面に立ったスキーヤーは重力（地球の引力）により、斜面真下に向かって滑り出す。スキーが地上における他のスポーツともっとも異なる点は、重力を推進力とするところである。

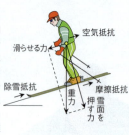

❷スキーはなぜ曲がるのか

　何もしなければ、スキーは引力の法則に従い、真下に向かって直進する。ターンするには、真っ直ぐに滑っていこうとする慣性に対し、雪面からの抵抗（雪面抵抗）をつくり出すためにスキーの進行方向に対してわずかに角度（迎え角）をつけておき、スキーの角度（角つけ）を立てる。そこへ自らの力（体重・筋力）を加えることでスキーがたわみ（沈み込み角）、抵抗がつくり出され、徐々に横方向へ向きを変えて曲がりながら滑走していく。

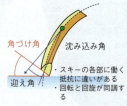

❸基本運動によりスキーを曲げるためには

　❷をつくり出すには、自分自身によるスキーへの働きかけが必要となる。基本的には体重をつかい、さらに上下動（抜重動作）という運動を加える。膝の曲げ伸ばしによる上下動（抜重動作）はスキーにかかる重量を増減させ、ターンのリズムそのものに結びつき、身体運動・スキー操作を容易にする。膝の曲げにより体重をかけ、伸ばして抜く要領でスキーにたわみをつくり、ターンを導く。

（SAJスキー教程より）

◆安全に対する留意点

　スキーは堅いブーツと長い板をつけ、脚関節に制約を受けて、速いスピードでバランスをとりながら大自然の雪山を滑るスポーツであるがために、数々のケガの危険性をともなう。スキーを安全に楽しむために、基本的な安全策を考えてケガの防止につとめよう。

1.準備運動忘れずに
　十分に体をほぐし、精神的にも余裕をもって始めよう。

2.無理なスピードは事故のもと
　受傷者の半数以上は、初心者から中級者までが多く、スピードの出しすぎからくる転倒が原因である。
　近年のカービングスキーによるスピードの出しすぎからくる、衝突・転倒がみられる。コースやスキーヤーの状況を確認し、技術に応じたスピードコントロールに努めよう。

3.自信過剰は事故のもと
　慣れは怖い。チャレンジ精神は大切だが、自分の能力や斜面状況、天候をよく理解することがより大切。

4.睡眠不足はケガのもと
　体調不良は反射神経を鈍らせる。休息をとり、ベストコンディションで楽しいスキーをするとよい。

5.止まるな、休むなコースの中で
　斜面変化によってコースの見通しがきかない場所で止まることは、衝突につながるきわめて危険なことである。滑り始めは必ず上部の安全を確認するとよい。

6.割り込みや無理な追い越しはしない
　リフトでの割り込み、滑走中の急な追い越しや接近は他人に迷惑がかかる。みんなのスキー場であり、譲り合いながら滑走しよう。

7.安全締具も調節しだい
　バインディングの調節は必ず点検すること。自分でできなければ経験のある指導者や専門家に行ってもらう。

8.服装整え安全第一
　スキー障害でもっとも多いのが顔面・頭部の切挫傷である。帽子・ゴーグルの装着はスキーヤーの義務。

9.もう一回、そこがスキーのやめどころ
　統計調査から、滑走開始3時間後が疲労度から障害率が高くなる。休息を十分とって、余裕を持って滑ろう。

10.事故なら無理をしないこと
　もし事故が起きた場合は、二重事故を防止する処置をし、スキーパトロールに連絡をとり、救急隊が来るのをその場で待とう。自分で勝手に判断しないほうがよい。

（SAJ安全10則より）

SKIING スキー

◆用具と用語

●用具
自分の身体に合う用具を使い，早く扱い方に慣れておこう。

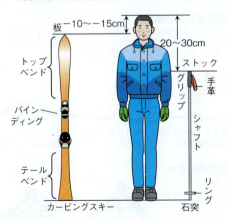

●ストックの握り方
手革の下から手を通して，手革と一緒にグリップを握る。

●スキー靴

フロントバックル式 着脱が面倒だが，フィット性・ホールド性にすぐれている。

リアエントリー式 着脱が楽であり，歩行性・快適性・保温性にすぐれている。

> ⚠ **スキー靴選びのワンポイント**
> ①足首がよく曲がり，曲げたときにかかとが浮かないもの
> ②指先にわずかな余裕ができるもの
> ③バックルは微調整がきき，部分的にきつく締め付けられないもの
>
> **3つのことに注意して選ぼう**

●身体各部の名称

●滑走用語

（ギルランデ／山まわり／谷まわり／斜行／フォールライン（最大傾斜線）／斜度）

●ターン構成

（舵とり期／始動期／切り換え期／舵とり期）

●よく使われるスキー用語

荷重：体重や運動によって雪面を圧すること。
荷重移動：ターンの切り換え期に，荷重を一方から他方のスキーへと移し換えること。
荷重点：圧をかける点（ポイント）。
ストレッチングターン：身体全体を伸ばす動作でエッジを切り換え，曲げの動作によってターンしていくこと。反対の動作を「ベンディングターン」という。
スタンス：滑る際に2本のスキーをどの程度開いて置くか，その形状。
外(内)向姿勢：ターンの外(内)側に上体を向ける姿勢。
外(内)傾姿勢：ターンの外(内)側に上体を傾ける姿勢。
外(内)エッジ：スキーをつけたとき，外(内)側にくるエッジのこと。
抜重：荷重を減少させること。

角づけ：雪面にスキーの角を立てること。
舵とり：回転の方向づけをする運動操作。
切り換え：前のターンから次のターンへターンを切り換えること。押し出すスキーを雪面につけたままスキーをずらすこと。ターンの始動に用いる。
迎え角：移動方向に対してスキーの向きがつくる角度。
雪面抵抗：スキーヤーとスキーに対して，雪面から受ける抵抗のこと。
バインディング：スキーとスキー靴をつなぐ金具。
ポジション：姿勢，構え。高，低，中間姿勢と前傾，後傾姿勢がある。
内捻：大腿部をひねり，膝を内側に入れること。
カービング：横ズレの少ないターン。

329

STEP 1. スキーに慣れよう

●スキーに慣れる（平地）

　スキー用具はふだんの生活に比べ，より身体運動を拘束する。ブーツの硬さ，スキーの長さ，ストックといった日常使わない感覚が必要となる。しかし，それは身体運動を確実にスキーに伝え，滑走をコントロールするために考えられた用具（マテリアル）なのである。いろいろな動きを通して，スキー特有の用具に慣れよう。

❶スキーのはき方・はずし方
　バインディングと靴底の雪をよく落とす。バインディングには，つまさき→かかとの順で靴に入れて踏み込む。

ロック音がするまで強く踏み込む

※スキーが滑り出さないように平地で行うとよい。

❷スキーの相互スライド
　両方のストックをついてバランスを保ち，スキーをスライドするよう前後に滑らせながら左右交互に動かす。

相互スライドのワンポイント
はじめは小さく，徐々に大きく開くとよい。

前足に体重を乗せる

❸前後運動と屈伸運動
　膝を伸ばしたまま体を前方に倒し，手でスキーの先（トップ）を触る。また膝を曲げながら，しゃがみ込みそのままスキーの上に寝る。そして手を使わずに起き上がる。

足首をしっかり曲げる。靴に負けないよう。

徐々に後ろに倒れる。

スキーの上で寝てみよう。

❹足首のひねり
　片足を上げ，上げた側のスキー靴を中心にしてプロペラ状にゆっくり，または速くリズムを変えて水平回転をする。
　足首をリラックスさせ，スキーの先（トップ）を振る。

❺歩行
　歩く動作と同じように足と手を交互に出して進む。前足は前方に滑らせるように，後ろ足は雪面を踏み，けって進む。

※後ろに滑らないようにストックを靴より後ろにしっかり突く。

❻推進滑走
　2本のスキーを平行にそろえ，両方のストックを同時に突き，後方に押す力で体を前に押し進める。

膝をゆるめる

腕を伸ばす　　両脇にストックをしっかり突き，雪面をとらえる　　上体をゆっくり起こす

●方向変換（平地）

・踏み換え

❶（トップ開き）
スキーの後ろ（テール）が重ならないようにしてトップ部をVの字に開く。

❷（テール開き）
スキーのテールをハの字に開き、扇形に踏み換えていく。

❸キックターン（前回し）
振り上げた側の足を軸にして方向転換。
各動作を「いち・に・さん…」と、口ずさみながら。

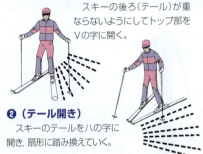

①振り上げた足をまず後方へ引き、勢いよく前方へ振り上げる。
②左ストックは後方に移動し、バランスをとる。
③左まわりにスキー前方を180°まわす。
④右スキーを左スキーにまわし込んでそろえる。

振り上げた側のスキーのテールをできるだけ他方のスキーのトップに近づける。
テールを移動させない。
右ストックを左ストックと同じくらい前方に突く。

●登行

初心者の段階でこの登行をしっかり練習することは、エッジング（角づけ）の基本をマスターすることにつながる。ここでの足裏感覚を忘れないようにしっかりと身につける。

❶階段登行
最大傾斜線に直角にスキーを踏み、谷足のインサイドを踏みつけ、山スキーを平行に踏み上げる。谷側のストックの頭を手のひらでもって身体を押し上げると楽に谷スキーを引き寄せることができる。

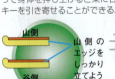

山側のエッジをしっかり立てよう

❸斜登行
階段登行と同じ要領で行う。山スキーを斜め前方に踏み上げて、それに乗り込むように登る。長い距離・急斜面を楽に上がるときに便利である。

※スキーは斜面に対してつねに直角になるよう気をつけよう。

❷開脚登行
緩斜面や短い距離を速く登りたいときに多く使われる。スキーのトップをVの字に開いて、両スキーの内側のエッジをしっかり雪面に押しつける。スキーがバックしないよう両方のストックの頭を手のひらでかぶせるように持ち、力を使って交互に体を押し上げる。

※踏み出した方のスキーに全体重をかけるように。

内エッジを立てる

・転倒からの起き上がり

両方のスキーを斜面と垂直になるように置き、ストックの位置はスキーと平行にする。上半身の向きもスキーと直角になるように横を向き、ストックを支えにして立ち上がる。

① 斜面では、腰、頭の位置を上にする
スキーを水平位置まで移動する

② 体を十分支えられる位置に両ストックを突く
倒れた側のエッジを立て、スキーの流れを止める

③ 腕力を使い、ストックを支えにして起き上がる
④

●滑走の技術

❶滑り出し

両方のストックを谷側に突き、スキーが滑り出さないようにしてから向きを下(谷側)に変える。

真下を向いたら基本姿勢を確認して、スタート。

- 方向転換の「テール開き」の要領で
- ブルークスタンスで内エッジを立てる
- ストックは上げてスタート

❷停止

直滑降基本姿勢から膝を締め、トップが開かないように気をつけ、かかとを一気に大きく外側に開き出し、ブルークの姿勢をとる。

●腰の位置（重心）

スタンス

▶ワイドスタンス
▶オープンスタンス
▶ナチュラルスタンス

▶ブルークスタンス
スキーのテールをハの字に開いた姿勢。

テールをV字型に開く

肘を軽く曲げ、両腕を体側からややはなす

膝をやや前に出し、両スキーの内側で雪面をとらえる

●初歩動作から直滑降（ごく緩い斜面）

・直滑降

基本姿勢を維持して、フォールラインに沿って真っ直ぐ下に滑り降りる。「スキーに乗る」という滑走感覚を養うことができる。

基本姿勢（前）

肩の力を抜いて、腕の構えはヤジロベーのように使いバランスをとる。膝はスキーの真上にくるように注意する。視線は下に落とさず、常に前方を見る。

（横）

上体をやや前方に倒して足首・膝を軽く曲げ、足はスプリングのように柔らかく使う。

練習法

滑走感覚を習得するための練習バリエーション

直滑降での滑走感覚といろいろな動きからのバランス感覚の養成をねらいとする。

①踏み換え

②屈伸

③不整地

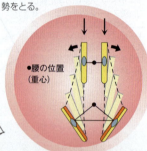

※つねに斜面に対し、直角に立てるように心がける

332

SKIING スキー

●直滑降からプルーク（ごく緩い斜面）

直滑降から得た滑走感覚を生かし，ターンの基本である「スキーをずらす感覚」と膝の内捻を身につける。プルークススタンスが左右対称にならないことがあるが，まずは足裏感覚を養いながらあせらずゆっくりと練習する。

基本姿勢
（前）
（横）

プルークの大きさにより滑走のスピードが変わることも体感できる。これはターンの基本となる技術である。

基本は直滑降と同じ。スキーのトップは握り拳ひとつぐらい開け，テールを開きVの字形にする。内エッジの角づけを使い，スピードをコントロールする。

腰の位置は両スキーの中心に。

●プルークからプルークボーゲン

あらゆるスキー運動に共通した基礎的な運動要領を学ぶ。これまでは左右のスキーに均等に力を加えてきたが，ここからはどちらか一方に強く力を加え，ターンをつくっていく。バランスが良く，スキー操作が容易である初歩的なプルークボーゲンから，さらに技術要素のある質の高いプルークボーゲンにつなげる。

・直滑降から山回り

❶荷重移動によるプルークボーゲン

外スキーを開き出しながら外傾をつくり，全体重をのせていく。右（左）から左（右）へと体重を移し，プルークポジションで滑る。

❷上下動のプルークボーゲン

曲げ伸ばしは片方の足を運動させるのではなく，両脚を同調させる。

※ターン始動と舵とりの要素が含まれている。

❸脚のひねりによるプルークボーゲン

外傾になるよう注意する。ターンが進むにつれて大腿部がひねられ，膝の向きが進行方向へ移っていく。

※内膝を山側に向けないように，プルークを保つ。

内側に壁があるつもりで

練習法

①プルーク
基本姿勢をもとに，斜面を真下に向かって滑る。これはターンの基本となる技術である。

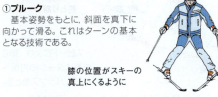

膝の位置がスキーの真上にくるように

②曲げ押し出しによるプルーク

やや高い直滑降姿勢でスタート

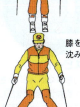

膝を曲げ沈み込む

③伸ばし押し出しによるプルーク

腰を曲げた低い直滑降姿勢でスタート

膝の押し伸ばしを使う

333

STEP 2. いろいろなターンをしてみよう

●プルークボーゲンからプルークターンへ(緩・中斜面)

プルークポジションとパラレルポジションで結ぶターン構成。この練習には，舵とりや切り換えにおいて，両足の屈伸動作を同調させるパラレルターンへの導入要素が含まれている。プルークターンを目標とするのではなく，次のレベルへの架け橋として練習しよう。

❶基本的なプルークターン(緩・中斜面)

高い姿勢のパラレルポジションから両足の曲げ動作とともに外スキーを押し回しながらプルークポジションとなり，フォールラインに向かう。後半は，両脚の曲げ動作を同調させて，パラレルポジションへと移行する。

[オープンスタンス]

[ワイドスタンス]

⚠ ストックワーク

外スキーのエッジングに腕を合わせて構え，ターンが終わるときに突く。この段階からストックワークを練習に取り入れるとよい。

・スピードにより，腰の位置はターンの内側へと入り，バランスをとる。

・ワイドスタンスにより，伸び上がりによる切り換えが内エッジから内エッジへと楽に移行できる。右(左)から左(右)へのスキーと身体の位置変換を身体で感じよう。

・外スキーの角づけを強め，雪面に対し荷重により圧をかける。

・ターンの外側に投げ出される感覚を感じ取ろう。

●ワイドスタンス
内エッジが立っている。

❷ワンステップアップ(斜度+スピード)

ターンの始動時に，小さな「ハの字形」をつくる。両スネを内傾に傾けて角づけをし，雪を押しどかすように雪面を圧しながら脚を開く。スキーを回すのではなく，スキーの回転力にまかせてズレ幅の少ないターンを目標に練習しよう。次第に，内スキーは自然とパラレルスタンスに進むようになる。

334

●プルークターンからパラレルターン(中斜面＋スピード)

　プルークターンでの荷重，角づけ，回旋，スピードを変化させながら練習をたくさん行うと，次第にプルークスタンスが狭まり，自然とパラレルポジションに変化してくる。始動期の早い時点で外スキーでの角づけを意識し，雪面に対する荷重と雪面からくる圧を感じながら，曲げ伸ばしを有効に使って，平滑な斜面で滑走量を増やそう。
　慣れるにしたがいスピードを上げ，動きをコンパクトにしながらスキーのズレ幅を少なくし，滑走性のあるパラレルターンへと導こう。

[オープンスタンス]

フォールライン
曲げ要素を使うことで，ターン始動からかかと押し出しで両足のスキーを体の横に置く。

■→：自分自身による荷重方向
■→：雪面からくる外力
　　—ターン外側への側圧を感じることができる。

角づけをしっかりとし，足場をつくる。このポジションからジャンプもできるように。

舵とりの後半，外腰を外スキーの上に乗せていき，スキーの進む方向へ体を向けて行く。

●小回りターン

　プルークターンの要領で，段々とリズムを速めて小回りする。上体はフォールラインに向け，ターン後半，雪面をしっかりととらえること。

プルークスタンス
　〜
パラレルスタンス

・プルークポジションを大切にし，脚のひねりを利用してリズミカルにターンする。

・ターンイメージ

押し出しによるズレ幅の多いターン

ズレ幅の少ないターン

押し出しによるズレ幅の多いターン

フォールライン

ズレ幅の少ないターン

●回旋
上下動(曲げ伸ばし)を利用し，曲げ回し，伸ばし回旋のつもりで行うとよい。

◆カービングターンの技術

カービングターンとは，横ズレのない「切れる」スキー滑走のことで，スキーをずらすことなく，レールのように2本の滑走ラインを描きながらターンを繰り返す技術である。この技術は，レーサーが高速ターンにおいて目標として追求してきたものであり，一般スキーヤーには遠い存在だった。しかし近年，カービングスキーという画期的な用具（マテリアル）の開発により，一般スキーヤーにもうまく楽しく滑ることができる身近なものになった。技術に応じたカービングスキーを選び，用具の性能を感じ取りながら，雪面と圧のコンタクトを楽しんでみよう。

● 板の種類

名称および対象者	特　　徴
イージーカーブ（初級者）	適度な横ズレに対応し，始動がしやすく扱いやすい。優しいスキーである。
ピュアカーブ（中・上級者）	回転の方向づけがしっかり行えるスキーである。スキーヤーの技量によって難易度の高いカービングターンも可能にする。
レースカーブ（上級レーサー）	正確な方向づけと高速ターンにおける安定感にすぐれている。使用するには，スキーを操作するための筋力とパワーが必要。

● 初歩的カービングターンの基本

・直滑降～山回り～谷回り

❶ ワイドスタンスの直滑降からのターン

スネの内傾をつくり角づけをする

角づけを変えずに停止するまでポジションをキープ

山回りの外スキーとなる側の膝を内側に倒して角づけをしながら荷重し，内スキーを支えとしながらバランスをとって自然にスキーに乗る。

このときに角づけとスキーの回転性を感じ取ることが大切。次第に内スキーの外エッジを使うよう，内膝の動きを外側と同調させて荷重と角づけをし，山回りをする。

❷ オープンスタンスの直滑降からのターン

山回りの外スキーの脚に荷重し，脚をヒネリながら開いて角づけをする。その角づけを保ち，外脚を踏ん張りながら内脚で支えてバランスをとり，山回りをする。次第に角づけを強め，スライド幅を少なくする「ズレのない」角づけをする。

このときに内脚の動きも外脚に同調させるとよい。荷重の調整と雪面からの圧に対する対応姿勢を身につけよう。

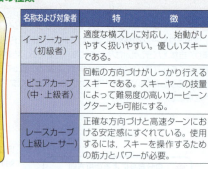

雪面を圧しながら外スキーの方向づけをする

遠心力を感じよう

角づけをしっかり

内脚を使ってバランスをとる

❸ ブルークスタンスからのターン

斜滑降からスタートして前方へ山スキーを動かしながら，ブルークスタンスにする。雪面から圧を受けてスキー板のサイドカーブを感じながら，フォールラインに向かう。ターンの後半，内スキーに荷重移動して外膝に内膝を同調する。コントロールされたターン弧を描いていく。

慣れてきたら，ブルークスタンスからパラレルスタンスにしてみよう。

[オープンスタンス]

舵とり期
ブルークスタンスでの外スキーの角づけを強め，スキーの上に膝を置いて荷重する。

切り換え期
この期を長く保とう。切り換えのタイミングがとりやすくなる。

舵とり期
ターンの後半，立ち上がりながら角づけをゆるめる。

従来のスキー
カービングスキー
迎え角
トップ部の広さはターンをしやすくする。

SKIING スキー

●ストレッチングによるカービングターン

パラレルターンの動きをもとに、オープンスタンスで「伸ばし切り換え」と「曲げ舵取り」によってターンを繰り返す。優雅に長い距離を滑るのに適している。

=連続動作で流れをつかもう=

⬇ 上体・腰の向き方向

切り換え後、体をターン内側に傾けて角づけする。

伸び上がりは、雪面を踏みつけながら歩くように立ち上がる。(方向は前方に)

舵とりでは、スキーに身をまかせて雪面とのコンタクトに注意をはらう。

角づけ角度の大小によって回転弧の大きさが変わる。

⚠ カービングの板の動き

右に行くほどカービング要素が強くターンになる。

●荷重のしかた

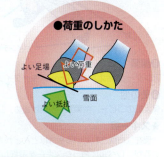

よい足場　よい荷重
よい抵抗　雪面

🟩 ベンディングターン

ポジションを低めにとり、頭の位置を変えないよう脚の伸縮を使う

●ベンディングターンによるカービングターン

上体を一定に保ちながら脚部の伸縮を滑らかに使い、常に雪面からスキーを離さずに雪面とコンタクトをとりながら滑る技術。切り換えの時間が短いのが特徴で、平滑斜面でも使うことができるが、高速や凹凸斜面に有効である。スピードが必要なカービングターン、そしてレーシングテクニックに直結した基本技術である。

=連続動作で流れをつかもう=

舵とり期
よい荷重に心がけ、伸ばし動作で舵とりを行う。

切り換え期
脚の曲げ動作により角づけを切り換える。曲げ動作により荷重をゆるめる。

舵とり期
足場をしっかりとり、雪面からの抵抗を体全体で受けとめる。

◆楽しいスキー教室に参加しよう

　スキー教室の目的は、スキー技術の習得だけではない。雪山の壮大な美しさを眼前にし、雪上に展開される講習や寝食をともにしながらの友との語らいは深い友情を育むよい機会ともなる。スキーは、性や年齢に応じ、あるいは、経験や習得能力など、それぞれのレベルに応じて楽しみの幅を広げることができる。スキー教室では、能力別・段階別にきめ細かな指導が行われ、無理、無駄のない講習によって技能の習得が期待される。スキー教室には、積極的に参加し、永い人生を豊かにするための個人、家庭、学校、仲間とのふれあいと余暇活動としてスキーを取り入れてはどうだろう。

★スキー場標識及び表示マーク

 立ち入り禁止　 飛び降り禁止　 搬器を揺らすな　 パトロール パトロール連絡所

 降りる準備をせよ　 降りたら直進せよ　 危険・注意せよ　救急診療所

 ガケあり　凹凸あり

●準備すべき携行品

❶スキー用具

耳当て・帽子／ゴーグル（サングラス）／手袋／ストック／ウェア（上下）／スキー靴／スキー／バインディング

❷服装
アンダーシャツ、セーター、スキータイツ、靴下

❸その他
保険証のコピー、常備薬、日焼け止め、リップクリーム

★スキー板
　現在、市販されている板はほとんどがカービング仕様であるが、レベルに合ったスキーを選択しよう（長さは身長より短め）。

●ゲレンデでのマナー
①スキーの持ち運びは、周囲を確認し安全に気をつける。
②脱いだスキーは、必ずストックと一緒にスキー立てに置く。
③標識が設置されているところは、その指示に従う。自分勝手な判断はしないように。
④ゴミ等は自分で持ち帰る。

💡 スキーのかつぎ方

スキートップを前にする。テール（後方）を少し長く（重く）し、前方に手をかけてバランスをとるとしっかり担げる。

●リフト乗車時のマナー
①自分のレベルに合わせてゲレンデを選び、順序よく並ぶ。

〈乗り方〉

②前の者が乗ったあと、待機位置から搭乗位置まで歩み出て、搬器の接近を待つ。ストックは搬器回転の外側に持ち、スキーは進行方向に揃えておく。

③搬器の接近と同時に腰を沈め、搬器の支柱を軽く握りながら腰を深く下ろし、スキーを軽く浮かす。

④リフト係員の指示に従って乗車し、安全バーを必ずかけよう。
⑤乗車中は、横乗り、飛び降り、搬器の揺すりは厳禁。

〈降り方〉

⑥降り場の接近につれてスキーの先端をつり上げ、安全バーを外してスキーを平行にする。
⑦あわてて飛び降りず、降りる準備をしながらスキーを滑らせる。
⑧降りたら、その場で立ち止まらずに、移動しよう。

●宿舎でのマナー
①ウエアーやスキー、靴などについた雪は、宿舎内に持ち込まないよう入り口で落とす。
②濡れたものは乾燥室で乾かす。
③集団生活であるので、他人に迷惑をかけない。
④宿舎の非常口は必ず確認しておく。
⑤翌日の練習に備えて休養・睡眠・栄養補給はしっかりとる。

SKIING スキー

◆スキー教室プログラム例（3泊4日）

	未経験者コース	初心者コース	初・中級者コース	中・上級者コース
	スキーは初めて	**ブルークボーゲンができる（平滑な斜面）**	**ブルークターンができる**	**パラレルターンができる**
1日目	準備体操 スキー用具の装着 服装の点検 スキー靴の正しい履き方 雪に親しむ スキー用具に慣れる スキーの持ち運び方 スキー靴での雪上歩行 スキーの脱着の仕方 ストックの持ち方 その場でのスキー操作 踏み換えの方向転換 歩行・推進滑降・登行 直滑降 キックターン スキーをつけてスキー場の散歩（平地）	準備体操 スキー用具に慣れる スキー靴での雪上歩行 方向転換（キックターン）登行 直滑降（平滑から不整地） ブルークボーゲンのレベルチェック ブルーク 直滑降からブルーク 押し開きによるブルーク ブルークボーゲン	準備体操 リフトを利用し，レベルチェック ブルーク 曲げ，伸ばし押し出しによるブルーク 山開き，谷開きブルーク ブルークボーゲン 外スキーの圧を強めてのブルークスタンスで滑走	準備体操 技術の確認 滑走により，滑りのチェック ブルークでの運動確認 ・曲げ・伸ばし押し出しによる（圧を感じる） ・交互操作による連続 ブルークボーゲンで滑る ブルークボーゲン ブルークポジションを徐々に狭めてブルークターンへ
2日目	準備体操 斜面での転び方・起き方 斜面からの滑り出し ブルーク 直滑降からのブルーク ブルークによる停止 荷重移動によるブルーク 初歩的なブルークボーゲン 曲げ伸ばしによるブルーク（両足均等～左右交互） 斜めブルーク 曲げ・伸ばしによるブルークボーゲン ブルークボーゲンで滑る	準備体操 ブルークボーゲンの復習 斜めブルーク（外向傾姿勢） 押し開きによるブルークギルランデ 押し開きによるブルークボーゲン 滑走経験を増し，滑走性のあるブルークボーゲンにする	準備体操 ブルークボーゲン（復習） 斜滑り・横滑り ブルークからの山回り 斜滑降から谷開き・山開き 斜滑降から谷開き連続ギルランデ 初歩的なパラレルターン	準備体操 ブルークターン滑走 スピードに乗ったブルークターン 山開きシュテムターン 谷開きシュテムターン 連続ギルランデ 浅回りパラレルターン 深回りのパラレルターン 小回り
3日目	準備体操 リフトを使いブルークボーゲンで滑る リフトを使いながら曲げ・伸ばし押し出しのブルーク（両足均等～左右交互） ブルークギルランデ 曲げ伸ばし押し出しによるブルークボーゲン ブルークボーゲンでのフォーメーションスキー	準備体操 リフトを利用しブルークボーゲンで滑走（復習） 山開き，谷開きブルーク 横滑り（基本姿勢） 斜滑降から横すべり ブルークから山回りギルランデ 斜滑降から谷回り ブルークターン（上下動～中間姿勢） スピードの変化	準備体操 初歩的なパラレルターンでの長距離滑走（復習） 直滑降から曲げ・伸ばし押し出しによる山回りギルランデ 上下動を使ったパラレルターン 長距離滑走から流れのある運動リズムへ	準備体操 大回り・小回りのパラレルターン カービング要素を導入 斜滑降 斜滑降・直滑降から山回り ブルークターンによる谷回り（浅回り） 連続ターン（浅回り） 初歩的カービング 自由練習
4日目	準備体操 ブルークボーゲンでリズム変化（弧の大小） 自由練習 ゴンドラでのブルークボーゲン長距離滑走	準備体操 ブルークターンでの長距離滑走 フォーメーションスキー	準備体操 パラレルターン（復習） スピードの乗ったパラレルターン 自由練習 長距離滑走	準備運動 大きいターンで，カービングターン（復習） 制限されたコースを滑る 自由練習

339

◆スキー競技の概要
●アルペン競技

完全に整備されたコースに，定められた標高差によって規定された数の旗門を設定し，スキーをつけてその旗門を完全に通過しながら，スタートからゴールまでのスピードを競う競技。代表的な種目は，滑降，スーパー大回転，大回転，回転，パラレルレース，複合競技がある。

●ノルディック競技

ノルウェーを中心に北欧諸国で発展したスキー競技で，北方（ノルド）という意味からこの名称で呼ばれる。競技種目には，クロスカントリー競技，ジャンプ競技，チームジャンプ競技，スキーフライング，リレー競技，クロスカントリーとジャンプを組み合わせた複合競技，複合チーム競技がある。

❶クロスカントリー競技

自然の山間や平原を利用して設定された長距離のコースをクロスカントリー用のスキーをつけて滑走し，その速さを競う。種目には，フリーテクニック，クラシカルテクニック，リレーの3つがある。

❷ジャンプ（飛躍）競技

助走路を滑ってスピードをあげ，踏切台で空中に飛行し，その空中フォーム（飛型）の採点と飛んだ距離による点数の合計によって競う。

ジャンプ台の規模により，ノーマルヒル，ラージヒル，スキーフライングなどの種類がある。チームで争う競技方法もある。

❸複合競技

ジャンプ競技とクロスカントリー競技の2種目で行われる。ジャンプは3回行って，そのうちベスト2のジャンプを採用し得点とする。クロスカントリー競技は15km（少年10km）で行い，フリーテクニックで争われる。クロスカントリー競技のスタートは，ジャンプ競技の得点差をタイムに換算した順で行う。順位の決定は，クロスカントリー競技の順位が最終順位となる。

●フリースタイル競技

1960年代にアメリカでアトラクションとして行われていた自由なスキーから発展したといわれている。1979年にFIS（国際スキー連盟）が正式種目として承認し，現在ではその華麗でダイナミックな演技により注目を浴びている。競技種目には，モーグル競技，アクロ競技，エアリアル競技，デュアルモーグル競技がある。

⚠ スキー観戦コラム

タイムを争うレーサーにとって，今やカービングターンはなくてはならないものとなっています。スピードが勝負を左右するレーシングスキーにとって，そのテクニックはレーサーの生命線と言っても過言ではありません。また，一般スキーヤーにとっては憧れのテクニックでもあります。

過去そのカービングテクニックを可能にするために，各スキーメーカーにより研究が進められ，従来のスキーよりターン始動が容易なカービングスキーを考案・開発しました。現在，W杯・オリンピックなどの世界大会から我々に身近なジュニア大会までのすべての選手がそのスキーを使用し最速のカービングテクニックをマスターしようとしています。

しかし，近年更に研究は進められ，一般スキーヤーにも容易に扱うことができるゲレンデスキーヤー用のカービングスキーが開発されました。そのことによりカービングターンが一般スキーヤーにも身近な存在となり，従来のスキーでは味わうのできないカービング感が体得可能となりました。その開発により絶大なる人気とスキー界の技術指導論までもかえようとしています。

カービングテクニックは，レーススキーから更に高度な技術を会得することができることから，スキー観戦を多いに進めたいと思います。カービングスキーというマテリアルを使い，新しいスキー感覚を体感してみてはいかがでしょうか。きっと今までにない新しい世界が開けると確信します。

SNOW BOARD
スノーボード

スノーボード

おいたちと発展

スノーボードの始まりについては諸説あるが，1960年代アメリカ・ミシガン州にて生まれたというのが定説となっている。しかし，スノーボードを「1枚板で雪上を滑る」と大きく定義すると，1900年初めから主に狩猟用や山登りの際に裏山を滑り下りる道具として使われていた。そして次第に生活の道具から遊びの道具としてさまざまな形のものが開発され，1970年代の後半になるとスキーと同じ材料が採用されるようになり，さらに専用のバインディング，ブーツなどが開発され，現在のような用具になった。

また，「スノーボード」という名称は，アメリカとカナダを中心とした北米スノーボード協会の発足時に，いままでにない新しいジャンルのスポーツとして採用されたのがきっかけと言われる。

競技スポーツとして行われてきたが，現在はゲレンデの開放，スキー関係者の理解などにより，親子で楽しむ傾向が見られ，用具の進歩と共にどのゲレンデでもスノーボードが共存できる状況（一部のスキー場は全面滑走不可）になっている。

日本では1990年北海道でW杯シリーズの第1戦が開催されたのをきっかけに毎年大きな大会が行われ，1998年長野オリンピックより正式種目になったことにより，ウインタースポーツとしてメジャーなものになってきている。

競技は大きく「アルパイン」「フリースタイル」「スノーボードクロス」に分けられる。日本は冬季オリンピックにおいて2014年ソチ・男子ハーフパイプで銀・銅メダル，女子パラレル大回転で銀メダル，2018年平昌・男子ハーフパイプで銀メダル，2022年北京・男子ハーフパイプで金メダル，女子ハーフパイプ・ビッグエアでそれぞれ銅メダルを獲得した。

◆スノーボードの特性

スノーボードがスキーと大きく異なるのは、板1本でバランスをとることであろう。そのため、進行方向に対して横向きに立つ「サイドウェイスタンス」をとり、ターンのたびにフロントサイドターン、バックサイドターンとまったく異なる動きが必要である。

また、ターンを行うためには、①角づけ、②荷重（抜重）、③ひねりの3つの技術が必要になる。

❶ 角づけ

ターンするためには雪面にボードのエッジを食い込ませることが最も基本的な動作である。そのための前提条件となるのが「角づけ」である。片側のエッジが雪面に触れている状態を作ろうとするともう片側のエッジは雪面から離れる。その状態を「角づけ」という。

バックサイドターン

自然な滑降姿勢から上体を進行方向に先行させた際に、上体と下半身とに生まれる動きが「ひねり」である。ひねりが起こると、下半身は元の自然な滑降姿勢に戻ろうとしてボードとともにひねり戻される。これがターンのきっかけとなる。

また、この動きはターン以外でも直滑降からの停止の際にも使われる。

フロントサイドターン

❷ 荷重・抜重

ボードに加わる力をどう操るかということを「荷重」「抜重」という。

滑走中、回転しはじめたボードには外力と内力が加わり、それが滑走者には雪面からの押し返し（反力）として感じられる。それに対して荷重を行い、ボードのたわみを保持してターン弧を描いていく。

❸ ひねり

◆安全に対する留意点

- 用具の点検をしっかり行い、バインディング、ブーツ、リーシュコード（ボードの流れ止め）を正しくつける。
- 保温性、防水性、機能性の高い服装で行う（丈夫なグローブ、サングラスまたはゴーグル、帽子などを必ず着用する）。
- 準備運動とストレッチをしっかり行う。
- ボードを持って移動するときは脇に抱えるか、後ろにまわして腰の位置で持つ。ソール面を外側にする。
- ボードを置くときは、ストッパーがついていないので十分注意する。基本的にはソール面を上にして置くが、スペースがないときや風の強い日などはスキー立てなどを利用するとよい。
- バインディングをつけるときは、まわりに迷惑がかからない場所で行う。
- ボードを身につけた状態で転倒することは、足に負担や無理がかかるので十分注意する。転んだらまずボードを持ち上げるとよい。

　また、転ぶ方向は安全性を考えるとバックサイドの方がケガをする確率が低い（ただし、後頭部には注意）ので、フロントサイドの転倒は極力避けるのが望ましい。
- スキー場でのマナーをしっかりと守る。

SNOW BOARD スノーボード

●用具と用語

●用具
自分の体に合う用具を使い、早く扱いに慣れておこう

ボードの長さは、一般的にあごの高さくらいがよい。初心者はやや柔らかめのボードを選ぶとよい。

●身体各部名称

※ここではレギュラースタンスを扱い解説していきます。

●用語
- **体軸**：フォームに関係なく、ボードに対して正しい力を伝えられる身体上を通る仮想の軸線。
- **ニュートラルポジション**：さまざまなターン運動の基本となる両足均等荷重の中間姿勢。
- **フロントサイド**：トゥサイドともいい、つまさき側のエッジ。
- **バックサイド（かかと）**：ヒールサイドともいい、かかと側のエッジ。
- **荷重**：ボードに力を加えること。体重をかけること。
- **抜重**：ボードにかかる力を軽減、またはなくすこと。
- **エッジ**：スノーボード滑走面の両端にあるスチール。方向性をよくするもの。
- **角づけ**：雪に対してエッジを立てること。
- **外傾**：ターン時の重心から頭を結んだラインと体軸のなす角度。
- **内傾**：ターン時のボードの中心と重心を結んだ体軸のなす角度。
- **レギュラー（スタンス）**：左足を前足にして乗るボード、または乗る人。
- **グーフィー（スタンス）**：右足を前足にして乗るボード、または乗る人。

●ボードとブーツ
用途に合うボード・ブーツを選ぼう

❶フリースタイル
フリースタイルボード

パウダースノーを含む比較的柔かい雪でのフリーライディングに適する。前後どちらでも滑走できる形。

バインディング

ソフトブーツ

ブーツは比較的柔らかく、バインディングは足首部とつまさき部をストラップで固定するものが主流。

−6°〜15°　6°〜30°

> **ボードの工夫**
> デッキパッド（前後のバインディングの間に貼る滑り止めパッド）をつけるとよい。

❷アルペン
アルペンボード

レース用のボードとして誕生し、圧雪バーンを滑るのに適する。前方への滑走に重点をおいた形。

バインディング

ハードブーツ

ブーツは外側が硬く、バインディングはバックルとベルトで締め付けを調整できるものが主流。

30°〜51°　42°〜57°

STEP 1. スノーボードに慣れよう

●ボードの装着（前足の装着）

① 人の邪魔にならない場所で、ボードが動かないように後ろ足で固定する。

② ボードが流れていかないようにリーシュコードを足に巻く。

③ 前足のブーツをかかとからしっかりとバインディングに押し付ける。

④ 足首部のストラップから固定。

⑤ つまさき部のストラップを固定。

※ ここではレギュラースタンスの場合で、グーフィーの場合は逆足で行う。
※ ストラップは足に痛みを感じない程度にしっかりと固定する。

●基本姿勢

[正面]

[横]

平地にてすべての基本となる姿勢を練習する。基本姿勢では両足に均等に体重がかかるように気をつける。

高い姿勢

低い姿勢

高い姿勢ではやや前寄りのポジション，低い姿勢ではやや後ろ寄りのポジションになるように心がける。
※ 各姿勢での脚部の曲げ伸ばしの範囲や荷重の位置を確認するとよい。

●方向転換

❶ ボードの回旋（スライド）による方向転換

バインディングを装着していない足を軸にして，身体とボードを回旋させる。

❷ キックターンによる方向転換

バランスをとりながら，ボードのノーズを振り上げて方向転換。

❸ 腰を下ろして方向転換

前足をひきつけてボードを立て，身体の回旋を使って方向転換。

SNOW BOARD スノーボード

●スケーティング

前足の膝，足首をしっかり曲げて，体重をのせる。前足荷重したまま，後ろ足を前方に振り出して雪面を蹴り，ボードを前方に滑らせる。

> ⚠ 前方から見たポジション
> 目線は進行方向。ボードの上に頭・上体があるので前足1本でも安定する。

※足はフロントサイド，バックサイドどちらでも後ろ足をつきやすい側で行う。
※タイミングよく蹴られるようになったら，蹴ったあと後ろ足をボードにのせて滑走する練習をするとよい。

●スケーティングからの停止

［バックサイド］
バックサイドにやや上体をひねり，後ろ足のかかとでテールを押し出すようにスライド。伸び上がった膝を曲げて重心をボードの中央にのせ，かかと側の荷重と角づけを強める。

［フロントサイド］
フロントサイドにやや上体をひねり，後ろ足のつまさき側でテールをけり出すようにスライド。上体を反らしながら伸び上がった膝を曲げて重心をボードの中央にのせ，つまさき側の荷重と角づけを強める。

●登行

・前足のつまさき側でボードの角づけを意識して体重をのせる。
・後ろ足を前に踏み出しボードを寄せ，体重をのせかえる。
・一連の動作をくり返す。
※ボードは滑らないように斜面に対して真横に置く。

🟢 リフトの乗り降りのコツ

（乗る）
慌てずにボードを進行方向に向けて，深く腰掛ける。

（降りる）
ソールが雪面についたら，後ろ足をデッキの上に置き，手でリフトを押して腰を上げてまっすぐに滑る。

🟠 転び方・起き方

❶転び方

［フロントサイド］
顔面を打たないよう腕を伸ばし，胸から滑り込むようにする。

［バックサイド］
あごを引いて後頭部を打たないようにする。柔道の受身のイメージ。

❷起き方
※立ち上がりやすい場所へ移動してから行うとよい。

［フロントサイド］
フロントサイドのエッジで角づけし，手で支えながら身体を起こす。

［バックサイド］
バックサイドのエッジで角づけし，ボードの真上にお尻を寄せていく。山側に手を置き身体を支えながら，身体を起こす。

STEP 2. ターンをやってみよう

●横滑りから停止
[バックサイド] [フロントサイド]

両足の荷重を均等に保ちながら角づけを緩めて左右均一にボードをスライドさせる。

●木の葉落とし
[バックサイド]

前足と後ろ足の荷重を入れ替え，左右交互に斜めに横滑りさせる。

葉っぱがひらひらと地面に落ちるイメージ。（フロントサイドでも）

慣れてきたら一定のリズムでスムーズに左右に移動してみよう

●斜め横滑りから停止
[バックサイド]

足首と膝の緊張を緩め，横滑りで斜め横に滑走する。停止する際はやや重心を前寄りにして沈み込みながらテールを押し出す。

[フロントサイド]

●斜滑降からワンターン（谷回りターン）

斜滑降から立ち上がり抜重を行い，ボードを滑らす。ターンに入り，重心を谷側に入れて外傾をつくり，重心を下げてエッジをかける。

斜滑降

まずは谷回り，慣れてきたら山回り。どちらともに同じようにターンができるようになろう。

ターン

⚠ スノーボードを観戦する視点

スノーボードを使った競技はさまざま行われている。ターン技術やカービング技術を使ってスピードを競い合う「レース」や「スノーボードクロス」，エアやそれに絡めたさまざまなトリックを楽しむ「ハーフパイプ」が代表的なものである。
それぞれに使われている技術に注目してみると，より一層おもしろくなる。

SKATING
スケート

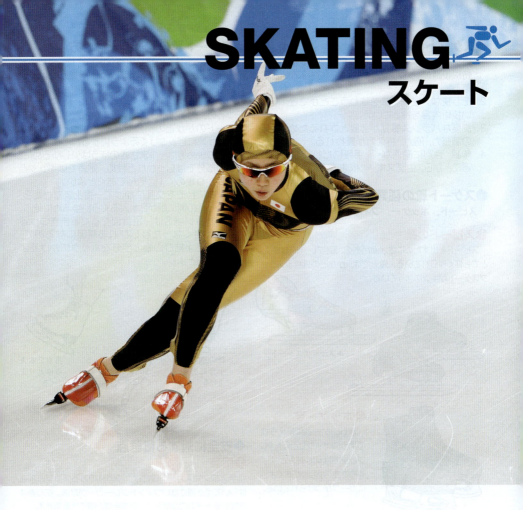

スケート

おいたちと発展

　スケートは石器時代から,北部ヨーロッパの人々が氷の上を歩く用具,または,交通運搬用具として使われていた。その頃のスケートは獣骨で作られていた。中世に入り,木製スケートが考案されてだんだんと生活用具から娯楽の用具としての色彩を強めていき,18世紀後半にゲーテやナポレオンがスケートを楽しんだという記録が残されている。1772年に世界最初の鉄製スケートが実用化され,ヨーロッパからアメリカ,カナダへと渡って行った。1850年アメリカ人のW・ブシュネルによって鋼鉄製（スチール）のスケートが作られ,その後改良が重ねられ今日のようなスケートになった。

　競技の始まりとしては,1763年イギリスで直線コースによるスピード競技会が行われている。1884年頃北欧のバンデイ,ハーリング,シニーという3つのゲームがカナダに渡って,アイスホッケーになった。フィギュアスケートは,1882年ウィーンで初の大規模な国際大会が開かれ,1892年に国際スケート連盟(ISU)が設立された。

　日本に初めてスケートが紹介されたのは,1792年にロシア人アダム・ラスクマン一行が根室で滑走したという記録があり,1877年には札幌農学校のアメリカ人教師ブルックスが生徒に紹介している。1905年中央線開通後は,諏訪湖で日本独特のゲタスケートが流行し愛好者が集まった。現在のようなスケート靴を最初に日本に持ち帰ったのは,新渡戸稲造であった。その後,1929年日本スケート連盟が誕生し,1972年アジアで初めての冬季オリンピックが札幌で開催された。1998年には長野でわが国2回目の冬季オリンピックが開催された。

◆スケートの特性
1. 自分の力で氷を押して滑る自力滑走の運動で，特に後進(バック)滑走はスケート独特の動きである。
2. そう快なスピード感を味わうことができ，幅広い技術内容を持っている。
3. 高度なバランス感覚が必要とされるため，身体の調整力，筋力，持久力が養われる。
4. 年齢，性別に関係なく，手軽にだれでも楽しめることから，生涯スポーツにも適している。

●スケート靴の種類
　スピード，ホッケー，フィギュアの3種類がある。

❶スピードの靴
　スピードを出すために接氷面が多く，刃(ブレード)は細く，とても軽く作られている。最近では，かかとの外れるスラップスケートが主流になっている。

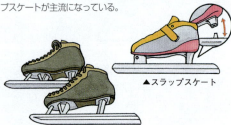
▲スラップスケート

❷ホッケー靴
　激しいゲームに耐えられるようにガッシリとした靴。ブレードは切り換えがすばやくでき，小回りがきくようにカーブがつけられている。

❸フィギュア靴
　ジャンプやスピン，ステップなどを行えるように足首までのブーツ型になっている。約3mmのブレードには溝があり，アウト(外側)エッジ，イン(内側)エッジの使い分けができて，トウにはギザギザがあり，カーブがつけられている。

トウ

スケートのエッジ
フラットエッジ　アウトサイドエッジ　インサイドエッジ

ブレードの位置
足の第1指と第2指の間からかかとの中央をとおるように。

●スケート靴の選び方とはき方
　初心者にはブーツ型で足首が固定され，ブレードの幅が比較的太いフィギュアスケート靴がむいている。自分の足のサイズに合って，足首の所がしっかりとした硬い靴を選ぶとよい。イスに座って靴ヒモをゆるめ，靴下を引っぱり上げてから靴に足を入れ，ブレードのかかとの部分でとんとんと床をたたき，かかとが靴にピッタリくるようにする。
①ヒモの締め方は，つまさきのほうは少しゆるめに，甲の部分ではしっかりと絞め，足首ではギュッとしっかり絞めて1回結んでおくとよい。
②ホックにヒモを交互にかけて一番上までいきたら，スネと靴の間に指が2本入るくらいゆるめに結ぶ。
③ヒモが長い場合は，足首にぐるぐるまきつけると足が痛くなったりしびれる原因になるので，ちょうちょ結びの輪の部分をホックにかけるようにするとよい。

①靴のベロを十分に引き上げる
③指が2本入るゆとりをつくる

◆安全に対する留意点
❶服装
　半ズボンやスカートはさけ，伸縮性のあるズボンと水をはじいて風を通さないウィンドブレーカーが最適。初心者は危険防止と保温の意味から，必ず手袋と帽子を着用する。

❷スケート場でのマナー
　リンク内に入るときは，フェンスにつかまり，人の流れに沿って滑走する。逆走したり，横切ったり，多人数で手をつないで滑走しない。フェンスに腰かけたり，乗り越えてリンク内に入ると大変危険なので絶対にしない。また紙くずなどを氷上に落とさない。

後方の安全確認をする
［リンクへの安全な入り方］

❸準備体操
　スケート靴をはく前に，よく足首を回したりストレッチをしておく。靴をはき終わったら床上で，膝・足首の屈伸運動を行い，足踏みや歩行練習をして早くスケート靴に慣れる。

SKATING スケート

STEP 1. いろいろな滑り方をしてみよう

●フォワード（前進）スケーティングの練習
①基本姿勢→②その場で足踏み→③半歩ずつ前進歩行→④両足惰力滑走→⑤片足惰力滑走→⑥スケーティングの順に練習してみる。

❶基本姿勢

かかとをつけて，つま先をＶの字型に開く。ブレードはインサイドやアウトサイドに倒さず，フラットで立つ。両手はウエストの高さで横に開き，手のひらは氷を軽くおさえるような気持ちで下に向ける。

良い例
膝はつまさきが見えなくなるように前に曲げ，体重は土踏まずからかかとぐらいにかける。

POINT
腰が引けて前かがみになり，体重がつまさきにかからないように注意。

悪い例
腰が引けて，顔が下を向いてしまう

❷その場での足踏み
基本姿勢で氷上に立ち，その場で足踏みをする。だんだん氷上から離す足（フリーレッグ）のももを高く持ち上げる。

❸半歩ずつ前進歩行
フリーレッグを氷上に下ろすとき，立っている足（スケーティングレッグ）の土踏まずの位置にかかとから下ろし，体重をかけて片足からもう一方の足へ体重移動の感覚をつかむ。

POINT
大きく前に踏み出すと体重移動が大きく，バランスをくずす原因になるので注意。

🔷 スケートのエッジ
・スケーティングレッグ：滑走している足のこと
・フリーレッグ：氷から離れている足のこと

［重心の位置］

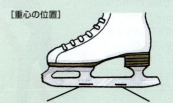

後進の重心位置　　　前進の重心位置

349

❹両足惰力滑走

5〜6歩前進歩行をしたら，両足のつまさきを進行方向に向け，まっすぐに惰力滑走をする。

❺片足惰力滑走

両足惰力滑走で5mぐらい滑ることができたら，バランスをとって片足を氷から上げ滑走してみる。
フリーレッグはスケーティングのかかとに寄せておくとバランスがとりやすい。

❻フォワード・スケーティング

氷を押しながら体重移動を行って前進滑走をする。

①基本姿勢で両膝を曲げ，右足に体重をのせる。
②右足のインサイドエッジで氷を斜め後ろに押しながら，体重を左足に移動する。
③左足に体重がのり移ったら，膝を伸ばし，右足の膝をゆるめて，左足のかかとに引き寄せる。
④右足を左足のすぐそばに下ろし，両膝を曲げる。
⑤左足のインサイドエッジで氷を斜め後方に押し，体重の移動を行う。
　これらの動作をくり返す。

> **❗ フォワード・スケーティングのリズム**
>
> 「1」でスケーティングレッグの膝を曲げ，フリーレッグは後方に氷を押しながら膝を伸ばす。
> 「2」でスケーティングレッグを伸ばし，フリーレッグの膝を曲げてスケーティングレッグのかかとに引き寄せる。
> 「1，2，1，2」とリズムよく滑走する。

トウ削りが悪い

悪い例
歩行で前進するとき，トウのギザギザで氷を縦に蹴り上げると転倒する危険があるので注意。また，かかとに重心をかけすぎても転倒の原因となる。

SKATING スケート

●カーブにのって方向を変える
[左まわりの場合]
① フォワード・スケーティングで惰力をつけ，両足を平行にできるだけ寄せる。
② 左手を後方に引き，右手を前方に出し上体をひねる。顔は内側を見る。
③ 揃えた両足は3通りの方法で方向を変える。
　イ→ロ→ハと順に小回できるようになる。
　イ：両足フラット。
　ロ：内側になる左足を前，右足を後方にずらす。
　ハ：ずらした足のエッジング，前方の左足はアウト，後方の右足はインエッジにする。
④ 方向が変わったらひねりをもどす。

POINT
前後にずらした足にのせる体重は，後方に7割，前方に3割の割合でかけるようにする。

※反対の右回りも必ず練習する

●T字スタート
惰力を使わずに静止した状態から氷を押して体重移動を行い，片足でバランスをとってスタートする。
顔と右脚を進行方向に向け，左脚のつまさきを外側に開き，右足のかかとを左足の土踏まずの位置につける。
体重を後ろの左足の土踏まずにのせ，エッジをややインに傾けて氷を踏みつけるように押す。同時に体重を滑り出した右足の土踏まずに移し，フリーフット（左脚）をスケーティングフット（右脚）に引き寄せる。

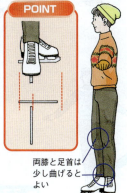

両膝と足首は少し曲げるとよい

●安全な転び方と上手な起き方
① バランスを崩して転びそうになったら，すばやく両膝を曲げ，腰を低くする。
② アゴを引いて後頭部を打たないようにし，後方に転ぶ。
③ 体の前方に両手をついて，両膝をつく。
④ 片足ずつ，ゆっくり立ち上がる。

POINT
転びそうになったとき，そばにいる人につかまったり，あわてて氷に手をついたりしない。起き上がるときも体の後方に手をつくと手が滑って，後頭部を打つことがあるので注意する。

351

●バックワード（後進）スケーティングの練習

①フェンスを使って→②バック歩行から両足惰力滑走→③ひょうたんバック→④スネークバックの順に練習してみる。

❶フェンスを使って

フェンスと向き合い、両足は肩幅ぐらいで平行に開き、指のつけ根あたりに体重をのせる。両膝を曲げ、フェンスを押して後方に滑って、バックの感覚をしっかりつかむ。

❹スネークバック

①右足のかかとを開いたイの字型から右足のインエッジで氷を押す。
②体重を左足のつけ根にのせ、フラットまたはアウトエッジにのって滑る。
③氷を押した右足を左足の前方に引き寄せる。
④左肩と顔をまわし、左足のかかとをイの字型に開き、インエッジで氷を押す。
⑤体重を右足の指のつけ根に移す。
⑥左足を右足の前方に引き寄せる。

悪い例
膝が伸びきって体重がつまさきにかかると止まってしまう。

❷バック歩行から両足惰力滑走

つまさきを寄せてかかとを開き、八の字型をつくる。片足のつまさきをもう片方の土踏まずの位置に置き、半歩ずつ後ろへ歩行。5〜6歩歩いたら、両足を平行にして惰力滑走をする。

❸ひょうたんバック

①八の字型の姿勢から膝を曲げ、インサイドエッジでかかとを外側に押し開く。
②肩幅より少し開いたら、エッジをフラットにする。
③アウトエッジを使い、膝を伸ばしながらかかとを引き寄せる。
④エッジをフラットにもどし、両足を平行にして滑走する。

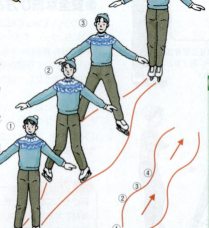

スネークバック

押し出す方向と反対側にお尻を向けると、よりスムーズに滑走できる。

STEP 2. 優雅に滑ろう

●両足でのスリーターン
[前進から後進へ]

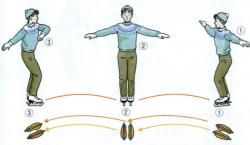

[後進から前進へ]

①両足を揃えて膝を曲げ，体重は土踏まずあたり，左手を後方に，右手を体の前にまわして上体をひねる。顔も後ろを見る。
②ひねりをもどすと同時に膝も伸ばす。
③両膝を曲げ体重を指のつけ根に移動する。

①両膝を曲げ体重を指のつけ根，左手を後方に引き，右手を前に出して上体をひねる。
②ひねりをもどすと同時に膝を伸ばす。
③体重を土踏まずに移動し，膝を曲げる。

●ストップのいろいろ
❶イの字ストップ
[フェンスを使っての練習]

　左足は進行方向に開き，右足のかかとを外に開いてイの字型をつくる。左足の膝を曲げ体重をのせておき，右足のインサイドエッジで氷の表面を削るように斜前方に押し出す。

〈悪い姿勢〉　　〈良い姿勢〉

[フェンスから離れて]
①両足を揃えて膝を曲げて滑走する。
②少し伸び上がるようにして，右足のインサイドエッジで氷を削るように前方に押し出す。
③体重を左足にのせ，膝を曲げて止まる。

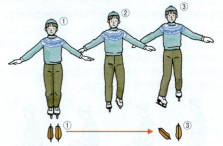

※反対の足でもストップできるように練習する。

●フォアークロス
[左まわり，歩く練習]

①両足を揃えて，右手を体の前方にまわし，左手を後方に引く準備姿勢。
②「1」で左足を横に1歩ふみ出し，膝を曲げ，ブレードはアウトサイドエッジにする。
③「2」で左足の上をまたぐように右足をクロスし，膝を曲げてブレードはインサイドエッジにする。
④「3」で左足を引き抜くように右足の横に揃える。

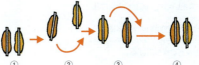

☞ **フォアークロス**
「1」・「2」・「3」，「1」・「2」・「3」とリズムよく行おう。
氷上ではバランスをとるのが難しいので，最初は陸上で練習をするとよい。

❷ ハの字ストップ

イの字ストップの応用で、両足のかかとを同時に外に開き、両足のインサイドエッジで氷の表面を削るようにして止まる。

> 💡 **ハの字ストップ**
> つまさきに体重がかかりすぎると、上半身が前に倒れやすいので注意。

❹ 二の字（ホッケー）ストップ

[フェンスを使っての練習]
① 両手でフェンスにつかまり、両足は揃えて後方に引き、フェンスに近づける。
② 上体はそのままで、腰から下をすばやくひねって止まる。この時、フェンスに近い足はインサイドに、遠い足はアウトサイドにおさえる。

[フェンスから離れて]
① スケーティングをしてきたら両足を平行に揃え、膝を軽く曲げる。
② 両膝を伸び上がるように伸ばし、かかとを押し出す。
③ 両足の膝を深く曲げて止まる。

❸ T字型ストップ

[左足が前の場合]
① 左足を進行方向に向け、右足はそれに対して直角に開き、左足のかかとが右足の土踏まずにくるようにTの字型をつくる。腰は進行方向、両手は横に開く。体重は後ろの右足にかけ、インサイドエッジで氷を押しながら体重を前の左足に移す。
② 氷を押した右足を左足のかかとにTの字型に引き寄せる。
③ 引き寄せた右足をそっと氷に下ろし、フラットのエッジで氷を削りながら体重を徐々に、スケーティングレッグの左足から右足へ移していく。
④ 最終的には右足のアウトエッジで氷をとらえて止まる。その時、両膝は曲げて重心を低くする。

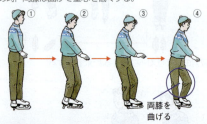

両膝を曲げる

● スピン
● ツーフット・スピン

[左まわりの場合]

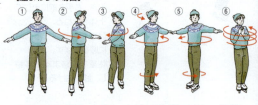

① 両足は肩幅ぐらいに開き、右足を半歩前にずらし、体重は右足の土踏まず、左足は指のつけ根におく。エッジはフラットで立つ。
② 両足の膝を曲げ、上体を左側にひねる。
③ 腰はそのままで、上体を逆の右側にひねり返す。
④ そのひねりをもどすと同時に両膝を伸ばす。顔も左を見る。
⑤ 両手は体の横に開く。
⑥ 横に開いている両手を体の中心に引き寄せる。モーメントを小さくすることにより回転速度が速くなる。

> **POINT**
> 両手を横に開くことで回転を止めることができる。

> ⚠️ **スケートを観戦する視点（フィギュア）**
>
> **シングル・スケーティング**：男性か女性1人で演技する。ショート・プログラムとフリー・スケーティングがあり、前者は定められた7つの要素を2分40秒（±10秒は許される）で滑走する。後者は男女ともに4分の間にジャンプ、スピン、ステップを調和よく組み合わせて滑走する。
>
> **ペア・スケーティング**：男女がカップルで滑走する。競技内容はシングルと同様。リフト、デス・スパイラル、スロー・ジャンプといった特徴がある。
>
> **アイス・ダンス**：氷上の社交ダンスといわれ、男女がカップルで滑走する。
>
> **シンクロナイズド・スケーティング**：2000年世界選手権から行われるようになった競技。最大16名のスケーターがさまざまなフォーメーションを氷上で繰り広げる。

OUTDOOR
野外活動

野外活動

おいたちと発展

古くから日本の人々は，季節に応じて野山に出かけ，さまざまな方法で自然を楽しんできた。

しかし，現代のような野外活動として，登山，ハイキング，徒歩旅行，キャンプなどが，多くの人々に親しまれるようになったのは，大正時代になってからである。特に，青少年を対象にした野外活動は，YMCA，ボーイスカウト，ガールスカウトなどの青少年団体が中心となって，積極的に実施されてきた。

第二次世界大戦後は，これら青少年団体に加えて，小・中・高等学校でも，学校教育の一環として野外活動が頻繁に実施されるようになった。同時に，全国に少年自然の家や青年の家などが数多く建設され，学校や青少年団体等が，手軽に野外活動を実施できる条件が整備されていった。

現在では，子どもから高齢者まで，健康づくり，余暇の充実やストレスの解消，仲間づくり，自然の理解など，さまざまな目的で，季節を問わず広く野外活動が親しまれるようになっている。

野外活動の特性

野外活動の特性は，以下のように考えられている。
(1)自然の中で活動すること
(2)グループで活動すること
(3)非日常的な活動であること

こうした活動を通して，次のような成果が期待されている。
(1)感性や知的好奇心を育む
(2)自然の理解を深める
(3)創造性や向上心，物を大切にする心を育てる
(4)生きぬくための力を育てる
(5)自主性や協調性，社会性を育てる
(6)直接体験から学ぶ
(7)自己を発見し，余暇活動の楽しみ方を学ぶ
(8)心身をリフレッシュし，健康・体力を増進する

A：キャンプ

キャンプとは

　テントで宿泊しながら，野外生活や各種の野外活動をすることを一般的に「キャンプ」と呼ぶことが多い。しかし，キャンプとは，自然の中で，仲間と共同生活をすることであり，少年自然の家やバンガローなどを利用した学校の集団宿泊学習も，広い意味でのキャンプである。

1 キャンプの計画と準備

キャンプの目的を決める
○何のためにキャンプを実施するのか，計画を立てる際に目的を必ず明確にする。
○あまり多くの目的を設定しない。
【キャンプの目的の例】
・仲間との共同生活を通して，社会性を養う。
・自然の大切さを学ぶ。
・新しい体験にチャレンジする。
・日頃のストレスを解消する。など

日程や場所を考える
○いつ，どこで，何日間，実施するかを決める。
○宿泊場所（キャンプ場，少年自然の家，農家での民宿など）を決める。
○往復の交通手段を決める。

プログラムを考える
○目的に沿った活動内容を考える。
○指導者が必要かどうか，指導できる人がいるかどうかを確認する。
○活動に必要な施設・用具を検討する。
○活動内容に無理がないか，楽しく安全にできるかどうか，活動の流れはスムーズかどうか検討する。

役割分担をする
○指導者（教師）と参加者（生徒）の役割分担・責任を明確にする。
○参加者（生徒）が自主的に取り組めるように組織をつくる。
○生活や活動のための小グループをつくる。
【役割分担の例】
班長，食事係，用具係，生活係，保健係，レク係，記録係など

現地調査（下見）をする
○生活をする施設（宿泊場所，食堂，風呂，便所など）や用具（テント，寝具，炊事用具など）を確認する。
○計画した活動が実施できるかどうか確認する。
○現地指導者の有無について確認する。
○安全面（気象状況，危険箇所，有害な動植物，医療施設など）について現地の情報を得る。
○必要な経費について確認する。

OUTDOOR 野外活動

2 キャンプの服装と持ち物

活動に必要な持ち物
トレパン・トレシャツの着がえ，防寒着（フリースなど），軍手，雨がっぱ，かさ，長靴，サンダル，サブザック，水筒，ヘッドランプ，替えの電池，ビニールの敷物

生活に必要な持ち物
下着の着がえ，洗面具，タオル，ハンカチ，ちり紙，ビニール袋，新聞紙，虫よけスプレー，ロープ，洗たくバサミ，筆記用具，持病薬，保険証のコピー

⚠ キャンプの持ち物で留意すること
- 軍手は，キャンプでは火を扱うため，木綿製のものがよい。できれば，2組用意したい。
- 雨がっぱは，動きやすいセパレート型のものが望ましい。
- ジーパンは，汚れや火に強いが，雨にぬれると動きづらくなる。
- 古新聞は，焚き付け用だけでなく，ぞうきんやシートの代用にもなり，あるととても便利なもの。
- 現地で借用できるもの（テント，炊事用具，食器類など），現地で購入しなければならないもの（指定のゴミ袋，洗剤，薪など），団体で用意して持っていかなければならないもの（救急薬品，食材料など），個人で用意するもの（おやつや弁当など）を事前に確認し，チェックリストを作成しておくとよい。

357

③ テントで生活する

テントの種類

テントの張り方・立て方（テント設営）

家型テントの張り方

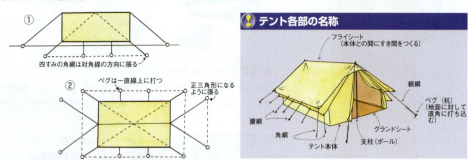

① テント本体の四隅を固定する。
② 支柱を通して、親綱→角綱→腰綱の順で、テント本体、そしてフライシートを張る。

ドーム型テントの張り方

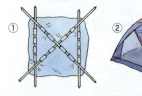

① マニュアルにしたがってポールを組み立てる。
② ポールにテント本体を接続させる。

ロッジ型テントの張り方

① マニュアルにしたがってポールを組み立てる。
② 本体をかぶせる。

⚠ テントを張る時の留意点

○ 地面が平らな場所に張る。
○ 雨の時に水がたまったりするような場所は避ける。また、河原や浜辺は、原則としてテントを張らない。
○ 枯れ木の下や崖の下は、落下物があるので張らない。
○ 国立公園内などでは、指定された区域以外でテントを張らない。
○ テントは、種類やメーカーによって、張り方が異なるため、取扱説明書などをよく見て張るようにする。
○ テントの素材は熱に弱いことが多いので、原則としてテント内で火を使用しないようにする。

OUTDOOR 野外活動

④ 野外で食事をつくる

事前に確認しておくこと
- 野外炊事用のかまどや水道が整備されているか。
- どのような炊事用具(食器セットを含む)を現地で借りることができるか。数は揃っているか。
- 薪は購入できるか。
- 食材料・調味料は現地で調達できるか。持ちこみ可能か。
- 指定されている洗剤やゴミ袋はあるか。食器洗い用のたわしやスポンジは、借りることができるか。
- ゴミの処理はどうするのか。

火のおこし方
- 2本の太めの薪を、木口が手前になるように離して置く。その2本の薪の上に、細い薪を横に重ねて並べる。次に中くらいの薪を縦に重ね、さらに、もう少し太い薪をまた横に重ねて並べる。
- 縦長にねじった新聞紙の先に火をつけ、最初の太い薪の間にできたトンネルの中に、少しずつ入れていく。1回で火がつかない時は、この作業を何回か繰り返す。

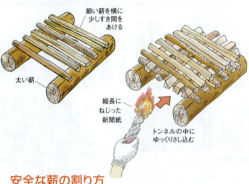

飯ごうを使ったごはんのたき方

- 計量した米を飯ごうに入れ、3回くらいとぎ、定量の水を入れて火にかける。中ぶたは使用しない。
- しばらくして沸騰がはじまったら、少し火を落とす。
- 蒸気の吹き出しが終わったら、軍手をして飯ごうを火から下ろし、外ぶたを取ってすばやく炊け具合を見る。
- 炊けていれば、ふたをしてかまどの近くに置いてしばらく蒸らす。この時、飯ごうを逆さにしない。ごはんに芯があれば、水を少し加えてもう一度火にかける。

安全な薪の割り方
- ナタを持つ手(きき手)は素手で、反対の手には軍手を二重にはめる。
- 軍手をしたほうの手で薪の中ほどを持ち、薪の切り口にナタをあてがう。薪にナタをくっつけたまま、そのまま何回か地面や切り株に軽く落とす。
- ナタが切り口に少し食い込んだら、両手でナタを持ち、切り株などに打ちつけて薪を割る。
- 薪を硬い石などに打ち付ける場合には、力を入れすぎると、ナタの刃が石と強くぶつかり、刃を傷めるので注意する。

なべやお釜を使ったごはんのたき方

- 米1に対して、水1.0〜1.2の割合(図のように手首のあたりまで)で水を入れる。
- ふたが軽い場合は、石などの重しをのせるとよい。
- そのほかは、飯ごうと同じようにする。

なべの水の分量
底が平らななべの場合は、
米1.0:水1.2の高さの比になる。

⚠ 野外炊事を実施する上での留意点
- 自然の中でむやみに土を掘ったり、石を積んでかまどを作らない。
- 火とゴミの後始末をきちんとする。
- 包丁やナタなどの刃物類の取り扱いには、十分に注意する。
- 飲み水が安全かどうか確認する。
- 軍手を必ずはめるとともに、熱に強い長ズボン(ジーパンなど)を着用して実施する。
- かまどが不安定であったり、なべのつるに不具合がないか注意する。

5 キャンプファイアー

キャンプファイアーの実施にあたって

　キャンプファイアーは，キャンプの中でもっとも印象に残る活動で，多くの学校で実施されている。しかし，決まったやり方や進め方があるわけではない。グループで小さな火を囲み，火を見つめながらゆっくりと話をしたり，お茶を飲みながら音楽を楽しんだりするのも，キャンプファイアーのひとつである。

よく実施されているキャンプファイアーの進行例

①全員集合　②営火入場　③点火の言葉　④点火

●トーチ棒の作り方

①よく乾いた古ぞうきん(タオル)をまいて針金でしっかりと固定する。
②灯油をしたたらない程度にしみこませる。
③火をつけたら，腕を伸ばし，トーチ棒はまっすぐ上に立てる。

⑤責任者あいさつ　⑥歌　⑦ゲーム・スタンツ

⑧採火　⑨分火　⑩代表あいさつ　⑪さよならの歌　⑫退場

薪の組み方

上部を針金でゆわえて四脚を作り，セットする
四脚の中に新聞紙をひねってたくさん入れる
まわりに細い枝，中太のまき，太いまきの順に立てかける
周囲を井桁に囲んで出来あがり

いろいろなキャンプファイアー

●かがり火台をつかったキャンプファイアー

●雨の日に実施するキャンドルファイアー

⚠ キャンプファイアー実施上の留意点

○キャンプファイアー場などの決められた場所で実施するようにする。
○風の強い日は，実施しないようにする。
○火や薪を扱う係は，化繊などの熱に弱い素材の服装を避け，長そで・長ズボン，皮手袋(あるいは木綿の軍手を二重に)，帽子，靴を必ず着用する。
○あまり大きな薪組みをしない。また，できるだけ灯油などの使用をひかえる。
○最後に，火の始末，残った炭の片付けをきちんと行う。

OUTDOOR 野外活動

6 キャンプでのいろいろな活動

❶ 体を動かす活動
（登山，ハイキング，オリエンテーリング，ウォークラリー，カヌー，スキーなど）

❺ 水辺での活動
（川遊び，磯の観察，カヌー，カッター，釣りなど）

❷ 自然環境を学ぶ活動
（環境学習ゲーム，ネイチャーゲーム，バードウォッチング，星の観察，植物観察など）

❻ 歴史・文化を学ぶ活動
（史跡めぐり，わらじ作り，農業・林業体験活動など）

❸ 仲間づくりの活動
（仲間づくりゲーム，イニシアティブゲームなど）

❼ 夜の活動
（星の観察，ナイトハイキング，キャンプファイアー，キャンドルファイアーなど）

❹ 創作活動
（野外炊事，おやつ作り，キャンプ工作，スケッチ，小屋作り，竹とんぼなど）

❽ 雨天の活動
（キャンプ工作，キャンドルファイアー，室内での軽スポーツ，新聞作りなど）

361

B：登山

登山の魅力
　自分の力で一歩一歩進み，汗をかきながら空気をいっぱいに吸って山に登る。苦しいけれど，目的の山頂に着き，足元に広がる雄大な大パノラマや雲海を眺めると，そして，下から吹き上がってくる風を感じると，生きている喜びを感じる。自らの力で挑戦することの大切さや，困難に打ち勝つことのすばらしさを登山は教えてくれる。

登山の三原則
①一番体力のない人に行動を合わせる。
②悪条件の時に引き返す勇気を持つ。
③道に迷ったら，確認できるところまで戻る。

1 登山計画

1．計画の立案
①目的，②期日，③場所・コース，④人数，⑤指導者，⑥役割，を計画する。
＊参加者の実力に合った山やコースを選ぶ。

2．調査
ガイドブック，専門家，現地案内所などから情報を収集し，①日程，②交通経路・手段，③宿泊場所，④コースや気象の状況，⑤経費，⑥必要装備，⑦緊急時の対応先などについて，具体的に調査する。

3．準備会
①メンバー表，行動表，装備一覧表，献立表，予算書，緊急連絡網などの作成，②役割，持ち物の確認と分担（リーダー・サブリーダーを必ず決めておく），③現地の警察，山小屋などへの連絡，④トレーニングや買い出し
＊必ず学校に連絡本部を作り，連絡方法などを決めておく。

用具の選び方・準備の仕方
①用具はすべてリュックサックに入れて移動するので，軽くて丈夫な物をコンパクトにまとめる。
②濡れて困るような用具（着替え，カメラ，ロールペーパーなど）は，必ずビニール袋などに入れて防水できるように工夫する。

装備・持ち物

●個人装備

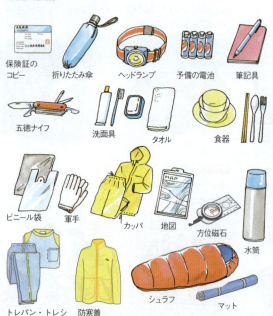

●共同装備

OUTDOOR **野外活動**

② 服装

シャツは長袖が基本。化繊かウール地のものがよい。下にTシャツを着て、暑ければTシャツになる。

下着やTシャツは汗が乾きやすい化繊のものを着る。

ウエストベルトのあるザックを選ぶ。

手にはなにも持たない。

化繊素材の長ズボンかジャージのトレーニングパンツ、ニッカズボンなどがよい。

登山靴あるいはトレッキングシューズがよい。軽くて、保温性と防水性のよいものを選ぶ。ある程度の厚みがあり、足首まで保護してくれるものがよい。

日差しの強いうちはつばのある帽子をかぶる。

上蓋には案内書、地図、方位磁石、カメラ、フィルム、タオル、巻紙、懐中電灯、行動食などを入れる。

ザックパッキング

ザックの大きさは、1～2泊山小屋泊まりなら40ℓ程度のもの、1～2泊テント泊まりなら60ℓ程度のもの、3～4泊テント泊まりなら70ℓ以上のものが必要。ザックは大きめを選ぶとよい。ザック購入時に雨よけ用のザックカバーも購入すると便利である。

荷物のつめ方

カメラなど壊れやすいもの

スプーン・フォークはバンダナでくるむ

救急用品などは密閉容器に入れる

衣類はまるめてたたみ、スタッフバッグにまとめる

[上]
水
重い物　軽い物
[下]

ビニールふろしきなどもあると便利

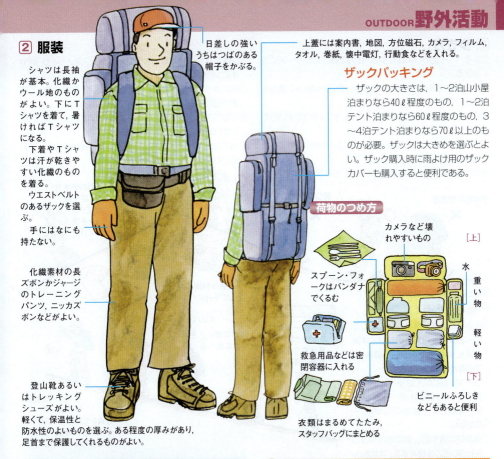

🌊 登山のマナー

①高校期の登山は、指導者のもとで基本的な技術や正しい態度を身につける。
②道標へのいたずらや石を落とすなどは、他の登山者に危険をもたらすので絶対に行わない。
③ゴミなどは持ち帰り、登山者自らが山を汚したり生態系をくずさないようにする。
④指定された場所以外でむやみにテントを張ったり、火を起こしたりしない。

⚠ 安全に対する注意

①コースのとり方、一日の行動時間などに余裕を持たせ、実力に応じた計画を立てる。
②トレーニングやミーティングを通じてチームワークのよい集団にしておく。
③テント・防寒具など、用具・服装について点検確認しておく。
④登山開始前に必ず、「登山カード」に記入する。
⑤山では早いうちに出発し、早く到着できるようにする。
⑥天候の急変、コース上の障害などの場合、引き返したり、途中でコースを変えることなど、リーダーの臨機応変の処置がとれるようにしておく。
⑦事故を起こしたときは、ただちに救命につとめ、関係機関に連絡する。

363

③ 歩き方

① なるべく一定のリズムで歩き、体力の弱い人のペースに合わせる。
② 足裏全体で踏みしめるように歩き、膝は軽く曲げて弾力性を持たせる。
③ 大またで歩くと、登りは疲労しやすく、下りは滑りやすいので注意する。
④ 下りは滑らないように注意をし、つまさきが靴の中であたらないよう靴ひもをしっかりしめて下る。
⑤ ガレ場では不安定な石を避けて歩き、落石を防止する。
⑥ 両手には何も持たないようにし、バランスをとったり、岩や木につかまれるようにしておく。
⑦ 道に迷ったら確実なところまで引き返す。尾根に登って位置を確認するのはよいが、谷に下るのはよくない。
⑧ 午後は天気が不安定になるので、早朝に出発し、午後2時頃には目的地に着くようにするとよい。
⑨ 他の登山者とすれ違う時には、登りの人を優先させる。この時かわす挨拶は、遭難防止にも役立つ。

平坦地の歩き方　登りの歩き方　下りの歩き方
軽く膝を曲げてクッションを使って!!

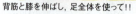

背筋と膝を伸ばし、足全体を使って!!

足底は斜面に対して平行に!!

休憩のとり方

① 歩き始めは体が慣れていないので、20〜30分で最初の休憩をとり、体調を整え、荷物のつめ具合や、服装・靴ひもなどを調整する。
② コースにもよるが、以後、登りなら30分歩いて10分休憩、平地なら50分歩いて10分休憩ぐらいのペースで歩く。
③ 休憩時は肩を回し、膝の曲げ伸ばしを行うなどの体操をする。また筋肉を伸ばし、血行をよくして疲労やけがを防ぐ。甘いものを食べたり、水分を補給するとよい。

隊列の組み方

リーダーまたはサブリーダー
最後尾で全体の掌握に努める

メンバー
体力の弱い人を前から順番に並べる

リーダーまたはサブリーダー
全員を先導し、ペース作りやコースの確認、休憩場所を的確につかむ

コースタイムの書き方

到着時刻　　到着時刻
——地名——　——地名——
出発時刻　　出発時刻
※間に所要時間を書く

登山では靴選びが重要ポイント!!

どんなに歩き方を研究しても、靴をきちんと選ばなければ、血マメや靴ズレで、苦しい登山になってしまう。楽しく安全な登山にするために、次のことを考えて靴を選ぼう。

厚手の靴下をはき、つまさきを奥まで入れ、かかとに1cmあきがある。

次に、足と靴のかかとをきちんと合わせてひもを結び、5〜10分歩いて、合っているかたしかめる。

＊靴の深さは、足首まで入るものがよい。足首を保護し、ねんざしにくい。
＊硬い表面は落石などから足を護ってくれ、硬い靴底はとがった岩などから足の底を保護してくれる。

おぼえておこう

上りはゆるめ、下りはきつめの靴ひもの結び方が、足の疲労度を軽減するポイントだ。

OUTDOOR **野外活動**

4 テント生活の工夫

①テント，コッヘル，コンロ，食料などはテントごとに分担して持ち運ぶ。こうすると設営，撤収，食事がスムーズにできる。
②ザックは枕にする。
③靴はテントの中かテントシートの下に入れ，雨でぬれないようにしておく。
④テントの中では，なるべくガスコンロやガスランタンなどの火器類を使用しないようにする。やむを得ず使用するときは，換気とやけどに注意する。
⑤食料は1回ずつに分けておく。

テント生活の流れ

幕営地の選定	
↓	
テントの設営	水くみ
↓	
装備の整理	1日の行動反省 翌日以降の行動の検討，くつろぎ
↓	
食事の準備（夕食）	
↓	
明日の準備	
↓	
就寝	
↓	
起床	個装の整理
↓	
食事の準備（朝食）	
↓	
撤収・パッキング	ごみの整理 忘れ物がないか確認
↓	
出発	

個人装備
マットを敷く
当日の食料，食器等の小物は入口付近に置き，近くの人が整理をする
入口
水のポリタンクは入口の付近に

5 山小屋の利用

①予約の必要な山小屋，予約の必要のない無人の山小屋などがあり，事前によく確認しておく。
②設備の整った山小屋では，寝具や食事が用意されているので，山小屋を利用すれば荷物が軽くなる。
③山小屋では，最新の情報が入手できる。宿泊しない場合でも，休憩などして情報を得るようにする。水やジュースなども購入できるので，余分のお金を持っていくとよい。
④宿泊の際は，早寝早起きに心がけ，他の登山者に迷惑をかけないようにする。

RHYTHMIC SPORTS GYMNASTICS
新体操

新体操の歴史は，1963年にハンガリーのブダペストで行われた第1回新体操世界選手権大会に始まったといってよい。
わが国では，第3回世界選手権大会視察後，1968(昭和43)年の全日本学生選手権で，初めて個人競技が行われ，この大会をきっかけに「新体操」という名称が使われるようになった。

● 競技場（演技面）
※演技面は1面（中間色のマットを敷いたもの）。

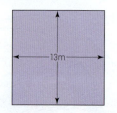

1. 競技種目

①個人種目——フープ，ボール，クラブ，リボンの通常4つの演技からなる。

②団体種目——1手具による演技(5)／2手具による演技(3+2)
各年の手具はFIG手具プログラムにより決定する。

2. 競技方法

①個人競技——フープ，ボール，クラブ，リボンを1名の選手が行う（各種目1分15秒〜1分30秒）。
②団体競技——1チーム5名の選手により2種目を行う（各種目2分15秒〜2分30秒）。
③演技は団体，個人ともに伴奏を必要とし，競技会はその年度の定める方法により演技を行う。

● 各種目の基本的な運動と難度要素の運動

種 目	基本的な運動	難度要素の運動
ロープ	○普通跳びの連続から交差跳びの連続。 ○ロープを大きく左右に振ったあと1回転する。 ○前跳びから後ろ跳びを連続させる。	○交差跳びの連続から2重跳びの連続（2回以上）。 ○頭上に高く投げあげたあと，受けながら跳ぶ。 ○前後開脚ジャンプを2回以上連続しながら跳ぶ。
フープ	○左右に振ったあと，手首のひねりを利用してフープを回す。 ○フープの中を出たり入ったり，なわ跳びをする。	○床面で回したフープの上を1/2転向で跳び越す。 ○頭上に投げ，2回転したあと，フープの中を跳び越す。 ○片脚でバランスをとりながら，身体のあらゆる部分の上を転がす。
ボール	○床面でついたらボールを手のひらで受け，右手から左手方向に投げる。 ○ボールを手のひらにのせ，体前でひねり回す運動から体回旋を行う。	○高く投げあげ，手の甲で受けながら1回転する。 ○開脚ジャンプを1回しながら，右腕から左腕に転がす。 ○跳躍をしながらボールを脚下で弾ませる。
クラブ	○両クラブを前後に振ったあと，下から上に手首で回す運動をする。 ○片脚を前に振りあげ，脚下で打つ。	○片脚を頭上にあげ，バランスをしながら頭上で風車運動をする。 ○開脚跳びをしながら脚下で打つ。 ○水平に小円をしながら片脚支持で回転する。
リボン	○大きく振り回したあと，蛇形運動をしながら頭上よりおろす。 ○体前下でら旋運動をしたあと，1回転しながら，ら旋運動を行う。	○片脚支持バランスで右から左に上下ら旋運動をする。 ○跳躍の間にリボンを投げ，次の跳躍で受けとる。 ○床面上で左右に振り，リボンを1歩ごとに通過。

366

④演技の難度（D）に含まれるのは以下のとおり。

記号	個人競技　難度
DB	身体難度：最低3個　最高9個
W	全身の波動：最低2個
R	回転を伴うダイナミック要素：最高5個
DA	手具難度：最低1個　最高20個

記号	団体競技　難度
DB	身体難度：最低4個　最低10個
DE	交換難度：最低4個　（2個は選択による）
W	全身の波動：最低2個
R	回転を伴うダイナミック要素：最高1個
DA	連係を伴う難度（DC）：最低9個　最高18個

⑤個人競技・団体競技とも難度（演技内容10.00点）の他に芸術（芸術的欠点を減点10.00点）と実施（技術的欠点10.00点）がある。

3．演技と採点上の一般規則と減点要素

①規格外の手具を使用した場合…… 個人・団体とも0.50減点
②手具の落下
- ●落とした手具をすぐに取る ………………… 0.50減点
- ●1〜2歩あるく ……………………………… 0.70減点
- ●3歩またはそれ以上 ………………………… 1.00減点

③演技の終了時に手具を失う ……… 個人・団体とも1.00減点
④規程の演技時間が守れない場合，早すぎても遅すぎても1秒につき ……………………………………………… 0.05減点
⑤服装の規程に違反した場合 ……… 個人・団体とも0.30減点
⑥包帯またはサポーターは色つきではなく，肌の色のものを着用 ……………………………………………………… 0.30減点
　その他，いろいろな減点が規定されている。

4．競技得点の配分

　各審判団はDパネル（難度），Aパネル（芸術），Eパネル（実施）の3つのグループで構成する。
①最終得点：D・A・Eの得点を加算したもの
②難度（D）：4名の審判員が2つのサブグループに分かれる。それぞれ独立して採点する。
　・サブグループ①：2名の審判員（DBの得点を与える）
　・サブグループ②：2名の審判員（DAの得点を与える）
③芸術（A）4名の審判員が芸術的欠点を評価する。
④実施（E）4名の審判員が技術的欠点を評価する。

男子新体操

日本国内のみで行われてきた。現在，日本がリーダーシップをとり，国際体操連盟（FIG）に対して男子競技種目の普及をアピールしている。

1．競技種目
①個人種目——スティック，リング，ロープ，クラブの4手具を用いる。
②団体種目——徒手。

2．競技方法
①個人競技——スティック，リング，ロープ，クラブの4種目を1名の選手が行う（各種目とも1分15秒〜1分30秒）。演技は個性を生かした創作でいろいろな要素を含み，空間および演技面をフルに活用し手具の操作や投げ受けを行う。
②団体競技——5名または6名で自由演技（徒手）を行う（各種目とも2分45秒〜3分）。演技は創造性をもった創作で，徒手系と転回系をもって構成する。選手との身体接触については演技構成上によるものはよい。

3．演技と採点上の一般規則と減点要素
①難度——B難度の不足 ……………………………… 0.10減点
②転回系——手具の操作をともなわずに転回運動を行う ……………………………………………………… 0.10減点
③左手・右手の要素——右手と左手の用い方のバランスが悪い ……………………………………………… 0.20減点
④手具の落下——
- ●手具を落とす ………………………………… 0.30減点
- ●手具を落とし，移動しないでとる ………… 0.10減点

⑤手具の技術——
- ●手具を落とし1〜2歩移動してとる ………… 0.10減点
- ●手具を落とし3〜4歩移動してとる ………… 0.20減点

⑥全体として運動に張りや活気を欠く ……… 0.10減点
⑦徒手系の正確性および大きさがない ……… 0.10減点

4．競技得点の配分
●個人競技——最高20.00点
　　　　　　最終得点＝構成10.00点＋実施10.00点
●団体競技——最高20.00点
　　　　　　最終得点＝構成10.00点＋実施10.00点

TRIATHLON
トライアスロン

トライアスロンは，スイム・バイク・ランを組み合わせた競技で，1974年，米国サンディエゴで生まれた。1978年にはハワイでアイアンマン大会が始まり，80年代にはさまざまな距離のトライアスロンが世界中に広まった。そして2000年シドニーオリンピックから正式競技となった。語源は，ラテン数字の「トライ＝3」と「競技＝アスロン」を合わせたものである。

1. 競技種目

競技距離に応じて次の通りに区分される。

	スイム	バイク	ラン
ジュニア（小・中学生）	0.1～0.2	5～10	1～3
スーパースプリント	0.375	10	2.5
スプリント	0.75	20	5
スタンダード（オリンピック）	1.5	40	10
ロングディスタンス	2～4	80～180	20～42.2

（単位：km）

関連複合競技（マルチスポーツ）として，バイクとランを組み合わせた「デュアスロン」，スイムとランの「アクアスロン」，ランとマウンテンバイクとクロスカントリースキーを組み合わせた「ウィンタートライアスロン」などがあり，それぞれ世界選手権も開催されている。

● 主な基礎用語
・スイム・バイク・ラン：トライアスロン競技における水泳・自転車・長距離走の呼称。
・ウェットスーツ：発泡ゴム製（厚さ5mm以内）の全身スーツの着用が競技距離と水温に応じて許可される。
・トランジション：次の競技に移行するための着替え，競技用具の変更を指す。スイムとバイク，バイクとランの間に行い，これらは総合記録に含まれる。トランジションを行うスペースをトランジションエリアと呼び，そこに各選手の自転車や競技用具が並べられる。
・ドラフティング：バイク競技中，他選手の真後ろについて空気抵抗の軽減を図る行為を指す。オリンピックなどのエリート部門の大会を除き禁止されている。
・エリート：トップ選手の呼称。一般選手のレースとは別に開催されることも多い。
・エイジグループ：年齢別（5歳ごと）に競技を行い，表彰するためのグループ分けを示す。エリートの対句として，一般選手をエイジグループと呼ぶこともある。
・エイドステーション：コース途中に設営される水分，果物などの供給設備。マラソンなどとは異なり，スタッフから手渡されることが一般的である。

2. 競技の進行

①海浜・湖沼・河川あるいはプールなどを使用し，スイムから競技を行う。カテゴリー別に参加者を数グループに区分して時間差スタート（ウェーブスタート）を行う。十分な広さがあるときは全員一斉でスタートすることもある。
②スイムを終えた選手は，トランジションエリアでバイク競技に移る。トランジションエリア出口にあるマウントラインからバイクコースにつながり，そこから乗車できる。
③バイク競技終点で再びトランジションエリアに入り，ラン競技に移行する。
④ラン競技の終点を総合フィニッシュ地点とし，スイムスタートからの総合時間により順位を決める。

● レースの流れ

SHORINJIKEMPO
少林寺拳法

1947年、宗道臣が人づくりのために創始した修練法であり、相手の突き・蹴りに対応する剛法と、相手に腕や衣服を握られたときに対応する柔法がある。大会では、剛柔一体の技の習熟度を各種演武（単独演武，組演武，団体演武）により競う。

● 競技場

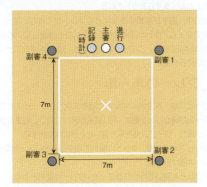

＊2022年度より団体演武のみ9m×9mも可とする。

3. 順位の決定

総合点で順位を決定する。総合点は各審判員の採点のうち、最高点と最低点を除いた合計点から、さらに演武時間・演武構成数・使用技の違反による減点分を引いた点をいい、この総合点の高い組より順位を決定する。

総合点が同点の場合は次の順序で決定する。
1．技術度の得点が高い
2．主審の合計点が高い
3．主審の技術度の得点が高い
4．審判団の協議

● 服装規定

1. 競技の種類

資格基準に合わせ，各大会により種目が決定される。
● 演武　規定または自由の単独演武，組演武（2～3人），団体演武（6～8人）がある。
● 弁論の部　指定されたテーマから選択し，自分の考えを発表する。全国高等学校選抜少林寺拳法大会で行われる。
高校の大会は，全国高等学校少林寺拳法大会規則・全国高等学校選抜少林寺拳法大会規則に従って，演武を行う。

2. 競技の進行・採点

選手登録や服装・態度・健康などの条件を満たした選手が，種目ごとに予選と決勝にて競技し，総合点によって競う。公認の審判員資格を有する審判員が主審1名，副審4名を原則として，少林寺拳法競技規則，少林寺拳法審判規則および大会規則に従って審査する。演武審査要領にもとづき技術度と表現度を採点する。技術度では，正確さや技の成立条件などを6構成ある演武の1構成ごとに評価し，表現度では，技の構成度・体構え・運歩・気迫・調息などを，演武全体を通して評価する。

369

BEACH VOLLEYBALL
ビーチ
バレーボール

アメリカの海辺で行われていた遊びのバレーボールがプロサーキットに発展し、1996年アトランタ大会からオリンピック種目となる。砂のコート上で、6人制とほぼ同じバレーボールを、2名で行うハードなスポーツ。

1. チーム編成

公式な大会は、2名でチームを構成する。コーチも交代選手もいない。年齢やレベルに応じて、3名または4名で行う大会もある。

2. ゲームの進行

①試合は3セットマッチで、2セット先取したチームが勝者となる。
②第1および第2セットは、2点をリードして21点先取したチームがそのセットの勝者となる。
③セット・カウントが1–1となった場合は、第3セットは、2点リードして15点先取したチームが勝者となる。
④試合開始前にトスを行い、サービスを打つか、受けるか、または、コートのサイドを選択する。
⑤トスによって決まった、サービスチームによってサービスが打たれ、試合は始まる。
⑥得点は、ラリーごとに、勝ったチームが得点を得る(ラリー・ポイント・システム)。
⑦両チームの得点合計が7の倍数(7、14、21点のように)に達したら、コートのサイドを替える。第3セットは得点合計が5の倍数になったらサイドを交替する。
⑧各セット間は1分、各セット中に、各チームは30秒間のタイムアウトを1回とれる。
⑨両チームの得点合計が21点に達したとき、自動的に30秒間のテクニカル・タイムアウトとなる。
⑩試合中、選手が痙攣や負傷などでプレーができない場合、5分間のタイムアウトが認められる。それでも回復しない場合は試合は没収される。このタイムアウトは、試合中1名につき1回だけ認められる。

3. プレーのルール

①サービスは、試合前に申し出た順序に従う。サービスを打ったチームが得点したときは、同じ選手が続けて打つ。相手にサービスが移り、サービス権を取り返したときには交代する。
②サービスボールが、ネットに触れて相手コートに入った場合、プレーは続けられる。
③手のひらを開いて行われるタッチ・プレーは反則となる。
④オーバーハンドパスで返球する場合、肩の線に直角方向以外は反則となる。
⑤相手コートに返球するまで3回の接触が許される。ブロックの接触もその回数に含まれる。
⑥強打されたボールをオーバーハンドでレシーブする場合、手のなかに止まったり、手で運ぶようなプレーは反則となる。また、6人制と異なり、サービスや強打でないボールをオーバーハンドでレシーブする場合、ドリブルは反則となる。

●施設と用具
①コートの規格
　現行は16m×8m。
　ただし、4人制などではさまざまな規格で楽しまれている。センターライン、アタックラインはない。
②ネットの高さ
　6人制と同じで、男子2.43m、女子2.24m。
　年齢、レベルに合わせ、低くすることもある。
③ボールの規格
　6人制と同じ。
　内気圧は、0.175～0.225kg／cm^{2}で、6人制のボールより30%ほど低く、スピードがつき難い。

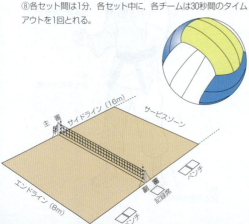

SOFT VOLLEYBALL
ソフトバレーボール

軽く,大きく,柔らかいボールを使って,誰もが手軽にできるように日本バレーボール協会が考案した,4対4で行う簡易バレーボール。

1. チームの編成

①1チームは選手8名以内で,うち4名が出場して,他は交代要員となる。他に監督1名を置くことができ,選手を兼ねることができる。
②年齢別による「トリムの部」(フリー・クラス,ブロンズ・クラス,スポレク・クラス,シルバー・クラス,ゴールド・クラス)やレディースの部(コート内18歳以上2名,40歳以上2名)がある。

2. 競技の進行

①競技開始時にトスによってサービス権かコートを決め,両チームがラインアップシートを提出。
②競技は3セットマッチで行い,第1セットは先にサービス権をとった側のサービスで開始する。
③ラリーに勝つか,相手側の反則があると,サービス権の有無にかかわらず得点となる。
④15点先取した側がそのセットの勝ちとなる。14対14の場合は2点差がつくまで行い,17点で打ち切る。
⑤第2セットはコートを交替し,第1セットのサービスを行わなかった側のサービスによって開始する。
⑥2セットをとったチームが,その試合の勝ちとなる。
⑦1対1となり最終セットを行う場合は,キャプテンのトスにより,サービス権かコートを選択する。
⑧競技の進行と判定は主審,副審,記録員,線審,点示員で行う。
⑨1セットに,選手交代は4回,タイムアウトは2回までとれる。

3. プレーのルール

①選手は前衛,後衛各2名ずつのポジションとし,後衛右の者がサーバーとなる。サービス権をとるごとに右まわりにローテーションを行う。
②サービスはサービスゾーンから行い,1回とする。
③ボールを相手側に返すまでに,味方が3回まではプレーできる(ブロッカーのワンタッチは除く)。
④サーブが打たれた後は前衛,後衛の区別なく,どの選手もアタック,ブロックができる。
⑤ボールがネットの上を越え,左右のアンテナの間(想像延長線内)を通過し,相手のコート内に返し合う。
⑥主な反則はホールディング,ドリブル,タッチネット,オーバーネット,パッシング・ザ・センターライン,オーバータイムなど。
※ホールディングやドリブルなどのボールハンドリングの基準は,試合レベルに応じて緩和されることが望ましい。

●コート
　バドミントンのダブルスのコートに,センターラインとサービスゾーンをかく。ネットはソフトバレーボール用ネットを高さ2mに張る。

●ボール
　ゴム製で重さ200g〜220g,円周77〜79cmの専用ボールを使う。色についての規定はなく,どの色でもよい。

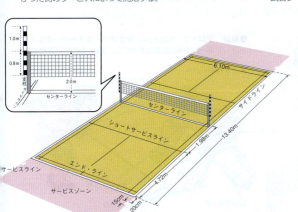

ICE HOCKEY
アイスホッケー

16世紀初めに北ヨーロッパの低地で行われていたバンディと呼ばれる氷上でのフィールドホッケーが起源といわれる。その後19世紀末にイギリスの兵隊によりカナダ東海岸のハリファクスに伝わり，主に酷寒の新大陸の守護にあたる兵士たちの間で楽しまれるようになった。アメリカでは4大スポーツの1つとして多くの関心を集めている。

1. チーム編成

①1チームは22名で編成し，各チームは同時に7名以上の選手を氷上に出してはならない。リンク内には1名のゴールキーパーと5名のプレーヤーが入り，残りは交代競技者となる。
②競技者は規定の人数を越えなければいつでも，何人でも，何回でも交代できる。

2. 競技の方法

①通常の試合は3つのピリオド（各20分間），および2回の15分間の休憩時間からなる。
②競技はセンター・フェイスオフ・スポットでのフェイスオフによって開始される。各ピリオドの開始時にも同様の方法でフェイスオフが行われる。
③開始時は両チームは各々ベンチに近い側のゴールを守る。その後，各ピリオドにエンドを交替する。
④勝敗を決定しなければならない場合，10分間の延長ピリオドを行う。このピリオドは得点の多いチームが勝ちとなる。なお，同点の場合は3名によるペナルティショット（PS）。それでも決しないときは1名ずつによるサドンデスのPSで決するまで行う。
⑤両チームは試合中に30秒間のタイムアウトを1回とることができる。
⑥3つのピリオドを通じて得点の多かったチームを勝者とする。

3. 主な反則と罰則

①**オフサイド**：攻撃側のプレーヤーはパックより先にアタッキング・ゾーンに入ることができない。➡プレーは中断され，以下の場所でフェイスオフを行う。
・攻撃側のプレーヤーがパックを保持してブルーラインを越えた場合➡「最寄りのニュートラル・ゾーンのフェイスオフ・スポット」。
・攻撃側のプレーヤーがパスまたはショットしたパックがブルーラインを越えた場合➡「そのパスまたはショットが出された地点」。
②**アイシング・ザ・パック**：リンクにいる人数が相手チームと同数または上回っているチームが，自チーム側のハーフ（センターラインから自陣側）からショットしたり跳ね返したパックが，相手チームのゴールラインを越えた場合➡違反行為をしたチームのエンドゾーンのフェイスオフ・スポットで，フェイスオフを行う。（ハイブリッド式採用）
③**ハンドリング・ザ・パック**：プレーヤーが空中のパックを平手で止めたり，打ったり，氷上を滑らすことはできるが，ゴールキーパー以外がパックを握ったり，氷上から拾い上げた場合➡「マイナー・ペナルティ」として2分間の退場。または，違反行為。

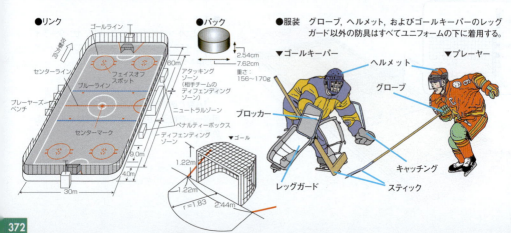

HOCKEY
ホッケー

　ホッケーは，11名ずつの2チームが，スティックでボールを奪いあい，ゴールに入れ合う競技である。
　イギリスで始まったとされ，1908年第4回オリンピック（ロンドン）から公式競技となった。日本には教会牧師のグレーが1906（明治39）年，慶応大学で教えたのが始めである。

1. チーム編成
① 1チームは11名。うち1名はゴールキーパー。
② 交代は競技中エントリー数以内は自由である。

2. 競技時間
① 試合は15分間の4クォーター制にて実施する。第1・2クォーターと第3・4クォーターの間に2分間，第2・3クォーターの間に10分間の休憩をとる。
② 各クォーターとも審判員が「センターパス」のために笛を吹いたときより開始となる。

3. 競技のやり方
① トス——競技開始前にトスを行い，攻撃するゴールかボールのどちらかを選択する。
② 開始——フィールドの中央で，1名がボールをスティックで打つ（どの方向へ打ってもよい）「センターパス」で開始する。第3・4クォーターの開始および得点後は反対側チームがこれを行う。

4. プレーの細則
① ボールの扱い——ボールはスティックの平らな面またはそれに接する側面でしか扱うことができない。手，足などの体で扱うことはできない（GKを除く）。

●競技場

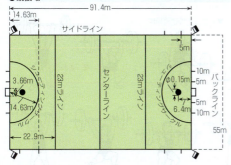

② ゴールキーパー——シューティングサークル内では，ボールを体で止めたり，足でけったりできる。
③ フリーヒット——プレー中に反則を犯したとき，相手チームにフリーヒットが与えられる。フリーヒットはセルフパス（自分自身にパスをすること）によって開始することもできる。
④ ボールがフィールドから出たとき——サイドラインからの場合は，相手側が出た地点でフリーヒットを行う。バックラインからの場合は次の方法による。
・守備側が出したとき——出た地点の延長上の23mラインの位置から攻撃側チームのフリーヒット。ただし，5m以上ボールを動かさない限りサークルに入ることはできない。
・攻撃側が出したとき——バックラインから14.63m（16ヤード）以内の位置から守備側チームのフリーヒット。
⑤ ペナルティーコーナー——シューティングサークル内で，守備側に反則があれば，攻撃側はゴールポストから10m離れたゴールライン上の地点からプッシュまたはヒットし，サークル外で止めた後，シュートを行う。
⑥ ペナルティーストローク——シューティングサークル内で，守備側が得点につながる重い反則をすると，攻撃側はゴール中央前6.40m（7ヤード）の位置にボールを置き，GKだけが守るゴールにシュートできる。

5. 主な反則と罰則
① 危険なプレー——スティックや体による乱暴なプレーなどは反則。
② 罰則——危険なプレーは，通常の反則による相手側のフリーヒット，ペナルティーコーナー，ペナルティーストロークの罰則が与えられる。

6. 勝敗の決定
① 得点——シューティングサークル内で攻撃側の選手のスティックにボールが触れてゴールに入れば1点。
② 勝敗の決定——得点の多いチームが勝つ。なお，トーナメント方式の大会で同点数の場合は，シュートアウト（プレーヤーとゴールキーパーによる1対1）戦で上位進出を決める。

WEIGHT LIFTING
ウエイトリフティング

ウエイトリフティングは，スナッチとクリーン＆ジャークの2種目をそれぞれ3回ずつあげ，そのうちの最高記録を競うスポーツである。

1. 競技種目

①スナッチ——水平におかれたバーベルを，手のひらを下向きにして握り，頭上へ両腕が完全に伸び切るまで単一動作で引き上げ，両脚を伸ばして立ち上がる。
②クリーン＆ジャーク
＊クリーン（第1動作）——膝を曲げ，手のひらを下向きにして水平におかれたバーベルを握り，単一動作で肩の高さまで引き上げ，両足を同一線上に戻して両脚を伸ばす。
＊ジャーク（第2動作）——両脚を曲げ伸ばすと同時に，両腕を完全に伸ばし頭上にさし上げ，両足を同一線上に戻して両脚を伸ばす。

2. 競技の進行

①競技者の検量は，各階級の競技開始2時間前に開始され1時間行われ，検量にパスしないと競技会に出場することができない。
②スナッチ，クリーン＆ジャークの順に，それぞれ3回の試技をすることができる。
③重量の増加は，軽い重量より順に1.0kg以上で増量していく。
④競技者がコールされてから，1分以内にバーベルを床から上げないと失敗になる。同じ競技者が連続して試技をするときは，2分間の時間が与えられる。
⑤試技の成功，失敗は3名のレフリーの多数決で判定される。

3. 順位の決定

①各階級ごとにスナッチ，クリーン＆ジャークのそれぞれの種目の最高記録による順位と，2種目の最高記録の合計（トータル）で順位が決められる。
②2名以上の競技者が同記録の場合，対象となる記録を試技順の上で早く出した者が上位となる。

● 体重による階級

[男子10階級]	55kg級／61kg級／67kg級／73kg級／81kg級／89kg級／96kg級／102kg級／109kg級／+109kg級
高体連（男子9階級）	55kg級／61kg級／67kg級／73kg級／81kg級／89kg級／96kg級／102kg級／+102kg級
[女子10階級]	45kg級／49kg級／55kg級／59kg級／64kg級／71kg級／76kg級／81kg級／87kg級／+87kg級
高体連（女子8階級）	45kg級／49kg級／55kg級／59kg級／64kg級／71kg級／76kg級／+76kg級

※パリ五輪では，49kg級／59kg級／71kg級／81kg級／+81kg級の5階級で実施。

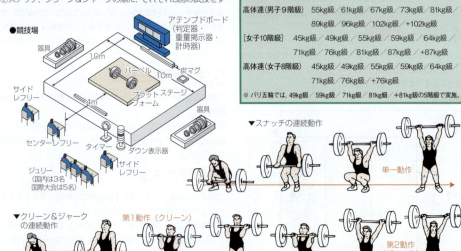

POWER LIFTING
パワーリフティング

パワーリフティング競技とは，スクワット，ベンチプレス，デッドリフトの3種目の最高記録を合計した重量を競うスポーツである。1950年代にアメリカで現在の競技形態が確立し，1971年から世界選手権が行われている。また，ベンチプレスはパラリンピックの種目としても行われている。簡単で安全な動作のため，生涯スポーツとして人気がある。

1. 競技種目

①スクワット：肩にバーベルをかつぎ，しゃがんで再び立つ。股関節外側の付け根部分が膝上面の高さよりさがるまで深くしゃがまなくてはならない。
②ベンチプレス：ベンチに仰向けになって，バーベルを胸までおろし，いったん静止させてから，腕を伸ばしてあげる。
③デッドリフト：床の上のバーベルを直立姿勢まで引きあげる。

2. 競技の進行

①検量：競技者は，大会当日の検量によりエントリー階級内に体重があるか計測し，パスしなければならない。
②コスチュームチェック：競技者は，自分の使用する用具（シューズ，ベルト，ユニフォーム，バンデージなど）が規則に違反していないか大会当日の検査をパスしなくては，使用できない。
③スクワット，ベンチプレス，デッドリフトの順に，それぞれ3回の試技をすることができる。
④各種目，3回の試技の重量の増加は，軽い重量より順々に2.5kg以上の倍数で増加していく。失敗しても重量を下げることはできず，同重量か重量を増やすことしかできない。
⑤選手は，主審が「バー・イズ・ローデッド」とコールしてから，1分以内に試技を始めなくてはならない。
⑥審判の合図によって試技を始める。終わらせる。
⑦試技の判定は，3名のレフリーによって多数決で行われる。

3. 順位の決定

①各階級ごとに，各種目3試技行うことができるが，3種目それぞれの最高記録の合計で順位が決められる。また，1種目でも3試技とも失敗した場合は失格となる。
②2名以上の競技者が同記録となったら，検量時の体重が軽い方が上位となる。また，同記録同体重の場合は，先に記録を出した選手が上位となる。

4. 主な反則 （判定後に試技の失敗理由をレフリーが，①赤②青③黄のカードで示す）

スクワット：①しゃがみが浅い。②試技開始，完了時の膝が伸び切らない。③足の位置がずれる。合図無視。ラックに戻せない。
ベンチプレス：①バーが胸または腹部に届かない，ベルトに当たる。②挙上途中でバー全体が下がる。試技開始，完了時に肘が伸び切らない。③合図無視。頭，臀部，肩，手（グリップ）が動く。審判の合図後にバーが胸に沈んだ。
デッドリフト：①引き上げ完了時に膝が曲がっている，肩が返っていない。②引き上げ途中でバーが下がる。バーを大腿部で支える。③合図無視。バーを戻す時，両手でコントロールしてプラットフォームに置かない。足の位置がずれる。

＊解剖学的理由で関節が伸び切らない時は，先に申告する。

●体重による階級　（※一般は男子8階級，女子7階級）

高校生男子（7階級）	53kg級	59kg級	66kg級	74kg級	83kg級	93kg級	+93kg級
高校生女子（7階級）	47kg級	52kg級	57kg級	63kg級	69kg級	76kg級	+76kg級

▼スクワット　▼ベンチプレス　▼デッドリフト

AMERICAN FOOTBALL
アメリカンフットボール

アメリカンフットボールは，アメリカで生まれた競技で，11名の2チームが攻撃と守備に分かれ，だ円形のボールをラン，パス，キックで相手側のエンドゾーンに進めることを競う球技スポーツである。激しく，力に満ちた，身体をぶつけあうスポーツで，最高のスポーツマンシップと行動が要求され，2018年5月に日本協会でフェアプレイ宣言が採択された。

● 競技場

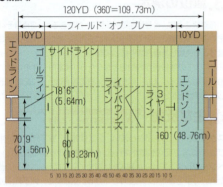

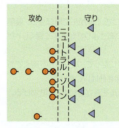

● スクリメージ
フリーキック以外のすべてのプレーは，スクリメージから展開される
※ボール1個分のゾーンがニュートラルゾーン（境界線）

ズなどによって，ボールがデッドになるまでをいう。攻撃チームは続けて4ダウンの権利があり，その間に10ヤード進めなければ攻撃権が相手に移る。10ヤード以上進めれば，さらに続けて4ダウンの権利がある。
⑤得点—次のように与えられる。

タッチダウン	6点	相手のエンドゾーンにボールを持ち込んだとき。
フィールドゴール	3点	攻撃側のキックしたボールが，相手のゴールの2本の柱の間のクロスバーの上を直接通過したとき。
セイフティ	2点	守備チームに与えられる得点。攻撃側が自陣のエンドゾーン内でタックルされたとき。
トライフォーポイント ランまたはパス キック	2点 1点	タッチダウンすると，そのチームにゴールライン3ヤード前の地点よりもう1回の攻撃が与えられ，ラン，パスまたはキックが成功のとき。

1. チームの編成
1チーム11名の2チームが，攻撃と守備に分かれ対戦する。プレーヤーの交代は自由で，攻撃時には攻撃専用チームを，守備時には守備専用チームを起用することができる。

2. 競技時間
高校生の競技は通常48分間で，12分間ずつの4クォーターに分け，第1・第2クォーターを前半，第3・第4クォーターを後半とする。前後半の間のハーフタイムは15分間とする。大学生以上の試合は，各クォーター15分間の60分，ハーフタイム20分で行う。

3. 競技の進行
①トスーコイントスで攻撃側，守備側を決める。
②開始—攻撃チームの，自陣の35ヤードラインからのプレースキックによるキックオフで開始する。
③攻撃—ボールを持った側をつねに攻撃チームと呼び，相手のエンドゾーンに向かってボールを前に進める。相手側を守備チームと呼び，ボールの前進をタックルにより阻止する。
④ダウン—攻撃の1単位で，攻撃チームがランやパスなどによってボールを前進させ，相手側のタックルやアウトオブバウン

4. 主なルール違反と罰則
①反則—オフサイド，手や腕を不正に使ったブロック，ボールを確保していないプレーヤーに対する背後へのブロック，乱暴な行為などがある。
②罰則—ダウンの喪失，5ヤード・10ヤード・15ヤード罰退などがあり，悪質な反則者は退場となる。

FLYING DISC ULTIMATE フライングディスク競技
アルティメット

　1967年，アメリカのニュージャージー州メイプルウッド市コロンビア高校の生徒ジョエル・シルバーによって考案された身体接触を禁じたフライングディスク版アメリカンフットボール。IOCとIPC承認競技団体「世界フライングディスク連盟(WFDF)」公認11種目の1つ。「ワールドゲームズ」の公式種目でもある。審判を置かず選手同士の判定(セルフジャッジ)で進行させる。

1. チーム編成

①1チームの登録人数は特に制限はないが，プレイングフィールド上でプレーできるのは1チーム7名である。
②得点が入った直後，後半の開始時，もしくは負傷者が出たときにプレーヤーは交代できる。

2. 競技の開始

①通常，コイントスと同じ要領で両主将がディスクフリップを行い，ディスクの裏表がコールしたとおりになったチームが攻撃権か守るエンドゾーンを選択する。
②両チームは自陣のエンドゾーン内に位置し，守備側チームの1名が攻撃側のチームに向かってディスクを投げた(スローオフ)時点で，競技開始となる。
③攻撃側チームは，スローオフされたディスクを直接キャッチするか，着地したディスクを拾って攻撃を開始する。

3. 競技の方法

①攻撃：相手チーム側のエンドゾーンに向けてパスのみでディスクを運び，相手エンドゾーン内で味方からのパスをキャッチ，もしくは相手チームのパスをインターセプト(キャッチ)すると得点(1点)を得る。ディスクをキャッチしたら歩くことはできない。動きながらパスを受けた場合，必要最低限の歩数で止まらないとトラベリングになるが，軸足を動かさなければ他方の足を地面から何回離してステップを踏んでもよい(ピボット)。
②守備：マンツーマンかゾーンディフェンスが基本的な守備隊形である。走路妨害(「ピック」という)，身体への接触，ダブルチーム(スローワーの軸足から3m以内で2人以上のディフェンダーがガードした場合)は反則となる。

●アルティメット用公式フライングディスク「ウルトラスター」

(直径27cm, 175g)

③攻守の交代：得点が入ったとき，攻撃側のパスが失敗してディスクが地面に落ちたとき，攻撃側プレーヤーの手から離れたディスクがコート外に落ちたとき，守備側のプレーヤーにディスクをキャッチされるか地面にたたき落とされたとき，手渡しパスか10秒以上のディスク保持か自分が投げたディスクを他のプレーヤーが触れる前にキャッチする(ダブルタッチ)反則があったとき。
④得点するごとにお互いのエンドゾーンをチェンジする。
⑤原則として各チーム前半・後半とも2回ずつ75秒のタイムアウトをとることができる。
⑥原則として15点を先取したチームの勝ちとなる。一方のチームが8点先取した時点で7分間のハーフタイムをとる。

4. 主な反則・判定と事後処置

　身体接触・トラベリング・走路妨害(ピック)などの反則コールはプレーヤーが行い，いったんプレーが中断する。意見が分かれた場合は，結果の有利不利にかかわらず発生した事実をもとに話し合いを進め，当該プレーヤー同士で結論を決める。発生した事実がお互いに不明確な場合は，コール前の時点でディスクを戻して再開する。
※反則をして中断している間は，プレーヤーはコールされた時点の位置を動いてはいけない。また，再開するときは，スローワーをマークしている守備側のプレーヤーがスローワーの持っているディスクに触れて(「チェック」という)開始の同意を示してからスローしなければならない。

※男女混合部門，ビーチアルティメット，インドアアルティメット，車椅子アルティメット，少人数制(3〜6名)アルティメットもある。

●プレイングフィールド

BOXING
ボクシング

アマチュア・ボクシングは，体重別に区分けされた同じ階級の競技者が，お互いに両手にグローブをつけ，定められたルールにのっとり上半身を打ち合い，勝敗を競う競技である。

1. リング

1辺（ロープ内）が610cmの正方形。太さ4cmのロープ4本を強く張って囲む。

2. 採点

①日本ボクシング連盟が管理する競技会では，AIBA採点システム（10ポイントマストシステム）を使用。
②ラウンドごとに赤・青のどちらかの競技者が優れているかを判断し，優勢な方に10点，劣勢な方に9〜7点の得点を与える。
③ジャッジは以下の条件により両競技者の価値を自主的に判断する。
・ターゲットエリアへの質の高い打撃の数
・技術や戦術の優勢を伴って競技を支配していること
・積極性

●アマチュアの体重と階級（男子ジュニア・シニア）

ライトフライ級	46〜49kg	ウェルター級	64〜69kg
フライ級	49〜52kg	ミドル級	69〜75kg
バンタム級	52〜56kg	ライトヘビー級	75〜81kg
ライト級	56〜60kg	ヘビー級	81〜91kg
ライトウェルター級	60〜64kg	スーパーヘビー級	91kg〜

※国内高校の部ではライトフライ級の下にピン級（44〜46kg）を設ける。
※女子とオリンピックの階級は別途設けられている。

3. 勝敗の決定（競技の判決の種類）

①WP…ポイント　各ジャッジが与えた得点により勝者を決定する（ジャッジの多数決）／故意ではない偶発的な負傷で競技がストップした場合は，それまでの得点で勝者を決める／1ラウンドの終了後にリングの損傷・照明の故障，その他予期できない状況で競技ができなくなった場合は，それまでの得点で勝者を決める／決勝戦で両競技者ともにKOになったときは，それまでの得点で勝者を決める
②ABD…アバンダン　競技者が負傷等により自発的に放棄するか，セカンドがリング内にタオルを投げ入れるかエプロンに上がり放棄を申し出たとき，相手競技者はABD勝ちとなる
③RSC…レフリーストップコンテスト　ラウンド開始のゴングで競技ができない場合／片方の競技者に決定的な差がついている場合や劣勢な競技者が過度な打撃を受けているとレフリーが判断した場合／ダウン後，競技を続けられないと判断された場合／リングドクターのアドバイスで競技の終了を宣告した場合など
④RSC-I…レフリーストップコンテストインジャリー　競技者が反則でない打撃により負傷して競技続行が不適切とレフリーが判断した場合
⑤DSQ…失格　競技者が反則やその他の理由で失格になった場合／1競技で3回警告を受けた場合，その競技者は自動的に失格となる
⑥KO…ノックアウト　競技者がダウン後10秒以内に競技ができない場合
⑦WO…不戦　一方の競技者がリング内に登場して相手競技者がアナウンス後にリング内に現れない場合，ゴングが鳴らされる。ゴングの後1分間がすぎてもリングに登場しない場合，リングに登場している競技者のWO勝ちとなる

4. 審判員の構成と役割

①レフリー——リング上でストップやブレークを命令し，ファウルの判定やダウン時のカウントを行うなど，競技を管理する。
②ジャッジ—5名または3名で採点を行う。
③デピュティテクニカルデリゲート（DTD）——競技を統括する。

●おもな反則と罰則

ひじによる攻撃　グローブの内側で打つ　背部を打つ
ダウン中の攻撃　頭を突き当てる　非礼な挑発的な言動をとる

●反則を犯したり，レフリーの命令に従わなかったり，ルール違反やスポーツマンらしくない態度をとると，注意や警告を受ける。警告は3回で失格となるが，警告なしで失格となることもある。

WRESTLING
レスリング

　レスリングは，2名の競技者が直径9mの円形マット上で6分間（3分2ピリオド）互いに技を出し合って，相手を投げたり倒したりして相手の両肩をマットに1秒つけると勝負が決まるスポーツである。公平性を期するため体重別の階級制が設けられている。

● 競技場

1. 競技種目

① グレコローマンスタイル（GR）──相手の腰を含む下半身をつかむことや自分の両脚を使って攻めることを禁じている種目。男子のみ実施。
② フリースタイル（FS）──相手の下半身への攻撃や自分の両脚を積極的に使った攻撃ができる種目。男子と女子で実施。

2. 競技の進行

① 計量──試合当日の朝にシングレット（試合着）着用でうける。
② 試合開始──コールされてマット上に進み，レフリーの点検をうけ，あいさつ。笛の合図でマット中央に出てスタンドポジションから競技を始める。
③ 競技時間──3分×2ピリオド，休憩30秒。
④ 中断と再開──レフリーの笛により，試合の進行は中断され，技術展開の滞留時，消極性の摘発などがなされ，笛により再開される。
⑤ 場外──選手がプロテクションエリアに出た場合，レフリーが笛を吹き，技術点や警告の判定がなされる。
⑥ タイムアウト──出血によって競技が続けられないときは，タイムアウトが認められる。
⑦ 終了──フォール，テクニカルフォール，警告失格，負傷等での棄権が成立するか，試合時間が規定時間となれば試合は終了する。
⑧ チャレンジシステム──判定などに不同意の場合，ビデオ映像の確認を要求できる。失敗するとチャレンジ権を失い，相手に1点が与えられる。

3. 勝敗の決定

① フォール──相手を完全にコントロールしてその両肩をマットに1秒間つける。
② テクニカルフォール──得点差が規定の数（FS10点・GR 8点）になった場合，その技術展開が終了した時点でテクニカルフォールが成立し試合終了となる。
③ 判定──フォールがない場合，2ピリオドのトータルポイントで勝敗を決定する。同点時は，得点評価の高い選手（ビッグポイント），警告が少ない選手（コーション），最終ポイント獲得の選手（ラストポイント）の順で勝者を決める。

4. テクニカルポイント

1点──場外ポイント，カウンターからのバックポイント，チャレンジ失敗。
2点──自らの攻撃で相手をテイクダウンさせコントロールするバックポイント。主に寝技で相手をデンジャーポジションにさせる技。
4点──立ち技から相手をデンジャーポジションにするタックル・投げ技など。
5点──スタンドかパーテレポジションからのグランドアンプリチュード。

● 年齢別体重別階級表（kg）

全国高体連専門部	男子	(15～19歳)	—	—	51	55	60	65	71	80	92	125
	女子	U20&U17	—	—	43～47	50	53	57	62	68	68～74	—
UWW (世界レスリング連盟)	男子	(16・17歳) U17	41～45	48	51	55	60	65	71	80	92	110
		(18～20歳) FS U20	57	61	65	70	74	79	86	92	97	125
		GR	55	60	63	67	72	77	82	87	97	130
	女子	(16・17歳) U17	36～40	43	46	49	53	57	61	65	69	73
		(18～20歳) U20		50	53	55	57	59	62	65	68	72	76

SUMO
すもう

日本の国技といわれるすもうは，2名が土俵上で組み合い，相手を倒すか土俵から出すことを競う格技スポーツである。江戸時代に職業力士が誕生して現在の大相撲の姿ができたが，アマチュア相撲とはルールに若干の違いがある。

● 競技場（土俵）

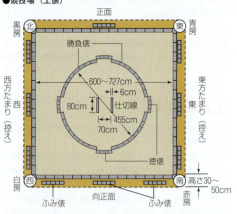

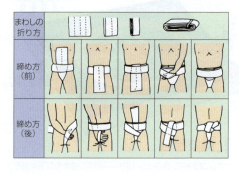

1. 競技の種類

①個人戦──抽選で組み合わせトーナメント方式で行う。予選で選抜してトーナメントにする場合や，団体戦を予選として選抜して行う場合，またリーグ戦方式で行う場合もある。
②団体戦──高校生は1チーム選手3～5名，監督1名で編成する。参加全団体によるリーグ戦方式や，参加全団体によるトーナメント戦方式，予選3回の上位チームを選抜してのトーナメント戦方式で行う。

2. 競技の進行

①入場──東西に分かれて出場順に並んで入場し，土俵だまりに整列し，主審の合図で立礼の後，着席。
②呼出し──放送委員から呼び出された後に土俵に上がり，徳俵の内側に塩をまき，塵浄水の礼（大会によっては立礼）をして中央に進み，蹲踞の姿勢をとる。
③仕切り──「構えて」の掛声で仕切りに入る。手のつく位置は仕切線の後方とする。「待った」は原則として認められない。
④立合い──選手双方が同時に両手を土俵につき静止した後，主審の「はっけよい」の掛声により立ち合う。
⑤勝負あり──勝負が決まると主審が勝ったほうをさし「勝負あった」と発声し，同時に試合をやめる。
⑥勝名乗り──徳俵の内側に戻って立礼。勝ったほうは蹲踞の姿勢で主審の「勝名乗り」をうける。
⑦取り直し──取り組み後，5分（小，中学生は3分）経過しても勝敗が決まらないとき，および次の場合は「取り直し」となる。
・主審が誤って「勝負あった」を宣告したとき。
・2人同時に倒れる，土俵外に出るなど，審判員で協議した結果，判定ができないとき。
⑧試合中止──次のときは，試合が一時中止される。
・負傷や出血で続けられないとき。
・両手をつかずに立ち合ったとき。
・まわしがゆるんだとき。

3. 勝敗の決定

次の場合「負け」と判定される。
・先に勝負俵の外に出たとき。
・先に足の裏以外の一部が土俵についたとき
　（かばい手，送り足は負けとしない）。
・負傷などで試合が続行不能と判定されたとき。
・禁じ手を使ったとき，使ったと判定されたとき。
・主審の指示に従わなかったとき。
・試合中まわしの前ぶくろがはずれたとき。

KARATEDO
空手道

空手道は，中国の拳法を伝承し沖縄に渡って発達した格闘技を源とする。2名の競技者が，突き，打ち，当て，蹴り，受けなどの徒手空拳の技術によってお互いに技を競い合う対人競技である。

●競技場（組手競技）

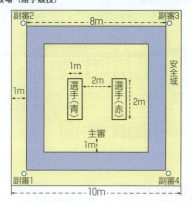

1. 競技の種類

①形競技——相手の動きを想定し，高度な技を組み合わせ編成したのが形であり，その形を個人または団体(3名)で演武する。グループ制トーナメント方式で行い，得点により勝敗を決定する。
②組手競技——2名で対戦し，「急所に当てる寸前に止める」ことを原則として，相互に自由に技の攻防を行って優劣を競う。個人戦と団体戦(5名)がある。

2. 競技の進行と勝敗の決定

①形競技——既定のグループ数に分け，各グループの上位4名が次のラウンドへと進出する。最終的に残り2グループとなるまで行い，残った2グループの得点の高い者同士が1位を競う。第1ラウンドは全日本空手道連盟第一・第二指定形，以降は大会申し合わせ事項に従って得意形を指定された形リストの中から選んで演武する。

勝敗は，正面に一列に並んだ7名(5名)の審判員が技術面・競技面をそれぞれ5〜10点(0.2刻み，反則は0.0)で表示する。最高点・最低点それぞれ2つ(5人の時は1つ)を除外し，技術面70%・競技面30%の配分で得点を算出する。

技術面——立ち方・技・流れるような動き・同時性・正確な呼吸・極め・一致性

競技面——力強さ・スピード・バランス
②組手競技——競技時間は2分間で，主審の「勝負始め」の宣告で計時され，「止め」の宣告で計時を止める。制限時間の有無にかかわらず，8ポイント差をつけた者を勝者とする。

攻撃の部位は，(1)頭部 (2)顔面 (3)頚部 (4)腹部 (5)胸部 (6)背部 (7)わき腹とし，それらの部位に「突き」「打ち」「蹴り」の攻撃が正確に決まったとみなされたときに「一本(3ポイント)」「技あり(2ポイント)」「有効(1ポイント)」が与えられる。

組手競技中，8ポイント差がない場合，「棄権」「反則」「失格」による勝ちがない場合，ポイント数の多い方を勝者とするが，同点の場合は，先にポイントを得た者(先取)を勝者とする。ただし，試合終了15秒未満に，闘いを避けたことによる違反が科せられたときは，先取は取り消しとなる。先取がない場合は，次の判定基準によって副審4名と主審の最終判定により勝者を決定する。
・態度，闘争精神，力強さ　　・戦略および技術の優劣
・多くの技をしかけた選手

●順突き　●逆突き　●前蹴り

●下段払い　●上段揚受け　●中段外腕受け

NAGINATA
なぎなた

なぎなた競技には，「試合」と「演技」の2つがある。試合競技は，防具を身につけ，定められた部位を互いに打突して勝負を競う。演技競技は，防具を身につけず，2人1組の演技者が紅・白2チーム同時に指定された形を行い，技の優劣を競う。

● 試合場

・各線は幅5cmの白線
場外に2m以上の余地が必要。

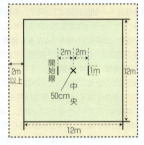

● なぎなたの構造

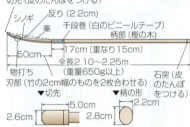

1. 競技の種類

①演技競技——全日本なぎなたの形・しかけ応じの2種目がある。5人の審判が旗形式で打突の正確さ，技の熟練度，態度を総合判定する。
②試合競技（個人戦・団体戦）——3本勝負とする。3人の審判が技の優劣を判定する。

2. 競技の進行

①開始——2名の競技者が同時に開始線に立って「礼」をしたのち，なぎなたを構え合わせ，主審の「始め」の宣告で始まる。
②試合時間——5分以内（大会によって時間が異なる）。
③終了——主審の「勝負あり」「引き分け」の宣告によって終わる。終了後は開始線に戻り，なぎなたを中段に構えて，自然体になり「礼」をし退場する。
④試合中止——反則や事故が生じたときは，主審が「止め」を宣告し試合を中止する。競技者はただちに試合を止めてもとの開始線に立ち，指示を待つ。競技者が試合の中止を求めるときは，片手をあげ審判員の許可を得る。
⑤延長——引き分けをせず，勝敗を決する場合，「延長」となる。主審の「延長はじめ」の宣告で開始する。延長の時間は2分以内とする。

3. 勝敗の判定

次の場合に「1本」と判定される。
● 2名以上の審判員が「有効打突」と認めたとき。
● 2回反則をしたときは，相手に「1本」を与える。
①3本勝負——試合時間内に「2本」を先取した者が勝ちとなる。時間内に「2本」先取した者がないときは「1本」を先取した方を勝ちとする。
②延長戦——「1本」を先取した者が勝ちとなる。
③棄権——一方が棄権をしたとき相手の勝ちとなる。
④判定——試合時間内で勝敗が決しない場合は，審判員の総合判定により優者に1本を与える。

4. 有効打突

充実した気勢，適法な姿勢で打突部位を呼称し，刃筋正しく，物打ちで確実に打突し残心のあるもの。

打突部位	なぎなたの打突部	呼称
面	切先から15〜20cm（物打）	メン
小手	同 上	コテ
胴	同 上	ドウ
脛	同 上 および柄（石突から20〜25cm）	スネ
咽喉	切先	ツキ

（注）高校生以下は，突き，柄打ちの脛を禁止する。

FENCING
フェンシング
（エスクリム）

　フェンシングは，片手で持った剣で相手の有効面を突いたり斬ることを競う競技で，中世ヨーロッパで発達した刀剣の闘争術が，18世紀半ばにスポーツ化された。

1. 競技の種目
①フォイル（フルーレ）——刀身の断面は矩形で，柔軟な剣を用い，突きだけが有効（男女）。
②エペ——刀身の断面は三角形で，硬直な剣を用い，突きだけが有効（男女）。
③セーバー（サーブル）——刀身の断面はV字型で，斬ったり剣先で突くこともできる（男女）。

2. 競技の種類
　各種目に個人戦と団体戦がある。団体戦は1チーム3名で相手の3名との総当たりの9試合で，得点を重ねていくリレー方式（45本まで）で行われる。高体連では，9試合で5勝先取したチームが勝ちとなる試合形式である。

3. 競技の進行
①競技時間——3種目とも予選は5本勝負（3分間）のプール戦，トーナメントは15本勝負（1セット3分間と1分間の休憩で，最大3セットの9分間）を行う。
②構え——ピストの「構えの線」の後ろに立ち，主審の「アン・ギャルド＝構え」の指示で構える。
③開始——主審が「プレ＝用意はよいか」とたずね，「アレ＝始め」と指令で開始する。
④終了——5本，あるいは15本とるか，競技時間が終わると，主審の「アルト」の宣告で競技を終了する。

4. 勝敗の決定
①トゥシュ——フォイル・エペで有効面を突いたとき，セーバーではさらに剣で斬ったとき，有効打となり，1点が与えられる。
②勝敗——男女3種目とも5本先取と15本先取の2つの試合方法がある。
③同点——同点で規定の時間が終了した場合は，1分間1本勝負が行われる。その前にコイン等でアドバンテージを決め，有効打がなく1分が経過した場合は，アドバンテージを持っている選手が勝ちとなる。

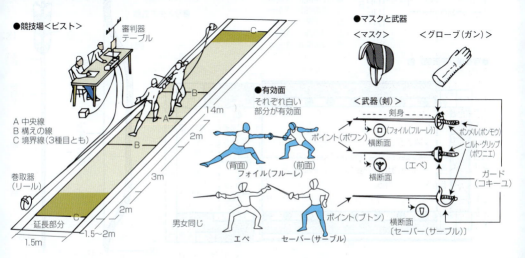

383

KYUDO 弓道

弓道は，きめられた距離から日本弓で矢を射て，的にあてることを競うスポーツである。礼儀と作法を重んじ，精神の統一を重視する日本の伝統スポーツである。

1. 競技形式

競技には個人競技と団体競技があり，競技形式には，総射数法（規程の射数を射て総合計を競う）とトーナメント法（勝ち抜き），リーグ法（総当たり）などがある。

2. 競技種目

近的競技と遠的競技の2種類がある。
① 近的競技——射距離は28m，射手1回の射数は2射または4射，標的は的中制の場合下図のような2種類があり，中心が地上から27cmのところになるように侯串（ごうぐし）で支える。

② 遠的競技——標的は，的中制，得点制とも地上平面からその中心の位置を97cmとし，後方へは15°の傾斜とする。装置は三脚または四脚のスタンドを設け，的紙を貼ったマットをその上にのせる。

● 遠的競技

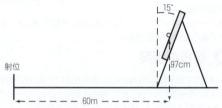

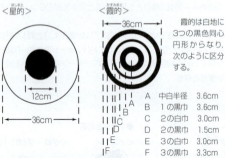

霞的は白地に3つの黒色同心円形からなり，次のように区分する。

A	中白半径	3.6cm
B	1の黒巾	3.6cm
C	2の白巾	3.0cm
D	2の黒巾	1.5cm
E	3の白巾	3.0cm
F	3の黒巾	3.3cm

3. 行射の方法

立った姿勢で決められた作法により，前の射手から順次1本ずつ行射する。前の射手より先に射離したときは，その矢は失格になる。

● 弓道場（平面図）例

● 弓と矢の名称

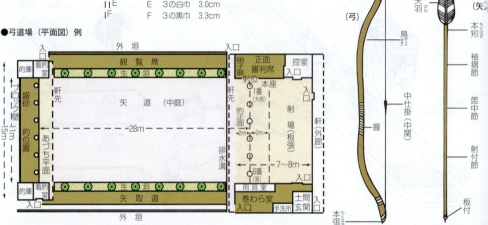

ARCHERY
アーチェリー

アーチェリーは，洋弓で的に矢を射当てることを競うスポーツで，ここで紹介する「ターゲット競技」のほかに，「フィールドアーチェリー競技」，「室内アーチェリー競技」がある。ここではキャデット部門を除いて紹介している。

1. 競技種目
①70mラウンド——70mで72本の矢を発射する。
②オリンピックラウンド——トーナメントによる決勝ラウンドのことで距離は70mのみである。個人は5セットマッチ，団体は4セットマッチで行う。
③50・30mラウンド——50mと30mだけの種目。
④1440ラウンド——次の射距離を長い距離から短い距離へ（逆も可），順に各距離36本の矢を発射する。
- 男子——90m，70m，50m，30m
- 女子——70m，60m，50m，30m

2. 競技の進行
①射順——1名，2名，3名または4名の競技者が同一の標的に対して行射する。
②行射——シューティングラインの真上から立った姿勢で射る。
③射数——各競技者は，1エンドごとに3射または6射ずつ行射する。1エンドの制限時間は，3射のエンドでは90秒，6射のエンドでは180秒とする。
④記録——得点の記録は各距離，1エンドごとにする。得点は標的面上のシャフトの位置によって決め，境界線上のときは高いほうの得点となる。

3. 勝敗の決定
①順位——個人戦は全射数の合計得点，団体戦はそのチームの個人得点の合計によって決める。
②各ラウンド（オリンピックラウンド除く）同点のとき——個人戦，団体戦とも10点の多いほう，それも同じならX（インナー10）の数のもっとも多いほう，それも同じなら同順位とする。
③決勝ラウンドにおける勝敗の決定——個人戦は3射5セットにより6ポイント以上で勝者となる。同点のときは1射のシュートオフを行い中心から近い矢の競技者が勝者となる。団体戦は，各競技者2射×3人×4セットにより5ポイント以上で勝者となる。同点のときは各競技者1射によるシュートオフで，合計点が高いほうが勝者となり，合計点が同点のときは中心から近い矢のチームが勝者となる。

● 射場と標的（ターゲット競技）

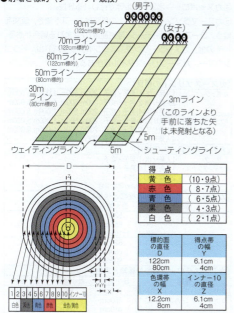

● 用具

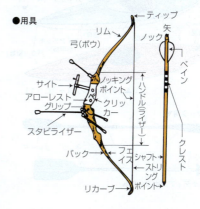

CANOEING
カヌー

カヌーは，数千年前から人々の移動・輸送の手段として，あるいは狩猟の道具として，海洋，湖沼，潟，河川など水に浮かべる小さな乗り物が起源となっている。スポーツとしての近代カヌーは，19世紀中頃スコットランドの冒険家ジョン・マクレガーとその著書により普及・発展したといわれている。

写真はカヌースラローム（C-1）▶

1. カヌーの型と操作方法

カヌーの型にはカヤックとカナディアンカヌーの2種類があり，それぞれ操作方法が違う。
①カヤック——漕者は艇の進行方向に向き，カヤック用パドル（ブレードが両端にある）で，左右交互に水をかきながら艇を進める。
②カナディアンカヌー——漕者は艇の進行方向に向き，カナディアンカヌー用パドルで，片方の水をかきながら艇を進める。

●カヌーの名称

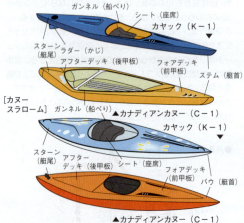

2. 競技の種類と進行

①カヌースプリント——流れのない河やダム，湖，港等を利用し，一定の距離を競漕する競技。オリンピックの公式種目に加えられている。スタートは，艇を完全に静止させて艇首を発艇線に揃え，発艇員の発声またはピストルの発砲によって行われる。順位は，艇首が決勝線（フィニッシュライン）を通過したときの到着順で決まる。2艇以上が同時に決勝線に入った場合，これらを同着として次位を欠番とする。
②カヌースラローム——変化に富んだ激流の自然または人工コースで距離150～400m間に15～25ゲート（アップストリームは6～8ゲートである）をセットし，ゲートの正しい通過とタイムの速さを競う競技。
③カヌーワイルドウォーター——流れの激しい急流を一気に下り，その速さを競う競技。所要タイムで順位を決定する。
④カヌーポロ——水泳プール等で行われる球技。
⑤カヌーマラソン——3km以上の長距離コースを漕ぎ，着順を競う。コースにはポーテージ（陸路運搬）が含まれる場合がある。
　その他，カヌーツーリング，スタンドアップパドル，ドラゴンカヌー，カヌーフリースタイル等がある。

[カヌースプリントの種目]
カヤック	1人乗り（K-1）男子・女子	200m, 500m, 1,000m, 5,000m
	2人乗り（K-2）男子・女子	200m, 500m, 1,000m, 5,000m
	4人乗り（K-4）男子・女子	200m, 500m, 1,000m, 5,000m
カナディアンカヌー	1人乗り（C-1）男子・女子	200m, 500m, 1,000m, 5,000m
	2人乗り（C-2）男子・女子	200m, 500m, 1,000m, 5,000m
	4人乗り（C-4）男子・女子	200m, 500m, 1,000m

[カヌースラロームの種目]
カヤック	1人乗り（K-1）男子・女子
カナディアンカヌー	1人乗り（C-1）男子・女子
	2人乗り（C-2）男子
	（C-2Mix）男女混合

[カヌースプリントの艇の種類と規格]
種類		最大艇長	最小重量
カヤック	(K-1)	520cm	12kg
	(K-2)	650cm	18kg
	(K-4)	1,100cm	30kg
カナディアンカヌー	(C-1)	520cm	14kg
	(C-2)	650cm	20kg
	(C-4)	900cm	30kg

[カヌースラロームの艇の種類と規格]
種類		最小艇長	最小重量	最小艇巾
カヤック	(K-1)	350cm	9kg	60cm
カナディアンカヌー	(C-1)	350cm	9kg	60cm
	(C-2)	410cm	15kg	75cm

ROWING
ボート

日本のボート競技は1877年に始まり，大学・専門学校・中等学校などで盛んに行われた。今の全国高校総合体育大会のボート競技は，全日本中等学校選手権大会として1924年に始まり，戦時の中断を除いて行われており，長い伝統をもつ。

1. 競漕種目

①競漕種目は，漕手（1名・2名・4名）それぞれが2本のオールで左右の両サイドを漕ぐスカル種目と，偶数の漕手（2名・4名・8名）それぞれが1本のオールで左右いずれか一方のサイドを漕ぐスウィープ種目に大きく分けられる。どちらの種目にも舵手（コックス）を乗せるものがある。この舵手を除き，漕手はすべて後ろ向きで漕ぐのがボートの大きな特徴である。
②高校生の競漕種目は，練習時の安全性，左右対称運動による身体発達上の利点，普及段階から強化段階への漕艇技術の発展性などの観点から，スカル種目のみで行う。全国高校総体，全国高校選抜，国体は舵手つき4人スカル，ダブルスカル，シングルスカルの3種目，全日本ジュニア選手権はシングルスカル1種目が実施される。
③競漕距離は，全国高校総体と国体は1,000m，全国高校選抜と全日本ジュニア選手権は2,000mで行われる。

2. 競漕方法と勝敗の決定

①舵手の体重制限・計量──舵手の体重は，ユニフォームを含め男子は55kg，女子は50kg以上で，これに満たなければ規程の体重に達するため最大限10kgのデッドウエイトを義務づけられる。計量はレース日ごとにスタート時刻の2時間から1時間前までに行う。
②競漕の制限──漕手は1日に2回を超えて競漕に参加できない。また，最小限2時間以上の間隔を開ける。
③スタート──スタートラインに艇首をそろえ，「アテンション」，「ゴー」でスタートする。同一レースで2回のフライングを行うと除外され，最下位扱いとなるが，敗者復活戦にのみ出漕できる。スタート時刻に遅刻すると1回のフライングとなる。
④順位の決定──各艇は，決められたレーンを漕行し，他の艇を妨害せずに艇首がゴールラインを通過したとき完漕となる。その順位は到着順で，タイムは参考のため計測される。同着の場合は，原則として決定競漕を行う（同着扱いとなることもある）。
⑤競漕に関しては，審判の決定は最終とし，提訴や決定に対する批判は許されない。

● 艇の種類と競漕種目

種目（ ）は記号	艇の重量	定員（名）	距離（m）
スカル種目 ①シングルスカル（1×）	14kg以上	1	2,000・1,000
②ダブルスカル（2×）	27kg 〃	2	2,000・1,000
③舵手なし4人スカル（4×）	52kg 〃	4	2,000・1,000
④舵手つき4人スカル（4×＋）	53kg 〃	4＋舵手	2,000・1,000
スウィープ種目 ⑤舵手なしペア（2−）	27kg 〃	2	2,000・1,000
⑥舵手つきペア（2＋）	32kg 〃	2＋舵手	2,000・1,000
⑦舵手なしフォア（4−）	50kg 〃	4	2,000・1,000
⑧舵手つきフォア（4＋）	51kg 〃	4＋舵手	2,000・1,000
⑨エイト（8＋）	93kg 〃	8＋舵手	2,000・1,000
⑩ナックルフォア（KF）	─	4＋舵手	1,000

● 艇の種類とクルーの各称

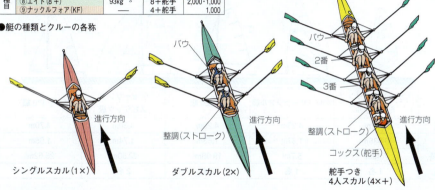

YACHT
ヨット

風力をより有効に活用するようにヨットの帆を操作して，定められたコースを帆走し，その速さを競うスポーツである。ヨットレースは19世紀の中頃から行われていたが，日本人が行うようになったのは1920年代からである。

1. 競技の種類

①ワンデザインクラス競技――同一の設計図によって建造され，規格に適合する艇で行うレース。国際連盟の公認クラスの中からオリンピックや国際公式競技のクラスが選ばれる。
②リストリクテッドクラス競技――主要な規格を決め，その範囲内で自由に設計，製造した艇でのレース。
③レーティング競技――等級や大きさなどの違う艇が一緒に行うレースで，一定の計算方法により各艇によるハンディキャップをつけて順位を決める。
④セールボード競技――フリーセールシステムのセールボードのレース。
⑤マッチレース――同型艇を用いて2艇のみで行うレース(アメリカズ・カップはこの競技方法)。

2. 競技の進行

①スタート――スタートラインの風下側から，すでに定められた時間に従って信号旗の合図と音響信号により，風上にある第1マークの方向にスタートラインを艇が横切ったときにスタートとなる。合図の前にラインを越えたりライン上となった艇は「リコール」され，スタートをやりなおす。
②フィニッシュ――艇の一部がフィニッシングラインを越えたとき，フィニッシュとなる。

3. 勝敗の判定

①得点――着順で得点が与えられる。通常の得点方法には，ボーナス得点法および低得点法の2つがあり，いずれも1位が最小で得点の少ないほうを優位とする。
②勝敗――オリンピックでは，10回のレースを行って，そのうち各艇の最も悪い順位のレースを除いた残りの9レースの得点を合計して順位を計算し，その結果による上位の10艇により通常の2倍の得点計算によって順位決定のレースを行い，最終的な順位を決定している。通常は6レース程度が必要で，その場合は各艇の最も悪い順位のレースを除いた残りのレースの得点の合計で順位を決定する。

●ヨットレースのコース

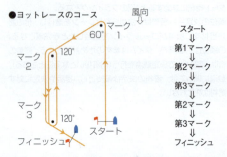

●レースヨットとその規格（国内競技に使用されている代表的なヨットの規格）

	①ボードセイリング ミストラル	②レーザーラジアル級	③ 420 級	④セーリング スピリッツ級	⑤ 470 級
全長	3.72m	4.23m	4.20m	4.30m	4.70m
幅	0.635m	1.37m	1.63m	1.74m	1.68m
帆面積	7.40m²	5.7m²	19.08m²	22.50m²	26.62m²
乗員	1 名	1 名	2 名	2 名	2 名

TRAMPOLIN
トランポリン

古くはサーカスの出し物から始まったと言われるトランポリンであるが，2000年シドニーオリンピックより正式種目にもなっている。より高く！より美しく！より力強く！演技する姿は観るものを魅了して止まない。また，幼少年期におけるバランス能力・調整力のトレーニングという面からも評価され，健康を目的としたレクリエーション・スポーツ，生涯スポーツとしても注目されている。

1. 競技種目
個人（1名），シンクロナイズド（2名），団体（3または4名）の3つに分けることができる。

2. 競技の進行
①個人：予備跳躍のあと，10種類の異なった技を連続して行い，その出来映えを演技審判員が採点する（1種目ごとの中間点を合計して演技得点を算出するミディアム・スコア方式）。第1演技と第2演技があり，第1，第2演技ともにさらに難度と跳躍時間の加点および水平移動に対する減点がある。
②シンクロナイズド：平行に置かれた2台のトランポリンを使い，2名が同時に演技を行う。演技得点に加え，同時性の加点（20点満点）がある。
③団体：個人戦出場者4名（3名でも可）で組み，第1演技，第2演技とも各上位3名の得点を合計する。

3. 勝敗の決定
①個人・シンクロナイズド：第1演技，第2演技のどちらか高得点の上位8名（8組）が決勝に進み，演技を行い順位を決定する。大会によっては予選順位，上位24名による準決勝を行う場合もある。
②団体：予選上位5チームの各3名が第2演技を行い，合計点で順位を決定する。

4. テクニカル・ポイント
ジャンピングゾーンと呼ばれる赤い枠の中で高さのある，安定した演技を行うこと。第2演技ではより回転数，ひねり数の多い技を行うことにより加点が増す。

●トランポリン

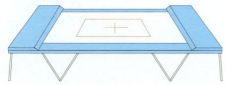

5. 安全の留意点
必ず指導員資格を持った指導者のもとで，自分の能力を過信せず，基礎から練習することが大切である。

●演技
「腹落ち」

「後方宙返り」

GATEBALL
ゲートボール

誰にでもすぐにプレーできるのに，奥が深くて飽きない。頭を使い，チームワークを養い，老若男女が一緒になって楽しめる。これが，1947年に青少年の健全な育成のために北海道で考案されたコミュニケーションスポーツ，ゲートボールである。今では高校生対象の全国大会も開催されている。

1. チームの編成

①チームは，競技者5名以上8名以内と監督1名（置かなくてもよい）とで構成する。
②競技は1チーム5名ずつで行い，競技者の交代は3名までそれぞれ1回に限り交代することができる。

2. 競技時間

競技時間は30分間とする。

3. 競技の方法

①コイントスにより先攻・後攻を決定する。
②先攻チームは奇数番号1・3・5・7・9の赤ボール，後攻チームは偶数番号2・4・6・8・10の白ボールを持ち，1番から順に打撃を行っていく。
③第1ゲートはスタートエリア内から1打で通過しなければならない。通過できたら連続でもう1回打撃できる。通過できなかったら，次の打順でやり直す。
④第1ゲートの通過後は，第2・第3ゲートと順次通過させて，ゴールポールに当てると上がりとなり，その競技者のプレーが終了する。
⑤自分のボール（自球）を打ってインサイドライン内にある他のボール（他球）にタッチし，自球とそのタッチした他球がインサイドライン内に静止した場合は，自球を足で踏んだまま，自球にその他球を接触させて自球を打ち，その衝撃で他球を転がす「スパーク打撃」を行う。スパーク打撃により他球をゲート通過や上がりにすることもできる。
⑥自球のゲート通過やスパーク打撃が成功した場合は，連続して自球をもう1回打撃すること（継続打撃）ができる。
⑦インサイドラインの外に出たボールは「アウトボール」となる。次の打順のときは，自球を打ち入れるだけとなり，ゲート通過や上がりは認められない。

4. 主な反則と罰則

①打者が10秒以内に自球を打たなかった➡タイムオーバーとなり，打撃の権利が終了。
②移動中の自球を打った➡自球は打った位置から直近のアウトボールになる。
③継続打撃で，一度スパーク打撃した他球に再度タッチした（二度タッチ）➡自球は二度タッチした位置から直近のアウトボールになる。他球は二度タッチされた位置に戻す。
④アウトボールを打ち，他球にタッチした➡自球はタッチした位置から直近のアウトボールになる。他球は移動前の位置に戻す。
※アウトボールの処置とは，そのボールの位置から最も近いインサイドラインの地点より外側10cmの位置にボールが置かれること。

5. 勝敗の決定

①得点は，各ゲート通過が1点，上がりが2点で，1人最高5点，1チーム5人で最高25点となる。
②競技終了時に5人の合計得点の多いチームが勝ちとなる。

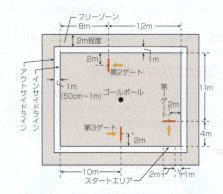

CYCLING
自転車競技

　自転車競技は、自転車に乗車した競技者がさまざまな競技形態で勝敗を競うスポーツである。18世紀末頃自転車が発明され、第1回近代オリンピックにはすでに正式種目に採用されている。ここで紹介する種目以外に「シクロ・クロス」、「マウンテンバイク」、「サイクルサッカー」、「サイクルフィギュア」、「BMX」、「トライアル」がある。

令和4年度全国高校総体 チームスプリント▶

1. 自転車の種類と特徴

①ロード・レーサー——通行を制限した一般公道あるいは専用のサーキットコースで競技をするロード・レースに使用する。走路の勾配やスピードに応じて最適なギアを選べる変速機と、減速と制動のためのブレーキを備えている。
②トラック・レーサー——自転車競技場や、競輪場で競技をするトラック・レースに使用する。高速走行できるように、必要最小限の部品で構成されており、急減速や変速はできない。
③ホイール（車輪）——競技種目やコースにより、スポークホイール、バトンホイール、ディスクホイールを選択できる。
④ハンドル——競技種目によりドロップハンドルと、延長部を付加したハンドル（DHハンドルなど）を選択できる。

●ロード・レーサー

●トラック・レーサー

2. 競技の進行と勝敗の決定

●ロード・レース
①個人ロード・レース——高校総体男子では100km程度の距離で競技が実施され、フィニッシュ時の着順を競う。競技中に飲食物・衣類などを受け取ることができるが、十分に注意することなく投棄することはできない。他の競技者の進路を妨害したり、助力になるように押してはいけない。
②ステージ・レース——2日以上にわたって行い、それぞれのレース（ステージ）の走行時間を合計した総合順位を競う。
③その他のレース——個人タイム・トライアル・レース、ワンデイ・ロード・レース、クリテリウムなどがある。

●トラック・レース
①スプリント——200mの助走付きタイム・トライアル予選により選出された競技者によって決勝トーナメントを行う。2～4名の競技者で競技場2～3周の距離において先着を競い、故意に相手の競技者の走行を妨害する行為は禁じられている。
②ケイリン——原則6名の競技者が1.5kmに近い距離で競技する。フィニッシュ前750mに近い距離の中央線で、先頭を誘導する動力付ペーサーが走路を離脱した後、集団で先着を競う。
③タイム・トライアル——男子は1km、女子は500mの距離で競技する。個人の走行タイムを競う。
④個人追抜競走——2～4kmの距離で、予選では個人の走行タイムを競う。順位決定戦では競技場の相対する中央線から2競技者が同時にスタートし、距離内で相手に追いつくか、両者が完走した場合には先着した競技者が勝者となる。
⑤ポイント・レース——高校総体男子では予選が16km、決勝が24kmの距離で実施される。スプリントポイントとして、2kmごとに1回、1着から4着の選手に対してそれぞれ5点・3点・2点・1点が与えられ、最終フィニッシュラインではその得点が2倍になる。最終成績はスプリントポイントの合計と、周回獲得による得点（20点）を合計した総得点で順位を競う。
⑥チームスプリント——1チームは男子3名、女子2～3名で構成する。競技場の相対する中央線から2チームが同時にスタートし、各競技者が1周ずつ先頭を走りトラックを3周または2周してのフィニッシュ時のタイムを競う。
⑦その他の種目——個人種目としては速度競走、スクラッチ、オムニアムなどがあり、チーム種目としてはマディソン、タンデム（二人乗り）、団体追抜競走などがある。

●自転車競技場（トラック）
　ホームとバックの2つの直線部分と、それぞれを結ぶ2つの曲線部分で構成されている。曲線部分にはハイスピードで曲がるための勾配（カント）がつけられている。日本国内では周長は250m・333.33m・400m・500mの4種類がある。
　競輪場を公認競技大会で使用する場合は、周長の補正をして使用することができる。

ドロー（組み合わせ）のつくり方

1. 総当たり（リーグ戦）式組み合わせ

　競技会の参加チームが，すべての参加チームと試合をする方法。その参加チームが勝った試合数を，行った試合数で割り，100を乗じた値（勝率）の大きい順で順位を決める。

1. 試合数（例えば9チーム）
①1チームの試合数＝9−1＝8

②全試合数＝$\frac{9(9-1)}{2}$＝36

2. 組み合わせ，ゲームの順
　まず，参加チームを奇数と偶数の場合に分ける。
■奇数の場合（例えば11チーム）
1・2・3・4・5・6・7・8・9・10・11
①外側から組み合わせていく。その結果，次のようになる。
　第1試合（6は休み）
　　1−11，2−10，3−9，4−8，5−7
②次に，一番右の数字を先頭に移動し，同じ作業をする。
　11・1・2・3・4・5・6・7・8・9・10
　第2試合（5は休み）
　　11−10，1−9，2−8，3−7，4−6
③以下，順次同じ作業を繰り返し，2が先頭にきたところですべての組み合わせは終わり。
■偶数の場合（例えば8チーム）
1・2・3・4・5・6・7・8
①仮に8をはずして7チームと考え，休みの4と8を組み合わせる
　1・2・3・4・5・6・7／8
　第1試合
　　1−7，2−6，3−5，4−8
②奇数と同じ作業をする。
　7・1・2・3・4・5・6／8
　第2試合
　　7−6，1−5，2−4，3−8
③以下，順次同じ作業をして，2が先頭にきて終了する。

勝敗の記入方法

	A	B	C	D	E	F	勝ち	負け	引分
A		○	○	○	×	○	4	1	0
B	×		×	×	×	×	1	4	0
C	×	○		×	×	△	1	3	1
D	×	○	○		×	○	2	3	0
E	○	○	○	○		○	5	0	0
F	×	○	△	×	×		1	3	1

○勝ち
×負け
△引き分け

（元埼玉県立妻沼高校　関根雅男先生原稿ご提供）

2. トーナメントの組み合わせ

　勝ち上がり方式で優勝者を決める方法で，全試合数は，全参加チーム数（n）から1を引いた数になる（n−1）。組み合わせにはシード法を採用することが多く，また敗者復活戦やコンソレーションマッチなどいろいろ工夫できる。

1. シード方式
①実力やそれまでの成績によって，強いチームをあらかじめ別々の組におき，強いチームが準決勝や決勝に残る方式。ドロー（組み合わせ）をつくる際には，参加チーム数によって不戦勝をいくつにすればよいかが問題となる。
②不戦勝の数は，下記の方法によって求められる。
　　不戦勝の数＝参加チーム数のすぐ上位の2の累乗根（4，8，16，32……）から参加チーム数を引く。

（例）参加チーム数25チームシード6チームの場合のドロー
　　　（不戦勝の数＝32−25＝7）

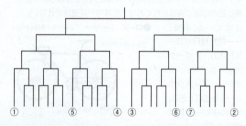

2. 敗者復活戦

3. コンソレーションマッチ

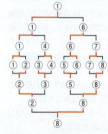

1回戦に敗れたチームが，もう一度試合する機会が与えられる方法。さらに，リコンソレーションマッチとしてコンソレーションマッチの1回戦敗退チームと本戦の2回戦敗退チームを対象に行えば，参加チームが少なくとも各3回ずつ試合ができる。

知っておきたい応急手当の基礎知識

●RICE

突き指，ねんざ，打撲などのけがに対して行うことによって，けがの影響を軽くし，復帰を早めることを目的とした手当のことである。

R(est)
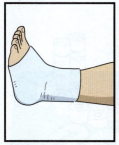
「安静」：患部の安静，運動の制限。

I(ce)

「冷却」：患部に対して氷をビニール袋に入れたアイスパックなどを使用して行う。

C(ompression)
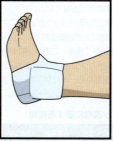
「圧迫」：患部を弾性包帯，パットなどで圧迫を加える。

E(levation)
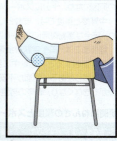
「挙上」：患部を心臓より高い位置に保つ。

ケース①（足関節のねんざ）

受傷部位を確認（内反ねんざか外反ねんざか）し，凍傷予防のために弾性包帯などを薄く巻く。足関節にアイスパックをあて，弾性包帯などで固定する（冷却，圧迫）。15～20分患部を冷やす。U字パッドを足くるぶしにあてて圧迫固定をすることで腫れを最小限に抑えることができる。そして，脚を心臓より高い位置に置く（安静，挙上）。

くるぶしの腫れ具合や変形などから骨折が疑われる場合，ただちに医療機関で受診する。

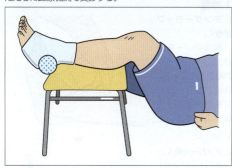

✚ アイシングはなぜ有効なのか？

① **腫れを抑える**：血管収縮により組織内出血を抑え，浮腫も起こりにくくなる。
② **炎症を抑える**：局所の炎症反応を抑え，二次的な組織の障害を防ぐ。
③ **痛みをやわらげる**：痛みを感じる神経の働きを鈍くし，痛みを軽減する。さらに筋の緊張も緩和する。

ケース②（膝関節の外傷）

受傷部位を確認し，凍傷予防のために弾性包帯などを巻く。アイスパックを膝の両側と後ろにあてて，膝全体が冷やされるようにし，弾性包帯などで固定する。そして心臓より高い位置に置く。前十字靱帯損傷，内側側副靱帯損傷，半月板損傷などの可能性がある場合，必ず専門医を受診し，正確な診断を求める。

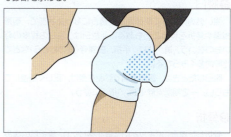

❗ ワンポイント

15～20分患部を冷やすのに便利なもの

●**アイスパック**
氷嚢またはビニール袋に氷を入れたもの。できるだけ空気を抜き，凍傷防止のため表面が溶けかかっている氷を使うとよい。

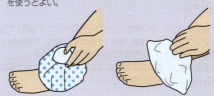

●急性スポーツ外傷の手当

❶ねんざ

足関節のねんざが大変多く、これはよく言われる「靭帯損傷(じんたいそんしょう)」のことである。重傷度によって3つに分けることができる。何度も再発すると、関節に不安定性が残り変形や痛みの原因になり、十分にスポーツ活動ができなくなる。

中等度と重度では、安静とリハビリテーションが必要になり、完全な運動復帰には3～6週間以上が必要となる。

膝関節では、前十字靭帯損傷が多く発生しており、前十字靭帯が断裂すると、運動中に膝がガクンと外れる(亜脱臼)ような感じがある。関節が不安定なため、十分なスポーツ活動ができなくなり、靭帯の再建手術が行われるケースが多い。

足関節ねんざの程度とスポーツ復帰に要する期間

重症度	損害の程度	痛み	腫れ	治療手段	治療期間
軽 度(Ⅰ度)	靭帯の瞬間的な伸張 機能的損失は少ない	軽度	軽度	とくに不要	1週間以内
中等度(Ⅱ度)	靭帯の部分断裂 機能的損失があり	強い	さまざま	保存療法	2～6週間
重 度(Ⅲ度)	靭帯の完全断裂 関節不安定性の出現 機能的損失は大きい	強い	強い	観血療法(手術)または保存療法	2～3ヶ月

❷脱臼(だっきゅう)

強い外力によって関節面が不適合になった状態で、靭帯損傷や骨折を伴うこともある。亜脱臼は、脱臼の程度の軽いものをいう。肩、ひじ、手指、膝蓋骨(膝のおさら)などで比較的多くみられる。

脱臼したときは、医療機関で診断を受け、正しく整復してもらい、一定期間安静・固定の指示に従う。

❸骨折

骨折した場合、ボキッという音を感じたり、骨折部の痛みや急激な腫れ、また冷汗にみられるように外傷性ショックを起こし、気分不良になることもある。ねんざと間違えることが多いので注意が必要である。

患部を固定し冷やしながら、下肢の場合は体重がかからないようにして、担架や松葉杖で移動し速やかに医療機関に搬送する。

＊「疲労骨折」は、使いすぎ(オーバートレーニングなど)で発生する骨折のこと。腰椎、脛骨(すねの骨)、腓骨、中足骨など運動によるストレスが頻繁に加わる場所でみられる。運動を制限し、患部に大きな負荷をかけないような水中運動トレーニングなどで治癒を待つことになる。

●テーピングによる手当

テーピングとは、傷害を受けたり、傷害を受けそうな部位を守るため、関節や筋肉などのまわりに医療・スポーツ用の接着テープを巻いて、その部位を保護したり補強する目的で行われる。

●用具

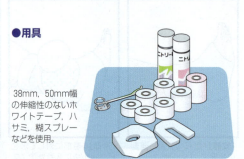

38mm、50mm幅の伸縮性のないホワイトテープ、ハサミ、糊スプレーなどを使用。

ケース(足関節ねんざ)

足関節ねんざは損傷部位、程度、症状が多彩であり、ここで紹介する方法はもっとも一般的な方法である。長期間にわたってテーピングに頼ると、本来ある身体の防御的な反応の能力が低下するため、各人に適した方法を医療機関などで相談するとよい。いずれの場合も長期間使用はせず、きちんとしたリハビリテーションを行い、関節の可動域、筋力、バランス反応などを回復させてからスポーツ復帰を行うことを原則とする。

1.準備

①アンダーラップを巻く。

糊スプレーをかけ、アンダーラップの粘着力を高める。次にアンダーラップを両端が丸まらないように巻いていく。

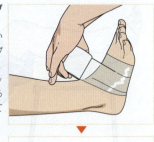

②アンカーを巻く。

その上にアンカーをアキレス腱の上部、前足部に1～3本巻く。半分ずつ重なるようにするとよい。次にかかとを垂直に横切るホースシューを巻く。

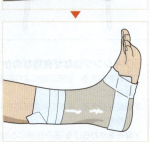

2. スターアップ：足関節の内反を防ぐ

 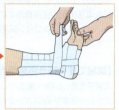 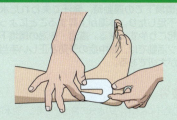

① スターアップを巻く。足の内側からかかとを通って足の外側へ引きあげる。

② ホースシュー（スターアップの固定）。

ワンポイント

足関節ねんざの多くは，内反ねんざといって足首が内側にひねられることによって外側の靱帯を伸ばし損傷することが多く，外側のくるぶしを中心に腫れてくるため，U字パットを作って圧迫するとよい。

3. フィギュアエイト：下腿と足部とを連結させる

① 外側のくるぶしの少し上→足首の正面→土踏まず

② 土踏まず（足の裏）→足の外側

③ 足の外側→足首の正面→内側のくるぶしの少し上

④ 内側のくるぶしの少し上→外側のくるぶしの少し上

4. ヒールロック：かかとを安定させる

① 足首の正面→内側のくるぶし

② 内側のくるぶし→アキレス腱→外側のかかと

③ 外側のかかと→足の裏→足首の正面

④ 足首の正面→外側のくるぶし

⑤ 外側のくるぶし→アキレス腱→内側のかかと

⑥ 内側のかかと→足の裏→足の外側→足首の正面

5. 完成

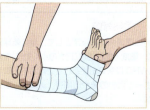

内反の動き（内側への曲がり）が制限できているかをチェックする。

●熱中症に対する手当

暑熱環境下での運動時，発汗で失われた水分の補給が不足したり，体温が上昇することによって熱中症は起こりやすくなる。高温・多湿の環境下でのスポーツ活動では，熱中症の予防と正しい手当を行うことが大切である。

★熱疲労（ねつひろう）

多量の発汗により体内の水分の蓄えが枯渇し，脱水に陥る状態。全身脱力感，めまい，口が渇く感じがする，皮膚はじっとりとしていて蒼白で冷たくなる，脈拍が頻脈で微弱になるといった症状がみられる。

★熱痙攣（ねつけいれん）

脱水状態に，低ナトリウム血症が合併した状態。塩分をとらず，大量の真水のみを補給したことが原因の一つ。痛みを伴う筋痙攣が大腿四頭筋，腓腹筋，ハムストリングなどに起こるといった症状がみられる。

★熱射病（ねっしゃびょう）

40℃を超える体温と脱水により意識障害を起こす。発汗は止まり，皮膚は紅潮，乾燥，熱くなっている。頻脈，頻回呼吸となり，異常な体温の上昇によって，中枢神経障害（頭痛，めまい，嘔吐）をはじめ，各種臓器の不可逆的障害（壊死，出血）を起こし，死に至る状態であり，熱中症の中でももっとも重篤である。

✚ 熱中症を予防しよう

学校が長い休みとなり，時間的余裕ができる夏休み中に熱中症にかかることが多い。しかし，事前に以下のことに注意して対策を行えば十分防ぐことができる。
・水分は1回の量を少なくして何回も補給しよう
・運動前から水分摂取を行おう
・渇きを覚える前から水分を補給しよう
・冷えた水分（8〜13℃）を摂ろう（冷えたほうが吸収が早くなる）
・多量の発汗がある場合は薄い食塩水を補給しよう
・ドリンクの糖分は4〜8％程度だと疲労の予防に役立つ

●環境条件からの予防対策

スポーツ活動時の環境条件の設定として，単に乾球温度（気温）だけでなく，湿度と黒球温度（日光のふく射熱）を測定し湿球黒球温度（WBGT）を算出することで総合的に環境条件を評価し，スポーツ活動の量や時間帯，メニューを選択することができる。

◎熱射病の応急手当

選手が倒れたときは「意識はあるか」「呼吸はしているか」などのチェックを行い，少しでも異常が認められる場合には，救急車を手配し医療機関での治療にゆだねる。呼吸，体温といったバイタルサインに特別な異常がない場合には現場で手当を行う。

【現場ですぐ行う応急手当】

①選手を涼しい所へ運ぶ
②水分を飲ませる（スポーツドリンク，薄い食塩水）
③体を冷やす（頸部，腋窩，鼠径部の大血管をアイスパックなどで冷やす）
④濡れタオルで全身を覆って冷やす
※氷水に浸けたり，冷水をかけると，皮膚表面は冷たくなるが，内部に熱がこもり放熱が悪くなる。

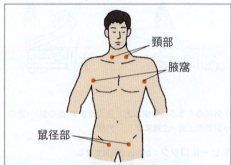

頸部
腋窩
鼠径部

WBGT（Wet bulb globe temperature）の式
= 0.7×湿球温度＋0.2×黒球温度＋0.1×乾球温度

WBGT	18℃＜	18〜22℃	23〜28℃	28℃＞
通常のスケジュール		試合時間の短縮		朝夕に日程変更
			選手交代の制限をなくす	
			前・後半にそれぞれ1回水分補給休憩	
			プレー中に水分補給を認める	

USAカップユースサッカー大会（1988）

●心肺蘇生法

心肺蘇生法（CPR：Cardio Pulmonary Resuscitation）には，気道の確保，人工呼吸，胸骨圧迫が含まれる。手順は以下の通りである。
※「脳：Cerebral」を加えて，CPCRということもある。

❶安全の確認
倒れている人を発見したら，まず周囲の状況が安全かどうかを確認する。

❷反応の確認
傷病者の肩をやさしくたたきながら大声で呼びかけたときに，目を開けるなどの応答や目的のある仕草があれば，反応があると判断。「反応なし」と判断した場合や，その判断に迷った場合は，心停止の可能性を考えて行動する。
「誰か来てください！人が倒れています！」などと大声で叫んで応援を呼ぶ。

❸119番通報，AEDを手配
そばに誰かいる場合は，その人に119番通報をするように依頼し，また近くにAEDがあれば，それを持ってくるように依頼する。できれば「あなた，119番通報をお願いします」「あなた，AEDを持ってきてください」など，具体的に依頼するのがよい。

❹呼吸の観察
傷病者の胸と腹部の動きが，呼吸をするたびに上がったり下がったりしているかを見る。胸と腹部が動いていなければ，呼吸が止まっていると判断する。呼吸が止まっていれば，心停止なので，胸骨圧迫を開始する。
※突然の心肺停止後には「死線期呼吸」と呼ばれるしゃくりあげるような途切れ途切れの呼吸が見られることも少なくない。このような呼吸がみられたら心停止と考え，胸骨圧迫を開始する。
※普段どおりの呼吸かどうかわからないときにも胸骨圧迫を開始する。

❺胸骨圧迫
胸の中央に手のひらの基部を当て，その手の上にもう一方の手を重ねて置き，重ねた手の指を

組むとよい。圧迫を手のひら全体ではなく，手のひらの基部だけに力が加わるように行う。
※傷病者の胸が約5cm沈み込むように強く，速く圧迫を繰り返す。小児では，胸の厚さの約1/3沈み込む程度に圧迫する。
※圧迫のテンポは，1分間に100〜120回。胸骨圧迫は可能な限り中断せずに，絶え間なく行う。
※圧迫と圧迫の間（圧迫を緩めている間）は，胸が元の高さに戻るように十分に圧迫を解除することが大切。

資料

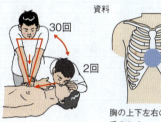

胸の上下左右の真ん中に手をおく

❻胸骨圧迫30回と人工呼吸2回の組み合わせ
講習を受けて人工呼吸の技術を身につけていて，人工呼吸を行う意思がある場合には，胸骨圧迫に人工呼吸を組み合わせる（胸骨圧迫30回＋人工呼吸2回）。

❼AEDの使用
AEDは，音声メッセージとランプで実施するべきことを指示してくれるので，それに従う。

❽心肺蘇生を続ける
心肺蘇生は到着した救急隊員と交代するまで続けることが大切。

> **AED（Automated External Defibrillator）とは**
> 突然心臓が停止した場合，多くは心室細動という状態にある。ここに電気ショックを与え，心臓の拍動を正常に戻す（除細動）機器がAED（自動体外式除細動器）である。機器の指示に従えば誰でも使うことができ，除細動が必要かどうかも機器が判断する。心肺蘇生（胸骨圧迫＋人工呼吸）より優先して使用するが，電気ショックを与えたあとは，胸骨圧迫から再び心肺蘇生を行う。

※心肺蘇生法については，定期的に手法が見直されている。

■陸上競技記録一覧表（高校・日本・世界）

(2022年11月3日現在)

種目	性別	高校記録 記録	名前	学校名	日本記録 記録	名前	世界記録 記録	名前	国名
100m	男	10.01	桐生祥秀	京都・洛南	9.95	山懸亮太	9.58	U.ボルト	ジャマイカ
100m	女	11.43	土井杏南	埼玉・埼玉栄	11.21	福島千里	10.49	F.ジョイナー	アメリカ
200m	男	20.34	サニブラウン・A・ハキーム	東京・城西大城西	20.03	末續慎吾	19.19	U.ボルト	ジャマイカ
200m	女	23.45	齋藤愛美	岡山・倉敷中央	22.88	福島千里	21.34	F.ジョイナー	アメリカ
400m	男	45.47	金丸祐三	大阪・大阪	44.78	高野進	43.03	W.ファン，ニーケアク	南アフリカ
400m	女	52.52	杉浦はる香	静岡・浜松市立	51.75	丹野麻美	47.60	M.コッホ	東ドイツ
800m	男	1:46.59	クレイ・アーロン竜波	神奈川・相洋	1:45.75	源裕貴／川元奨	1:40.91	D.ルディシャ	ケニア
800m	女	2:02.57	塩見綾乃	京都・京都文教	2:00.45	杉森美保	1:53.28	J.クラトフビローバ	チェコスロバキア
1,500m	男	3:37.18	佐藤圭汰	京都・洛南	3:35.42	河村一輝	3:26.00	H.エルゲルージ	モロッコ
1,500m	女	4:07.86	小林祐梨子	兵庫・須磨学園	3:59.19	田中希実	3:50.07	G.ディバ	エチオピア
3,000m	男	7:50.81	佐藤圭汰	京都・洛南	7:40.09	大迫傑	7:20.67	D.コメン	ケニア
3,000m	女	8:52.33	小林祐梨子	兵庫・須磨学園	8:40.84	田中希実	8:06.11	王軍霞	中国
5,000m	男	13:31.19	佐藤圭汰	京都・洛南	13:08.40	大迫傑	12:35.36	J.チェプテゲイ	ウガンダ
5,000m	女	15:22.68	藤永佳子	長崎・諫早	14:52.84	廣中璃梨佳	14:06.62	L.ギデイ	エチオピア
10,000m	男	28:07.39	佐藤悠基	長野・佐久長聖	27:18.75	相澤晃	26:11.00	J.チェプテゲイ	ウガンダ
10,000m	女	31:35.27	絹川愛	宮城・仙台育英	30:20.44	新谷仁美	29:01.03	L.ギデイ	エチオピア
100mハードル	女	13.34	小林歩未	千葉・市船橋	12.73	福部真子	12.12	T.アムサン	ナイジェリア
110mハードル	男	13.69	西徹朗	愛知・名古屋	13.06	泉谷駿介	12.80	A.メリット	アメリカ
400mハードル	男	49.09	為末大	広島・皆実	47.89	為末大	45.94	K.ワルホルム	ノルウェー
400mハードル	女	57.09	石塚晴子	大阪・東大阪大敬愛	55.34	久保倉里美	50.68	S.マクラフリン	アメリカ
3,000m障害	男	8:39.37	三浦龍也	京都・洛南	8:09.92	三浦龍司	7:53.63	S.S.シャヒーン	カタール
3,000m障害	女	10:07.48	吉村玲美	神奈川・白鵬女	9:33.93	早狩実紀	8:44.32	B.チェプコエチ	ケニア
5,000m競歩	男	19:29.84	住所大翔	兵庫・飾磨工	18:05.49	池田向希	18:05.49	H.ギラ	チュニジア
5,000m競歩	女	21:33.44	藤井菜々子	福岡・北九州市立	20:42.25	岡田久美子	20:01.80	E.ジョルジ	イタリア
10,000m競歩	男	40:22.96	住所大翔	兵庫・飾磨工	37:25.21	高橋英輝	37:25.21	高橋英輝	日本
10,000m競歩	女	45:41.80	岡田久美子	埼玉・熊谷女	42:51.82	岡田久美子	41:56.23	N.ルヤシキナ	ソビエト連邦
4×100mリレー	男	39.16 / 39.34	大瀬戸・橋元／諏訪・金森／田村・南本／山本・大石	日本選抜 / 京都・洛南	37.43	多田・白石（桐生・サニブラウン）	36.84		ジャマイカ
4×100mリレー	女	44.48	斉田・福田／上村・エドバー	東京・東京	43.33	青木・君嶋／兒玉・御家瀬	40.82		アメリカ
4×400mリレー	男	3:07.81	庄籠・渕上／小坂・冨永	福岡・東福岡	2:59.51	佐藤・川端／ウォルシュ・中島	2:54.29		アメリカ
4×400mリレー	女	3:35.03 / 3:37.67	青山・杉浦／大木・神保 ／ 戸谷温海・川田／戸谷湧南・佐々木	日本選抜 / 大阪・東大阪大敬愛	3:28.91	青山・市川／千葉・青木	3:15.17		ソビエト連邦
走り高跳び	男	2.23	戸邉直人	千葉・専大松戸	2.35	戸邉直人	2.45	J.ソトマヨル	キューバ
走り高跳び	女	1.90	佐藤恵	新潟・沼垂	1.96	今井美希	2.09	S.コスタディノーワ	ブルガリア
棒高跳び	男	5.51	古澤一生	群馬・前橋育英	5.83	澤野大地	6.21	A.デュプランティス	スウェーデン
棒高跳び	女	4.16	村田蒼空	群馬・前橋育英女	4.40	我孫子智美	5.06	Y.イシンバエワ	ロシア
走り幅跳び	男	8.12	藤原孝輝	京都・洛南	8.40	城山正太郎	8.95	M.パウエル	アメリカ
走り幅跳び	女	6.44	中野瞳 ／ 高良彩花	兵庫・長田 ／ 兵庫・園田学園	6.86	池田久美子	7.52	G.チスチャコワ	ソビエト連邦
三段跳び	男	16.10	山本凌雅	長崎・諫早農	17.15	山下訓史	18.29	J.エドワーズ	イギリス
三段跳び	女	12.96	河添千秋	愛媛・松山北	14.04	花岡麻帆	15.74	Y.ロハス	ベネズエラ
砲丸投げ＊＊＊＊	男	19.28	アツオビン・ジェイソン	大阪・大阪桐蔭	18.85	中村太地	23.37	R.クルーザー	アメリカ
砲丸投げ＊＊＊＊	女	15.70	郡菜々佳	大阪・東大阪大敬愛	18.22	森千夏	22.63	N.リソフスカーヤ	ソビエト連邦
円盤投げ＊＊＊＊	男	58.38	山下航生	岐阜・市岐阜商	62.59	堤雄司	74.08	J.シュルト	東ドイツ
円盤投げ＊＊＊＊	女	54.00	齋藤真希	山形・鶴岡工	59.03	郡菜々佳	76.80	G.ラインシュ	東ドイツ
ハンマー投げ＊＊＊	男	68.99	山口翔輝夜	兵庫・社	84.86	室伏広治	86.74	Y.セディフ	ソビエト連邦
ハンマー投げ＊＊＊	女	62.88	村上来花	青森・弘前実	67.77	室伏由佳	82.98	A.ヴォダルチク	ポーランド
やり投げ＊	男	76.54	村上幸史	愛媛・今治明徳	87.60	溝口和洋	98.48	J.ゼレズニー	チェコ
やり投げ＊	女	58.90	北口榛花	北海道・旭川東	66.00	北口榛花	72.28	B.シュポタコバ	チェコ
マラソン	男	2:24:24	高橋宏幸	鳥取・米子商	2:04:56	鈴木健吾	2:01:09	E.キプチョゲ	ケニア
マラソン	女	2:36:34	増田明美	千葉・成田	2:19:12	野口みずき	2:14:04	B.コスゲイ	ケニア
七種競技	女	5519	ヘンプヒル恵	京都・京都文教	5975	山崎有紀	7291	J.カーシー	アメリカ
八種競技＊＊＊	男	6214	丸山優真	大阪・信太					
十種競技	男	6952	池田大介	大阪・太成学院	8308	右代啓祐	9126	K.マイヤー	フランス

＊投てき物の規格は高校生と一般，男子と女子などで異なる。＊＊2002年度から「高校記録」は，日本国籍を有する者の記録のみが認められ，留学生の記録は「日本高校国内国際記録」で別扱いになった。＊＊＊高校男子の砲丸投げ，ハンマー投げ，八種競技は2006年度から，高校男子の円盤投げは2008年度から規格が変更となった。

■水泳競技記録一覧表（高校・日本・世界）　（2022年10月20日現在）

種目		性別	高校記録 記録	名前	学校名	日本記録 記録	名前	世界記録 記録	名前	国名
自由形	50m	男	22.50	松原光佑	神奈川・横須賀大津	21.67	塩浦慎理	20.91	C・シエロフィーリョ	ブラジル
		女	24.21	池江璃花子	東京・淑徳巣鴨	24.21	池江璃花子	23.67	S・シェーストレム	スウェーデン
	100m	男	49.41	柳本幸之介	東京・日大豊山	47.87	中村克	46.91	C・シエロフィーリョ	ブラジル
		女	52.79	池江璃花子	東京・淑徳巣鴨	52.79	池江璃花子	51.71	S・シェーストレム	スウェーデン
	200m	男	1:47.02	吉田啓祐	東京・日大豊山	1:44.65	松元克央	1:42.00	P・ビーデルマン	ドイツ
		女	1:54.85	池江璃花子	東京・淑徳巣鴨	1:54.85	池江璃花子	1:52.98	F・ペレグリニ	イタリア
	400m	男	3:46.89	萩野公介	栃木・作新学院	3:43.90	萩野公介	3:40.07	P・ビーデルマン	ドイツ
		女	4:08.37	難波実夢	奈良・天理	4:05.19	柴田亜衣	3:56.46	K・レデッキー	アメリカ
	800m	男	7:53.85	吉田啓祐	東京・日大豊山	7:49.55	黒川来渉	7:32.12	張琳	中国
		女	8:27.24	難波実夢	奈良・天理	8:23.68	山田沙知子	8:04.79	K・レデッキー	アメリカ
	1,500m	男	15:05.53	東隼平	神奈川・湘南工大附	14:54.80	山本耕平	14:31.02	孫楊	中国
		女	16:13.80	難波実夢	奈良・天理	15:58.55	柴田亜衣	15:20.48	K・レデッキー	アメリカ
背泳ぎ	50m	男	25.51	松山陸	埼玉・春日部共栄	24.24	古賀淳也	23.71	H・アームストロング	アメリカ
		女	27.82	酒井夏海	埼玉・武南	27.51	寺川綾	26.98	劉湘	中国
	100m	男	53.58	萩野公介	栃木・作新学院	52.24	入江陵介	51.85	R・マーフィー	アメリカ
		女	59.20	酒井夏海	埼玉・武南	58.70	寺川綾	57.45	K・マックイーン	オーストラリア
	200m	男	1:55.12	萩野公介	栃木・作新学院	1:52.51	入江陵介	1:51.92	A・ピアソル	アメリカ
		女	2:08.13	酒井夏海	埼玉・武南	2:07.13	中村礼子	2:03.35	R・スミス	アメリカ
平泳ぎ	50m	男	27.47	谷口卓	東京・日大豊山	26.94	小関也朱篤	25.95	A・ピーティ	イギリス
		女	31.33	渡部香生子	東京・武蔵野	30.64	鈴木聡美	29.40	L・キング	アメリカ
	100m	男	59.56	山口観弘	鹿児島・志布志	58.78	小関也朱篤	56.88	A・ピーティ	イギリス
		女	1:05.88	渡部香生子	東京・武蔵野	1:05.88	渡部香生子	1:04.13	L・キング	アメリカ
	200m	男	2:07.01	山口観弘	鹿児島・志布志	2:06.40	佐藤翔馬	2:05.95	Z・スタブルティクック	オーストラリア
		女	2:21.09	渡部香生子	東京・武蔵野	2:19.65	金藤理絵	2:18.95	T・スクンマカー	南アフリカ
バタフライ	50m	男	23.65	田中大寛	大分・別府青青	23.17	川本武史	22.27	A・ゴボロフ	ウクライナ
		女	25.11	池江璃花子	東京・淑徳巣鴨	25.11	池江璃花子	24.43	S・シェーストレム	スウェーデン
	100m	男	51.92	石川慎之助	愛知・中京大中京	50.81	水沼尚輝	49.45	C・ドレッセル	アメリカ
		女	56.08	池江璃花子	東京・淑徳巣鴨	56.08	池江璃花子	55.48	S・シェーストレム	スウェーデン
	200m	男	1:55.08	小堀勇気	石川・金沢	1:52.53	瀬戸大也	1:50.73	K・ミラーク	ハンガリー
		女	2:06.00	長谷川涼香	東京・淑徳巣鴨	2:04.69	星奈津美	2:01.81	劉子歌	中国
個人メドレー	200m	男	1:57.35	萩野公介	栃木・作新学院	1:55.07	萩野公介	1:54.00	R・ロクテ	アメリカ
		女	2:09.98	池江璃花子	東京・淑徳巣鴨	2:07.91	大橋悠依	2:06.12	K・ホッスー	ハンガリー
	400m	男	4:08.94	萩野公介	栃木・作新学院	4:06.05	萩野公介	4:03.84	M・フェルプス	アメリカ
		女	4:36.45	谷川亜華葉	大阪・四條畷学園	4:30.82	大橋悠依	4:26.36	K・ホッスー	ハンガリー
フリーリレー	200m	男	1:31.87	伊藤・佐々井 塩浦・外舘	イトマン選抜	1:27.48	塩浦・難波 関・中村			
		女	1:43.91	川口・大内 栗山・城戸	神奈川・日大藤沢	1:39.67	五十嵐・池江 酒井・大本			
	400m	男	3:21.32	石崎・大武 熊澤・田中	日本	3:12.54	中村・塩浦 松元・溝畑	3:08.24	アメリカチーム	
		女	3:40.59	大内・小嶋 池江・酒井	日本	3:36.17	大本・青木 佐藤・白井	3:29.69	オーストラリアチーム	
	800m	男	7:18.59	小松・平井 丸山・瀬戸	日本	7:02.26	内田・奥村 日原・松田	6:58.55	アメリカチーム	
		女	8:02.09	小堀・池江 大内・長谷川	日本	7:48.96	五十嵐・池江 白井・大橋	7:40.33	中国チーム	
メドレーリレー	200m	男	1:40.76	氏林・山田 木村・伊藤	イトマン選抜	1:37.64	宇野・谷口 阪本・難波			
		女	1:52.98	後藤・澤邊 新野・今井	愛知・豊川	1:51.33	諸貫・鈴木 山口・青木			
	400m	男	3:37.67	川本・山口 瀬戸・平井	日本	3:29.91	入江・武良 水沼・中村	3:26.78	アメリカチーム	
		女	3:59.97	酒井・小嶋 池江・大内	日本	3:54.73	酒井・鈴木 池江・青木	3:50.40	アメリカチーム	

■令和４年　全国高等学校総合体育大会団体入賞校一覧

競技種目	順位	1位	2位	3位
陸上競技	男	洛南（京都）	東福岡（福岡）	九里学園（山形）
陸上競技	女	中京大中京（愛知）	市船橋（千葉）	神村学園（鹿児島）
体操　体操競技	男	市船橋（千葉）	作新学院（栃木）	仙台大明成（宮城）
体操　体操競技	女	鯖江（福井）	名古屋大市邨（愛知）	大智学園（東京）
体操　新体操	男	青森山田（青森）	神埼清明（佐賀）	鹿児島実（鹿児島）
体操　新体操	女	昭和学院（千葉）	伊那西（長野）	駒場学園（東京）
水泳　競泳	男	日大豊山（東京）	中京大中京（愛知）	太成学院大高（大阪）
水泳　競泳	女	日大藤沢（神奈川）	豊川（愛知）	近大付（大阪）
水泳　飛込	男	小松大谷（石川）	高知商（高知）	須磨学園（兵庫）
水泳　飛込	女	米子東（鳥取）	石川工（石川）	常総学院（茨城）
水泳　水球	男	明大中野（東京）	神奈川工（神奈川）	高知（高知）
バスケットボール	男	福岡第一（福岡）	開志国際（新潟）	藤枝明誠（静岡），中部大第一（愛知）
バスケットボール	女	京都精華学園（京都）	大阪薫英女学院（大阪）	八雲学園（東京），東海大福岡（福岡）
バレーボール	男	東山（京都）	東福岡（福岡）	松本国際（長野），鎮西（熊本）
バレーボール	女	金蘭会（大阪）	古川学園（宮城）	八王子実践（東京），下北沢成徳（東京）
卓球	男	愛工大名電（愛知）	野田学園（山口）	出雲北陵（島根），育英（兵庫）
卓球	女	四天王寺（大阪）	明徳義塾（高知）	桜丘（愛知），進徳女（広島）
ソフトテニス	男	尽誠学園（香川）	高田商（奈良）	とわの森三愛（北海道），東北（宮城）
ソフトテニス	女	和歌山信愛（和歌山）	三重（三重）	都島光華（京都），東北（宮城）
ハンドボール	男	大体大浪商（大阪）	北陸（福井）	香川中央（香川），駿台甲府（山梨）
ハンドボール	女	昭和学院（千葉）	名古屋大市邨（愛知）	白梅学園（東京），小松市立（石川）
サッカー	男	前橋育英（群馬）	帝京（東京）	米子北（鳥取），昌平（埼玉）
サッカー	女	大商学園（大阪）	十文字（東京）	日ノ本学園（兵庫），日本航空（山梨）
バドミントン	男	瓊浦（長崎）	高岡第一（富山）	埼玉栄（埼玉），東大阪柏原（大阪）
バドミントン	女	柳井商工（山口）	ふたば未来学園（福島）	四天王寺（大阪），倉敷中央（岡山）
ソフトボール	男	大村工（長崎）	新見（岡山）	鹿児島工（鹿児島），日向工（宮崎）
ソフトボール	女	厚木商（神奈川）	山梨学院（山梨）	千葉経大付（千葉），長崎商（長崎）
相撲	男	鳥取城北（鳥取）	埼玉栄（埼玉）	箕島（和歌山），足立新田（東京）
柔道	男	国士舘（東京）	作陽（岡山）	大牟田（福岡），加藤学園（静岡）
柔道	女	富士学苑（山梨）	比叡山（滋賀）	淑徳（東京），佐久長聖（長野）
ボート　舵手付クォドルプル	男	関西（岡山）	美方（福井）	京都工学院（京都）
ボート　舵手付クォドルプル	女	美方（福井）	松山東（愛媛）	膳所（滋賀）
ボート　ダブルスカル	男	石巻（宮城）	新居（静岡）	相可（三重）
ボート　ダブルスカル	女	加茂（岐阜）	美方（福井）	佐野（栃木）
剣道	男	島原（長崎）	日章学園（宮崎）	九州学院（熊本），育英（兵庫）
剣道	女	中村学園女（福岡）	明豊（大分）	八代白百合学園（熊本），東海大札幌（北海道）
レスリング	男	日体大柏（千葉）	埼玉栄（埼玉）	鳥栖（佐賀），いなべ総合学園（三重）
弓道	男	高崎経大付（群馬）	延岡学園（宮崎）	加治木工（鹿児島）
弓道	女	鹿児島工（鹿児島）	宇部フロンティア大付（山口）	豊橋商（愛知）
テニス	男	柳川（福岡）	北陸（福井）	東京学館浦安（千葉），麗沢瑞浪（岐阜）
テニス	女	野田学園（山口）	沖縄尚学（沖縄）	浜松市立（静岡），鳳凰（鹿児島）
登山	男	広島学院（広島）	土佐（高知）	長崎北陽台（長崎）
登山	女	長崎北陽台（長崎）	丸亀（香川）	唐津東（佐賀）
自転車	男	松山学院（愛媛）	北桑田（京都）	静岡北（静岡）
ボクシング	男	興国（大阪）	日章学園（宮崎）	習志野（千葉）
ホッケー	男	横田（島根）	丹生（福井）	八頭（鳥取），天理（奈良）
ホッケー	女	丹生（福井）	伊吹（滋賀）	川棚（長崎），米沢商（山形）
ウェイトリフティング	男	日大藤沢（神奈川）	八幡中央（福岡）	滑川（富山）
ウェイトリフティング	女	香川中央（香川）	宮津天橋（京都）	須磨友が丘（兵庫）
ヨット（コンバインド）	男	霞ケ浦（茨城）	逗子開成（神奈川）	高松商（香川）
ヨット（コンバインド）	女	海津明誠（岐阜）	光（山口）	福岡第一（福岡）
フェンシング	男	大垣南（岐阜）	龍谷大平安（京都）	横浜商大（神奈川），鹿児島南（鹿児島）
フェンシング	女	東亜学園（東京）	愛工大名電（愛知）	法政二（神奈川），安来（島根）
空手道	男	浪速（大阪）	福井工大福井（福井）	箕面（大阪），横浜創学館（神奈川）
空手道	女	御殿場西（静岡）	華頂女（京都）	大阪学芸（大阪），小松大谷（石川），高松中央（香川）
アーチェリー	男	柏陵（福岡）	近大付（大阪）	佐伯（大分）
アーチェリー	女	大津商（滋賀）	近大付（大阪）	倉敷天城（岡山）
なぎなた	女	首里（沖縄）	南陽（京都）	清教学園（大阪），長府（山口）
カヌー	男	谷地（山形）	坂出工（香川）	宮崎大宮（宮崎）
カヌー	女	谷地（山形）	宮崎商（宮崎）	出雲農林（島根）
少林寺拳法	男	志学館（千葉）	坂出第一（香川）	広島城北（広島）
少林寺拳法	女	志学館（千葉）	富良野（北海道）	神島（和歌山）
ラグビー（令和３年度）	男	東海大大阪仰星（大阪）	國學院栃木（栃木）	東福岡（福岡），桐蔭学園（神奈川）
駅伝（令和３年度）	男	世羅（広島）	洛南（京都）	仙台育英（宮城）
駅伝（令和３年度）	女	仙台育英（宮城）	薫英女学院（大阪）	神村学園（鹿児島）

新体力テスト記録表

種　　目	1 年　月　日		2 年　月　日		3 年　月　日		4 年　月　日	
	記　　録	得点	記　　録	得点	記　　録	得点	記　　録	得点
①握　　　力	右 ……kg ……kg 左 ……kg ……kg 平均 ……kg		右 kg kg 左 kg kg 平均 kg		右 kg kg 左 kg kg 平均 kg		右 kg kg 左 kg kg 平均 kg	
②上体起こし	回		回		回		回	
③長座体前屈	(1) cm (2) cm		(1) cm (2) cm		(1) cm (2) cm		(1) cm (2) cm	
④反復横とび	(1) 回 (2) 回		(1) 回 (2) 回		(1) 回 (2) 回		(1) 回 (2) 回	
持　久　走 ⑤ 20mシャトルラン	秒 回		秒 回		秒 回		秒 回	
⑥50　m　走	秒		秒		秒		秒	
⑦立ち幅とび	(1) cm (2) cm		(1) cm (2) cm		(1) cm (2) cm		(1) cm (2) cm	
⑧ボール投げ	(1) m (2) m		(1) m (2) m		(1) m (2) m		(1) m (2) m	
合計得点								
総合判定	A B C D E		A B C D E		A B C D E		A B C D E	

■ **注意**　総合判定は○でかこむ。
　　　　2回テストするものはよい記録の左側に●印をつける。

陸上競技・水泳競技の個人記録表

種目		1 年月日	1 記録	2 年月日	2 記録	3 年月日	3 記録
陸上競技	（　　　）m走	．．	秒	．．	秒	．．	秒
	（　　　）m走	．．	秒	．．	秒	．．	秒
	持久走（　　）m走	．．	分　秒	．．	分　秒	．．	分　秒
	走り幅跳び	．．	m　cm	．．	m　cm	．．	m　cm
	走り高跳び	．．	cm	．．	cm	．．	cm
	その他の種目	．．		．．		．．	
水泳	クロール（　）m	．．	分　秒	．．	分　秒	．．	分　秒
	平泳ぎ（　）m	．．	分　秒	．．	分　秒	．．	分　秒
	背泳ぎ（　）m	．．	分　秒	．．	分　秒	．．	分　秒
	バタフライ（　）m	．．	分　秒	．．	分　秒	．．	分　秒

参 考 資 料

学　校　名			所　属	全日制・定時制
名　　前			入学年度	年度入学
生　徒　番　号		性別　男・女	出身中学	中　学　校
出　生　月　日	年　　月　　日生			
満　年　齢	1年　　歳	2年　　歳	3年　　歳	4年　　歳
所属の運動クラブ		中学時代に所属したクラブ		
運動部所属の経験	1年　　年	2年　　年	3年　　年	4年　　年
	1　　年	2　　年	3　　年	4　　年
身　　長	cm	cm	cm	cm
体　　重	kg	kg	kg	kg

■ 記入上の注意　運動部所属年数の月は5捨6入にして記入する。